KONGGUAN FAGUI YU BIAOZHUN

空管法规与标准

高文明　陈金良　编著
任晓岳　杨丽薇　参编

西北工业大学出版社

西　安

【内容简介】 本书以现行航空法律、法规和规章等为依据,紧密结合国内外航空法学研究和法学其他学科研究的新成果,借鉴外国航空立法和国际航空立法的实践,配以相关案例,理论联系实际,系统地论述了空管法学的基本理论、基本制度,力求对现行空管法规做出全面阐释。

本书适用于航空领域运行人员以及国家航空管理机关、航空单位、相关科研院所的有关工作人员,高等院校相关专业师生和广大航空爱好者使用。

图书在版编目(CIP)数据

空管法规与标准/高文明,陈金良编著.—西安:西北工业大学出版社,2018.8(2019.8重印)
ISBN 978-7-5612-6179-8

Ⅰ.①空… Ⅱ.①高… ②陈… Ⅲ.①航空法—国际法—研究 Ⅳ.①D993.4

中国版本图书馆 CIP 数据核字(2018)第 179863 号

策划编辑:李阿盟
责任编辑:李阿盟

出版发行:西北工业大学出版社
通信地址:西安市友谊西路 127 号　　邮编:710072
电　　话:(029)88493844,88491757
网　　址:www.nwpup.com
印　刷　者:兴平市博闻印务有限公司
开　　本:787 mm×1 092 mm　　1/16
印　　张:17.25
字　　数:417 千字
版　　次:2018 年 8 月第 1 版　　2019 年 8 月第 2 次印刷
定　　价:56.00 元

前　言

本教材是在总结笔者十几年空管法规和飞行指挥教学经验的基础上，结合空管专业和有关专业学生的知识水平特点，依据多年使用的讲义、教案编写而成的。笔者在教学期间参加了国家空中交通管制委员会（简称"空管委"）科研课题"航空立法研究""无人机飞行管理研究""低空空域管理"等与空管法规密切相关的研究课题，参与了我国《航空法》立法工作，搜集、整理、研究了大量有关航空法规的国内外有关资料，特别是与国家机关、空军、海军、民航各级空管部门人员以及国内多家院校和研究单位的法学专家共同研讨空管问题，从他们那里学习到了航空管理部门、航空单位、法学家、航空从业人员等对空管法规的认识和需求。笔者参与研究撰写的空管委科研成果报告《航空立法研究综合报告》（2009年）、《航空法的框架结构》（2009年）、《无人机飞行管理综合报告》（2012年）、《无人机管理条例》（2012年）（未颁布）以及空军《防相撞不安全事件分析》（2016年）等为本教材提供了有力支撑，其中也包括北京航空航天大学、南京航空航天大学、西北工业大学等专家的科研成果。本教材还借鉴了崔浩林博士在《防相撞理论与应用》等专著和文章中的观点和内容。

本教材以我国现行航空法律法规体系现状为基础，对航空领域概念的解释以《军语》《空军百科全书》《国际民航组织颁布的标准和建议措施》等为依据，通过大量中外资料的阅读、研究和实践调研，借鉴国际通行做法和航空发达国家的经验，分析了我国现行航空及空管法律体系存在的问题，力图吸收空管法规研究的最新成果并结合空管发展的最新实践经验，来阐述空管法规的基本原理和基本知识。

在教材结构上，通过比较分析国际航空法和我国航空法的发展轨迹，结合对特定时期相关国家空管法规的介绍，帮助读者更深刻、全面地理解空管法规与航空业的关系以及空管法规的价值问题，深化对空管法规的理解和认识。

本教材内容涉及面广，实用性、研究性相互结合，在研究大量国内外空管法规资料的基础上，不是采用简单的"堆砌"资料的编纂方式，而是对资料进行整理与分析，提炼与概括，以观点带动编撰工作的。教材内容包括空域管理、航空人员、飞行规则、空中交通管制、通用航空、军事航空、无人机和特殊情况处理等方面。本书特别注重国际、国内形势对空管法律法规的影响，鉴于国际、国内的空管法规正处于巨大的变革期，对于法律的变化和走向还难以准确把握，因此只根据现行的国际、国内规定来阐释教学观点。笔者认为，空管法规教学是传授相对定型的知识，至于理论争鸣应放在科研领域进行。为避免理论上的偏差，本教材更注重教学内容的实用性。

　　本教材由高文明、陈金良编著,高文明统稿。其中第九章和第十章由陈金良编写,其他章节由高文明编写,任晓岳,杨丽薇参与了部分章节的编写工作。笔者力图编写出高质量的教材,但面对日益发展和深化的学术研究,以及不断增长的教学水平要求,书中仍难免存在缺陷与疏漏之处,希望读者不吝赐教,对此表示衷心感谢。笔者希望通过一段时间的使用,发现教材的问题,不断修订,不断完善。

高文明
2018 年 2 月 1 日

目 录

第一章 空管法规概述 ·· 1

 第一节 空管的发展与法规 ·· 1
 第二节 空管法规的特点、价值及调整的社会关系 ······················ 9
 第三节 空管法规的学习方法 ·· 16

第二章 航空法规基本法理 ·· 19

 第一节 基本法理 ··· 19
 第二节 航空立法的目的 ·· 24
 第三节 航空法规立法原理 ··· 26
 第四节 航空法立法技术 ·· 28
 第五节 航空法与关联法律的关系 ··· 34
 第六节 条约与国际航空法体系 ·· 35

第三章 国际民航组织与空管法规 ·· 41

 第一节 早期人类对航空活动管理的实践 ································ 41
 第二节 国际民航组织的建立 ·· 43
 第三节 国际民航组织职能 ··· 45
 第四节 国际民航组织文件 ··· 49
 第五节 国际民航标准和建议措施 ··· 52
 第六节 国际民航组织文献的特点及学习方法 ························· 56

第四章 我国空管法规建设与应用 ·· 60

 第一节 航空法建设历程 ·· 60
 第二节 我国航空法的主要渊源 ·· 62
 第三节 我国空管法规体系框架结构 ······································ 64
 第四节 我国航空法律的实施情况 ··· 72

第五章 航空器、航空人员和机构空管法规 ································· 82

 第一节 航空管理机构及其法规 ·· 82

第二节　航空人员及其法规 85
　第三节　航空器及其法规 88
　第四节　国家航空器对民用航空器的拦截法规 96

第六章　空域管理法规 106
　第一节　国际公约与典型国家空域管理法规 106
　第二节　我国空域管理法规 116
　第三节　低空空域管理法规 123

第七章　空中交通管理法规 127
　第一节　空中交通服务 127
　第二节　飞行规则 135
　第三节　飞行间隔标准的确定 138
　第四节　军民航协调 145
　第五节　特情处置 150

第八章　应急、战时和军事飞行法规 157
　第一节　应急状态下的空中交通管制 157
　第二节　战时空中交通管制 162
　第三节　军事航空 167

第九章　通用航空法规 172
　第一节　国外航空法中有关通用航空内容的分析 172
　第二节　我国航空法中有关通用航空内容的分析 177

第十章　无人机飞行管理法规 184
　第一节　国外发达国家无人机管控实践与经验 184
　第二节　我国无人机运行管理 194

第十一章　国际民航组织空管法规 201
　第一节　《国际民用航空公约》 201
　第二节　《国际民用航空公约》的附件内容 207
　第三节　《航行服务程序——空中交通管理》(DOC 4444) 217
　第四节　《空中交通计划手册》(DOC 9426) 219
　第五节　《确定间隔和空域规划方法》(DOC 9689) 221
　第六节　《安全管理手册》(DOC 9859) 224
　第七节　《目视和仪表飞行程序设计》(DOC 8168) 229
　第八节　《基于性能导航(PBN)手册》(DOC 9613) 230
　第九节　关于空管发展的文件 234

第十二章　美国和欧洲空管法规 …………………………………………………… 246

第一节　美国空管法规体系 ………………………………………………… 246
第二节　FAA7110.65 简介 ………………………………………………… 250
第三节　欧盟的空管法规 …………………………………………………… 253

附录　空管案例法规分析 ……………………………………………………… 256

参考文献 ………………………………………………………………………… 267

第一章 空管法规概述

本章知识点提示：军、民航"空管"概念的差异，空管的作用，空管法规的特质，法规与标准的含义，空管法规的价值取向，领空范围。

对航空活动组织实施管理，不仅需要可靠的设备，还需要建立完善的空管法规体系，用以规范和约束航空活动。空管，作为一个缩略语在各种报刊、文章和文件中出现，但对军、民航两方其概念和内涵是不一致的。空管法规，即以法律、规则、规章、细则和制度等形式，明文规定空管行为必须遵循的基本规范，是规范我国境内飞行活动的法规性准则，是组织与实施飞行活动的基本依据。梳理和总结空管法规的特点和价值取向，对于学习、掌握和应用空管法规有着积极的作用。

第一节 空管的发展与法规

一、空管的概念

航空器的出现和发展，产生了个人与个人之间、协作者之间、管理机构之间乃至国家与国家之间复杂的社会关系，在处理这些复杂的社会关系时需要建立法律。航空器运行都要遵守有关部门制定的航空法规，而制定航空法规的部门为了实现和睦发展的友邻关系，避免飞行冲突对社会造成危害，要强制监督有关部门执行这些法规。

"任何理论首先必须澄清杂乱的，可以说是混淆不清的概念和观念。只有对名称和概念有了共同的理解，才可能清楚而顺利地研究问题[①]。"我国"空管"一词是从航行调度、飞行管制逐步演变而来的。"航行调度"一词源于苏联，我国主要在 1949 年 3 月至 1980 年 3 月使用。当时管制环境的基本特征是，全国的航行调度工作由空军统一负责领导组织实施，民航局归空军建制，民航局的行政领导和技术业务等均直辖于空军司令部，民用航空为空军的后备力量；国家安全面临的威胁主要来自于地面和境外，航空器数量少且性能相对落后，空中飞行矛盾不突出，管制手段主要是手工作业。

1980 年 3 月后，国务院、中央军委决定中国民用航空局不再归空军代管，管制环境发生了质的变化。特别是 1986 年 1 月，国务院、中央军委空中交通管制委员会（简称"空管委"）成立，统一领导全国的飞行管制工作，空军负责统一组织实施全国飞行管制，民航的运行管理不再由

---

① 克劳塞维茨.战争论[M].盛峰峻，译.武汉：武汉大学出版社，2013：54.

空军直接负责。与此同时，国家安全威胁呈多样化趋势，并向空中拓展，航空器数量增多，飞行矛盾开始显现，管制手段从传统的程序管制逐步向雷达管制过渡，《中华人民共和国飞行基本规则》(以下简称《飞行基本规则》)中"航行调度"一词由"飞行管制"替代。这一时期，民航相继引进了国际民航组织的"空中交通管制"和"空中交通管理"等概念。

对军航而言，空管是涉及国家主权、领空安全、空中资源、空中秩序、交通运输和飞行安全的重大和全局性问题，其本质是对国家领空的保卫与警戒、控制与管理。空管的全称是空中管制(Air Control)，亦称航空管制①，是根据国家颁布的航空法规，对在其领空内的一切飞行活动进行强制性的统一监督、管理和控制。空中管制的实质就是对权属领空的管理与控制，其本质的内涵是空域控制者为了维持对空域的有效控制和安全高效使用，根据航空和军事需要，合理规划和配置空域，并对占用空域的活动和影响空中飞行的活动进行识别、引导、管理和控制。空中管制不仅包括负责维持正常的空中秩序，保持国家各种飞行活动的正常运转，维持国家的空中安全和飞行安全，还包括防空识别、对进出境飞行的管理，对被劫持飞机、对低慢小目标识别判断。在战时，空中管制主要是空战场的管理。通过对美国空军有关条令、条例研究可以看出，空中管制不仅是美军空中作战领域里的常用术语，而且是美军《国防部军语词典》的一个标准作战用语。尽管《国防部军语词典》没有对"空中管制"的含义给出明确的规定，但却指出，"空中管制"涉及"空中管制员、空中交通管制中心、航路、区域管制中心、战斗地带、管制与报告中心、管制区、受管制空域、管制地带、截击控制员、战术空中管制中心、战术空中管制员和终端管制区"等术语。其中，空中管制员(Air Controller)是指"经过专门训练，可使用无线电、雷达或其他手段控制其管辖区域内指定航空器的人员"。战术空中管制中心(Tactical Air Control Center)是指"负责对所有参战航空器的控制及履行空中警戒职能"的机构。管制与报告中心是"美国空军战术空中管制系统的组成部分，隶属于战术空中管制中心"，主要用于防空作战和空域管制的协调，同时也担负部分指挥、控制和监视警戒职能。战区空中管制系统是美国空军空中作战中心履行指挥控制职能的核心系统，用于向空军部队司令和联合部队空中部队司令提供组织实施战区空中作战的能力，并支持空军条令规定的"集中控制、分散实施"的战区空中支援原则，分为地基战区空中管制系统和机载战区空中管制系统两部分。其功能包括，计划拟定和指导、航空器管制和警戒、近距空中支援和控制、空域管理、空袭行动协调和控制、地面目标传感器监视和战术空运。涉及单位有，空中作战中心、管制与报告中心、空中支援中心和战术空中管制组。可见，美军的空中管制既不是特定的岗位，也不是一个专门的机构，而是一个泛指或较笼统的术语，涉及诸多拥有相应指挥与控制权力的部门或岗位。由这些具有空中控制功能的部门或岗位共同对战区范围内所有空中作战行动实施计划、指导、协调、监视和控制，使各空域用户按照空中任务指令有序展开，实现协调联合空中作战行动的目的。

就民用航空而言，空管的全称是空中交通管制(ATC:Air Traffic Control)或空中交通管理(ATM:Air Traffic Management)，是对从事空中交通的航空器的飞行活动实施的管理和控制。空中交通管制的任务是防止航空器与航空器空中相撞及在机动区内航空器与障碍物相撞，维护和加快空中交通有序流动。航空管制概念是我国军航的一个专用概念，空中交通管理和空中交通管制是我国民航及世界范围内的通用概念。在我国，无论是军航实施航空管制，还是民航进行空中交通管理(或空中交通管制)，均必须在国务院、中央军事委员会空中交通管制

---

① 军事科学院.中国人民解放军军语[M].北京:军事科学出版社，2011:30.

委员会的领导下工作。因此,很多情况下民航所提及的空中交通管理或空中交通管制,就我国军航而言,即航空管制(空中管制、飞行管制)。

本教材主要以介绍空中交通管制法规与标准为主,同时涉及空中管制的内容。

二、空管内涵和作用

空管是依据国家相关政策法规,通过对在领空飞行的中外、军地等所有航空器进行集中统一管制,达成对领空的保卫与警戒、管理与控制,是关乎国家主权、领空安全、空中秩序、交通运输和飞行安全的战略性、全局性问题。空管平时主要是在确保领空安全与尊严、空防稳定的前提下,确保空中活动安全、有序、高效运转;战时就是通过实施有效管理和控制,确保战时空战场有序运行,夺取空中作战胜利,并最大限度地确保民用航空安全有序运行。

(一)空管是国家空防安全的重要支撑

空防体系是空管的根本依托。空管空防是一个辩证的统一体,空管与空防虽然在担负的主要任务方面有所区别,但从战略层面上讲,都属于经略天空的范畴,都是国家利益的体现,都要求实现国家利益最大化。空防体系是国家空防安全的基石,是安全防御的重要力量,有时也是履行空管职能的有效支撑,比如对拒不服从指挥的航空器采取的迫不得已的军事行动。空管是空防体系的基本单元,是情报预警的信息源头,是指挥控制的实施机构。空军警戒值班系统主要任务就是,组织空中管制,提供间隔服务,配置空域资源,查证不明空情,组织监视预警、空中警巡、航空侦察和战斗起飞,应对周边突发事件,维护空中秩序,确保空防稳定,保卫领空安全。仅在2011年我国飞行总量达到982万架次,平均每天飞行约2.7万架次,全年进出境飞行74.84万架次,平均每天飞行2 050架次。空管系统通过计划掌握、动态通报、边境预警、雷达监控和管制协调移交等措施办法,逐一识别验证航空器属性,及时排查空防安全隐患。在空防体系中,空管主要是配置空域资源,规划空域结构,组织空中运行,维护空域使用的公共安全。没有空管系统,空防体系是不完整的,难以有效履行使命任务。没有空管信息的支持,空防信息将会出现大量空白,难以构成多维高效的信息化体系;没有空防信息的保障,空管体系难以完成使命任务。

(二)空管是国家经济建设和国防建设的重要保障

空域是航空活动的基础平台。空管通过采取优化空域结构、灵活空域使用和改进空域管理模式等办法,实现对空域的高效控制与管理,有效提高空域使用效率,为国民经济建设提供空域资源保障。近年来,我国民用航空发展迅猛,航班总周转量已位居世界第二位。要实现持续发展目标,仍面临着关键资源紧缺、空管能力不足等问题。总体上看,航空需求旺盛与空管能力不足的矛盾逐渐成为当前和今后一个时期空管领域的主要矛盾。空管能力与航空需求同步协调发展,关系到民航发展指标的实现,关系到民航发展水平,关系到民航大国向民航强国迈进步伐,直接影响我国经济发展的速度和质量。当前,我军航空武器装备多代并存,机械化、信息化复合发展。空管能力水平也直接关系着部队战备训练展开,关系着部队战斗力提升,也关系着军队转型建设推进。

(三)空管是构建和谐社会的重要内容

国家安全、社会稳定是经济社会发展的基础。空管安全与社会公众利益、人民生命财产安全密切相关,直接关系社会安全稳定,是构建和谐社会的重要组成部分。1990 — 2009年20

年间,世界范围内发生航空器相撞事故61起,造成了巨大的人员伤亡和财产损失。1996年11月12日,印度新德里上空沙特一架波音747客机与哈萨克斯坦一架伊尔76货机相撞,造成351人遇难。2002年7月1日,由于瑞士管制员指挥失误,美国一架波音757货机和俄罗斯一架图154客机在德国乌伯林根万米高空相撞,包括52名俄罗斯儿童在内的71人全部罹难。俄罗斯民众极度愤慨,其中一名遇难儿童的亲属专程到瑞士将当值管制员杀死。这一事件影响到德国、俄罗斯和瑞士三国政治外交关系,影响到俄罗斯社会稳定。空管是航空运行的直接组织者和参与者,在航空运输体系中具有非常重要的作用,是建设和谐社会的重要力量。

三、空管与法规伴随发展

航空器的逐步推广使用和航空运输的发展为空中航行规则的建立提供了契机。1919年,凡尔赛和平大会上空中航行国际委员会(ICAN:International Commission for Air Navigation)制定了"空中守则"。1926年,美国国家航空局成立,制定了一系列有关飞行的规定,包括航空器识别与安全间隔保护、安全飞行高度、飞行最低高度限制、航空器交汇飞行航线、天气指南、信号和夜间灯光等。20世纪20年代末期,一批飞行员开始使用15 W的民用电台与地面联络,联络距离可达到24 km。1930年2月,克利夫机场开始使用无线电空中交通指挥塔。随着运输量的增加,航线竞争愈发激烈,大量航空器无计划地争先起降使机场秩序紊乱,危险时常发生。为此,1934年秋,在华盛顿召开了由美国民用航空委员会(CAB:Civil Aeronautics Board)主持的商业航线飞行员会议,要求各条航线立即建立起自己的空中交通管理系统。1934美国四家航空公司在纽瓦克机场的一个废弃高塔上建立了一个控制机场80 km范围的空中交通管制中心,成为第一个试验性空管部门。1936年6月6日CAB在纽瓦克、芝加哥和克利夫正式建立了机场塔台。同年,全美正式建立了73条民用航线。民用航线的建立促使空中交通管制由终端区向航路延伸,1938年美国民航局(CAA:Civil Aeronautics Administration)颁布了"民航管理法则"与"空中交通规则",要求飞行员按照仪表的指示,严格遵守空中交通控制中心的指令飞行,程序管制至此建立。20世纪50年代美国空军将过时的雷达交给民用航空管制使用,从此雷达成为空中交通监视的主要手段。20世纪60年代中期二次雷达(SSR:Secondary Surveillance Radar)和计算机技术获得了普遍的应用,可以将航空固定电信网(ATN:Aeronautical Telecommunication Network)的飞行动态信息与一、二次雷达显示进行自动相关。雷达真正应用于空中交通管制,标志着雷达管制的正式建立。

就军航而言,第二次世界大战之前,使用空域的用户很少,飞机、飞艇和气球飞得很慢,很好识别、辨认。第二次世界大战时由于大规模联合作战样式的出现,使用空域的用户猛增,需要建立航空管制系统。后来防空导弹系统、巡航导弹和无人飞行器的出现,加快了军队对战区航空管制的需求,反过来,这一需求推动了航空管制系统的建设。1943年7月13日夜,在代号为"爱斯基摩人"活动中,144架C-47型运输机大约搭载2 000名美国伞兵,从突尼斯飞往西西里。这次活动是在盟国军舰的炮火掩护下进行的。由于失误,驻西西里的盟军并不知道这次有计划的空投,误把其当作德军的伞兵,导致美军伞兵和盟军地面部队的火拼。由于事前没能和各方协调建立好空中安全走廊,致使23架飞机被盟国摧毁,许多架飞机遭重创。事后,盟军最高司令艾森豪威尔将军指示成立一个专门研究委员会调查此事。经调查,该委员会指出,在这次空投活动之前,所有的地面部队和海军部队都应被通知到,空中作战活动计划的制定应该由统一的司令部负责,以便使指挥和通信等问题简化易行,指挥控制机构应由战区或地区空军司令官直接控制。美国《军语术语字典》对航空管制做出如下解释:它是一个通过提高空域使用安全、效率和灵活等来提高作战效率的过程,航空管制可防止误击,提高防空作战的效果和作战活动的灵活性。航空管制还称为作战航空管制、作战地域航空管制。

四、空管法规的特质

空管法规特质是指空管法规的特殊本质,是空管法规中所特有的决定空中管制建设与实践的性质、面貌和发展的根本属性。作为航空法规的一部分,从空中管制发展的过程看,空管法规特质多元一体性表现在以下几个方面。

1. 政治的引领

空中管制服从于维护国家领空主权、捍卫国家领空安全和支撑国家利益的存在和拓展,服务于国家以经济建设为中心的经济发展大业,承担专机飞行、国家重大任务飞行等具有政治使命的飞行。只有依靠国防力量才能创造一个主权独立的外围安全空间,只有国家稳定,才能有一个持续、稳定、发展的空管。从本质上讲,空管法规是国家法之整体的一个部分。

2. 军事法规的介入

从空管法规的发展来看,军队法规作为主要来源之一,对空管法规的形成、发展影响深远。我国空中管制在管理体制上经历了空军领导实施国家飞行管制,国家空管委领导全国飞行管制、空军具体组织实施飞行管制的不同阶段,空管的队伍在任何国家都有准军事的性质,长期以来空管发展与壮大和人民军队特别是空军的发展紧密相连,军事法规是空管法规的底蕴和源泉,空管是其精神和物质历史传承。

3. 外来法规的影响

航空活动对外交往日益增长,空中交通管制逐步接受和采纳与国际航空活动管理的公约、程序、规则、管理体制和管理理念,航空活动的世界性对空管组织和人员带来了诸多的影响。发达国家特别是美国空管科技的优势、空管体制和意识的渗透都不可避免地对空管人员带来了思想和行为上的影响。

由本质属性所决定,空管法规在世界范围里的碰撞和交流必然表现出两重性。一方面的碰撞和交流表现为法规世界性和国际化。如飞行规则、空中交通管制方式、通论和导航设施等,全世界都愿意接受同一(国际民航组织)规则,人们很容易达到相互沟通和理解。甚至在某些价值观念、审美趣味、制度和规范形态方面,不同的国家和地区也出现趋同的现象。另一方面的碰撞和交流又表现为民族性和地方性。由于各民族文化的发展水平不同,人们在空管实践中的交流和交往活动不可避免地遭遇文化冲突。所谓文化冲突是指不同形态的文化或者文化要素之间相互对立、相互排斥的过程,如空管过程中,不同飞行阶段高度概念的应用,英尺和米单位的使用等。

4. 传统文化的背景

行业文化是以人类文化、社会文化和经济文化为背景的亚文化。中国传统文化的"根本"或"基因"可以概括为一种"尚道"和"心性"修养的人生观和价值观,贯穿这种人生观和价值观其中并作为根本指导思想的思维方式即认知原则、价值取向就是"和"思想。

五、空管法规与航空法

(一)空管法规是航空法体系的一部分

空中交通管理从诞生之日就是航空的一部分,与空管相关的法规与标准也始终与航空法密不可分、相辅相成。航空法是指关于航空器运行以及民用航空活动的法律规范的总和。航空法不包括规制无线电传播和外层空间活动的法律规范，它们已分别形成了新的法律分支，即电信法和外层空间法。这里所说的"航空法"，指的是国际法的一部分，为明确起见，有时称为"国际航空法"。至于国内法，大多数国家称之为某某国航空法，例如《美国联邦航空法》；有些国家称之为民用航空法，例如我国定名为《中华人民共和国民用航空法》（以下简称《民用航空法》）。航空法是"民用"性质，主要是调整民用航空活动所产生的社会关系。1944年《国际民用航空公约》明确规定："本公约仅适用于民用航空器，不适用国家航空器""用于军事、海关和警察部门的航空器，应认为是国家航空器"（第3条）。其所以说"主要"，是因为当民用航空与非民用航空在同一个空域中活动时，还得协调两者之间的关系，否则空中航行得不到应有的法律保障。航空法是平时法，《国际民用航空公约》明确规定："如遇战争，本公约的规定不妨碍受战争影响的任一缔约国的行动自由，无论其为交战国或中立国。如遇任何缔约国宣布其处于紧急状态，并将此事通知理事会，上述原则同样适用"（第89条）。"国际性"是航空法的显著特征。国内法应尽可能地与国际法取得最高程度的一致。1995年10月30日颁布的《中华人民共和国民用航空法》参照了很多国际航空法条约的规定，尽可能地与国际法律规范和国际通行做法接轨。

从20世纪初起，很多学者就对航空法的定义作了探索。国际上至今没有统一的定义。研究有关航空的国际条约和各国的国内航空法，不难发现存在某些共同的特性：一是领空主权原则是一个根本性的法律制度，是航空法的基础；二是民用航空活动所产生的社会关系是航空法的主要调整对象；三是在和平时期和正常情况下，民用航空和非民用航空在同一空域活动时，应遵守统一的空中交通规则，实行统一的空中交通管制，必须统一管理空中航行，以保障空中航行的安全和通畅。基于上述特性，航空法可定义如下：航空法是规定领空主权、管理空中航行和民用航空活动的法律规范的总称。

（二）航空法规是空管工作的依据

航空法规是关于飞行活动的法律和规定，是航空管制工作最根本的依据。

1. 航空法规是维护空中交通秩序的法律保障

我国颁布的《飞行基本规则》（1951年版）指出"本基本规则是中华人民共和国的飞行安全组织的基础"，《飞行基本规则》（1964年版、1977年版）的第一条均写明，"飞行基本规则是在我国境内组织实施飞行、维护飞行秩序和保证飞行安全的基本依据"，《飞行基本规则》（2000年版）第一条则表明"为了维护国家领空主权，规范中华人民共和国境内的飞行活动，保障飞行活动安全有秩序地进行，制定本规则"。

美国"1958年联邦航空法"指出："本法之宗旨为，使民用和军用航空器安全而有效地使用空域以及为其他目的做出规定"。

航空法规是以国家名义颁布的法律和规则，为从事航空活动提供了翔实的法律依据。

2. 航空法规规定了各航空保障部门的责任，协调了各航空保障部门的工作

航空器的运动涉及了飞行人员、飞行指挥人员、领航、气象、雷达、航管和机场勤务等多个部门，《中华人民共和国飞行基本规则》指出："飞行基本规则是我国境内组织实施飞行的基本依据。凡辖有飞机和其他航空器的部门，其首长、飞行指挥人员、飞行人员及与飞行有关的一切人员都应遵守本规则。""各航空部门应当及时互通情报，切实掌握飞行动态，协调一致地实施指挥。"

3. 航空法规促进了航空运行的通畅

航空法规给予空中交通管制工作的任务之一就是保障航空器在空中运行的通畅。空军有关规章中指出飞行管制的任务"实施飞行调配,提高飞行的空间和时间的利用率";民航《空中交通管理基本规则》第四条指出:"空中交通管理的任务是有效地维护和促进空中交通安全,维护空中交通秩序,保障空中交通畅通。"

《国际民用航空公约》的第四章要求各缔约国"采取一切可行的措施,通过发布特别规章或其他方法,以便加速航空器在缔约各国领土间的航行,特别是在执行关于移民、海关、检疫等法律时防止对航空器、机组、乘客和货物造成不必要的延误"。《国际民用航空公约》第九条对"禁区"的规定为"此种禁区的范围和位置应当合理,以免空中航行受到不必要的阻碍"。

六、法规与标准概念

(一)法律、法规、规章的概念

1. 法律

法律有广义、狭义两种理解。广义上讲,法律泛指一切规范性文件。在我国,依据《中华人民共和国立法法》规定,法律的制定和修改的权力是由全国人民代表大会和全国人民代表大会常务委员会行使的,因此在这个意义上,只有全国人民代表大会和全国人民代表大会常务委员会制定的规范才能称为法律。狭义上讲,法律仅指全国人大及其常委会制定的规范性文件。在与法规等一起谈时,法律是指狭义上的法律。经过拥有国家立法权的全国人民代表大会和全国人民代表大会常务委员会通过后由国家主席签署主席令予以公布,因而法律的级别是最高的。一般均以"法"字配称,如《刑法》《民用航空法》等。

2. 法规

法规包括行政法规和地方性行政法规。行政法规由国务院根据宪法和法律制定,并由国务院总理签署国务院令公布,如《中华人民共和国飞行基本规则》等。地方性法规由省、自治区、直辖市以及较大的市如省会的人大及其常委会制定,并由大会主席团或常委会发布公告予以公布。

3. 规章

规章包括国务院部门规章、地方政府规章。国务院部门规章指国务院组成部门及直属机构在它们的职权范围内,依据法律、法规制定的规范性文件,如《中国民用航空无线电管理规定》。地方政府规章指省、自治区、直辖市人民政府以及较大的市,如省会的人民政府,在它们的职权范围内,依据法律、法规制定的规范性文件,如《天津市持证执法管理办法》等。规章由本部门首长或省长、自治区主席、市长签署命令予以公布。规章一般称"规定"或"办法",但不能用"条例"。

4. 规范性文件

规范性文件有广义、狭义两种理解。广义上讲,规范性文件指属于法律范畴,即法律、法规和规章的立法性文件及除此以外的由国家机关和其他团体、组织制定的具有约束力的非立法性文件的总和。狭义上讲,规范性文件指除法律、法规、规章以外的国家机关在职权范围内依法制定的具有普遍约束力的文件。

(二)法规与标准

法规是一种由国家强制力保证的行为规范,用来指引人的某种行为,对行为的合法性进行评价,它能够调节各类关系、管理公共事务。广义上说,标准是在一定的范围内获得最佳秩序,对活动或其结果规定共同的和重复使用的规则、导则或特性的文件。标准是以科学、技术和经验的综合成果为基础,以促进最佳社会效益为目的而制定的文件。制定、发布及实施标准的过程,称为标准化。

标准的分类,标准的制定和类型按使用范围划分有国际标准、区域标准、国家标准、专业标准、地方标准和企业标准;按内容划分有基础标准(一般包括名词术语、符号、代号和机械制图等)、产品标准、辅助产品标准(工具、模具等)、原材料标准和方法标准(包括工艺要求、过程等);按成熟程度划分有法定标准、推荐标准、试行标准和标准草案。

标准的制定,国际标准由国际标准化组织(ISO)理事会审查,ISO理事会接纳国际标准并由中央秘书处颁布;国家标准在中国由国务院标准化行政主管部门制定,行业标准由国务院有关行政主管部门制定,企业生产的产品没有国家标准和行业标准的,应当制定企业标准,作为组织生产的依据,并报有关部门备案。法律对标准的制定另有规定,依照法律的规定执行。有关航空标准的国际组织是国际民航组织,国际民航组织标准的代号是ICAO。

标准的实施一般有以下几种形式。

1. 直接采用上级标准

直接采用上级标准就是直接引用标准中所规定的全部技术内容、毫无改动地实施,对重要的国家和行业基础标准、方法标准、安全标准、卫生标准和环境保护标准必须完全实施。

2. 压缩选用上级标准

压缩选用有两种方法:一是对标准中规定的产品品种规格、参数等级等压缩一部分,对允许采用的产品品种规格、参数等,在正式出版发行的标准上标注"选用"或"优选"标记,企业有关部门,按标准中规定的标记执行。二是编制《缩编手册》,即把有关"原材料""零部件""结构要素""通用工具"等国家标准、行业标准内容进行压缩,将选用的部分汇编成册。

3. 对上级标准内容做补充后实施

当所实施的标准内容(如对通用技术条件、通用实验方法、通用零部件等)规定得比较概括、抽象、不便于操作时,可在不违背标准的实质内容和原则精神的条件下,作一些必要的补充规定,以利于贯彻实施;还有一种情况是上级标准规定的产品参数指标偏低,企业可提出严于上级标准的补充规定。

4. 制定并实施配套标准

某些相关标准本应成套制定,成套贯彻实施,但因条件所限,成套标准中缺一、二种或者若干种标准未能及时制定出来,此时企业可根据已有的标准内容,自行制定与其配套的标准,以便更全面、有效地实施标准。

5. 制定并实施严于上级标准的企业标准

企业根据市场的需要,可以制定出高于国家标准或行业标准的企业标准,并加以实施。标准的贯彻工作,大致分为计划、准备、实施、检查与监督和总结5个阶段。我国1990年4月6日颁布了《中华人民共和国标准化法实施条例》。

在国际民航组织文件中对标准的定义采用了狭义的概念,"标准的定义是,凡有关物理特征、结构、材料、性能、人员或程序的规范,其统一应用被认为对国际空中航行的安全与正常是必要的,各缔约国将按照公约予以遵守;不可能遵照执行的,则根据公约第三十八条执行,即任何国家如认为对任何上述国际标准和程序,不能在一切方面遵守,或在任何国际标准和程序修改后,不能使其本国的规章和措施完全符合此项国际标准和程序,或该国认为有必要采用在某方面不同于国际标准所规定的规章和措施时,应立即将其本国的措施和国际标准所规定的措施之间的差别,通知国际民用航空组织。"

现代空中交通管制度标准源自《芝加哥公约》,目前国际上具有影响力的为两大规则,国际民航组织第4444号文件和美国联邦航空局(FAA)7110.65文件。这两大标准都是空中交通管制的标准文件,国际民航组织标准相对地比美国联邦航空局的规则严谨得多。

本教材中所讨论的"空管法规"是法律、法规、规章、规范和标准的简称。

第二节 空管法规的特点、价值及调整的社会关系

一、空管法规的特点

空管法规的历史几乎与人类的航空活动一样悠久。自从1911年英国议会批准了第一个空中航行法以来,人们对空气空间的法律地位才有了较清醒的认识,人类的航空活动便从"自由"走向"管制"、从"无序"走向"有序"。在此过程中,航空管制法规也经历了从无到有、从低级到高级、从不完善到日臻成熟的历史过程。我国于1950年11月1日由中央人民革命军事委员会主席毛泽东签署命令并颁布了第一部航空法规,即《飞行基本规则》;1951年4月,中央军事委员会颁发《航行管制令》。60多年来,我国的航空管制法规建设已初步形成体系,全国人民代表大会、国务院、中央军事委员会、总参谋部、空军和民航总局在不同历史时期已制定了大量的与航空管制有关的法规及规范性文件,即《飞行基本规则》《飞行间隔规定》《通用航空飞行管制条例》《中国人民解放军空军飞行条令》《中国人民解放军空军飞行管制工作条例》《中国民用航空空中交通管理规则》等。这些法规对于指导我国军民航航空管制工作,提高国防效益和加强民用航空运行管理,确保国家领空安全提供了有力保障。

法规是法律文件的一种,是国家机关在其职权范围内制定的要求人们普遍遵守的行为规则文件,是法律规范的表现形式,具有法律规范的一般约束力。国家机关的权限不同,它们发布的规范性文件具有的法律效力[①]不同。航空管制法规,是国家航空法规体系的组成部分,是规范航空管制工作,保障飞行活动安全有序进行的基本依据。据此,航空管制法规的内涵可理解为,空管法规是指由国家制定或认可的,并由国家强制力保证其实施的,用于调整航空管制活动过程中的各种社会关系的法律、行政法规、规章、规则、条例、制度等规范性文件的总称。其目的是确保国家领空安全,维护飞行活动顺畅和有序。

空管法规有以下几个特点。

1. 空管法规的国家创制性

空管法规是由国家制定或认可的。国家制定的空管法规,是指有权制定的国家机关,依据一定的立法权限和程序,制定具有不同效力等级的航空管制法规;国家认可的空管法规,是指有权制定的国家机关依据一定的立法权限和程序,赋予某些已经存在的、有利于维护国家利益和空中安全秩序的习惯以法律效力。航空管制法规一旦由国家制定或认可,就发生普遍的法律效力,与航空管制活动有关的人员都必须遵守。

---

① 辞海[M]. 上海:上海辞书出版社,1999:1078-1079.

2. 空管法规主、客体的特定性

空管法规关系是空管法规调整着的社会关系。航空管制法律关系的主体,是指参加航空管制法律关系享受权利或者承担义务的人。简单地说,航空管制机构与管制人员、空域用户是航空管制法律关系的主体。航空管制法律关系的客体,是指航空管制法律关系的权利与义务所指向的事物,主要包括航空管制活动行为、航空器活动行为等等。

3. 空管法规的统一性

空管法规是由不同层次的国家机关制定的不同效力的航空管制法律规范构成的体系。其中,国家和军队颁布的有关航空方面的法规,如《飞行基本规则》是我国航空管制法规体系的主干,《空军飞行管制工作条例》和《中国民用航空空中交通管理规则》等是我国空管法规体系的基干,其他主管机关颁发的条令、条例、规章和细则等是我国航空管制法规体系的补充。按照法制建设要求,《空军飞行管制工作条例》和《中国民用航空空中交通管理规则》等法规必须以《飞行基本规则》等上一层的法规为依据,不得与其抵触和矛盾,从而才能确保航空管制法规的统一性。同时,由于一个国家的航空具有军事性和民用性,军民航在管制"同一片蓝天"内的飞行活动过程中,其管制法规必须具有一致性,不得相互冲突或矛盾。

4. 空管法规文件适用范围的差异性

由于法律是以国家名义制定并颁布的,它代表着国家意志,因此,是一种普遍性的社会规范①。然而,任何法都具有法的效力的层次、范围和时间性。《飞行基本规则》是我国航空部门组织、实施飞行活动的最高等级行业法规,其涉及航空管制的条款是我国各级航空管制部门制定航空管制法规的基础和依据。《民用航空法》只涉及同民用航空活动以及与之有关的各种其他活动(不包括军事活动)的法律关系②,因而其所涉及的航空管制规定只适用于民用航空活动。我国军民航所制定的与飞行活动有关的法规和规范等,分别适用于军民航飞行活动。

5. 空管法规的基本价值

空管法规同样具有一般法的基本价值,但更加强调领空主权原则、安全价值、秩序价值和效益价值等。航空管制法规的作用是确保国家领空安全、维持航空器飞行活动秩序、提高航空运行效益和军事效能。

二、空管法规的价值取向

法的价值是法律作为客体对于主体——人的意义,是法律作为客体对于人的需要的满足,是人关于法律的超越的绝对指向③。法的价值贯穿于立法、执法、守法和法的监督等各个环节之中,是任何法律在创制时就必须考虑的重大问题,是立法的动力根据。通常认为,法的价值包括秩序、民主、效益、权利、法治,以及安全、自由、平等、人权、正义乃至人的自由发展。在如此复杂的法的价值体系中,不同的法应当有不同的价值取向。我国航空管制法规是国家法律体系中的一个特殊的门类,有其独特的和多元的基本价值,应当确立以"领空主权、安全、秩序、效益、正义"的基本价值结构,以此作为修改、完善航空管制法规所追求的一种价值导向。

---

① 周旺生. 法理学[M]. 北京:中国政法大学出版社,2002:69-70.
② 吴建端. 航空法学[M]. 北京:中国民航出版社,2005:8.
③ 卓泽渊. 法的价值论[M]. 北京:法律出版社,1999:10.

(一) 主权

领空①，是主权国家领陆和领水上空的大气层空间，是国家领土的组成部分。在国际法中，空域被划分为国家领空(指一个国家领土、内水、群岛水域和领海之上的空域)和国际空域(指毗连区、专属经济区、公海和不属于国际主权管辖范围内的领土之上空域)。

国家对其领空享有绝对主权，1919年缔结的《巴黎航空公约》和1944年缔结的《国际民用航空公约》规定，用于军事、海关和警察部门的国家航空器，只有经过国家间的特别协定或许可才能飞越另一缔约国的领空或降落其领土。领空主权是国家主权的组成部分，也是航空管制法规的基础。《飞行基本规则》第一条指出："为了维护国家领空主权，规范中华人民共和国境内的飞行活动，保障飞行活动安全有秩序地进行，制定本规则。"国家对其领空实施完全的管辖和控制，有权禁止或准许外国航空器通过或降落。《飞行基本规则》第一百一十二条指出："外国航空器飞入或者飞出中华人民共和国领空，或者在中华人民共和国境内飞行、停留，必须按照中华人民共和国的有关规定获得批准。"第一百一十五条也指出："未经批准擅自飞入或者飞出中华人民共和国领空的外国民用航空器，中华人民共和国有关机关有权采取必要措施，令其在指定的机场降落。"1958年《中华人民共和国政府关于领海的声明》和1979年中国民用航空总局关于《外国民用航空器飞行管理规则》也都有明确规定：任何外国飞机，若不经过许可或不根据协定而飞入中国领空就是侵犯中国主权。《中国民用航空空中交通管理规则》第二条指出："各级民用航空管理机构和从事民用航空活动的单位和个人，以及在我国飞行情报区内飞行的外国民用航空器飞行人员，均应当遵守本规则。"这些条款集中表明了我国航空管制法规的立法目的和价值，表达了航空管制法规领空主权原则的价值理念。可见，领空主权原则是我国航空管制法规的基石和支柱。离开领空主权原则，航空管制法规就失去了法律根据。

我国与周边很多国家存在领土争端问题，这就导致了领空界限划设问题，领海的领空划设一直是参照国际海洋法来进行的，但领海划设各国都从有利于自己一方来解释国际海洋法对领海划设的方法，这使得空管范围也存在一定的争议。海洋与空域的海洋界线如图1.1所示。

1. 领空的水平界限

一国领空从与地球表面平行方向看，止于其领土边界线的上方，即领土边界线向上立体延伸构成领空的水平扩展界限。与领空处于地球大气同一环层，并在各国领空水平界限以外的部分，主要包括专属经济区、公海和南极的上空，就其整体的法律地位而言，国际法上还没有一项专门的条约来规定，比如《海洋法公约》仅规定了专属经济区和公海上空的飞越自由。一般认为，该领空外部分不属于任何国家的主权之下，对所有国家都是开放和自由的。由于该问题表述的概念很多，详细了解可参看任筱锋编写的《海上军事行动法手册》。

2. 领空的垂直界限

领空的垂直界限是指领空自地球表面向上扩展的外缘，这是领空与外层空间的界限问题。对此国际社会有多种主张，主要包括空间论和功能论两派。空间论者认为应该而且也可能划定某一高度为领空和外空的界限。他们提出了包括空气空间或大气层标准、卡曼线、卫星轨道最低点、航空器飞行最高点等划定方法。功能论不支持划定界限的主张，认为更为重要的是，应从功能上区分航空器或航天器两类不同性质的航行器，以及相应地区分相关的国家活动性

---

① 空军司令部. 中国空军百科全书：上卷[M]. 北京：航空工业出版社，2005：1081.

质,从而由不同的法律进行规范。他们认为,航空器活动由航空法规范,航天器活动由航天法规范,完善各种具体的规则应基于目前解决问题的途径,而不必急于划界。迄今为止,国际法尚未就领空与外空的具体界限做出准确的划定。

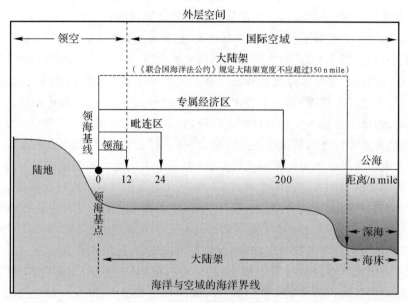

图1.1　海洋与空域的海洋界线

外层空间法律规则和制度,是随着20世纪50年代人类活动进入外空而产生并迅速发展的。国际法中的外层空间的概念来源于自然科学,但与自然科学中外层空间的概念是有区别的。它不仅涵盖了自然科学中的外层空间,还涵盖了自然科学中空气空间的部分区域(虽然准确界限尚未确定)而且还特别包括外层空间中的任何天体。

外层空间法的主要法律渊源是国际条约,包括1967年《关于各国探索和利用包括月球和其他天体在内的外层空间活动的原则条约》(简称《外空条约》),1968年《营救宇宙航行员、送回宇宙航行员和归还发射到外层空间的实体的协定》(简称《营救协定》),1972年《空间物体造成损害的国际责任公约》(简称《责任公约》),1975年《关于登记射入外层空间物体的公约》(简称《登记公约》))以及1979年《指导各国在月球和其他天体上活动的协定》(简称《月球协定》))等。它们奠定了外层空间法的基础,以其为核心形成了外层空间法律体系。

案例:①"黑海事件"及其反映的国际法问题

1988年2月12日,美国驱逐舰"卡隆"号和导弹巡洋舰"约克郡"号分别在当日下午进入苏联黑海沿克里米亚的领海,在距海岸7~10 n mile处航行。当苏联的警告和立即离开的要求未得到回应后,苏联出动两艘护卫舰实施驱除行动。随之双方发生了碰撞,并有轻微损伤。但没有人员伤亡。在这一过程中,美舰在苏联领海航行了两小时。

事后,当事双方提出了抗议。苏联认为,"美国军舰的行为是一种有预谋的挑衅,导致双方军舰碰撞的责任完全在于美国。"美国则称,"美国舰只在黑海本来可以在12 n mile以上的距离绕过克里米亚半岛,但有意经过那里,是为了表明美国在它不承认为不可侵犯的水域内保持

---

① 肖锋."黑海事件"及其反映的国际法问题[J].海军军事学术,2000(3):78.

进出自由的决心"。1988年3月2日的外交照会更认为,苏联的行为违反了国际法,特别是违反了"应以不给船舶造成危险的方式确保船舶的航行安全"的尊重无害通过权的国际法义务。最后,双方同意就军舰无害通过领海问题和避免危险军事行动问题进行谈判。1989年9月23日,双方签署了"关于对无害通过国际法规则的联合共同解释"。该联合解释签署以后,双方同意采取必要步骤,按照国际法调整其国内立法。与此同时,美国还发表声明称,"为了不损害无害通过权利的行使,美国军舰无意在苏联黑海领海再做无害通过""所有由船舶通过领海引起的特殊案件应通过外交途径解决"。苏联外交部也注意到,美舰再也没有在黑海进入苏联领海。发生在美苏之间的"黑海事件"就这样宣告结束。

"黑海事件"表现出的国际法问题,就是军舰在领海的无害通过问题。该问题的核心是外国军舰是否像其他船舶一样享有在领海的无害通过权。或者说,沿海国家对外国军舰无害通过其领海是否可以要求事先许可、事先通知或附加任何其他条件。国际法对该问题一直存在争议。1958年第一次联合国海洋法会议对此争论激烈,没有达成协议。第三次联合国海洋法会议在这一问题上的分歧仍然很大。1982年《联合国海洋法公约》生效以后,这一问题还是没有得到彻底解决。那么,国际海洋法有关领海无害通过权的规则到底是如何规定军舰通过领海问题的?公约的有关规定到底应作何种解释和理解?要比较确切地解说这些问题,就有必要按照国际法的基本理论,对公约有关规定的含义及其生成过程进行客观分析和解释。

(二)安全

"法的价值具有属人性和社会性。法的价值是属人的,具有属人性。任何法的价值都是相对于人而产生、而存在的。离开了人就无所谓价值,也无所谓法的人价值[①]。"而安全是人对现有利益或将来可期待的预期利益所存在的能够持久、稳定、完整或顺利得以实现的心理期盼。法律具有满足人这种心理期盼的功能,因而法律具有安全价值,并且法律是实现人类安全的最有效工具[②]。航空管制法规的价值与其他法律的价值一样,应该首先定位为人的利益,体现人本主义。人的利益有人身利益和财产利益。安全是与人的人身利益和财产利益密切相关的人类的基本需求。美国心理学家亚伯拉罕·马斯洛将人的需求依次分为生理需要、安全需要、归属和爱的需要、尊重需要以及发展的需要。安全作为人的基本需求之一,指个人或者组织对有序和稳定状态的期待。航空管制法规的主要调整对象是空中飞行的航空器,这些航空器在高空高速运行,从而决定了航空活动的高风险性。如果航空活动没有可保障、能实现的安全措施,人们(包括飞行人员和乘客)的人身利益和财产利益的保障便无从谈起,法的其他诸如秩序、效益、自由、平等、人权、正义等价值毫无意义。因此,安全价值是航空管制法规的立法目标。《飞行基本规则》第一条就明确了"保障飞行活动安全"的要求;第八条指出:"与飞行有关的所有单位、人员负有保证飞行安全的责任,必须遵守有关规章制度,积极采取预防事故的措施,保证飞行安全。经过批准的飞行,有关的机场和部门应当认真做好组织指挥和勤务保障工作。"第一百条也明确指出:"飞行中发生特殊情况,机长必须在保证航空器上人员生命安全的前提下,积极采取措施保全航空器。"空军的有关规章中将防止航空器与航空器、航空器与地面障碍物相撞,防止地面对空兵器或者对空装置误射航空器等,作为飞行管制的基本任务。此外,关于飞行安全问题,还有专门的《飞行间隔规定》《空军防止飞机空中相撞工作规定》等

---

① 周旺生. 法理学[M]. 北京:中国政法大学出版社,2002:41.
② 杨震. 法价值哲学导论[M]. 北京:中国社会科学出版社,2004:219-220.

法规。

(三)秩序

秩序是人类社会中由社会规范调控所形成的有序状态。只有建立符合社会需要的强制秩序,才能维持人类社会的存在和发展。秩序,乃人和事物存在和运转中具有一定一致性、连续性和确定性的结构、过程和模式。秩序虽不是法律的终极价值,但它是法律其他价值实现过程中不可逾越的。飞行活动作为人类一种特殊社会活动,对航空器飞行活动的有序性、稳定性和协同性有着更高的要求。纵然这种有序性、稳定性和协同性形成离不开诸要素的自组织、自协同能力,但更多的还是依靠有效的外力作用,即航空管制法规。这是因为,航空管制法规可以对航空活动诸多要素主体设定权利、义务或权力、责任,从而使它们在秩序维度和时间维度上结合,形成一种稳定性、一致性、连续性的具有特殊强制力的制度形态。因此,《飞行基本规则》中将"保障飞行活动安全有秩序地进行"作为第一条款内容体现在法规之中。同时,在第二十九条中明确了飞行管制的第一项基本任务便是:"监督航空器严格按照批准的计划飞行,维护飞行秩序,禁止未经批准的航空器擅自飞行。"《中国民用航空空中交通管理规则》第四条将"维护空中交通秩序,保障空中交通畅通"作为空中交通管理的任务之一;第五条将"维护和加快空中交通的有序流动"也作为空中交通管制服务的任务之一;第一百六十一条将"妥善安排航空器等待,及时调整航空器飞行航线,加速和维持有秩序的空中交通活动"作为区域管制室和进近管制室的职责;第三百九十九条将"疏导空中交通,维持正常飞行秩序"作为飞行前流量管理的内容;第四百条将"控制航空器按照规定间隔有秩序地运行"作为实时流量管理的内容。

(四)效益

法律的效益价值是指法律能够使社会或人们以较少或较小的投入获得较大的产出,以满足人们对效益的需要的意义。法律的效益价值包括经济效益价值和社会效益价值[①]。航空管制法规的效益价值,表现为民用航空的经济效益和军事航空的作战/训练效益。民用航空活动主要是一种经济活动,特别是2004年结束的民航体制改革,实现了政企分开,各航空公司、机场、航空地面服务公司等航空企业,都是独立的法律主体,它们通过航空活动追求经济效益应该受到法律的保护;军事飞行活动虽然主要以作战/训练的目标达成与否来衡量的,但也要考虑作战/训练效益。在联合空中作战中,如果各级航空管制机构和人员能够科学划设各类空域,制定调整航路、航线方案,空中作战/训练飞机能够按照要求有条不紊飞行,便可形成整体威力,产生最大的作战效益。

(五)正义

《立法法》第6条明确规定:"立法应当从实际出发,科学合理地规定公民、法人和其他组织的权利与义务、国家机关的权力与责任。"古希腊著名的思想家亚里士多德曾将正义分为分配正义和校正正义。分配正义涉及财富、荣誉、权利等有价值的东西的分配。在这个领域,对不同的人给予不同的对待,对相同的人给予相同的对待,就是正义。校正正义涉及对侵害的财富、荣誉和权利的恢复和补偿。在这个领域,不管谁是伤害者,也不管谁是受害者,伤害者补偿受害者,受害者从伤害者那里得到补偿,就是正义。空域资源不能满足航空活动需求这一基本矛盾将长时间存在,无人机飞行与有人机飞行空域分配、无人机按任务属性使用空域等应以正

[①] 周旺生.法理学[M].北京:中国政法大学出版社,2002:46-47.

义的理念寻求解决多方利益的平衡点。

秩序和正义是内在关联的,秩序是正义的基石。马克思主义认为,秩序是一定的生产方式和生活方式的社会固定形式。在法的价值体系中,秩序是实现法的其他价值的基础和前提,缺少秩序价值,就没有法的其他价值的存在。但是,如果离开正义过分夸大秩序价值,就会导致专制,或者成为维护现状、反对变革与创新的托词。在法的价值系统中,效率价值是其他价值目标的依归,同时对效率的追求又必须以正义为基础。亚里士多德将效率与公共利益相联系,认为"政治学上的善就是'正义',正义以公共利益为依归"。强调法的效率价值,无疑是正确的,但是对效率的追求必须置于正义的基础上。只有建立在正义基础上的效率,才具有正义的价值,才符合正义的标准。从上述关于法的正义价值与法的秩序、自由、平等和效率价值相互关系的讨论中不难发现,秩序、自由、平等和效率都以正义为统摄、为灵魂,法体现了秩序、自由、平等和效率等具体价值,并且这些方面的价值只有在一定历史条件下存在。

总之,航空主权价值体现了国家利益的要求,安全价值体现了社会利益的要求,秩序价值体现了航空活动的需求,正义价值体现了航空主体各方的利益要求,国际趋同体现发展了要求,要实现"和谐"空管的目标就是合理统筹各方利益要求。

综上所述,我们认为"领空主权原则、安全、秩序和效益"共同构成航空管制法规的基本价值。它们密不可分,共处于一个统一体,形成了在领空主权原则基础上以安全为目标价值、以秩序为工具价值、以效益为努力价值的航空管制法规的基本价值结构。

三、空管法规调整的社会关系

法律都是用来调整一定的社会关系的。所谓调整,就是以法律作为外在的强制力,使社会中有违社会理想的关系得以改变。航空管制法规调整的社会关系是航空管制机关和人员在行使权力或职能实现过程中产生的各种社会关系,包括航空管制活动中涉及国家领空主权的各种关系、航空管制与其他相关机构之间的关系、航空管制活动与空域用户之间的关系、航空管制部门内部之间的关系等等。对这些社会关系进行性质界定,是完善航空管制法规体系的基础。

1. 航空管制活动中涉及国家领空主权的各种关系

法理学认为,国家是法律的唯一来源。立法者在创制法律的时候,必须站在国家利益的立场上,把"国家意志"上升为法律[①]。航空管制法规也是国家利益的体现,处处围绕国家"领空主权至上"的原则。《飞行基本规则》第一条指出:"为了维护国家领空主权,规范中华人民共和国境内的飞行活动,保障飞行活动安全有秩序地进行,制定本规则。"《民用航空法》第二条指出:"中华人民共和国的领陆和领水之上的空域为中华人民共和国领空。中华人民共和国对领空享有完全的、排他的主权。"《国际民航公约》第一条规定:"缔约各国承认每一国家对其领土之上的空气空间具有完全的和排他的主权。"

2. 航空管制与其他相关机构之间的关系

航空管制部门与其他机构之间的关系,是指航空管制与其上级行政管理机构、同级部门机构和保障部门机构等之间的关系。前《中国人民解放军空军飞行管制工作条例》要求飞行管制

---

① 周旺生. 法理学[M]. 北京:中国政法大学出版社,2002:13.

工作必须树立全局观念,从保证飞行安全和完成飞行任务出发,及时通报有关飞行情况,使上下级之间、友邻之间和各部门之间协调一致地完成任务。飞行管制部门应当与作战、通信、机要、领航、地面防空、气象、雷达、军训等部门及对空射击场、发射场、炮兵射击靶场、射击点等单位和有关的民用航空空中交通管制部门建立协同通报制度;机场飞行管制部门还应当与场站飞行保障指挥室、起飞线塔台和有关飞行保障单位建立协同通报制度;向飞行指挥员传达上级有关指示,通报相邻机场的有关飞行活动。转场飞行的航空器获得批准放飞后,机场飞行管制部门应当向飞行人员交待有关的注意事项。运输机转场飞行,有人搭乘或者装载物品时,应当符合规定,并严格查验乘机证件或者空运物品证件,等等。《中国民用航空空中交通管理规则》中也有类似条款,阐述民用航空空中交通管理单位之间上、下级之间的关系,以及与其他部门之间的协调关系。

  3. 航空管制活动与空域用户之间的关系

  航空管制活动与空域用户之间的关系,是指航空管制部门对空域用户享有管辖权,他们是一种管辖与被管辖的关系。《飞行基本规则》规定:"对未经批准而起飞或者升空的航空器,有关单位必须迅速查明情况,采取必要措施,直至强迫其降落。"这里的"有关单位"当然包括航空管制部门;前《中国人民解放军空军飞行管制工作条例》也规定了航空管制部门对空域用户的管辖权;《中国民用航空空中交通管理规则》详细规定了"航空器的飞行""航空器的经营人、所有人或者航空器驾驶员"和"航空器驾驶员或其代理人"在飞行前应向空中交通管制单位提交申请的事项;其他航空管制法规中也有相关的内容。

  4. 航空管制部门内部的关系

  航空管制部门内部的关系,主要包括航空管制部门与上下级、同级、起飞与到达机场之间的任务分工和具体协调要求,以及航空管制人员的职责和值班工作制度等。前《中国人民解放军空军飞行管制工作条例》明确规定了航空管制基本任务,规范了组织与实施飞行管制的主要工作及基本要求;要求飞行管制人员必须努力提高军政素质,刻苦钻研业务技术,认真负责,谦虚谨慎,遵纪守法,积极完成飞行管制任务;明确了空军各级司令部组织与实施飞行管制的分工,以及各级飞行管制部门的权限,对违反飞行管制规则的情况的处置和程序方法;规范了飞行管制人员担负飞行指挥的工作内容、资格要求及制定飞行指挥预案的内容,以及飞行管制协调和移交事宜;明确了飞行管制室主任和值班员职责。《中国民用航空空中交通管理规则》规定了空中交通管理的任务、主要内容和方针,空中交通管制机构的构成、职责和空中交通管制员的值勤工作要求,还规范了空中交通管制员的执照及培训事项,规范了程序管制、目视飞行规则飞行的管制、仪表飞行规则飞行的管制和雷达管制方法及程序、复杂气象条件和特殊情况下的空中交通管制、事故和差错的调查及管制席位设置等事宜。

第三节 空管法规的学习方法

  恩格斯说:"随着立法发展为复杂和广泛的整体,出现了新的社会分工的必要性:一个职业法学者阶层形成了,同时也就产生了法学。"进行任何科学研究,都离不开一定的方法论原则。一般来说,航空法学的研究方法主要包括历史辩证的方法、系统考察的方法和比较分析的方法。

一、历史考察的方法

列宁指出,对于任何一种科学研究来说"最可靠、最必须、最重要就是不要忘记基本的历史联系,考察每个问题都要看某种现象在历史上是怎样产生的,在发展过程中经历了那些阶段,并根据它的这种发展去考察这一事物现在怎么样的[①]。"对我国航空法规的学习也必须遵循这一基本方法。在研究航空法的时候,必须深入考察航空法借以产生的社会经济原因,从法、法律与生产力和生产关系矛盾运动的联系上,揭示航空法的运动规律,阐明航空法是社会主体的直接社会权利要求,一定的法律关系是社会上占统治地位的阶级的意志的集中体现。

法的世界是无限复杂的,又是相互联系的,绝不存在什么孤立自在的航空法,而历史联系是基本的联系形式之一。这就要求用历史的态度和眼光去考察一切航空法,把它们放在一定的历史范围内加以分析,要有深厚的历史感,深入研究一切航空法借以产生的具体历史条件,进而做出符合历史真实面貌的合理性评断。

二、系统考察的方法

在航空法学研究中运用系统方法,首先就必须把航空法本身看成是一个完整的有机系统,而不是几个方面或局部的简单相加的总和。这就要求我们揭示航空法这一社会现象的复杂联系,并且通过航空法的概念、范畴的集合,来反映客观对象多方面本质,反映对象的丰富性和整体性。在这里,必须摒弃那种把航空法的完整系统归于几条原理机械组合的形而上学的观点,摒弃那种用几个实例去说明对象的肤浅方法。只有这样,才能科学地再现航空法系统运动的真实面貌及其规律。

要真正地把握法的现象系统整体性,须致力于揭示航空法系统中客观存在的千姿百态、琳琅满目的联系。在这里,特别要看到联系的多样性。即就是说,在对航空法这一社会现象进行研究时,不仅要看到航空法与经济基础之间决定与被决定的关系,而且要看到两者之间所存在的其他各种复杂的联系,如主动与被动之间的转化关系,具体实现中的偶然与必然的关系,可能与现实的关系等;不仅要看到航空法与国家政策的相互关系,而且要看到影响航空法的其他各种因素,研究它们之间的主次关系、层次关系、某些因素的确定性和非确定性的关系,以及这些关系交互作用所形成的综合关系等。只有这样,才能完整地、准确地揭示航空法的内在属性,防止研究中的简单化、公式化、片面性和表面性。

三、比较分析的方法

在航空法学研究中,比较方法是对航空法进行认识的一种重要方法。所谓比较,就是确定事物同异关系的思维过程和方法,是揭示和分析过程,认定事实和把所评价的事实根据其来龙去脉加以系统化的方法。尽管比较方法不是专门的法律方法,但却是移植到法学领域的一种认识和分析方法。

世界上的每一个国家,以及一个国家的不同历史时期,由于其政治、经济、文化、道德、宗教、历史、民族、心理等各种因素的差异,因而总会形成具有各自特色的航空法学说。这就是说,国情迥异,航空法的面貌也就不一样。这就需要对不同国家以及同一国家不同时期的法的

[①] 列宁. 列宁全集:第四卷[M]. 北京:人民出版社,1990.

现象加以比较研究,从而研究这些国家航空法的发展规律,确定各种航空法发展中的共同点、相同点和不同点,探讨每个国家航空法的发展情况,进而推动航空法的历史进步。在航空法学研究中运用比较分析方法,必须确立不同的航空法的可比关系。只有这样,才能使这种比较研究抛开支流末节,使比较的视野汇聚在若干带有普遍性意义并且具有决定性作用的问题上,否则,就很难得出客观真实的结论。

四、理论联系实际的方法

理论紧密联系实际,是研究法学的根本方法,也是研究航空法学的根本方法。航空法专业性强,涉及的范围十分广泛。研究航空法学,必须理论联系实际,了解民用航空活动最起码的各种专业知识,联系政治的、经济的、技术的乃至军事的诸种因素来认识和把握航空法发展变化的客观规律。研究航空法,不仅应能在理论上阐明航空法的意义和作用,更重要的是能自觉地用理论指导实践,运用航空法律手段,维护国家领空主权和航空权益,加强民用航空管理工作,维持民用航空活动的正常秩序,保护人们的合法权益,促进民用航空事业的发展。

本章推荐读物:美海军司令部. 美国海上行动法指挥官手册. 北京:海洋出版社,2012.

第二章 航空法规基本法理

本章知识点提示：法律规则，法的价值，基本法系，航空立法目的，立法模式，立法依据，条约，国际航空法体系。

法理研究的是法律的一般理论问题[①]，研究的是法的制定、法的实施、法律体系、法律概念、法律关系、法律意识、法律责任，尤其注重研究应当制定和变动什么法，如何使法的制定和变动适应调整社会关系的需要，如何使已制定出来的法取得实效，如何健全立法、执法等。通过学习和研究法理，可以从感性认识上升到理性认识，透过现象，抓住本质，对法律现象获得比较全面系统的认识，找到它们的规律性。

第一节 基本法理

由于空管专业的学生没有法理学习的经历，本章在第一节对法学中的基本法理知识予以简要的介绍。学习法理有助于学生思维方式的培养，即查清问题产生的原因、产生的法律后果和解决问题的法律方法的法学思维方式。法理研究的基本概念、原理和规律是各部门法共同适用的，它们是从部门法中概括出来又用以指导部门法的。通过学习和研究法理学，可以把经验材料从感性认识上升到理性认识，透过现象，抓住本质，对法律现象获得比较全面系统的认识，找到它们的规律性。曾担任美国总统的尼克松[②]在谈到他在法学院学习的感受时说："回顾在法学院的岁月，从准备参加政治生活的观点来看，我所选修的最有价值的一门课就是朗·富勒博士讲授的法理学即法律哲学。……因为从事公职的人不仅必须知道法律，他还必须知道它是怎样成为这样的法律以及为什么是这样的法律的缘由。"

一、法的要素

法的要素即构成法律的基本元素。法的要素包括法律概念、法律规则和法律原则。

（一）法律概念

法律概念是指人们认识法律事物、法律行为、法律状态等法律现象所形成的相关法律术语。根据所涉及的内容，法律概念可以分为涉人概念、涉事概念和涉物概念三种。涉人概念是关于法律关系主体的概念，如"管制员""法人"等；涉事概念是有关法律事件和法律行为的概

[①] 周旺生. 法理学[M]. 北京：中国政法大学出版社，2002：4.
[②] 尼克松. 六次危机[M]. 北京：商务印书馆，1972.

念,如"故意""代理"等;涉物概念是有关物品及其数量、质量、空间和时间的概念,如"高度""时效"等。

(二)法律规则

规则是由权威部门颁行或社会习俗中包含的关于人们行为的准则、标准、规定等等,即日常用语中所称的"规矩"。法律规则是规定法律上的权利、义务、责任的准则、标准,或是赋予某种事实状态以法律意义的指示、规定。在法律构成要素中,法律规则是最基本的构成要素。

法律规则有严密的逻辑结构。法律规则在逻辑上由三个部分构成:假定、行为模式、法律后果。假定是法律规则中有关适用该规则的条件和情况部分,包括两个类别:①法律规则的适用条件,即法律规则在什么时间、什么地域以及对什么人生效(《飞行间隔规定》第二条 凡辖有航空器的单位、个人和与飞行有关的人员,以及所有飞行活动,都应当遵守本规定。);②行为主体的行为条件,包括行为主体的资格构成和行为的情境条件。行为模式是法律规则中规定人们如何具体行为或活动之方式的部分,可分为三类:可为模式、应为模式、勿为模式。可为模式又称权利行为模式,应为模式与勿为模式合称义务行为模式。法律后果是法律规则中规定人们在假定条件下做出符合或不符合行为模式要求的行为时应承担相应的结果的部分。这可分为两种:①肯定性的法律后果,即规定人们按照行为模式的要求行为而在法律上予以肯定的后果,表现为对人们行为的保护、许可与奖励;②否定性的法律后果,规定人们不按照行为模式的要求行为而在法律上予以否定的后果,表现为对人们行为的制裁、不予保护、撤销、停止或要求恢复、补偿等[①]。

法律规则都具有确定性,如果没有确定性则它难于被重复使用,没有确定性就难以保障法的稳定与安全。但是法律规则的确定性又是相对的,它的含义及其适用范围有一个或明或暗的边缘地带。不同的法律规则的确定性程度也有一定差别。例如:《飞行基本规则》中"所有飞行必须预先提出申请,经批准后方可实施"这一规则在时间上是确定的,适用地域是确定的,行为模式也是基本确定,但是它又不完全确定。航班飞行毫无疑问在禁止通行之列,至于"飞行"是否包括玩具无人机、航模、动力伞就不那么确定了。尽管法律规则的确定性是相对的,立法者却不得以此为由追求法律的不确定、追求"粗",立法者应当追求法律规则之最大限度的确定性。

(三)法律原则

所谓法律原则,是指那些可以作为规则的思想基础或政治基础的综合性、稳定性的原理和准则。它是法律的基础性真理、原理,或是为其他法律要素提供基础或本源的综合性原理和出发点。法律原则是有关法律的基础性原理或真理。法律原则的基本功能是为法律规则和概念提供基础出发点,它对法律的制定和理解具有指导意义;在法律规则缺失的情况下,法律原则可以作为断案的依据。原则的特点是不预设任何确定的具体的事实状态,也不包含具体的权利、义务和具体的行为模式、后果模式等内容。如"不能酒后驾车",不具体涉及酒后是多长时间、喝多少酒以及法律后果等等。

基于不同的标准,法律原则可以做不同的分类。按产生的基础,法律原则可以分为公理性原则和政策性原则。这里讲的政策性原则,包括国家政策,也包括执政党的政策,并明确地体

---

① 雷磊.法律规则的逻辑结构[J].法学研究,2013(1):66-73.

现在法律之中。如我国《民法通则》第 7 条的规定"民事活动应当尊重社会公德,不得损害社会公共利益,破坏国家计划,扰乱社会经济秩序"等均属于政策性原则。公理性原则,如"法律面前人人平等",都无须加以证明便认定为是正确的。

二、法律规范的效力

法律规范的效力,简称法律效力或法的效力,即法的保护力和约束力所及范围,是指法律规范适用于哪些地方,适用于什么人,在什么时间发生效力。因此,法律规范的效力可以分为三类:一是空间效力;二是对人的效力;三是时间效力。

明确法律规范的效力范围,是正确使用法律的前提。只有在使用对象符合该法律规范规定的适用条件时,才能将该法律规范用于这一对象。否则,就不能使用该法律规范。例如,不能将只适用于某一地区的法律文件适用于另一地区,不能将只能适用于军人的条款适用于非军人,不能将战时法适用于平时等。

法律规范的空间效力,是指法律规范在哪些地域范围内具有保护力和约束力。法的空间效力范围的大小,直接取决于制定该法律的机关的性质和法律本身的规定。全国人民代表大会及其常务委员会制定的宪法、法律,国务院及其主管部门制定的行政法规和发布的决定、命令等,除本身有特别规定者外,在我国全部领域范围内有效。这里所说的"特别规定",是指少数民族地区,以及在域内享有外交特权和豁免权的外国人,依特别规定处理。所谓全部领域,包括领陆、领海、领水、领空以及航行或停泊于境外的船舶、航空器、航天器和驻外的使领馆等延伸意义的领域。地方国家机关制定的地方性法规、自治条例和单行条例,除地方性法规本身有特别规定者外,在制定该法规的国家机关所管辖的区域内有效。

在中国领域内凡是有中国国籍的人,都是中国公民。中国公民在我国领域范围内一律适用中国的法律。在中国领域外从原则上说,我国公民在国外,仍受中国法律保护,同时也有遵守中国法律的义务。但由于各国法律规定不同,这样就发生了适用中国法律或适用所在国法律的矛盾。对此,我们本着既要维护我国主权,又要尊重他国主权的原则,根据国际条约和国际惯例来确定,有的适用我国法律,有的则需灵活处理。例如,我国《刑法》第七条规定:"中华人民共和国公民在中华人民共和国领域外犯本法规定之罪的,适用本法,但是按本法规定的最高刑为三年以下有期徒刑的,可以不予追究。"

法律规范的时间效力,是指法律规范在什么时间范围内具有保护力和约束力。它包括三个方面的内容:法律规范何时开始生效,何时终止生效,以及对法律规范生效以前未作最后处理事件和行为有无溯及力。

三、法的价值

所谓法的价值,就是法作为社会规范应有的内在属性及其满足主体即人的需要的外在目标。它包括三个层次:作为一种价值评价标准的价值,法律的内在价值即法律的良善性、逻辑性,法律所追求的外在的公平正义、维护秩序与人权保障等。

社会有很多好的与善的目标值得追求,比如快乐、爱情、荣誉等,然而,这些好的与善的目标并不能够成为法的价值。现代法学对人性有着理性的认识,即人既非恶魔,但也绝非天使。法律只能去维护一个社会得以生存与合作下去的基本价值,法若主动去追求一些社会生活中的高价值,不仅难以做到,而且还可能引发诸多的社会风险。

在现实法的建立、执行过程中,不可避免地存在法的价值冲突。法的价值冲突,是指法自身以及与法运行相关的价值之间的不协调、对立与冲突。对于现代法治社会复杂的价值冲突的判断,一般有以下几个基本原则。

1. 基本价值优位原则

法的基本价值应处于优位的地位,且应以宪法的形式加以确认。法的基本价值应该包括人权、正义、自由、平等、效率和秩序。法的价值整合,的优位原则要求在价值整合的过程中,必须固守法的基本价值的优先地位与宪法地位。

2. 现实主义原则

法的价值冲突具有社会现实性,冲突的价值主体之间对价值冲突的整合也有现实性的期待,因此,对价值冲突的整合应回应具体社会的需要。就社会的长期发展而言,法的价值的冲突,很难一劳永逸地予以静态地解决。那种企图去寻找纯粹的法律自足,不回应社会现实的需要,将司法中基于现实需要的价值整合一律贬低为政治观点与做法既不符合人类社会法律发展的历史,也难以满足错综复杂的法治现实需要。

3. 动态整合原则

法的价值冲突具有动态性,对冲突的整合应反映时代的、主体需求的变化。处于特定历史时期或特定法域的价值排序是与该特定历史时期和特定法域相应的,不可能适合所有的历史时期和所有的法域。只有对价值排序给予顺应时代与法域要求的变动,才能获得大多数人的认可,进而使整合的价值排序具有强大的适应力。

4. 平衡与补偿原则

法的价值的冲突在实在法层面往往表现为不同主体之间的权利冲突,不同权利之间的平衡经常是价值整合的重要方法。有权利间的平衡就难免会在一定时空与程度上牺牲其中某些利益,而依赖这种牺牲得来的收益应有利于对被牺牲的利益的补偿。例如,在自由与平等冲突时,应考虑整合的效益,如果要以牺牲一定程度的平等换取自由,则要以自由的收益来对被牺牲掉的平等以必要的补偿。市场经济社会中弱势群体的福利给付,就可以解读为以经济自由的收益来对牺牲掉的社会平等以补偿。

5. 兼顾安定原则

如果说前四个原则主要是基于法的实体价值间的冲突而形成的整合原则,那么,兼顾安定原则则主要是法的形式价值与实体价值之间冲突而形成的整合原则。从理论上看,由于立法的滞后性与一般性,严格遵守法的安定性来执法与司法可能会损及法的实体价值与个案正义;相反,如果常常突破法的安定性来寻求法的实体价值与个案正义,这又势必导致法的权威性受损,进而反过来危及法的实体价值与个案正义。在这种情形下,重视法的实体价值,兼顾法的安定性,再结合前述四个价值整合原则来处理,则不失为一种处理法的安定性问题的好方法。

6. 比例原则

为保护某种较为优越的法的价值同时,不得逾越此目的的容忍的必要程度。例如,为维护空中秩序或军事活动的需要,必要时可临时限制、禁止民用航空器飞行,但应尽可能减少由于空中交通管制带来的限制,以保障空中交通的顺畅。

案例:韩国前总统卢武铉出身社会底层,在他执政期间,为了消除贫富两极分化现象,强调大企业要承担特别的社会责任,并通过加大税收和给企业课以额外的义务来要求企业对这一社会责任的承担。结果,这些义务加大了韩国企业的负担,削弱了其在国际市场上的竞争力,相应导致政府税收减少,韩国官方在社会再分配中的资源也相应减少,使得社会贫困人口扩大。

四、基本法系

法系,西方法学家普遍采用的一种对各国法律进行分类的概念。它是依照法的历史渊源和形式上的某些特点对法所进行的一种分类,凡是具有相同的历史渊源和形式上相同或相似的法便被视为属于同一法系。根据这种分类的方法,资本主义的法可以分为两个法系,即大陆法系和英美法系。大陆法系是指承袭罗马法的传统,仿照《法国民法典》和《德国民法典》的样式而建立起来的各国法律制度的总称。属于大陆法系的国家有法国、德国、意大利、荷兰、西班牙、葡萄牙等国和拉丁美洲、亚洲的许多国家。英美法系又称普通法法系,是指承袭英国中世纪的法律传统而发展起来的各国法律制度的总称。属于英美法系的国家主要有英国、美国、澳大利亚、新西兰等英语国家和地区。大陆法系和英美法系的主要区别表现在以下几个方面。

1. 法的渊源的区别

在大陆法系国家,正式的法的渊源只是指制定法,即宪法、法律、行政法规等,判例不被认为是正式的法的渊源。在英美法系国家,司法判例和制定法都是正式的法的渊源,但就两者的法律地位来说,司法判例是主要的法的渊源,制定法居其次。

2. 立法形式的区别

大陆法系国家承袭罗马法的传统,习惯于用法典的形式对法律规范做统一的系统规定;而英美法系国家一般来说不倾向于制定法典,其制定法往往是单行法律、法规。

3. 法的分类的区别

大陆法系国家最基本的法的分类是公法和私法,这也是划分部门法的基础。公法是指关于国家机关之间、国家和个人之间职权、权力与职责、义务关系的法律部门总和,它以国家权力为本位,通过国家自上而下的调整利益,涉及主体双方或主体之一为国家机关,以宪法、行政法和刑法为核心,行政法、诉讼法、劳动法、社会福利法等属于公法。私法指关于公民、法人个体与个体之间权利义务关系的法律部门的总和,它以个人权力为本位,通过当事人的意思自治调整利益,涉及的主体为私人,以民法和商法为核心。英美法系国家法的最基本的分类是普通法和衡平法,这两种法各自所包括的部门法比较分散、不明确。

4. 诉讼程序的区别

这种区别主要表现在三个方面:①大陆法系国家除对轻微案件由法官独自审理外,一般都采取合议制;英美法系国家审理案件时一般都采取法官独任制。②大陆法系国家的诉讼以法官为重心,突出法官的职能,采取的是审问式程序,法官通过主动讯问当事人,查清事实、做出判决,这种审判程序又被称为职能主义程序;而英美法系国家的诉讼程序以原告、被告及其代理人为重心,采取的是对抗制程序,双方当事人或其代理人以平等的地位相互抗衡,进行辩论,法官只是居中的"仲裁人",这种审判程序又称当事人主义诉讼程序。③在大陆法系国家,对所有案件的审理采取的是陪审员的形式;而英美法系国家则采取的是陪审团制度,尤其是对比较重要的刑事案件的审理必须有陪审团参加。

5. 法官权限的区别

大陆法系的法官遵行"罪刑法定""法无明文规定不定罪"原则，只能援引制定法中的规定审理案件，法官在审理案件过程中只能适用法律而不能创造法律。而在英美法系，法官奉行"遵守先例"原则，在审理案件时要从以前类似的判决中推论出适用于当前案件的一般原则，并据以判决案件。因此被认为法官不仅适用法律，而且还可以创造法律。

第二节　航空立法的目的

一、国际公约与典型国家航空法中涉及立法目的的分析

（一）涉及立法目的的主要内容

1944年缔结的《国际民用航空公约》序言明确了其缔约目的："鉴于国际民用航空的未来发展对建立和保持世界各国之间和人民之间的友谊和了解大有帮助，而其滥用足以威胁普遍安全；又鉴于有需要避免各国之间和人民之间的摩擦并促进其合作，世界和平有赖于此；因此，下列各签署国政府议定了若干原则和办法，使国际民用航空按照安全和有秩序的方式发展，并使国际航空运输业务建立在机会均等的基础上，健康地和经济地经营；为此目的缔结本公约。"

1970年缔结的《制止非法劫持航空器的公约》序言也明确："本公约各缔约国考虑到非法劫持或控制飞行中的航空器的行为危及人身和财产的安全，严重影响航班的经营，并损害世界人民对民用航空安全的信任；考虑到发生这些行为是令人严重关切的事情；考虑到为了防止这类行为，迫切需要规定适当的措施以惩罚罪犯；协议如下"。1971年缔结的《制止危害民用航空安全的非法行为公约》也作了类似规定。

美国《联邦航空法》序言规定：该法的"目的在于创设联邦航空局，提供民用航空管理和促进民用航空发展，最大限度地培育民用航空业的发展和安全，促进民用、军用航空器对空气空间的安全和有效利用。"

俄罗斯《联邦航空法典》序言规定："国家对空气空间开发及航空活动的管理，旨在保障公民和经济在航空运输和航空事业中的需要，以及保障国家防卫和安全，保护国家利益、航空器飞行安全、航空和环境安全。"

（二）对国际公约与典型国家航空法中有关航空法立法目的的分析

从以上对国际公约和典型国家航空法中有关航空法立法目的与立法依据内容的分析可以看出，航空法国际公约和国家立法的目的主要在于以下几个方面。

1. 确认和尊重各国的领空主权

19世纪，各国对领空主权问题一直争论不休。1919年巴黎和会上缔结的《巴黎空中航行管理公约》第1条确认了缔约国的领空主权，从此以后，领空主权原则成了航空法的基础。显然，这对维护各国主权是十分重要的。

2. 保障航空活动安全和秩序

为了协调各国立法的差异，许多公约都把保障航空活动安全和秩序作为缔约目的，并制定了具体规则，为航空活动安全提供了有力保障，减少了航空事故的发生。

3. 促进航空事业的健康发展

国际公约和典型国家航空法中有关航空法的立法目的,明确了国家对空气空间开发及航空活动的管理,这有助于国际社会和各国环境的可持续发展;同时,国家对空气空间开发及航空活动的管理,旨在保障公民和经济在航空运输与航空事业中的需要,也有助于促进航空事业的健康发展。

二、我国航空法规的立法目的

我国1995年颁布的《民用航空法》第一章总则第1条规定:"为了维护国家的领空主权和民用航空权利,保障民用航空活动安全和有秩序地进行,保护民用航空活动当事人各方的合法权益,促进民用航空事业的发展,制定本法。"2001年颁布并于2007年修订的《飞行基本规则》第1条规定:"为了维护国家领空主权,规范中华人民共和国境内的飞行活动,保障飞行活动安全有秩序地进行,制定本规则。"2003年《通用航空飞行管制条例》第1条规定:"为了促进通用航空事业的发展,规范通用航空飞行活动,保证飞行安全,根据《民用航空法》和《飞行基本规则》,制定本条例。"

通过对有关航空法规立法目的的分析,可以看出空管立法的目的主要在于以下几个方面。

1. 维护国家领空主权

领空主权是国家对其领空享有的完全的、排他性的权利。维护国家领空主权是《航空法》的首要目的。维护国家领空主权是维护国家主权的需要,是保卫国家安全的重要内容。任何航空活动都涉及国家领空主权,随着国家间竞争的日益激烈,维护国家领空主权的需要更加突出,对此,必须由基本法律予以明确规定。

2. 保障航空活动安全和有秩序进行

航空活动安全是指各项航空活动不存在不合理的危险,不会导致人民的生命、财产损失。航空活动有秩序进行是指各种航空活动能够依法开展,严格遵守各种技术规范。保障航空活动安全和有秩序进行是《航空法》的重要立法目的之一。因为航空活动风险大、技术要求高,任何过失都有可能给人民的生命、财产带来巨大损失,只有突出和强化航空活动安全和有秩序运行,才能保障人民的生命、财产不受损失,保障人们的生活安全。

3. 保护航空活动各方当事人的合法权益

航空活动各方当事人的合法权益是指航空企业、航空用户、航空人员、旅客等主体依法享有的权利及利益。保护航空活动各方当事人的合法权益是立法目的之一。航空活动各方当事人是航空法律关系主体,依法享有法律规定的权利,在航空活动中保护其合法权益是实现法治社会的基本要求;此外,航空活动各方当事人是航空活动的参与主体,只有保护其合法权益,才能保障航空活动有序开展。在逐步加强航空法治建设的今天,保护航空活动各方当事人的合法权益显得尤为重要。

4. 促进航空事业的健康、快速、持续发展

航空事业的健康、快速、持续发展,是指各项航空事业朝着积极方向高速地良性发展。航空事业是我国经济建设与社会发展的重要内容之一,该项事业的健康、快速、持续发展是社会发展的应有之义。

第三节 航空法规立法原理

一、空管法规立法的模式

立法模式是指一个国家制定、修改、废止法律的惯常套路、基本的思维定式和具体的行动序列以及由诸因素决定的法律确认的立法制度、立法规则。

立法模式包括两个方面的内容：一是关于中央和地方立法权限的范围，二是中央各拥有立法权的机关在创制法律活动中的权限的划分。我国现行的立法模式是一种一元、两级、多层次的立法模式。所谓一元是指根据我国宪法规定，立法权只能由全国人民代表大会及其常委会行使，全国范围内只存在一个统一的立法体系。所谓两级是指根据宪法规定，我国立法模式又分为中央立法和地方立法两个立法等级。所谓多层次，是指根据宪法规定，不论是中央立法，还是地方各级立法，都可以各自分成若干个层次和类别，航空法立法的模式也不例外。

（1）全国人民代表大会及其常委会制定国家航空法律。全国人民代表大会制定基本法律，包括刑事、民事、国家机构和其他方面的基本法律。全国人民代表大会常务委员会制定的是一般法律，即除全国人民代表大会制定的基本法律以外的法律。1995年10月30日通过的《民用航空法》，为我国民用航空建设提供了基本的法律依据，为制定涉及民用航空活动的法规和规章提供了母法支持。除此之外，内容涉及民用航空活动的其他法律有很多，如《中华人民共和国刑法》中关于民用航空活动中的刑事犯罪的有关规定等，这些法律构成中国民用航空法律体系的一部分。

（2）国务院根据宪法和法律制定航空行政法规。行政法规在调整民用航空活动的各种法律关系中起着十分重要的作用。现有的有关民用航空的行政法规，包括具有行政法规效力的法规性文件共有30多部，如《飞行基本规则》《外国民用航空器飞行管理规则》等。

（3）省、自治区、直辖市人大及其常委会在不同宪法、法律、行政法规相抵触的前提下，可以制定地方性航空法规。省、自治区、直辖市和其他经国务院批准的较大的市的人大及常委会，根据本地的具体情况和实际需要，在不同宪法、法律、行政法规相抵触的前提下，可以制定地方性航空法规。如1999年6月1日上海市第十一届人民代表大会常务委员会通过的《上海市民用机场地区管理条例》。

（4）国务院各部门可以根据法律和国务院的行政法规、决定、命令，在本部门的权限内，发布航空规章。省、自治区、直辖市人民政府以及省、自治区人民政府所在地、经济特区所在地方人民政府和其他国务院批准的较大的市的人民政府，可以根据法律、行政法规和本省、自治区的地方性法规，制定航空规章。

中国民用航空总局根据《民用航空法》的规定制定的规章在中国民用航空法律体系框架中所占比例最大，共拟制定400部，如《民用航空行政处罚实施办法》《中国民用航空旅客、行李国内运输规则》《中国民用航空飞行规则》等。

我国实行统一的、分层次的航空立法模式的原因为：第一，我国是单一制国家，这就决定了我国的立法权必须相对集中于中央，以与单一制国家的结构形式相适应。第二，我国实行的人民代表大会制度，按宪法的规定，国家的一切权力属于人民，人民行使权力的机关是各级人民代表大会及其常务委员会，这也决定了我国的立法权须相对集中于国家权力机关，以此才能与我们现行的政体相适应。第三,为了促进我国航空产业的自由、正当竞争和航空市场的健康、有序发展,需要全国统一的法制。第四,我国的地域辽阔,各地经济发展情况差异性很大,再加上我国是多民族国家,在少数民族聚居的地区实行民族区域自治,这决定了我国的立法权又不能全部集中于中央,必须给地方以一定的立法权。第五,我国正在进行经济体制改革和实行对外开放,法律又不是很完备,这就决定了立法权不能全部集中在中央,必须给地方一定的立法权,以适应航空体制改革和对外开放的需要。

二、空管法规立法的主体

立法主体通常是指根据宪法和有关法律规定,有权制定、修改、补充和废止各种规范性法律文件以及认可法律规范的国家机关、社会组织、团体和个人[①]。立法主体有两种含义:一是指进行立法活动的组织或机构,如人民代表大会、国务院等;另一种是指参与立法活动的个人,如议员、人民代表等[②]。航空立法的主体即有权制定、认可、修改和废止航空法律规范的国家机关。

根据《立法法》的规定,我国享有立法权的主体有全国人民代表大会,全国人民代表大会常务委员会,国务院,国务院各部、委、直属机构,省、自治区、直辖市以及较大的市人民代表大会及其常务委员会,省、自治区、直辖市以及较大的市的人民政府,民族自治地方(自治区、自治州、自治县)的人民代表大会,特别行政区的立法机构。

《宪法》第 90 条第 2 款规定:国务院"各部、各委员会根据法律和国务院的行政法规、决定、命令,在本部门的权限内,发布命令、指示和规章。"《立法法》第 71 条规定:"国务院各部、委员会、中国人民银行、审计署和具有行政管理职能的直属机构,可以根据法律和国务院的行政法规、决定、命令,在本部门的权限范围内,规定规章。"

三、空管法规立法的法律依据

由于航空活动是社会生活中不可缺少的一个组成部分,并占有一定的重要地位,在我国现行法律的规定中,有不少关于航空活动的法律规范,它们也都是国内航空法的渊源。《中华人民共和国国防法》第 48 条规定:"国家根据动员需要,可以依法征用组织和个人的设备设施、交通工具和其他物资。"1992 年《中华人民共和国领海及毗连区法》第 2 条规定:"外国航空器只有根据该国政府与中华人民共和国政府签订的协定、协议,或者经中华人民共和国政府或者授权的机关的批准或者接受,方可进入中华人民共和国领海上空";1985 年的《外国人入境出境管理法》第 3 条第 2 款规定:"外国的交通工具入境、出境、过境,必须从对外国人开放的或者指定的口岸通行,接受边防检查机关的检查和监护";1997 年《刑法》第 6 条第 2 款的规定,以及有关航空活动的犯罪和刑罚的规定,也适用于我国的航空运输活动。我国《民用航空法》是调整我国民用航空活动的基本法律规范,该法于 1995 年 10 月 30 日第八届全国人民代表大会常务委员会第 16 次会议通过,自 1996 年 3 月 1 日起施行。我国《民用航空法》是以国际航空条约为蓝本所制定的新中国成立以来的第一部关于民用航空的专项法律,共 16 章,214 个条文,宣告了国家领空主权,规范民用航空的行政管理和民商关系,并规定了行政处罚和刑事处罚的

---

① 朱力宇. 立法学[M]. 北京:中国人民大学出版社,2001:98.
② 孙国华. 中华法学大辞典:法理学卷[M]. 北京:中国检察出版社,1997:282.

重要法律,涉及面广泛,内容丰富。《飞行基本规则》的效力范围适用于全国的飞行活动,是制定空管法规的主要依据。

第四节 航空法立法技术

航空法立法的技术是指航空法立法中所采用的技术、方法和手段的总和。航空法立法要将航空法的具体意旨表达出来,将其具体化为航空法律法规,航空法立法的技术就是衔接航空法的具体意旨与其表现形式的技术、方法、手段。航空法的具体意旨在表现为航空法律法规时,要考虑其结构安排,要考虑语言表达,要考虑整个航空法系统的统一性,当社会生活发生变化时,还应根据需要进行完善,在此基础上,航空法立法的技术就形成了结构技术、表达技术、系统化技术和完善技术等几个方面的内容。

一、航空法立法的结构技术

航空法立法的结构技术是指立法活动中某部航空法律法规的结构安排的技巧、方法和手段,其主要解决一部航空法律法规分为几个组成部分以及各组成部分之间的次序安排问题。从较为宏观的角度看,航空法律法规在结构上一般由三个要件组成:即航空法的名称、航空法的内容、航空法的符号[1]。任何一部航空法律法规都应有一个统一的名称,在名称之下为该部航空法律法规的内容。此外,一般在内容之前都加上一定的辅文,如"目录""序言""卷""编""章""节""条""款""项""目"等,以使一部航空法律法规形成一个统一的体系。

从一部航空法律法规的结构层次看,有采用简单结构的,也有采用复杂结构的情况。如果某部航空法律法规仅仅采用了"条"的符号的,可以称为简单结构;如果还有"章""节"的,则为稍为复杂的结构,此时一般会出现"目录""总则""分则""附则"等辅文;在有些情况下,一部航空法律法规还有"编""序言""附录"等,此时可称为复杂结构。应当指出,简单结构和复杂结构仅仅是相对而言的,一部航空法律法规究竟采用何种结构,应根据具体内容而定。

一部航空法律法规的名称由三个部分组成:适用范围、法律内容、法规层次。如《中华人民共和国飞行基本规则》,适用范围是全国,内容是关于飞行,法规层次是规则。

航空法立法首先要确定一部航空法律法规在何范围适用,其名称也应体现这一内容。一般而言,全国性的航空法律法规要冠以国家的名称,在我国为"中华人民共和国"。如果为地方性法规,一般冠以所在省、市、自治区的名称。在有些时候,冠以颁布机关的名称也能揭示某部航空法律法规的适用范围,在我国,航空行政法规、部委规章、地方政府规章一般不冠以国家的名称或所在地区的名称,而冠以颁布机关的名称,以此反映航空法律法规的适用范围。在一部航空法律法规的名称中,须有概括反映立法涉及的主要内容的术语。这一术语要准确概括立法的主要内容,如果一部航空法律法规仅仅是涉及航空领域某一具体问题的,可以用多个术语加以限定。如《通用航空飞行管制条例》中的"通用航空飞行管制"也是反映这些法规的内容的术语。任何航空立法都要明确其法律效力层次。在我国,法律法规按照效力等级分为法律、行政法规、部委规章、地方性法规、地方性规章等。在航空立法方面,属于法律层次的称为"法",行政法规的称为"规则""规定""条例""通知""决定""通告"等,部委规章的称为"规定""办法"

---

[1] 周旺生. 立法学教程[M]. 北京:中国政法大学出版社,2002.

"决定""规则"等。在地方性法规、地方政府规章中,"办法""意见""通知"使用的较多。

2003年4月,中央军委颁布《军事法规军事规章条例》,"第六十二条　军事法规、军事规章的名称,应当准确反映其调整对象和效力等级。军事法规的名称为条令、条例、纲要、概则、规定、办法。军事规章的名称为规定、规则、办法、细则、标准等;除规范作战行动的军事规章可以称'条令'外,军事规章不得称'条令''条例'。"

二、航空法立法的表达技术

航空法立法的表达技术是指将航空立法的内容通过法律语言表达出来的技巧、方法和手段。从本质意义上说,航空法立法的表达技术属于法律语言学的范畴。从微观的角度看,航空法律法规有其自身独特的语词系统;从中观角度看,航空法律法规的语句有着法律语句的特点;从宏观角度看,航空法律法规具有不同于生活常用语言的法律语言风格。以下从航空法律法规的语词、句子、语言风格三个方面进行阐述。

(一)语词

在航空法律法规的语词系统中,既有其独有的语词,又有一般法律语词,还有一般生活语词。以下分述之。

1. 航空法独有的语词

每一部门法都有自己相对独立的法律语词系统,航空法也是如此。航空法独有的语词系统是在两个基础上形成的,一是航空生活实际,在航空业务实际中,有大量的只有在航空领域出现的词汇,这是航空法独有语词系统形成的基础之一;二是法律语言传统,航空生活实际中的语词要成为航空法的语词,还需进行法律语词化。在以上二者结合的基础上,就形成了航空法独有的语词系统。航空法立法的基本语词如下:

1)航空法律关系主体类:"航空活动当事人""民用航空活动当事人""航空单位""航空企业""民用航空企业""航空人员""航空管理部门""民用航空管理部门"等。

2)航空法律关系客体类:"航空器""民用航空器""民用机场"等。

3)航空法律关系内容类:"航空活动当事人的权利""航空活动当事人的义务""民用航空活动当事人的义务""民用航空器所有权""航空器优先权"等。

4)其他类:"航空活动当事人的法律责任""民用航空活动当事人的法律责任""通用领空""航空应急管理""领空""领陆""领水"等。

2. 一般法律语词

在航空法立法中,要使用大量的一般法律语词,如"主体""客体""权利""义务""法律责任"等。

在民用运输机场航站楼时钟系统工程设计规范(0408)中,对民航行业标准中的标准用词做了如下说明:

为便于在执行本规范条文时区别对待,对要求严格程度不同的用词,说明如下:

1)表示很严格,非这样做不可的用词:正面词采用"必须"。反面词采用"严禁"。

2)表示严格,在正常情况下均应这样做的用词:正面词采用"应"。反面词采用"不应"或"不得"。

3)表示允许稍有选择,在条件许可时首先应这样做的用词:正面词采用"宜"。反面词采用"不宜"。

4)表示有选择,在一定条件下可以这样做的,采用"可"。

本规范中指定按其他有关标准、规范或其他有关规定执行时,写法为"应符合××的规定"或"应按××的规定执行"。

3.普通语词

在航空法立法中,社会生活中的许多普通语词也广泛使用,如"驾驶员""领航员""维修人员""签派员""起飞""降落""滑行""建筑物""设施"等。

综合看来,只有那些从航空活动中产生又经过法律语词化的语词才属于航空法的独特语词,这些语词有较大的概括性、抽象性、法律性,在航空法规中有着特别重要的意义。

(二)句子

在航空法立法中,选择何种类型的句子至关重要,在此基础上,句子内部之间的逻辑关系以及句子之间的逻辑关系也需考量,以符合法律语句的要求。

所谓句类,是指句子的类型。一般而言,句子有陈述句、祈使句、疑问句、感叹句。在法律规范中,仅使用陈述句和祈使句,不使用疑问句和感叹句。原因是,法律规范是人们进行社会活动的基本行为规范,其中要规定人们哪些可以为,哪些必须为,哪些不可为,内容需完全确定,因此疑问句无用武之地。此外,法律规范是人们的最高理性,其中并不表达情感,因此感叹句也不宜用于法律规范中。航空法立法也要遵守法律规范关于句类的一般规则,只能使用陈述句和祈使句。

陈述句是叙述某种事实或表达某种看法的句子。在法律规范中,陈述句主要用于陈述立法目的、指导思想、基本原则、当事人享有的权利、法律规范的假定条件、法律后果等。例如《飞行基本规则》第1条:为了维护国家领空主权,规范中华人民共和国境内的飞行活动,保障飞行活动安全有秩序地进行,制定本规则。

祈使句是要求、请求或命令他人做或不做一件事的句子,其包括命令、禁止、请求、劝阻四种类型。在法律规范中,主要使用表示命令和表示禁止的祈使句,用于义务性规范中。肯定式的祈使句采用"应当""必须"等术语,否定式的祈使句采用"不得""不准""禁止"等术语。例如《飞行基本规则》第36条:战斗飞行按照战斗命令执行,飞机起飞前或者起飞后必须及时通报飞行管制部门。

(三)语言风格

法律语言有其独特的风格,一般而言,法律语言要准确、凝练、严谨、庄重、质朴[①]。航空法律法规也要保持这些风格。

所谓准确,是指立法语言要科学地表达事物的内涵和外延。因此,航空法立法要用明确、具体、无误的语言文字,法律规范规定人们的行为条件、行为模式和行为后果,不能含糊不清,模棱两可。《飞行基本规则》第8条规定,与飞行有关的所有单位、人员负有保证飞行安全的责任,必须遵守有关规章制度,积极采取预防事故的措施,保证飞行安全。该条中的"责任"一词并不准确,应为"义务"(义务,意为在道德或伦理上的一般强制的应尽责任)。

所谓凝练,是指立法语言要言简意赅。因此,航空法立法要使用包含较大信息量的语言文字,用尽可能少的语言表达尽可能多的内容。《飞行基本规则》第111条第2款规定,有关单位

---

① 潘庆云.跨世纪的中国法律语言[M].武汉:华东理工大学出版社,1997:85-86.

应当主动配合,密切协作,及时提供航行情报,保证航行资料及时、准确和完整。该款规定过于冗繁,其中的"及时提供航行情报"后的"及时"可以略去。

严谨是指立法语言要严密周详,应做到无懈可击。因此,航空法立法的语言要注意法律用语的前后一致,同一概念只能用同一词语表达,不同的概念不应当用同一词语表达。

庄重是指立法语言要正式、客观、确定,要回避口语化、非客观化、不确定性的用语。航空法律规范也应如此。以下举例说明之。《飞行基本规则》第53条规定,相邻机场的穿云上升航线、穿云下降航线互有交叉,飞行发生矛盾时,由负责该地区飞行管制的部门调整。该条中的"矛盾"一词过于口语化,应改为"冲突"。

质朴是指立法语言要平实质朴、明白易懂。因此,立法语言必须回避使用古语词、地方性俚语、晦涩性语词、文学化语词等。航空法立法也应如此。

从以上简单分析中就可以看出,我国现行航空法律法规中的语言还有许多不足之处,这就可能带来人们对法律法规理解的难题,也会带来法律适用的难题,但修缮法律往往需要巨大的成本。因此,在任何一部航空法律法规颁布过程中,要对每一条法律规范进行字斟句酌,防止法律规范模糊不清、冗繁累赘、逻辑不清、轻巧浮华、晦涩孤僻,真正做到准确、凝练、严谨、庄重、朴实。只有这样,才能保证颁布出来的航空法律法规成为人们应予遵守的庄重的基本行为规范。

三、航空法立法的系统化技术

航空法立法的系统化技术是指将已经颁布的航空法律法规形成统一法律系统的技巧、方法和手段。要使已经颁布的航空法律法规形成一个统一的法律系统,需要进行系统性的审查,需要按照一定的逻辑汇编成册,有时还可以编纂成统一的法典,此即航空法的清理、汇编、编纂。

1. 航空法的清理

航空法的清理是指国家立法机关或授权机关根据法律规定,按照一定的程序,对航空法律法规进行审查、整理,重新确定其法律效力的活动。航空法清理的主要目的是对已经颁布的航空法律法规进行审查,审视其是否还适应社会生活,法律规范之间是否存在冲突,对于明显过时的法律法规,予以废止,对相互之间存在冲突的,进行调整和修改,以使得航空法律法规具有统一性、系统性,有利于守法、执法和司法,也有利于以后的航空立法。航空法的清理活动一般有三种不同的处理方式:一是继续保留,二是修改,三是直接废止。其中,废止过时的法律法规是最主要的清理方式。因此航空法的清理关系、法律法规的存废与效力,从本质上看,属于广义的立法活动。

2. 航空法的汇编

航空法的汇编是指将航空法律法规按照一定的体例汇集成册的活动。航空法汇编的意义在于便于人们了解法律法规,为公民遵守法律法规提供了便利,也有利于行政管理机关进行执法,有利于司法机关进行法律适用,同时,也有利于理论研究者进行研究。

对航空法进行汇编,主要有以下体例:

一是按照法律效力等级进行汇编。即将航空法律、航空行政法规、航空部门规章、航空地方性法规、航空地方政府规章进行分别归类,汇编成册。

二是按照内容进行汇编。即在汇编时,除航空基本法律外,其他航空法律法规按照内容进行分类,如按照航空单位及人员、航空器、空域、空中飞行、机场和地面设施、搜索和救援、通用航空、应急航空管理的体例进行编排,就比较科学。

三是按国别进行汇编。即将不同国家的航空立法按照国别汇编成册。

四、航空法立法的完善技术

从广义看,航空法立法的完善技术包括某一法律规范的完善,也包括一部法律法规的完善,更包括整个航空法律体系的完善,而整个航空法律体系的完善属于航空法的系统化技术。从狭义看,航空法立法的完善技术仅指前二者。具体来说,某一法律规范的完善或某部航空法律法规的完善主要通过法律解释和修改的方式进行,以下分述之。

1. 航空法的解释

航空法的解释是指某一主体对航空法律规范的含义予以进一步说明的活动。对航空法进行解释是守法、执法、司法的需要,理由在于,由于生活的复杂性,航空立法不可能事皆俱细,因此在法律规范应用于生活实际出现疑难时,就需要对法律规范进行解释。

对航空法的内容进行解释,一般要遵循以下要求:

一是依权解释。这是指具有法律解释权的国家机关应根据自身的权限对航空法律法规进行解释,不能超越权限进行解释。根据我国《立法法》,航空法律的解释权属于全国人民代表大会常务委员会。一般而言,法律法规颁布机关对其颁布的航空法律法规的解释最有约束力,其他国家机关的法律解释不能超越原法律法规的含义。

二是尊重立法。这是指法律解释时要综合考虑法律本身的精神,要充分理解法律的真正含义进行解释,不能断章取义。尊重立法的关键是尊重法律的精神,不能仅仅局限于法律法规条文进行解释,以防止解释的片面性。

三是程序法定。这主要针对正式解释而言,意即航空法的解释要按照一定的法定程序进行,要经过解释的提出、解释的审议、解释的表决通过、解释的公布等多个步骤。

2. 航空法的修改

航空法的修改是指立法机关对已经颁布的航空法律法规进行修缮,以使某些法律规范更加合理的活动。法律修改的原因是多方面的,有可能是最初立法本身存在缺陷,也有可能是法律随着使用的久长,和当前的现实不大适应,不管何种原因,对法律进行修改都是必要的。就航空法而言,合理修改是航空法发展和完善的重要途径。

航空法修改的方式包括明示修改和默示修改两种。

明示修改是指直接对某部法律法规的内容进行修改的方式。明示修改以修正案的形式进行,修正案通过后,法律法规重新发布。目前,我国航空法规的主要修改有国务院、中央军委《关于修改〈飞行基本规则〉的决定》(2007年10月18日)。

默示修改通过颁布新法的方式进行,按照新法优于旧法的原则,使原法律法规的内容实质发生了变更。从某种角度上,明示修改的方式比较合理,默示修改的方式会使人们认为新法与旧法之间存在冲突,不利于法律法规的实施。

五、航空法的体系结构

就法律体系结构而言,至少有两种结构可以采取。

其一为通则式航空法体系,即航空法仅就领空主权、空中交通管理机构、飞行规则、航空器登记管理、机场管理、飞行人员管理,以及空难事故调查和处罚等事项的管理机构、管理原则等做出规定,具体细则及特别事项由授权行使相应权利的机构根据航空法在授权范围内另行制定法律、行政法规和部门规章。如此,形成包括作为通则的航空法和作为细则的单行法规的统一航空法体系。

该体系的立法参考对象为美国《联邦航空法》。该法共十四章,其中最关键、最核心,同时也是内容最丰富的为第二章和第三章,因为第二章设立了民用航空委员会,第三章设立了联邦航空局,前述二机构,特别是联邦航空局是美国最重要的航空管理机构。联邦航空局根据第三章授权取得了广泛的航空管理的权限,美国诸多航空管理规则的制定和具体管理事项实施均由美国联邦航空局负责。美国《联邦航空法》作为母法同授权机关的立法形成了美国统一的航空法体系。

同美国《联邦航空法》立法系统相似的是德国《航空法》。该法也通过授权条款,授权交通、建筑和住房部颁布相关法令,并由该部下属的联邦航空局行使航空管理相关职权。德国航空事务管理基本通过联邦航空局的授权立法和执法行为实现。

其二为法典式航空法体系。航空法法典对所有与航空相关的事项做出规定,并设定具体规则,法典仅在有特别制定法时方指引或者授权其他机构立法。

法典式立法体系的参考模式为《俄罗斯航空法典》。现行《俄罗斯航空法典》共 18 章,137 个条款,分别包括,总则,国家对空域开发的管理,国家对航空活动的管理,国家对民用航空的管理,飞行器,机场、空港以及统一空中交通管理系统,航空人员,机组人员,航空器飞行,国际飞行,航空安全,搜索与营救,空难与事故调查,航空运输,航空作业,承运人、运营人和发货人的责任,最后声明。《俄罗斯航空法法典》几乎对所有的航空事项做出了具体明确的规定,当然《俄罗斯航空法法典》也做了指引立法或者授权立法的规定,特别针对国家航空器航空的相关事项,《俄罗斯航空法法典》一般在规定通用规则后,明定由国防部门和其他相关部门制定相应的特别规则。

通则式的航空法体系和法典式的体系各有利弊。

通则式的体系由于内容的原则性,以及对大部分待调整事项,特别是具体法律和技术事项授权专门机构立法,因此立法讨论时间相对较短,并相对容易在立法机构通过;而且,由于立法的原则性和宏观性能够在较长的时期内保持适用性,通则式航空法无须频繁修改立法。但是,由于通则式的体系规定过于原则和抽象,法律的适用性相对较弱,必须由单行法规进行补充。而且由于通则较多采取了授权立法,但各授权机构立法能力和立法侧重点各不相同,有可能导致各个单行法规相互之间的不协调。

法典式立法的优势在于法律规定清晰明确,可以直接援引适用,而且由于系同一机构立法,法律的协调性相对较好。但是,由于法典式体系对诸多具体问题进行细化调整,因此立法说明、讨论、决策时间可能较长,容易导致立法成本扩大;并且由于具体规则成分较多,除非立法具有充分的前瞻性,否则法典需要经常修改以适应社会、经济和技术发展。

对于我国而言,前述两种立法的体系结构均具有参考意义,因此对于立法系统的选择将主要取决于立法的政治形势和宏观立法规划。

1993 年,中央军委和国务院联合下发文件设定了中国空中交通管制三步走的战略规划,并将最终目标确定为实现统一的空中交通管制(管理)。历史上,我国的空中交通管制系统受苏联(俄罗斯)的影响较大,空中交通管制主要由空军组织实施,空军积累了组织实施全国空中交通管制的经验；目前俄罗斯的空中交通管制系统系由军队主导下军队和民用航空共管的空中交通管制的系统，事实上美国采取的统一空中交通管制系统也始终未脱离国防部门的控制，并且国防部门随时可接管空中交通管制系统。中国的和平发展在增强中国综合国力和影响力的同时，也引起了国际社会的"关注"，加上国际反恐斗争的现状和国内的分裂力量的长期活动，要求国家必须始终高度关注中国的防卫安全。

第五节 航空法与关联法律的关系

航空立法之间的相互关系，实际上涉及航空法和上位法、同位法以及航空法与下位法的关系问题。同时还涉及航空法与国际航空公约和国际惯例的关系问题。这些问题实际上涉及的是航空法与这些法之间的法律位阶问题。下面结合法律的基本理论对它们之间的关系进行简要论述。

航空法律位阶不仅是法理学的一个基本问题，而且是《中华人民共和国立法法》（以下简称《立法法》）所确立的"上位法优于下位法"适用规则的理论基础和逻辑起点。然而在现实的航空法理论和实践中，航空法律位阶的概念及其等级划分标准仍然是不明确的，《立法法》本身也没有做出清晰的回答，从而造成对我国航空法律位阶划分认识上的分歧。这势必影响航空法的效力的发挥，不利于其适用，有碍航空法制的统一。

我国学者一般认为，法律的位阶的确定标准有两条：一是立法主体的地位高低；二是立法程序的限制多少。根据通说的标准可以知道航空法的上位法有宪法以及全国人民代表大会制定的法。航空法的下位法主要有航空行政法规和航空行政规章。

1. 航空法与上位法的关系

航空法的上位法主要有两类法律，一是宪法。《立法法》第 78 条规定，宪法具有最高的法律效力，一切法律、行政法规、地方性法规、自治条例和单行条例、规章都不得同宪法相抵触。二是全国人民代表大会所制定的法律。《宪法》第 62 条规定，全国人民代表大会有权改变或撤销全国人民代表大会常委会不适当的决定。《立法法》第 88 条规定，全国人民代表大会有权改变或撤销它的常委会制定的不适当的法律。

在法律适用上，航空法与其上位法应当按照特别法优先于普通法的原则，首先适用航空法的规定，在航空法没有规定时，可以参照适用其上位法的规定。

2. 航空法与下位法的关系

从理论上讲，按照法律位阶划分的标准，除了全国人民代表大会所制定的法律属于航空法的上位法，全国人民代表大会常委会所制定的法律属于航空法的同位法，那么其余的行政法规、行政规章、地方性法规和规章等应当都属于航空法的下位法。按照此标准，航空法的下位法比较庞杂。

3. 航空法与国际航空条约及惯例的关系

航空法与国际航空条约的关系问题实际上就是指国际航空条约在我国的适用问题。我国《民用航空法》第一百八十四条规定："中华人民共和国缔结或者参加的国际条约同本法有不同规定的，适用国际条约的规定；但是，中华人民共和国声明保留的条款除外。中华人民共和国法律和中华人民共和国缔结或者参加的国际条约没有规定的，可以适用国际惯例。"它来源于

《民法通则》第142条第2款规定：中华人民共和国缔结或参加的国际条约同中华人民共和国的民事法律有不同规定的，适用国际条约的规定，但中华人民共和国声明保留的条款除外。如中华人民共和国政府不受《蒙特利尔公约》第十四条的约束，"中国政府声明，台湾当局以中国名义对上述公约的签字和批准是非法无效的。"《蒙特利尔公约》14条："两个或几个缔约国之间对本公约的解释或应用发生争端而不能以谈判解决时，经其中一方的要求，应交付仲裁。如果在要求仲裁之日起六个月内，当事国对仲裁的组成不能达成协议，任何一方可按照国际法院规约，要求将争端提交国际法院。"

另外，从我国航空法的诸多规定来看，许多都是从国际航空条约的内容直接引用而来的。从而也可以看出，国际航空条约对我国航空法的内容起到了非常重要的借鉴作用。

4. 航空法与其他相关法律法规的关系

航空法和其他相关法的关系问题，实际上涉及航空法和其他相关法之间的冲突与融合，科学界定它们之间的关系，对航空法和其他法律之间的冲突进行切割，这样才能促进航空法与其他法律之间的协调一致。

首先，要重视法律中所使用的相关概念与术语的协调。其次，要注重体系的简洁性。航空法的有关制度或许与一般法重复，因此在制定空管法规时，需要对这些重复之处加以删减，凡是应该由一般法规定的，空管法规作为特别法可不再重复规定，以避免法律体系的烦琐性。

第六节　条约与国际航空法体系

一、条约的概念

现代国际条约的名称，国际法并无统一的规定。缔约方可以自由选择所订条约的名称，只要该名称所表示的国际协议符合条约的概念。不同名称的条约并不意味着其法律效力的不同，只是表明条约的内容、缔约程序和方式等方面有差异。"条约"一词兼具广狭两义。广义的条约是指以各种名称出现的国际协议的泛称；狭义的条约仅指以条约为名称出现的国际协议的特称。"条约"一词多用于广义，例如1969年《维也纳条约法公约》第2条规定，称"条约"者，谓国家间所缔结而以国际法为准之国际书面协议，而不论其载于一项单独文书或两项以上相互有关之文书内，亦不论其特定名称为何。由此可见，广义的条约包括了各种具有不同名称的国际协议。

（一）条约所具有的基本特征

(1) 条约是国际法主体间签订的协议。凡现代国际法所承认的国际法主体都应是条约的主体即条约的缔约者。这一特征意味着，非国际法主体之间订立的协议不能称之为条约。只有缔约双方或多方都是国际法主体，它们之间所缔结的协议才是条约。现代国际条约的基本主体是国家，即国家间缔结的条约是条约的主流。但其他国际法主体也是现代条约的主体，它们也可以缔结条约。自然人和法人同国家或其他国际法主体之间签订的协议，无论其内容或性质多么重要，都不是条约。

(2) 条约必须以国际法为准。条约必须以国际法为准包含着两方面的含义：①条约的缔结、履行和争端的解决以国际法为准，即条约是根据国际法而非根据国内法来缔结、履行和解决争端的，这是区别国际条约和国内契约的标准；②条约的形式和内容以国际法为准，即条约的形式和内容必须符合国际法,这是区分合法条约与非法条约、平等条约与不平等条约、有效条约与无效条约的标准。

(3)条约意在确定缔约各方的权利义务关系。为缔约各方创设权利和义务是条约宗旨,也是条约的实质内容。无论何种性质和形式的条约,都必须有缔约者之间权利和义务的规定。不具有具体权利和义务的协议,在理论上和实践中都不能称为条约。

(4)条约是以书面形式为主的国际协议。条约是缔约各方意思表示的一致,而这种意思表示一致的表现形式并不要求必须是书面形式。条约通常以书面形式缔结,因为书面形式最有利于条约的准确性和条约的有效履行。《联合国宪章》第102条规定:条约必须登记和公布。只有书面形式的条约才能登记和公布,但这一条的规定也没有否定口头协议的法律效力。

在国际条约的实践中,尽管"口头协定"或"君子协定"十分少见,但不仅在过去而且在现在都出现过。联合国安理会席位的分配也是口头协定。因此,就条约的概念而言,书面形式并不是条约成立的不可或缺的要素,也可有口头形式的条约。但口头形式的条约缺乏准确性,常引起争议,故国际条约主要采取书面形式。

(二)条约的种类

现代条约的种类,在国际法上并没有统一的分类标准和方法。常见的分类标准和方法如下:

(1)按缔约方的数目来分,可将条约分为双边条约和多边条约。双边条约是指仅有两个缔约方的条约。大多数双边条约的两个缔约方分别是两个不同的国际法主体。但有时,一个缔约方可能包含多个不同的国际法主体。多边条约则是三方或三方以上的国际法主体缔结的条约。多边条约又可分为有限性多边条约和一般性多边条约。前者是指数目有限的缔约方参加的、旨在处理仅与这些缔约方有利害关系事项的条约,如1951年的《欧洲煤钢共同体条约》。后者则指数目众多的缔约方参加的旨在确立一般国际法规范或处理对国际社会整体有利害关系事项的条约,此类条约一般对所有国家开放,如1982年的《海洋法公约》。

(2)按条约的法律性质来分,可将条约分为"造法性条约"和"契约性条约"。前者是指多数国家参加的,能够创立、确认和修订一般国际法规范的条约,如《联合国宪章》《外交关系公约》等。后者则是指少数国家参加的,仅就缔约各方的特定事项确立具体权利义务的条约。

(3)按条约在国内的效力来分,可将条约分为"自执行条约"和"非自执行条约"。前者是指不须经任何立法措施便可直接在国内执行的条约。后者则是指不采取一定立法措施就无法在国内执行的条约。

(4)按条约的内容来分,可将条约分为政治、经济、文化、法律和军事等类。还有按缔约程序之简繁,将条约分为程序简单的条约和程序复杂的条约;按条约的合法性,将条约分为合法条约和非法条约;按条约是否对非缔约国开放,将条约分为开放性条约和非开放性条约;等等。

(三)条约的名称

根据国际实践,这些名称主要有以下几种:

(1)公约(convention):通常是多个国家举行国际会议缔结的多边条约,内容多属于造法性的,规定一些行为规则或制度,例如《联合国海洋法公约》。

(2)条约(treaty):适用于重大政治、经济、法律等问题的协议,且有效期较长。例如边界条约。这一种名称即为狭义之条约。

(3)协定(agreement):多是解决某一方面具体问题的协议,例如贸易协定、航空协定等。

(4)宪章、盟约、规约(charter,covenant,statute):通常是国际组织的章程,例如《联合国宪章》《国际联盟盟约》《国际法院规约》。

(5)文件、总文件或最后文件(act,general act or final act):通常用于国际会议上通过的规定一般国际法规则或解决一般国际问题的多边条约,例如1890年《关于禁止非洲奴隶贸易的布鲁塞尔总文件》。

(6)议定书(protocol):多是辅助性的法律文件,内容一般比协定还要具体,如两国关于贸易协定所缔结的支付议定书。但有的议定书是一个独立文件,本身就是一项重要条约,例如1925年《关于禁用毒气或类似毒品及细菌方法作战的日内瓦议定书》。补充、说明、解释主约的议定书通常被称为"附加议定书",或"最后议定书"。

(7)换文(exchange of notes):当事国相互交换外交照会,就有关事项达成的协议。例如,1955年6月3日中国和印度尼西亚关于双重国籍问题的条约的实施办法的换文。换文程序简易,是常用的缔约方式之一。

(8)谅解备忘录(memorandum of understanding):一般是处理较小事项的条约,例如1963年《美、苏关于建立直接通信联络的谅解备忘录》。

(9)宣言(declaration):规定国家间权利和义务或行为规则的声明,如1943年中美英《开罗宣言》等。但单纯的政策声明而没有规定具体权利和义务的宣言不是条约。

(10)联合声明、联合公报(joint declaration,joint communique):指两个或两个以上的国际法主体就同一事项发表的声明,彼此承受有关的权利和义务,如1984年中英《关于香港问题的联合声明》,1987年中葡《关于澳门问题的联合声明》。

除上述名称外,国际实践中还有专约(convention)、组织宪章(constitution)、临时协定(modus vivendi)、补充协定(arrangement)等。不过,条约的不同名称仅表示它们在缔约方和缔约程序等事项上有所差别,但它们的法律性质和法律效力并无二致。

二、国际航空法体系

国际航空法是指国际民用航空法,它是随着飞机的发明和民用而产生的。一方面,飞机本身在民用运输中的最大优势体现在长途跨国性的航线上,因此民用航空一开始就伴随着国际合作的需要。另一方面,飞机的高技术特性,使许多技术标准和航行规则具有某种通用性。上述特点使各国在国际民用航空领域迅速达成了一系列条约以规范其相关活动。这些条约构成了现代国际民用航空法律体系,它主要包括三个部分:

(1)围绕《芝加哥公约》形成的国际民用航空基本制度;

(2)围绕《华沙公约》形成的国际航空民事责任制度;

(3)围绕三个反劫机公约构成的国际民航安全制度。

国际航空法的原则和规则大部分都是来源于条约的规定,习惯法的规则很少,因此国际航空法的主要渊源是条约。

(一)确立一般航空法律制度的条约

继1919年《巴黎公约》后,拒绝参加该公约的美国与若干其他美洲国家于1928年在哈瓦那签订了《泛美商业航空公约》。其基本规定与《巴黎公约》大致相同,但没有设立管理机构,也未附有任何技术方面的附件。这两项公约后来都被1944年《芝加哥公约》所取代。

《芝加哥公约》是1944年芝加哥国际民用航空会议的基本公约,缔约国初时为52国,现有成员180多个,中国于1974年加入。该公约重申了《巴黎公约》关于航空法的一般原则的规定,并对航空器的性质、国籍、国际航空飞行条件和标准等作了新的规定,公约还建立了"国际民用航空组织",以处理国际航空的技术、经济及法律问题。《芝加哥公约》是现代国际航空法最重要的基本文件。

(二)关于航空运输业务的条约

关于航空运输业务的条约主要有两类:第一类是关于国际航空运输责任制度的公约,包括:①1929年10月12日在华沙签订的《统一国际航空运输某些规则的公约》(简称《华沙公约》)及其一系列的补充文件(总称为"华沙体制"),主要是对承运人责任制度做出统一规定;②1952年在罗马签订的《关于外国航空器对地(水)面第三者造成的损害公约》。这一类公约的内容被称为"航空私法",属于国际私法范畴。1999年5月关于"华沙体制"现代化的航空法国际大会在加拿大蒙特利尔召开。《关于统一国际航空运输某些规则的公约》获得通过并得到52个国家代表的签字,其中包括美国和中国,简称1999年《蒙特利尔公约》,这是国际民航组织历史上第一次采用中文本的国际公约。我国在2005年2月28日批准了1999年《蒙特利尔公约》[①]。第二类是关于国际航空运营权利的文件,包括:①《国际航空运输协定》,由1944年芝加哥会议的部分参加国于1944年12月7日签订。该协定规定每一缔约国给予其他缔约国的定期航班以过境权和运营权,共有五种,故也称《五种自由协定》。协定签字国为20个,批准国仅12个。②《国际航班过境协定》,与上一协定同时在芝加哥签订。该协定只规定了五种自由权利中的前两种,故也称《两种自由协定》。签字国有33个,目前大部分航空发达的国家(如美、英、德、日等)均已批准了这项协定。

(三)关于民用航空安全的条约

民用航空安全包括劫持航空器和危害国际民用航空安全等非法行为。劫机是指以暴力劫持航空机,迫使其偏离航线,飞往劫机者指定的地点或目标,以满足劫机者的个人目的。劫机是一种恐怖主义行为,劫机者多为个人或恐怖主义组织或集团。劫机行为不管成功与否,对航空安全都是一个严重的威胁。比较有代表性的恐怖主义定义有:①《布莱克维尔政治学百科全书》关于恐怖主义的定义可以简洁地概括为强制性恐吓,或者更全面地定义为系统地使用暗杀、伤害和破坏,或者通过威胁使用上述手段,以制造恐怖气氛,宣传某种事业,以及强迫更多的人服从于它的目标。②《简明不列颠全书》对恐怖主义的解释是对各国政府、公众和个人使用令人莫测的暴力讹诈或威胁,以达到某种特定目的的政治手段。各种政治组织、民族团体、宗教狂热者和革命者、追求正义者以及军队和警察都可以利用恐怖主义。③《防止和惩治恐怖主义公约》(1937年):直接反对一个国家,而其目的和性质是在个别人士、个别集团或公民中制造恐怖的犯罪行为。④《美洲国家组织关于防止和惩治恐怖主义行为的公约》(1971年):绑架、谋杀和对根据国际法有义务给予特别保护的那些人的生命和人身安全进行其他袭击,以及同这些罪行有关的勒索,不论其动机如何。⑤《惩治恐怖主义的欧洲公约》(1976年):对国际保护人员包括外交代表的生命、人身尊严或自由的攻击,绑架、劫持人质,非法劫持航空器,非

---

① 具体内容可参见中国民航出版社2005年出版的吴建端的《航空法学》第二章国际私法条约和协议,1999年的蒙特利尔公约。

法和扣押以及使用炸弹、火箭、手榴弹等危及人身的活动。具体内容可参见王怀玉编著的《航空保安法导论》，中国民航出版社 2008 年出版。

因为恐怖主义是一个极易受政治立场、宗教文化背景影响的敏感概念，不同的民族、种族、国籍、信仰的人对恐怖主义的认识差别巨大。正是基于这个原因，国际民航组织一直都在努力避免将恐怖主义一词引入民航保安领域。劫机是国际上公认的一个犯罪行为，为了给包括带有恐怖主义色彩的航空犯罪在内的违法行为下一个中性化的定义，国际民航组织选取了"针对民用航空的非法干扰行为"(Unlawful Interference)这一用语。

为了防止劫机对航空安全的威胁，国际民航组织曾先后制定了 3 个反劫机公约，成为国际上普遍接受的公约，即《东京公约》(1963)、《海牙公约》(1970)、《蒙特利尔公约》(1971)。

《东京公约》：对劫机的定义为"非法改变航空器之航程"。其主要内容如下：

(1)确认航空器登记国对在飞机上所发生的犯罪行为有绝对之管辖权，不论该犯罪行为发生时，该航空器是否飞行于其他国家上空。

(2)赋予机长相当之权力，以增进飞行安全。

(3)确定航空器降落国之责任。

《东京公约》的重心仅落在机长对航空器之控制权，及机组成员乘客与航空器之安全遣返，并未将非法劫持航空器之行为视为一种国际罪行，亦无处罚劫机犯之规定。

《海牙公约》：对劫机的定义为"非法劫持航空器"。其主要内容是制止非法劫持航空器的公约，旨在补救东京公约的法律体系缺憾，并偏重于对劫机犯之处罚。

(1)任何人在飞行中之航空器上，有下列各项行为者视为犯罪：

1) 借武力或威胁，对航空器非法劫持或行使控制，或企图行使任何此项行为。

2) 为行使或企图行使任何此项行为者之同谋者的行为。

(2)关于劫机犯之起诉与引渡有两种相反的意见：

1)认为缔约国逮捕劫机嫌犯后，应将之引渡或起诉；

2)认为缔约国应保有引渡或起诉嫌犯之自由。海牙公约采取的是"不予处罚即遣回"之原则。

《蒙特利尔公约》：对劫机的定义为"危害民航安全之非法行为"。ICAO 法律委员会以海牙公约之草案为蓝本，对劫机行为有更明确的定义，而且不仅适用于飞行中的航空器，同时也适用于使用中的航空器和地面上的航行设施，范围比较广泛，同时规定各国对劫机者要从严惩处或者引渡。

虽然国际上有了以上三个公约，世界上大部分国家也已经加入，但劫机犯之庇护与引渡问题仍未彻底解决，因此劫机者的惩罚问题是解决劫机的一个重要环节。1968 到 1972 年之间美国共发生上百次的劫机事件，而美国和古巴在 1973 年签订了双边引渡条约后，原来劫持飞机到古巴的事件大为减少，1973 年仅发生一次劫机事件。在我国，20 世纪 80 年代以卓长仁为首的一伙劫持大陆飞机到台湾，台湾当局不顾国际法的规定，给予了英雄般的欢迎，使得大陆飞机被劫持的事件接连发生。1993 年，中国曾经发生了震惊世界民航业的咄咄怪事，那一年，中国大陆共有 10 架民航客机被歹徒劫持，飞往中国的同一个机场：台北桃园国际机场。有资料显示，这一年中国大陆民航共发生劫机事件 21 起，劫机成功的 10 起，劫机目的地均为台湾，海峡上空出现了令整个世界都为之瞠目的劫机潮。每当发生劫机事件，旅客和机组人员是最直接的受害者。劫机事件频繁发生，对民航机组人员和乘客的心理造成了极大的压力，同时航空公司还要承担巨额的经济损失,中国民航的声誉也严重受损。台湾当局迫于国际舆论的压力对后来的劫机犯给予了刑事处罚,劫机事件也随之大为减少。国际航空法虽然发展很快,但随着国际航空的不断发展,又不断地出现新的问题,需要国际航空法来回答和解决。因此国际航空法必然要随着航空的发展而继续发展,不断完善。美国"9·11"事件后,劫机事件的处理发生了本质上的变化,因劫机者由以前的劫财或政治为目的,演变成如今的恐怖活动。作为航空部门在处理这种突发事件时应考虑由过去"保乘客和保航空器的安全"为主,改为"保重要目标的安全"为第一目的。某些情况下,不得不对民用航空器进行拦截及拦击。

第三章　国际民航组织与空管法规

本章知识点提示：国际民航组织的职能，国际民航组织文件体系、标准和建议措施，航行服务程序。

航空法的产生是随着航空的实践而来的。当人类的飞行理想逐渐变为现实时，航空的特点和它对社会可能带来的影响也逐渐为人们所认识，相应的航空法令也就产生了。国际航空法始终围绕的中心问题是两个，一是国家主权问题，二是航空安全问题。

第一节　早期人类对航空活动管理的实践

1783年6月5日在法国安纳内自由气球的飞行标志着民用航空活动的开始，约瑟夫和艾堤安·蒙哥尔菲埃放出了第一个热气球，放飞是在城市广场进行的。正是从那个历史时刻开始，航空迈出了第一步——从纯粹的梦想到假设、到实践，从失败到最后成熟。

在气球升空后仅仅几个月，8月27日，另一个法国人，物理学家查尔斯第一次有意识地应用阿基米德理论放出了一个充氢气的自由气球。气球在阴雨天中从火星广场到巴黎上空，然后在25 km外降落。当查尔斯的气球在一个叫贡内斯的小村庄穿云下降时，一群受惊的农民攻击了这个从天而降的"怪物"，他们用大镰刀和草耙击毁了它，然后把它拴在马尾巴上在田地里拖着跑，直到最后只剩下了一些碎片。惊恐的农民捣毁第一个查尔斯气球的当天，第一个国内航空管理行动就产生了。那天法国政府发布了一项公告："气球或球体在升空时不得引起人民惊恐"。1784年3月2日，法国的布朗夏尔准备进行他的一次空中旅行，在起飞之前几分钟，一个年轻人从聚集观看的人群中冲出来，跳上了气球吊篮，坚持要陪布朗夏尔一起飞行。在骚乱中入侵者拔出刺刀进行威胁。虽然他最后被制服了，并被从吊篮中赶走交给了保安人员，但不论怎么说，这肯定是一次航空非法干扰事件，然而它还不能算作一次预谋事件，因为那时只有风才能决定自由气球的目的地，人还不能改变飞行方向。

1900年国际法研究所世界知名的法学家保罗·福希叶提醒法学界同行们注意：需要有一部航空国际法典。第二年他发表了他的里程碑式和划时代的法学论著《空域和气球的法令制度》。

在20世纪的最初两年，美国的莱特兄弟在北卡罗来纳州的基堤霍克进行了滑翔机试验。1903年以前航空法学界就已召开过国际会议，讨论自由气球飞行和飞艇活动的管理问题，现在飞机的出现使他们感到了工作的更大紧迫性。不但重于空气的飞行器国际飞行迅速发展，而且气球和飞艇也开始日益频繁地飞越主权国家的国界。到1908年，这类活动对法国来说已是令人烦恼的问题了,这年4月到11月间至少有10个德国气球越过边界降落在法国。据说这些气球一共载有25名飞行员,其中至少有一半是穿军服的。此外德国飞艇的驾驶员在试飞和训练飞行时未经事先放行和允许就驾驶飞艇飞越了瑞士。当然法国飞行员布雷利奥在进行飞越英吉利海峡的历史性飞行时,也从未想过要取得许可才得以进入大不列颠并在其境内降落。

　　这只不过是日益增加的国际飞行事件的一些例子。在20世纪的最初10年里,这些飞行是在完全没有管辖和监视的环境中进行的。1908年11月,法国参议院对此问题展开了广泛的辩论,一致认为飞越边界对国防和国际商务关系的影响应当予以研究。此后不久法国驻柏林大使提请德国政府注意这种局势,德国政府保证以后禁止其气球在国界外降落。然而法国政府的关注并没有减少,同年12月,法国决定邀请21个欧洲国家于1910年在巴黎举行外交会议,以讨论与欧洲空中航行管理有关的问题。

　　这次大会从1910年5月18日开到6月29日,共开了6个星期。飞行空域的法律地位以及空域下面的国家对管理和限制飞越其领土和领水上空的权利范围从一开始就是会议明确要讨论的问题。这个问题与航空的人要在此种空域中取得完全的空中航行自由的哲理探索密切相关,因此它压倒了会议的所有其他议题。1910年《巴黎公约》草案的起草人当时所遇到的困难,有些方面是值得提一下的。那时还没有人清楚地看到民用航空的前途或者说它是否有前途。它是一项崭新的活动,至少在重于空气的领域里是这样。可以称得上是专家的少数几个人,对新出现的民航活动将会或应当走什么样的道路,常常意见极不一致。有些人认为飞艇和飞船是未来的潮流,其他人认为重于空气的机器有光明前途。代表们大部分都是法律专家而缺乏技术知识,有时他们不得不请飞行员和工程师来解释航空活动的性质和特点,并判定建议的法律和管理条款是否正确和中肯。有一次,一些代表曾认定,所有航空器、气球和飞艇都应自己携带并显示自己国家的国旗。这些国旗不能画上去或漆上去,而是必须用正规的纺织品的国旗,挂在外边桅杆上使其能随风飘动。布雷利奥和他的重于空气的航空器驾驶员们对这种想法十分气愤,很明显这是自由气球飞行时代的产物。

　　1910年《巴黎公约》制定得非常好,它使人们对未来看得非常清楚,几乎使欧洲各国签字。随着岁月的流逝,4年以后第一次世界大战爆发了,战争使许多梦想当然都破灭了。随着1919年11月11日停战协定在法国雷东德的签字,第一次世界大战终于结束了。

　　停战后几个星期的一个晚上,在巴黎有几个法国军官聚集在一起,一边喝酒一边开始回忆战争年代协约国航空委员会的活动,其中有几个人曾参加过该委员会的工作。协约国航空委员会是一个多国团体,在战争后期负责协调空中联合作战计划和战略问题,它由主要的协约国和准协约国成员组成,是战争最高顾问委员会的组成部分。第二天,委员会前任秘书和他的助手在回顾前天晚上的讨论时,脑子里开始产生一个想法,他们很快把这个想法报告了他们的上司——法国航空总长。总长向法国政务委员会主席克雷蒙梭提交了一份建议,克雷蒙梭看了建议后给予了鼓励,并指出应该立刻抓住1919年1月18日刚开始的巴黎和平会议这个有利时机。他建议邀请各国政府成立一个机构,来准备一个国际民用航空公约。1月25日克雷蒙梭在一封信中建议这一行动,该信立即分送各主要协约国政府首脑,各国政府领导人很快就接受了这个建议。这样就在和平委员会内成立了一个航空委员会来承担此项工作,并在1919年3月6日举行了第一次会议。会议一致通过了一些原则:

　　(1)各国对其领土和领水上空具有完全的和绝对的主权原则和相应的拒绝外国航空器的权利;各国对其领土和领水上空有管辖权。

(2)在主权原则的前提下,承认国际空中航行最大自由的愿望,但这种自由不应与国家安全、与缔约国允许航空器入境有关合理规章及国家立法相矛盾。

(3)关于允许入境和对待其他缔约国航空器的国内规章,承认不以国籍不同而有所歧视。

(4)承认每一航空器必须具有缔约国国籍,必须在航空器所具国籍的缔约国进行登记的原则。

(5)当军用和国家航空器在为政府服务时,认可予以特殊对待的原则。

(6)承认在缔约国领土以外两点之间的国际飞行在该缔约国不降停的过境权,但被飞越的国家有权保留自己的国际商业空中飞行的权利,并有权用适当的信号迫使正在飞越该国的航空器降落。

(7)承认所有缔约国的航空器有权使用所有公共机场,但对使用降落设备的收费不因国籍不同而有所歧视。

(8)承认缔约国之间相互赔偿的原则,对一国政府航空器在另一国造成人身或财产的损失进行赔偿。

(9)承认需要有一个常设的国际航空委员会。

(10)承认每一缔约国有义务在其国内立法中使公约条款产生效力原则。

(11)承认在战时,公约不影响交战国或中立国的权利和义务的原则。

1919年10月13日最高理事会通过了《国际航空公约》并向出席巴黎和平会议的32个协约国和其他有关国家的全权代表开放。其中有26个国家在规定时间内在文件上签了字,然而批准书却送交得很慢,最后38个国家成为1919年《国际航空公约》缔约国。

根据公约规定,委员会成立了一个小型常设国际空中航行委员会(ICAN)秘书处,在秘书长领导下进行工作。在第一次会议上,国际航空航行委员会的代表们任命了阿尔伯特·罗普为秘书长并决定秘书处由8人组成。

随着时间的推移,秘书处的职责变得越来越明显了,其最重要的经常性任务是从缔约国收集并向其散发航行资料,修改和刷新公约附件,很快又发现国际航行资料中心应当起着更广泛的全球范围的作用而不局限于缔约国范围以内。同时为了缔约国的利益,在缔约国范围之外散发资料也是必要的。秘书长罗普认为国际空中航行委员会在航行资料方面"只能是全球性的"。国际空中航行委员会秘书处还制定和出版了基本航图,向缔约国散发并公开出售。在航空的早期一张基本航图对飞行员来说是绝对需要的,因为那时没有无线电导航设施。多年来国际空中航行委员会成了政府和企业的协调中心,在空中航行方面成为有关各国际组织中公认的航空权威,它还代表国际民用航空作为观察员参加了许多国际会议,国际空中航空委员会还召开或主办了多次与空中航行有关的会议。

从1939年开始,战争又一次吞没了欧洲。1939年6月国际空中航行委员会在哥本哈根举行的第27次会议是1945年以前最后一次会议。国际空中航行委员会在巴黎的总部一直开放,直到1940年6月巴黎处于战时被占领为止。

第二节 国际民航组织的建立

在第二次世界大战结束时,即1944年9月11日,美国政府向53国政府发出了邀请,邀请信发给了3类国家:

第一类:联合国所有成员国。

第二类:在第二次世界大战中与联合国有联系的国家,欧洲和亚洲的中立国家。

第三类:欧洲解放以后,与可能出现的航空运输的扩展有密切关系的国家。

著名的芝加哥会议于1944年11月1日开始,当时预计开25天。

芝加哥会议是在斯蒂文斯饭店举行的,它面对市中心附近的密执安湖,是芝加哥的大饭店之一。该饭店已经很陈旧了,它的设备不像参加会议的人期望的那么宽敞、方便,膳宿供应也不是很好,许多代表在饭店意见本上留下了不愉快的意见。

《芝加哥每日新闻》报道,在会议上看到两个"阵营":第一个阵营是美国和它选定的工具(泛美航空公司),它们积极推行"有限管理和有控制的竞争的天空自由"概念;第二个是英国推行的概念,即"强有力的国际组织对世界航空运输实行严格的经济控制,就像美国民航委员会对国内航空所推行的那样"。

同时,加拿大、英国和美国三方的秘密会谈主要讨论航空运输经济问题,仍然没有能解决各国的严重分歧,对会议的进展缓慢和把其他国家排除在三方会谈之外的不满情绪和抱怨声越来越大。眼看预定的会期即将结束,但在航空运输的经济问题上,芝加哥会议似乎陷入了毫无希望的僵局。主要涉及政府间对航空公司航线、运价和班次的多边控制能达到什么程度等问题。与此同时,在技术和航行方面的进展却非常顺利。第二委员会的10个技术分组委员会已经完成了各自的正式报告,会议在这方面是按进度进行的,会议的最后文件也已着手起草。

11月30日,已经超过原定会期5天,《芝加哥每日新闻》的标题是《为缔结航空条约的会谈没有解决问题》。报道说人们认为在两三天内会议将在没有取得满意的结果中匆忙结束。第二天报纸继续报道说这次会议是一个"彻底的失败"。

不管怎样,会议于1944年12月7日在大肆渲染的友善的气氛中闭幕了,并在很大程度上回答了会议的两个基本问题:

一旦世界军事形势允许,尽快促进开始经营国际航空运输;促成战后国际民用航空健康和有秩序的发展。

在5个星期的讨论中,芝加哥会议制定了6份重要文件:

(1)制定了《国际民用航空公约》并开放听任签字,需要26国正式批准才能使其生效。原以为在3年之内是不会完成的,没想到在两年多的时间里就做到了。到2016年世界上190多个国家和地区已经批准了《国际民用航空公约》,使它成为所有这类国际公约中得到最广泛承认的公约之一。

(2)制定了《国际民用航空临时协定》并开放听任签字。该协定的目的是,在等待公约正式批准期间,它可以起桥梁作用,以便早日在世界范围内开始工作。该协定于1945年6月6日经26个国家接受开始生效,从此临时国际民用航空组织(PICAO)就诞生了。在1947年4月4日永久性国际民用航空组织诞生之前,它一直在不间断地工作。

(3)制定了一份被称为"两种自由"协议的《国际航班过境协定》并开放听任签字,该协定于1945年1月30日生效。在国际民用航空组织成为永久性机构时,已有36个国家接受了该协定。现在接受该协定的已有100多个国家,然而在此之前,只有根据上层协定或在地区性公约(如《巴黎公约》和《哈瓦那公约》)签字国家之间才能享受这些自由。

(4)还制定了一般称为"五种自由"协定的《国际航空运输协定》并开放听任签字。虽然当时认为一些国家可能不会接受该协定,结果却有19个国家签了字。它们共同地在相互间执行了该协定的条款。后来19个国家中的8个退出了该协定,因此今天只有少数国家仍然是该协定的参加国。

(5)完成了公约的12个附件起草工作。在公约生效之前,它们在全世界范围内在做法上起指导作用;公约生效后由国际民用航空组织理事会逐个正式批准并由缔约国接受,这些程序在芝加哥会议后进行得很快。

(6)作为最后决议书的一部分,会议还建议并制定了关于交换航线和航班的"双边协定的标准格式"。后来这种格式被广泛采用,并被认为在使全世界双边协定的一致性方面做出了很大贡献。

在会议结束前两天,大会执行委员会宣布,将建议把临时国际民用航空组织总部所在地设在加拿大,建议获得了通过。

在会议结束前一天,举行了全体会议以选举组成临时理事会的理事国。大家一致同意分3类选举代表:

第一类:在航空方面占主要地位的国家。在这类中有7个国家当选,它们是比利时、巴西、墨西哥、荷兰、英国、法国和美国。

第二类:对提供国际民用航空航行设施做出最大贡献的各国。在这类中有5个国家当选,它们是加拿大、印度、伊拉克、挪威和秘鲁。

第三类:其当选可保证世界各主要地理区域在理事会中均有代表的各国。在这类中有下列8个国家当选:澳大利亚、智利、中国、哥伦比亚、捷克、埃及、萨尔瓦多和土耳其。(1971年国际民航组织通过决议承认中华人民共和国为中国唯一合法代表。1974年2月15日,中国承认该公约并正式开始参加该组织活动。中国自1974年恢复参加国际民航组织活动以来,一直连任二类理事国,并于2004年国际民航组织第35届大会上当选一类理事国。)

会议决定理事会有21个席位,但只选出了20个国家,在第一类空出了一个席位。如果苏联决定参加《芝加哥公约》,就把这个席位给苏联。(苏联直到1970年才参加《芝加哥公约》,1971年被选进理事会。)

理事会选举结果,世界上人口多的国家之一、正在走向独立的、被认为在战后民航中会起主要作用的印度,在候选第二类和第三类理事国时都落选了。使会议感到惊异的是,挪威宣布理事会中没有印度是令人遗憾的,印度要求在理事会中有一个席位是合理的,因此挪威自动退出,把它在理事会中空出来的席位交由理事会处理。全会还没有来得及消化这个慷慨的外交奉献,古巴发言表示愿意代替挪威而让出自己的席位,这样不仅可以使印度得到它应得的权益,而且可以使理事会有更大的地区性平衡。

第三节 国际民航组织职能

一、国际民航组织的主要目的

《国际民用航空公约》第四十四条规定:

"国际民用航空组织的宗旨和目的在于发展国际航行的原则和技术,促进国际航空运输的规划和发展,即:

(1)保证全世界国际民用航空安全地和有秩序地发展;

(2)鼓励为和平用途的航空器的设计和操作艺术;

(3)鼓励发展用于国际民用航空的航路、机场和航行设施;

(4)满足世界人民对安全、正常、有效和经济的航空运输的需要;

(5)防止因不合理的竞争而造成经济上的浪费;

(6)保证缔约各国的权利受到充分尊重,每一缔约国均有经营国际空运企业的公平的机会;

(7)避免缔约各国之间的差别待遇;

(8)促进国际航行的飞行安全;

(9)普遍促进国际民用航空在各方面的发展。"

以上9条归纳起来为国际航行和国际航空运输两个方面的问题。前者为技术问题,主要是安全;后者为经济和法律问题,主要是公平合理、尊重主权。两者的共同目的是保证国际民用航空安全、正常、有效、经济和有秩序地发展。从这里我们可以看到,国际民航组织的宗旨和目的是促进整个国际民用航空的发展,包括航行和运输两个方面,而巴黎公约则只是侧重于国际航行一个方面。

二、国际民航组织的任务

国际民航组织按照《国际民用航空公约》的授权,发展国际航行的原则和技术。由于新技术飞速发展,全球经济环境也发生了巨大变化,对国际民用航空的航行和运输管理制度形成了前所未有的挑战。为加强工作效率和针对性,继续保持对国际民用航空的主导地位,国际民航组织制定了战略工作计划(Strategic Aciton Plan),重新确定了工作重点。

(一)关于法规(Constitutional Affairs)

修订现行国际民航法规条款并制定新的法律文书。主要项目有:

(1)敦促更多的国家加入关于不对民用航空器使用武力的《芝加哥公约》第3分条和在包用、租用和换用航空器时由该航空器登记国向使用国移交某些安全职责的第83分条。

(2)起草关于导航卫星服务的国际法律框架。

(二)关于航行(Air Navigation)

制定并刷新关于航行的国际技术标准和建议措施是国际民航组织最主要的工作。《芝加哥公约》的19个附件有17个都是涉及航行技术的。战略工作计划要求这一工作跟上国际民用航空的发展速度,保持这些标准和建议措施的适用性。

规划各地区的国际航路网络、授权有关国家对国际航行提供助航设施和空中交通与气象服务、对各国在其本国领土之内的航行设施和服务提出建议,是国际民航组织"地区规划(Regional AirNavigation Planning)"的职责,由7个地区办事处负责运作。近年来,由于各国越来越追求自己在国际航行中的利益,冲突和纠纷日益增多(例如在南中国海空域),致使国际民航组织的统一航行规划难以得到完全实施。战略工作计划要求加强地区规划机制的有效性,更好地协调各国的不同要求。

(三)安全监察(Safety Oversight Programme)

近年全球民航重大事故率平均为1.44架次/百万架次,随着航空运输量的增长,如果这一比例不降下来,事故的绝对次数也将上升到不可接受的程度。国际民航组织从20世纪90年代初开始实施安全监察规划,主要内容为各国在自愿的基础上接受国际民航组织对其航空当局安全规章的完善程度以及航空公司的运行安全水平进行评估。这一规划将在第32届大会上发展成为强制性的"航空安全审计计划(Safety Audit Programme)",要求所有的缔约国必须接受国际民航组织的安全评估[①]。

安全问题不仅在航空器运行中存在,在航行领域的其他方面也存在,例如空中交通管制和机场运行等。为涵盖安全监察规划所未涉及的方面,国际民航组织在近年还发起了"在航行域寻找安全缺陷计划"。

作为航空安全的理论研究,现实施的项目有"人类因素"和"防止有控飞行撞地"。

(四)制止非法干扰(Aviation Security)

制止非法干扰即我国通称的安全保卫或空防安全。这项工作的重点为敦促各缔约国按照附件17"安全保卫"规定的标准和建议措施,特别加强机场的安全保卫工作,同时大力开展国际民航组织的安全保卫培训规划。

(五)实施新航行系统(ICAO CNS/ATM Systems)

新航行系统即"国际民航组织通信、导航、监视/空中交通管制系统",是集计算机网络技术、卫星导航和通信技术以及高速数字数据通信技术为一体的革命性导航系统,将替换现行的陆基导航系统,大大提高航行效率。20世纪80年代末期由国际组织提出概念,90年代初完成全球规划,现已进入过渡实施阶段。这种新系统要达到全球普遍适用的程度,尚有许多非技术问题要解决。战略工作计划要求攻克的难题包括卫星导航服务(GNSS)的法律框架、运行机构、全球、各地区和各国实施进度的协调与合作、融资与成本回收等。

(六)航空运输服务管理制度(Air Transport Services Regulation)

国际民航组织在航空运输领域的重点工作为"简化手续",即"消除障碍以促进航空器及其旅客、机组、行李、货物和邮件自由地、畅通无阻地跨越国际边界"。18个附件中唯一不涉及航行技术问题的就是对简化手续制定标准的建议措施的附件9"简化手续"。

在航空运输管理制度方面,1944年的国际民航会议曾试图制定一个关于商业航空权的多边协定来取代大量的双边协定,但未获多数代表同意。因此,目前国家之间商业航空权的交换仍然由双边谈判来决定。国际民航组织在这方面的职责为,研究全球经济大环境变化对航空运输管理制度的影响,为各国提供分析报告和建议,为航空运输中的某些业务制定规范。战略工作计划要求国际民航组织开展的工作有,修订计算机订座系统营运行为规范、研究服务贸易总协定对航空运输管理制度的影响。

(七)统计(Statistics)

《芝加哥公约》第54条规定,理事会必须收集、审议和公布统计资料,各成员国有义务报送这些资料。这不仅对指导国际民航组织的审议工作是必要的,而且对协助各国民航当局根据现实情况制定民航政策也是必不可少的。这些统计资料主要包括承运人运输量、分航段运输

---

① ICAO大会第35届会议执行委员会议程项目17中国执行《国际民航公约》附件13的情况(由中华人民共和国提交),中国作为国际民航组织的理事国,严格执行《国际民航公约》附件13的要求,完成了多起中国境内外的航空器事故调查工作,对事故预防起到了积极作用。同时,中国结合实际运行环境,借鉴航空发达国家的成功经验,近几年在事故预防措施方面进行了积极探索,主要的事故预防手段是完善政府安全监督体系,利用现代科技手段促进航空安全,加强安全基础建设,提高从业人员素质,实践表明这些事故预防手段对改善航空安全水平是行之有效的,是适合中国安全文化氛围的。

量、飞行始发地和目的地、承运人财务、机队和人员、机场业务和财务、航路设施业务和财务、各国注册的航空器、安全、通用航空以及飞行员执照等。

国际民航组织的统计工作还包括经济预测和协助各国规划民航发展。

(八) 技术合作

20世纪90年代以前,联合国发展规划署援助资金中5%用于发展中国家的民航项目,委托给国际民航组织技术合作局实施。此后,该署改变援助重点,基本不给民航项目拨款。鉴于不少发展中国家引进民航新技术主要依靠外来资金,国际民航组织强调必须继续维持其技术合作机制。资金的来源,一是靠发达国家捐款,二是靠受援助国自筹资金,委托给国际民航组织技术合作局实施。目前,不少发达国家认为国际民航组织技术合作机制效率低、养人多,还要从项目资金中提取13%管理费,很少向其捐款,主要选择以双边的方式直接同受援国实施项目。

(九) 培训

国际民航组织向各国和各地区的民航训练学院提供援助,使其能向各国人员提供民航各专业领域的在职培训和国外训练。战略工作计划要求,今后培训方面的工作重点是加强课程的标准化和针对性。

三、国际民航组织确定的有关国际航空法规[①]

国际民航组织之立法成就主要体现在以下几个方面:

第一,构筑了战后国际民用航空活动秩序的基石。这主要体现在《芝加哥公约》的开创性作用。战后所形成的一系列国际公约都是以本公约为基础的,都未游离于《芝加哥公约》所设定的框架性文件。

第二,形成并完善了华沙体制。在国际民用航空活动中,航空业与其使用者之间最基本的法律关系就是合同关系,调整这一法律关系最基本的法律文件就是1929年《统一国际航空运输某些规则的公约》及其修订文件,包括1955年《修订1929年10月12日在华沙签订的〈统一国际航空运输某些规则的公约〉的议定书》,经过多次修订1975年《修订1929年10月12日在华沙签订的〈统一国际航空运输某些规则的公约〉的第四号附加议定书》和1999年《蒙特利尔公约》。1999年《蒙特利尔公约》是华沙公约现代化的成果,充分考虑了从事航空运输活动中各个团体的切身利益,解决了华沙体制下因极不统一而十分混乱的局面,在不到5年的时间内,本公约就达到了生效的要件。在我国,该公约于2005年5月28日经第十届全国人大常委会第十四次会议批准,2005年6月1日我国常驻国际民航组织理事会代表向国际民航组织交存了批准书。本公约已于2005年7月31日起对我国正式生效。由于《民用航空法》关于承运人责任的规定主要吸收了《华沙公约》《海牙议定书》以及《瓜达拉哈拉公约》的部分内容,因此,1999年《蒙特利尔公约》生效后,《民用航空法》也可能面临着相应的修改。

第三,形成并完善了国际航空保安公约体制。这包括1944年《国际民用航空公约》附件17《安全——反对非法干扰行为保卫国际民用航空》和关于航空保安的五个公约——1963年《关于在航空器上犯罪及其他某些行为的公约》(简称《东京公约》)、1970年《制止非法劫持航

---

① 赵劲松. 国际民航组织与国际航空立法的发展[J]. 重庆科技学院学报(社会科学版),2009(3):59-60.

空器公约》(简称《海牙公约》)、1971年《制止危害民用航空安全的非法行为公约》(简称《蒙特利尔公约》)、1988年《制止在用于国际民用航空的机场内发生的非法暴力行为以补充1971年9月23日订于蒙特利尔的制止危害民用航空安全的非法行为公约的议定书》(简称《蒙特利尔公约补充议定书》)和1991年《关于在可塑炸药中添加识别剂以便探测的公约》(目前有138个成员国)。这些国际条约共同构成了国际航空保安公约的框架性文件,成为维护和保障国际民用航空安全的基石。但是,随着时代的变迁,国际现实已经表明恐怖主义对国际民用航空安全的威胁不容忽视,尤其是2001年9月11日发生的针对美国的恐怖袭击事件表明恐怖主义已经成为国际民用航空运输业的头号威胁,国际社会深感有必要通过国际合作的方式来防范针对国际民用航空的威胁,而现行的国际航空保安法律制度也有待进一步完善。

第四,积极促成航空器对地(水)面第三人的损害赔偿制度的完善。在国际航空立法活动的早期,有一些国际法学者试图将有关民用航空运输活动的所有责任纳入《华沙公约》中,也就是说,将合同责任和侵权责任都整合到一个公约中,然而,事与愿违,这种想法并未付诸到实践中,毕竟《华沙公约》本身也存在许多矛盾之处。国际民航组织成立后,又重新启动了这一公约的立法进程。

关于国际民用航空活动法律制度的框架已经形成,由其构筑的法律网络为国际民用航空活动的健康运行提供了可能,因此,未来的国际民航组织的立法应在于对现行的法律框架的修修补补。根据国际民航组织的研究,未来的重点发展方向是《罗马公约》现代化、《航空保安公约》现代化、《联合国海洋法公约》与《芝加哥公约》的关系,关于实施、提供、运行和使用用于空中航行目的的《全球导航卫星系统的示范协定框架》,还会涉及民航反对恐怖主义的问题以及大规模杀伤性武器与国际民用航空安全问题,等等。一言以蔽之,富于聪明才智的航空法专家已经在理论上和实践上完成了国际民用航空法律制度之建构,现在需要的是随着时代的变迁,对原有的国际航空法律文件进行进一步的修订和完善。值得指出的是,由于我国是一个航空运输大国,正向航空运输强国迈进,因此,在国际民航组织中更应积极参与国际公约的制定工作,以扩大我国在国际航空法学界的影响,尤其是要在国际游戏规则的制定上充分展现我国的发言权,这与我国近年来提出的"和平崛起"战略是相容的。

第四节　国际民航组织文件

一、国际民航组织出版物

国际民航组织出版物的分类[①]:国际民航组织根据其文献特点共分11类。

(1)公约和有关法规(Conventions and related Acts):国际公约,议定书,法规等。

(2)协议和安排(Agreements and Arrangements):国际多边协议,联合财务安排,国际组织与其他组织的协议等。

(3)ICAO议事规则和行政条例(ICAO Rules of Procedure and Administration Regulations):大会议事规则,理事会议事规则,各委员会议事规则,国际民航组织条例,财务条例及出版物条例。

---

① 乔秀文.国际民航组织及其出版物[J].中国民航学院学报,1997(8):69-75.

(4)国际民航公约附件(Annexes to the Convention on International Civil Aviation):国际标准和建议措施。

(5)航行服务程序(Procedures for Air Navigation Service):国际民航缩略语和代码,飞行器的使用,空中规则和空中交通服务规则,地区补充程序等。

(6)大会(Assembly):大会决议,生效的决议及大会各委员会的报告和记录。

(7)理事会:包括理事会的议事程序和活动,理事会向大会作的报告,理事会委员会的工作报告和理事会出版物等。

(8)空中航行文件:(Air Navigation)空中航行的文件分为以下4类。

1)机场专有数据库(Airport Characteristics Data Bank):存有1 000多个世界主要机场的设施信息。

2)技术出版物(Technical Publication):空中航行活动的特殊信息,在特殊空中航行领域的内容有Designators and Indicators。国际民航组织发布的服务文献,包括飞机型号、航空公司、航空当局的代码和位置代码。设施和服务文献(Facility and Service Documents)包括各国提供的航图和航空信息服务使用的信息。手册(Manuals),这些技术手册为促进国际标准和建议措施的长期应用提供指南和信息。训练手册的各部分都是为能够普及人员执照标准和获得更高职业训练的目的。通告(Circulars),传播给各成员国特殊信息,进行各种技术研究,对成员国提供的信息进行选取,加工、分析,国际民航组织的国际标准和建议措施的补充报告,飞机事故文摘等。

3)会议报告(Reports Meeting)。世界范围内航空界所关注的单位,地区和小组会议的报告,包括每次会议议事日程方面的建议和主要内容。

4)空中航行计划(Air Navigation Plan),包括ICAO每个地区国内空中航行所要求的设施和服务的详细内容,每年计划包括政府在筹备他们的航行设施和服务时要与其他国家安装的设施一致应遵循的建议,使其成为未来一体化系统。

(9)航空运输(Air Transport)。航空运输的文件分为以下6大类。

1)航空运输研究和经济出版物(Air Transport Studies and Economics Publication),包括航空运输特殊信息,向国际民航组织登记的有关条约和协议的摘要,双边航空协议各种条款手册、机场、空中航行设施和经济研究、票价概况、航空运输和经济研究,地区航空运输研究等。

2)简化出版物(Facilitation Publication),包括原始政策的材料,就国际航空运输简化问题为各成员国提供指南。

3)手册(Manual),提供机场和空中航行设施费的信息和指导,航空运输预测报告和应用民航统计,航路设施经济状况。

4)报告(Reports),航空运输的联合财务问题,欧洲民航及分区和小组会议的报告。

5)统计出版物(Statistical Publication),从会员国收到的含有统计信息的出版物,按航空运输报表收集的统计数字定期发布系列统计文摘和特殊文摘,世界民用航空统计年鉴等。

6)通告(Circulars),包括会员国的特殊信息,如:地区方面的国际客运,货运和邮运方面的研究以及世界范围内特殊研究。

(10)法律(Legal),法律委员会和航空法会议的记录和文献,航空协议和安排等。

(11)各种出版物(Miscellaneous Publication),有关会员国和普通组织的普通类信息,包含申请免费提供的出版物。

二、国际民航组织的航行文件体系

(1) 公约是最高一级的航行法规。它分为航行、国际民航组织、国际航空运输和最后条款等四部分。它的第一部分就是航行,下分一般原则和公约的应用,包括飞越缔约国领空;航空器国籍;便利航行的措施(航空器需满足的条件,指需携带的各种证书、文件);国际标准和建议措施等六章。

(2) 国际标准和建议措施(即公约的各附件)。公约第 54 条"按照本公约第六章的规定,通过国际标准及建议措施;并为便利起见,将这些标准和措施称为本公约的附件。"根据公约为使各国一致遵循以便利和改进航行而制定。由理事会 2/3 的多数根据航委会的建议采纳通过,并且必须在不遭受多数缔约国的反对的条件下才能生效。各缔约国若不能执行需立即将本国的规章与公约附件的国际标准部分之间的差异通知 ICAO,由 ICAO 将这些差异附印在这些附件的后面以便通告所有国家。

(3) 航行服务程序和地区补充程序。航行服务程序(或 PANS),是指因为太细不宜收入标准和建议措施的各种运行措施和材料,而其通常是对相关标准和建议措施中基本原则的补充。大多由专业会议及地区航行会议拟订,航行服务程序,统称 PANS(Procedures for Air Navigation Services),由航委会审议后报理事会批准。各缔约国本身的程序若与这些程序之间存在差异,则需要按照公约附件 15《航空情报服务》的规定在其本国的航行资料汇编中显著表明。符合 PANS 地位的材料,应该是适合在全球范围基础上加以运用的材料。当确认各国或地区差异对于空中航行安全是重要的,理事会则请缔约国在其航行资料汇编中公布差异情况。

航行服务程序(PANS)与标准和建议措施地位不同。后者由理事会完全按照《国际民用航空公约》第 90 条的程序,根据第 37 条讨论通过,而《航行服务程序》则由理事会批准并推荐给各缔约国在世界范围内使用。航行服务程序中包含的材料在达到成熟和稳定要求时最终可被批准作为标准和建议措施(SARPs),而且还包括作为相应标准和建议措施基本原则的扩充资料而编写,以及专门为方便用户使用标准和建议措施而设计的材料。

航行服务程序不具有理事会赋予作为公约附件而讨论通过的标准所具有的地位,因此当不予实施时,无须遵守公约第 38 条所规定的通知差异的义务。

目前航行服务程序共分下列 3 册:

1) 国际民航组织航行缩略语及代码。

2) 航空器的运行(分《飞行程序》及《目视和仪表飞行程序》两卷),Aircraft Operations (PANS-OPS, DOC 8168)。

3) Air Traffic Management, DOC 4444 ATM/501 Fourteenth Edition — 2001。

地区补充程序有些是适用于跨地区的,有些则是各地区共同的,故合编成一册。地区补充程序(SUPPs),在 ICAO 各相关地区范围内适用。虽然地区补充程序中的材料与航行服务程序中的材料相似,但地区补充程序没有航行服务程序在全球适用的地位。

(4) 各种会议报告内容包括各个会议各个议题主要考虑的要素、意见及建议,供航委理事会审议和采取措施。这些报告都发给与会者,是否装印成可卖品将由理事会决定。

(5) 各类技术资料根据理事会批准的原则政策,由秘书决定编印出版。技术手册是为了便于各国一致地应用国际标准、建议措施和航行服务程序而提供的指导性、扩充性材料,它们有上百种之多,一般不具有规章性质的地位,但是其中一些在公约附件中也有提到,作为贯彻执行附件的规定时需要参照的材料。技术通告意在将一些专门材料分发给各缔约国,例如一些技术研究和分析、复制或摘录一些缔约国提供的资料等。

(6) 指导材料是为了补充 SARPs 和 PANS 并促进其执行而制定的。指导材料作为附件的附篇颁布,也可以作为单独的文件,如手册、通告和地名代码/地址目录等,予以颁布。通常,指导材料在通过相关的 SARPs 时同时得到批准。手册中提供的资料,是对标准和建议措施及航行服务程序的补充和/或扩展。手册专以方便执行为目的,并定期修订,以确保其内容反映出当前的做法和程序。

(7) 各地区航行规划由秘书长根据地区航行会议的建议和理事会的意见决定编印。它们详细列出 ICAO 各地区国际航行所需的设施和服务,建议各国在做本身的航行设施和服务计划时遵循,以便能和他国的计划一起形成完整的、能满足将来需要的体系。这些规划定期修订,以反映要求的变化或建议已被完成的情况。通告提供缔约国感兴趣的专项信息。通告与手册不同,通常不予更新。

第五节 国际民航标准和建议措施

一、标准和建议措施的定义[①]

《公约》18 个附件中,有 16 个属于技术性质,因此归空中航行局及其各科室负责。剩下《简化手续》和《保安》两个附件,则属于航空运输局的管辖范围。由于大多数附件涉及技术问题,介绍制定过程时也将以技术问题为重点。

标准和建议措施,统称 SARPs(Standards and Recommended Practices)。如:INTERNATIONAL STANDARDS AND RECOMMENDED PRACTICES AERONAUTICAL TELECOMMUNICATIONS, INTERNATIONAL STANDARDS RULES OF THE AIR

标准的定义是,凡有关物理特征、结构、材料、性能、人员或程序的规范,其统一应用被认为对国际空中航行的安全与正常是必要的,各缔约国将按照公约予以遵守;不可能遵照执行的,则根据公约第 38 条执行,即任何国家如认为对任何上述国际标准和程序,不能在一切方面遵守,或在任何国际标准和程序修改后,不能使其本国的规章和措施完全符合此项国际标准和程序,或该国认为有必要采用在某方面不同于国际标准所规定的规章和措施时,应立即将本国的措施和国际标准所规定的措施之间的差别,通知国际民用航空组织。任何国家如在国际标准修改以后,对本国规章和措施不做相应修改,应于国际标准修改案通过后 60 天内通知理事会,或表明它拟采取的行动。在上述情况下,理事会应立即将国际标准和该国措施间在一项或几项上存在的差别通知所有其他各国。

如中国在递交给国际民航组织关于缩小垂直间隔的程序和政策中就进行了如下描述:

国际民航组织(ICAO)第三次亚太地区空中航行会议建议:在北大西洋地区成功实施缩小的垂直间隔标准(RVSM)之后,在亚洲和太平洋地区也应当引入 RVSM。这主要是因为航空器营运人和空中交通服务(ATS)提供人将获得巨大收益。ICAO 9574 号文件在 FL290 和

---

① 国际民航组织官方网站 International Civil Aviation Organization Air Navigation Bureau (ANB).

FL410(含)之间实施300米(1 000英尺)的垂直间隔标准手册中包含有对RVSM的解释。

ICAO亚太地区RVSM工作组已经协调制定出本文件的基本内容。

自2007年11月21日16:00时(协调世界时UTC Universal Time Cooddinated)起,中国将在沈阳、北京、上海、广州、昆明、武汉、兰州、乌鲁木齐情报区和三亚飞行情报区岛内空域(1号扇区),高度层为8 900米(FL291)(含)至12 500米(FL411)(含)的空域内实施米制的缩小垂直间隔。在上述飞行情报区内8 900米(FL291)以上至12 500米(FL411)定义为缩小垂直间隔空域。

运营人/航空器应当在2007年11月21日之前获得批准,以便使ATS提供人能够顺利规划RVSM的实施方案。

运营人必须取得适当的注册国或运营人所属国的适航和运行批准,方可实施RVSM运行。有关要求参见中国民用航空总局(CAAC)相关的RVSM适航和飞行标准政策。

SARPs措词广泛,仅限于根本性要求。对于通信设备等复杂的系统,SARPs材料由两部分构成:置于附件正文内、具有根本监管性质的材料,又称核心SARPs;置于附件之附录或手册中的详细技术规范。各国就SARPs通知的差异作为附件补充公布。

附件18关于危险品的各项规定,由危险品的安全航空运输技术细则加以补充。虽然这些详细的规范没有SARPs或PANS的地位,但其地位特殊,要求缔约国予以遵守。

二、标准和建议措施的制定

标准和建议措施(SARPs)之所以能够得到大部分国家和地区的认同,保证国际民用航空安全、高效和有序的发展,得益于国际航空界提出的"四讲":讲合作、讲共识、讲遵守、讲承诺。制定SARPs讲合作;批准SARPs讲共识;运用SARPs讲遵守;坚持SARPs讲承诺。

制定新的或修订现有的SARPs,首先由ICAO本身或其缔约国提出行动提案。国际组织也可以提出提案。

1. 标准和建议措施的提案

属于技术性的SARPs,提案先交由空中航行委员会(航委会ANC)做出分析。根据提案的性质而定,航委会可以将提案转交某个专门工作小组审查。

在审查过后,要使文件最后形成或有必要对某些问题达成共识,则通过各种会议实现。

在制定过程中,采用以下几种协商机制:

航行方面的会议,是专门讨论航行领域各种普遍问题的专业型会议,又分为专业会议,讨论一个或几个相关领域的问题;航行会议,通常设定一项"主题",范围则涉及多个领域的问题。这些会议邀请所有缔约国参加,发言权一律平等。有关的国际组织可以应邀作为观察员与会。

航委会专家组是航委会设立的、由有关专家组成的技术小组,按规定的期限负责就航委会和秘书处现有设施无法充分或迅速解决的专门问题,提出解决办法。这些专家以专业身份,而非其提名国代表的身份开展工作。

航行研究小组,是国家和国际组织提供专家组成的小型专家组,以顾问身份协助ICAO秘书处推动技术工作的进展。

理事会各技术委员会,其设立的目的,是负责解决或促进理事会因其日常管理手段中没有所需的专业知识而无法办理的各种技术、经济、社会和法律方面的问题,同时,在制定民航组织SARPs方面,也有举足轻重的作用。

总而言之,涉及某一专题的技术问题,而又必须详细研究的,航委会通常转交给专家小组处理。问题不太复杂的,则可以移交秘书处做进一步研究,必要时请航行研究小组从旁协助。

2. 标准和建议措施草案的审查

各小组就修订现有 SARPs 或制定新的 SARPs 事宜,以技术建议的形式向空中航行委员会做出汇报,交其进行初步审议。审议中一般仅讨论秘书处或航委会认为在将有关建议发送各国征求意见之前,必须加以审议的争议性问题。

空中航行委员会将其关于核心 SARPs 的原始建议,连同任何备选方案,一并发送各缔约国和选定的国际组织征求意见。关于复杂系统的详细技术规范,根据各个国家的要求给予提供。各国对有关建议审评的时间一般为 3 个月。

其他公认的国际组织制定的标准,经过充分核查和验证的,也可以作为参考。

各国和国际组织表示的意见经秘书处分析后,编制成工作文件,详细说明有关的意见和秘书处的行动建议。

航委会负责对有关建议进行最后的审查,并确定对 SARPs、PANS 及相关附篇的修订意见的最后文字。航委会对各附件的修订建议,以"空中航行委员会主席给理事会的报告"为题,提交理事会通过。

3. 附件修订的通过/颁布

理事会对空中航行委员会的建议进行审查,如果对附件的修订得到三分之二的成员赞同,即获得通过。

附件的修订经理事会通过后两周内,向各国发出该次修订的临时版本,即所谓的"绿色版本",并致说明函。说明函中还给出该次修订出台的各有关日期。

政策规定,须给缔约国 3 个月的时间对已通过的 SARPs 修订提出异议。另外再给 1 个月的时间作为准备和过渡的时间,这样修订的生效日期大约是在理事会通过该次修订的 4 个月后。一次修订的生效日期和适用日期之间,应间隔 4 个月。但这一间隔可以根据情况要求稍长或稍短。通知日期则通常是适用日期提前 1 个月。

如果多数国家没有登记异议,有关修订即于生效日期生效。

通知日期为适用日期前 1 个月,届时各国必须将本国规章与经修订标准的规定之间的任何差异,通知秘书处。然后所报告的差异将作为附件的补充予以公布。

生效日期过后立即发出信函,宣布有关修订已经生效,秘书处即使用适合附件或 PANS 的形式,发行"蓝色版本"。

适用日期届期,除了已通知差异外,各国应执行有关的修订。当然为了限制附件和 PANS 修订的频率,理事会每年都规定一个共同生效日期。这个日期根据航行情报定期编发制度(AIRAC),编发修订的日期选在 11 月份。

经过这种通过程序之后,新的或经修订的标准和建议措施就能适时成为有关附件的一部分。从航委会初步审议到适用日期,整个过程平均历时两年左右。经过各国和国际组织反复磋商、广泛参与,在合乎逻辑和经验的基础上已达成共识。

4. 其他附件材料和程序的批准/颁布

附件的附篇,虽然其制定方式与标准和建议措施相同,但它是由理事会予以审批的。

地区补充程序,由于其仅在地区一级适用,不需要按与前述修订同样的方式制定,但必须经理事会批准。

关于 PANS 的修订意见,由空中航行委员会根据理事会的授权批准,发送理事会代表征求意见后,由理事会主席最后批准。

手册和通告,由秘书长根据理事会批准的原则和政策授权颁布。

5. 标准和建议措施/普遍安全监督审计计划的实施

根据《国际民用航空公约》,执行 SARPs 的责任在于缔约各国。为在安全领域向缔约国提供帮助,ICAO 自 1999 年起实行普遍安全监督审计计划。这个计划涵盖了 ICAO 在所有缔约国定期、强制、系统和统一进行的安全审计工作。这样做的目的,是通过确定 ICAO 有关 SARPs 及相关程序和有关安全措施的执行现况,促进全球的航空安全。审计工作以一个国家安全监督系统的关键要素为对象,其中包括合适的法律和监管框架、健全的组织结构、技术指导、合格的人员、执照颁发和合格审定程序、持续监视和解决已查明的安全隐患等。这一计划自开始执行以来业已证明,它在发现其所覆盖的相关安全领域内的安全隐患方面,不但卓有成效,而且还为这些问题提出了解决之道。目前,这项计划正逐步扩大到机场、空中交通服务、航空器事故和事故征候调查,以及其他与安全有关的领域。审计计划除了以地区性安全监督研讨会和讲习班等形式提供进一步协助外,还为 ICAO 改进现有的和制定新的 SARPs,提供有益的反馈意见。

安全监督计划取得的经验被成功地运用到航空保安工作方面。2002 年,普遍保安审计计划正式出台,同样是为了帮助各国查明在执行与保安有关的 SARPs 方面存在的缺陷。这种形式未来还可能运用到民用航空的其他领域。如 ICAO 的大会第 35 届会议的主题是"加强国际民航组织的标准",议题之一是讨论中国递交给国际民航组织的执行国际民航公约附件 13 的情况报告,报告的基本内容有以下几个方面:

中国作为国际民航组织的理事国,严格执行《国际民用航空公约》附件 13 的要求,完成了多起中国境内外的航空器事故调查工作,对事故预防起到了积极作用。同时,中国结合实际运行环境,借鉴航空发达国家的成功经验,近几年在事故预防措施方面进行了积极探索。主要的事故预防手段是完善政府安全监督体系,利用现代科技手段促进航空安全,加强安全基础建设,提高从业人员素质。实践表明这些事故预防手段对改善航空安全水平是行之有效的,是适合中国安全文化氛围的。

中国执行《国际民用航空公约》附件 13 的情况。

1. 事故、事故征候调查

按照国际民航公约附件 13 的要求,中国完成了所有发生在中国境内的国内、国际事故调查工作,如 1999 年 4 月 15 日大韩航空公司的 MD11 货机在上海的事故。并严格按照附件 13 的程序要求,进行了事故的通知、调查和报告。在事故调查过程中,与各事故调查参与国合作良好,对事故预防起到了积极作用。

2. 事故预防措施

在事故预防方面,中国结合实际情况采取了以下措施:

完善政府航空安全监督体系,明确政府监管职责。中国政府航空安全监管体制为中国民航总局、民航地区管理局和航空安全监管办公室三级监管。中国民航总局对全行业的安全管理主要是制定行业安全法规、规章和安全技术标准,对民用航空活动实施宏观安全监管,组织对重大航空运输事故的调查。民航地区管理局主要职能是对辖区内民用航空活动进行安全监督管理,组织对一般航空运输事故、通用航空事故和事故征候的调查。各航空安全监管办公室是民航地区管理局派出机构,对所在区域内的航空运行进行安全监管,根据管理局授权查处不安全事件。

强化对空管、机场、通用航空企事业单位的规范化管理工作。按照《国际民用航空公约》相关附件的内容,依据中国民航有关安全方面的法律、法规和规章的要求,全部空管部门、机场以及通用航空企业普遍制定了规范化管理手册,建立安全责任制,突出强调管理者的安全责任,实行安全目标管理,奖罚分明。

强制推广使用飞行品质监控系统(QAR),促进航空安全。自1997年开始,中国政府要求各航空公司利用飞行数据记录系统,全面开展飞行品质监控(QAR)工作。目前,中国民航运输机的监控设备安装率已达90%以上,85%以上的航班飞行处于飞行品质监控之中,达到了航空发达国家的监控率水平。

建立和完善强制性航空安全信息报告系统。根据《国际民用空航公约》附件13的8.1条规定,中国制定了《中国民用航空安全信息管理规定》等规定,明确事故、事故征候和其他不安全事件信息的报告时限、内容、格式、报告方式和信息的发布要求。同时,还建立和完善航空安全信息数据库系统。

国际民航组织航空标准和措施的目的就是使得商业航空器的飞行机组无论在世界什么地方飞行,都能具有标准化的航空基础设施作为依托。

第六节 国际民航组织文献的特点及学习方法

国际民航组织作为一个国际性组织,它与各国的民航组织有着密切的联系;作为一个业务性组织,它指导着各国民用航空的发展;作为一个学术性组织,它涉及的学科极为广泛。因此,作为国际民航组织出版的文献也有其特点①。

1. 国际民航组织文献的复杂性

国际民航组织是全球性国际组织之一,它有180多个缔约国,各缔约国的民用航空的状况各有不同,从航空器到机场设施,从信息服务到人员素质都有先进和落后之分。因此,国际民航组织为照顾各个区域的情况,除了统一的文件外,还编制了与各区域相适应的文件,从而增加了文件数量,这是文件的复杂性之一。民用航空是具有高技术含量的行业,它涵盖了通信、导航、标准、法律、企业管理等专业,因此它是一个复杂的系统工程,而指导和规范这一复杂的系统工程则需要较多的文件,这是文件的复杂性之二。国际民航组织作为一个国际组织,它具有很强的协调功能。如某国的飞机要飞入或飞经另一国、两国或多国,它们之间应怎样协作和建立统一的空中规则;一些航空公司共用的导航点,其设备的维修和应用的费用怎样分摊,均需国际民航组织去协调。由此产生了大量的文件,这是文件的复杂性之三。

2. 国际民航组织文献的时效性

作为国际民用航空的根本大法的《国际民用航空公约》具有较长的生命力,该公约1944年12月7日签订于美国的芝加哥,1947年4月4日生效;至今已有50余载,虽几经修改,但几乎

---

① 王巧然. 国际民航组织文献的研究方法及管理实践[J]. 西安航空技术高等专科学校学报,2003(9):40-41.

没有涉及实质性问题,经受住了实际的考验。它在航空技术、航行安全、航空法律和航空运输等方面起了很大的作用。但很多文件则具有较强的时效性,随着民航管理水平的不断提高,航空技术领域内的新设备、新工艺、新材料的不断涌现,一些权威性的文件都在一改再改,不断修订补充。如国际民航组织附件一《颁发人员执照》,大大小小已有上百次修订,附件八航空器的适航性也已修订超过百次。一些在实践中起临时指导作用的文件,则时效性更短。如各种通告等,往往只有几个月甚至只有几天时效,在新的通告发布后即告失效。

3. 国际民航组织文献自成体系

国际民航组织作为一个国家性组织,它有自己纲领性文件,即《国际民用航空公约》。有议事规则、行政条例、法规,还有国际标准和建议措施。它为了很好地指导各缔约国航空公司的工作,出版了大量的具有理论分析又有指导实践的文件。其中包括手册、会议报告、通告、期刊等,这些文件有机地组合在一起。用自己的类目表统一分类,并把文献分成各种类型和配以文件号,使国际民航组织文献成为一个体系。

国际民航组织每年发行 300 余种文件,这些文件主要由大会、理事会、航空运输委员会、航行委员会、联营导航委员会、法律委员会、财务委员会和非法干扰委员会制定,由秘书处统一出版发行。由于制定文件的单位多,文献发行量大,涉及的领域广,研究这些文件存有较大的困难。为此从以下几个方面进行研究:

(1)认真分析文献目录,完整了解文献概貌。首先找到文献的目录,文献目录会全面、有层次地展现其文献的全貌。国际民航组织文献,其目录把文献分为 11 大类,它们是公约及有关法规、协议和安排,ICAO 议事规则和行政条例,国际民航公约出版附加,航行服务程序,大会,理事会,空中航行,航空运输,法律和简单出版物。通过大类我们就可以了解文献的概况。大类下面是小类,以大类空中航行为例,它分为 4 小类,即机场专有数据库、技术出版物、会议报告、空中航行计划。技术出版物还细分为符号与代码、设施和服务文献、手册和通告。三个层次分类,使我们把握住了文献的概貌和层次。

(2)根据目录、内容和索引确定文献的类型。为了进一步了解文献的结构和实质,还应在知道文献的概貌和层次的基础上,从目录、内容和索引中析出文献的类型,文献类型一般可以通过文献号码前面的字母来决定。如文献号 DOC 8920,DOC 是文献代码,8920 是文献序号。经过分析,国际民航组织的文献分为 3 种:第一种是文献类,其标志是在文件号的前面标有 DOC 字样。第二种是附件类,在文件号的前面标有 AN 字样。第三种是通告类,在文件号的前面标有 CIR 字样。文献(DOC)是国际民航组织关于公约、法规、政策和学术等方面的文件。附件(AN)是国际民航组织公约的附件,是国际民用航空的国际标准和建议措施。通告(CIR)是将某种规定、情况、事项普遍公开地告诉应知单位、用户和所属成员的一种文件。文献类型的确定,又对文献有了进一步的了解。

(3)文献外表特征的分析。国际民航组织文献有 3 种外在的特征:一是装订简单,篇幅长短不等,其出版形式类似科技报告。二是封皮的颜色不同,有白色、蓝色、黄色等,每种颜色代表某种文献种类,往往通过颜色就能直观确定该书是哪类文献。三是封面上除文件名外,还有文件号,该文件号具有固定性特征,即该种文件不论怎样修订,其文件号是永久性的。

(4)深入了解文献的内容。知道了文献的分类、类型和外表特征,为研讨文献打下了基础,但真正困难的还是了解文献内容。国际民航组织文献涉及民用航空的一切领域,每个领域都有自己的理论和特色,有很强的专业性,由于知识面的限制,很难全面地熟悉文献内容。但是对部分文献的大概了解和对文献的重点了解还是十分必要的。所谓大概了解文献是指一些普通的文献,而重点了解的文献则是一些相对重要文献。大概了解的方法是阅读摘要,记录笔记,重点了解的方法是阅读翻译全文。当然在了解文献时,要特别注意各种参考文献,如专家对文献的综述和评论,专业人员使用文献的意见和看法,请教相关专业人员。

在国际民航组织出版的 2016 年国际民航组织出版物目录上,列出了国际民航组织航行相关文件:

- 《《空中交通服务规划手册》》(DOC 9426)
- 《无线电通话手册》(DOC 9423)
- 《民用航空器拦截》(DOC 9433)
- 《关于军事活动对民用航空器飞行造成潜在危险的有关安全措施手册》(DOC 9554)
- 《缩小垂直间隔实施手册》(DOC 9574)
- 《所需导航性能手册》(DOC 9613)
- 《平行或接近平行仪表飞行跑道同时运行手册》(DOC 9643)
- 《确定最小间隔空域规划方法手册》(DOC 9689)
- 《空中交通服务数据链应用手册》(DOC 9694)
- 《国家航空和海上搜寻与救援手册》(DOC 9731)
- 《全球航行计划》(DOC 9750)
- 《无线电通话手册》(DOC 9432)
- 《包括经 ICAO 批准的政策在内的民用航空无线电频谱要求手册》(DOC 9718)
- 《全面航空电信网络手册》(DOC 9739)
- 《平行跑道或近平行跑道的同时运行》(CIR207)
- 《目视冲突避让中的操纵技术》(CIR213)
- 《培训手册》(DOC 7192)
- 《国家个人许可证系统的建立和管理程序手册》(DOC 9379)
- 《人为因素培训手册》(DOC 9683)
- 《空管系统人为因素指导》(DOC 9758)
- 《航线运行安全审计手册》(DOC 9803)
- 《安全审计人为因素指南》(DOC 9806)
- 《语言熟练要求实施手册》(DOC 9835)
- Global Air Traffic Management Operational Concept(DOC 9854)
- Manual on Air Traffic Management System Requirements (DOC 9882)
- 《安全管理手册》(DOC 9859)
- 《防止跑道侵入手册》(DOC 9870)
- Manual on Global Performance of the Air Navigation System (DOC 9883)
- Construction of visual and instrument flight procedures (DOC 8168)

- 《适航性手册》(DOC 9760)
- 《航行服务程序——空中交通管理》(DOC 4444)
- 《等待、反向及直角程序暂行手册》(DOC 9371)
- Manual on Flight and Flow — Information for a Collaborative Environment (DOC 9965)
- Civil/Military Cooperation in Air Traffic Management (CIR 330)

第四章 我国空管法规建设与应用

本章知识点提示：我国航空法的渊源，空管法规体系框架结构，航空法规效力等级，航空法效力冲突和解决。

空管法规是航空法的一部分，空管法规伴随着航空法的发展，航空法规的建设发展历程也是空管法规的发展历程。

第一节 航空法建设历程

在我国航空法规建设基本分为4个阶段。

一、航空法制建设的萌芽状态

20世纪初航空活动在我国兴起，1918年北洋政府交通部成立了航空事宜处，1920年开辟了第一条航线，1921年航空事宜处更名为航空事务署，同年5月16日颁布了《飞行场手势信号规则》，该规则是中国在飞行管制方面第一个正式公布的机场规则，其中一些手势规定如飞行员目视请求起飞方式一直沿用到今。国民党政府在1941年制定了《航空法》，由于国民党政府的腐败和连年的战事，航空事业发展缓慢，该法没有起到相应的作用，后在台湾又改称《民用航空法》。

二、航空法制建设的初级阶段

新中国成立初期，照搬苏联的航空管理法规，由苏联顾问起草，空军拟订了《中华人民共和国飞行基本规则》（以下简称《飞行基本规则》）作为管理全国航空活动的国家法律，1950年11月1日，中央政府人民军事委员会主席毛泽东发布命令，颁布执行。该规则规定了适用范围："凡在中华人民共和国境内飞行的航空器（飞机、飞船、气球等），不论为何方所属，均应遵守"；该规则规定了其法律地位，"中国人民解放军空军及民航局，在编订空军或民航的飞行条令时，应以本规则为基础"；该规则规定了管理责任部门，"中国人民解放军空军司令部航行处是统筹中国境内航行的中央机关"。

1951年4月，中央军委颁发在军队范围使用的《航行管制令》。1949年11月2日成立军委民航局，从陆军、空军抽调人员组建民航管理部门。由于航空实行的是军队领导下的政体合一的管理模式，该文件适用于所有航空活动。该指令规定了国家的航空管理体制："空军的飞机、民航的飞机均需在飞行之前向军委空司或者军区空司提出申请，经批准后实施"，确定了空军统一领导全国飞行管制的地位。

空军创建时期使用的法规建设基本上是采用法律移植的方式,经过多年的实践并不完全适应中国的国情,1959年组织人员重新编写航空法规,民航局也派人参加了编写工作。编写人员参考了发达国家的航空法及航空规章和公约,走访了外交、人大等相关部门的专家,计划的主要任务是第一步编写《飞行基本规则》,第二步编写我国的《航空法》。历时6年,1964年颁布了新的《飞行基本规则》,将《航空管制令》内容融合在其中,《航空管制令》也随即被撤销,同时还编写了《民用航空器飞行管理规则》。但当时《航空法》没有如期完成,而将任务留给了后人。

为了和国际接轨,《飞行基本规则》在1977年进行了第三次修订。1977年版本采用了国际民航组织的标准,将高度层进行了修改。但由于当时的条件限制,仍沿用老规定,《飞行基本规则》并没有立即执行,直到1993年10月15日才开始执行。

三、航空法制建设的发展阶段

1980年后民航脱离部队归属国务院,民用航空和国家的经济形势一样迅速发展。1979年中央政法小组授权民航总局负责《中华人民共和国民用航空法》的起草工作,几经修改,历时16年,在1995年人大常委会以128票赞同,8票弃权,0票反对得以通过并颁布实施。该法是一部内容比较全面,符合建立社会主义市场经济要求和国际民航法律规范要求的法律,是民用航空发展的主要法律依据。

《飞行基本规则》在2001年8月1日进行了第四次修订,总结吸取了我国航空管理的经验教训,借鉴国外的有益做法,参照国际标准和惯例,对我国境内实施飞行的诸多方面做出了更明确的规定。同时还颁布了《飞行基本规则补充规定》。《飞行基本规则》是颁布最早、修改版本最多、目前仍是在我国作用最广泛的关于航空活动的法规。

《飞行基本规则》规定"国家对境内所有飞行实行统一的飞行管制。国务院、中央军事委员会空中交通管制委员会领导全国的飞行管制工作",从体制上实现了国家对飞行管制的统一管理,国家空中交通管制委员会制定了适用于国内飞行的《飞行间隔规定》。

为了促进、规范通用航空的发展,国务院、中央军事委员会又联合颁布了《通用航空飞行管制条例》。

四、航空法制建设的完善成熟阶段

纵观我国航空的立法,立法制度正经历着日渐走向正规、完备、法制化的发展历程,立法过程经历了或正经历着逐渐走向较为周密、完整的发展历程。立法主体的设置,立法权的确立和行使,立法运作的展开,立法中各种关系的处理,逐渐由无序走向有序,由随意和不完整走向确定和完整,由非法制化走向法制化。立法技术经历了日渐科学的发展历程,立法调整经历了由简单向复杂演变的发展历程,经历了由被动走向主动、由体系零乱走向体系完整的发展历程。

我国目前还没有统领全国航空活动的立法,根据发达国家的航空立法经历,如美国1938年制定了《民用航空法》实行军民航的分别管制,经过多年实践后,为了更有利于航空活动的管理,制定了国家统一管制的《联邦航空法》。俄罗斯有《俄联邦航空法典》,日本有《航空法》,等等,这些国家的航空法对于规范本国航空飞行活动,促进本国民用航空业发展,加强国际交流具有重要作用。如果《中华人民共和国航空法》实施取代目前《民用航空法》和《飞行基本规则》,则标志着中国航空法规建设走向完善。

第二节 我国航空法的主要渊源

我国航空法规渊源是各种制定法为主的正式的法律渊源。从动因、资源和进路方面看主要有以下几个方面。

一、国家立法

我国《宪法》《立法法》对立法权限有了明确的规定。

全国人民代表大会及其常委会制定法律,目前颁布的规范民用航空活动的主要为《民用航空法》,涉及民用航空活动的其他法律,如《中华人民共和国刑法》中关于民用航空活动中关于刑事犯罪的规定;《中华人民共和国海关法》中关于运输工具进出境的规定;《中华人民共和国环境保护法》中关于航行中的航空器的环境保护的有关规定。这些法律的有关规定是从事民用航空活动所必须遵守的,也是我国民用航空法律体系的组成部分。

国务院有权制定行政法规,当调整对象属于国防建设领域,涉及地方人民政府、社会团体、企业事业单位和公民的军事行政法规、军事行政规章时,由中央军委会同国务院联合制定,目前颁布的有《飞行基本规则》《飞行基本规则补充规定》《通用航空条例》《外国民用航空器飞行管理规则》等。

国务院所属部门有权制定部门规章,如民用航空总局制定的相关规章;国家空中交通管制委员会制定的规章,如《飞行间隔规定》;中央军事委员会各总部、军兵种、军区,可以根据法律和中央军事委员会的军事法规、决定、命令,在其权限范围内,制定军事规章,如空军制定的相关条例及其细则。

空军的有关法规与国家航空活动有着更密切的联系。由于航空活动涉及国家主权和国防,以及民航与军队有着 20 年政体合一的历史,《飞行基本规则》规定"中华人民共和国境内的飞行管制,由中国人民解放军空军统一组织实施",从管理体制上就决定了这种联系。

二、国家或军队机关的政策和决定

我国《宪法》《立法法》规定了法律的制定应当坚持共产党的领导,很多法是经由实践检验的党的政策发展而来的,因此也是航空法规的重要间接性渊源。

中国航空法和政策在经济基础、意志体现、根本任务、思想理论基础等方面都具有一致性。民航的指导方针"安全第一、正常飞行、优质服务"就出自中国共产党第一代领导核心的指示精神。总之,法的制定是在党的领导下进行的,假如没有党将工作重心由阶级斗争转变为经济建设,就不会有航空事业的大发展,也就不会有航空法规建设的发展。

行政机关在行政的过程中,需要通过发布行政命令、采取行政措施、颁布行政文告的方式行使职权和履行职责。实施的这些行政的行为所积累的经验和形成的规则,可以或应当提升为法律规范。航空活动的发展必然带来航空法规的不断完善,航空法规不可避免地出现一些滞后,这个时期的决策规定起到了管理作用,如民航总局 2007 年 3 月发布的《中国空域缩小垂直间隔的政策和程序》,就是对原《飞行基本规则》的修改和补充。

三、国际条约和国际惯例

1. 国际条约

国际性是航空法规的最显著特点,与国际接轨是航空发展的需要。

目前,有关航空法的条约可以分为以下4类:

(1)规定一般航空法律制度的条约。这类条约以《芝加哥公约》为主。

(2)有关航空运输业务性的条约。如以航空损害赔偿实行统一规则的《华沙公约》,这类条约已形成以华沙《统一国际航空运输某些规则的公约》为主的体系,被称为"华沙体制"。1999年国际民航组织在蒙特利尔通过了新华沙公约的正式文本《蒙特利尔公约》①,2005年2月,全国人民代表大会通过了《关于批准〈统一国际航空运输某些规则公约〉的决定》,该公约在中国生效。

(3)关于航空安全的公约。如《东京条约》《海牙公约》《蒙特利尔公约》。

(4)其他条约。这类条约包括,关于外国航空器对地(水)面上第三人造成损害的公约(1952年10月7日于罗马);关于国际承认航空器权利的公约(1948年6月19日于日内瓦)等。这类条约多数没有生效。

新中国成立之后,随着中国民航国际航线的开辟和国际联运的开展,中国有选择地参加了部分国际民航多边活动。在1974年以前,中国只出席了少量国际民航会议,加入了个别条约。这种情况在1974年中国承认1944年《芝加哥公约》,并恢复参加国际民用航空组织的活动之后才有了较大的变化。

在我国,条约和法律享有同等的效力,我国《民法通则》第142条规定"我国参加的国际条约和我国民事法律有不同的规定,适用国际条约的规定。"《民用航空法》第184条规定"我国缔结或参加的国际条约同本法有不同规定的,适用国际条约的规定。"我国1958年签订了《华沙条约》,1974年承认了《国际民用航空公约》,为制止航空犯罪,我国先后签署批准和部分批准加入了《东京条约》、《海牙公约》和1971年《蒙特立尔公约》,同时与其他国家签订了近百个双边航空运输协定②。从以上可以看出,在国际民用航空领域,我国参加的国际公约与国内法的关系是,国际公约优先,国内法律起补充作用。《国际民用航空公约》明确规定"缔约各国承允在关于航空器、人员、航路及各种辅助服务的规章、标准、程序及工作组织方面进行合作,凡采用统一办法而能便利、改进空中航行的事项,尽力求得可行的最高程度的一致"。

2. 国际惯例

国际惯例是国际法的重要渊源,对于国际惯例《民用航空法》规定"中华人民共和国法律和中华人民共和国缔结或者参加的国际条约没有规定的,可以适用国际惯例"。作为涉外关系法律的基本原则,我国《民法通则》有相应的规定,我国的法律实践也已肯定。从国际公法角度上看,我国民用航空法的制定很多都体现了国际惯例。如我国的《民用航空法》第46条规定在飞行中对于任何破坏民用航空器、扰乱民用航空器内秩序,危害民用航空器所载人员或者财产安全以及其他危害飞行安全的行为,在保证安全的前提下,机长有权采取必要的适当措施。此举

---

① 1971年《蒙特利尔公约》全称为《关于制止危害民用航空安全的非法行为的公约》,1999年《蒙特利尔公约》全称为《统一国际航空运输某些规则公约》。

② 民航总局副局长高宏峰2006年2月14日在国务院新闻办公室举行的新闻发布会上公布的数字。

与国际上通行的做法完全一致,即飞行的安全远大于航空器的被劫持,而不是像以前强调与犯罪分子作斗争。从国际私法角度看,为了更好地适应国际运输的发展,我国民用航空法也大量地体现了国际惯例。如《民用航空法》第187、188条规定航空器的优先权适用受理案件的法院所在地法律,规定民用航空运输合同当事人可以选择合同适用的法律,这就是国际私法上的意思表示原则的反映。当事人也可选择与合同有最密切联系的国家的法律,这与合同领域趋向于适用与合同有最密切联系的原则相一致。

随着航空活动的迅速发展和科学技术的进步,实践中出现的新情况和问题在航空法规中没有规范的,在维护国家主权和平等互利原则基础上适用国际惯例,并有可能逐渐形成法规。

四、其他不具备法律拘束力的辅助性渊源

1. 习惯

习惯是无论何种法律文化背景下都存在的一种法律渊源,航空法规的制定也往往从习惯中抽取规则。如我国使用公制高度层系统与国际上普遍使用的英制高度层系统不一致,但要达到与国际标准完全一致,使用英制高度层系统,所有人员需要英制培训,国内航空领域及相关领域所有人员需要对传统的计量单位习惯及高度认知的概念进行转变。新的RVSM实施方案就是考虑到我国计量单位的法律环境和现实具体情况,采用公制计量单位,较好地沿袭了我国目前的飞行高度层配备标准,空管设施设备及相应法规标准无须作计量单位变更;与现行高度层划分方法相一致,8 400米以下无须变动,8 400米至12 500米总体上由600米分层改成300米,符合我国现行高度层配备标准,便于操作使用;12 500米以下严格按照"东单、西双"进行高度层配备,考虑到管制员对以往高度层数据的记忆习惯,便于管制员和飞行员通话和记忆。

2. 判例

在航空运输中,不论国际公约和国内民用航空法其范围并没有包括航空运输中所发生的所有的纠纷,也就是说,有些纠纷在公约和法中找不到依据。美国司法审判中有"遵循先例"的原则,由于公约和民用航空法不具有"排他性",即判例在司法审判中对于法律的适用具有一定的作用。我国是成文法的国家,判例虽然没有法律效力,但在实践中对案件的审理有参考价值。

3. 外国法

后发达国家移植先进国家的法律以保障社会和促进社会的发展是一种重要手段,我国的航空法规从最初的《飞行基本规则》起草到《民用航空法》制定,都是借鉴参考外国法如《美国联邦航空法》《苏联航空法》等。

第三节 我国空管法规体系框架结构

从法学角度上讲,法规体系是一个国家或地区的现行法律规则和原则按一定逻辑顺序组合起来的整体,具有逻辑性、整体性、统一性与活动性的基本特征。空管法规体系作为航空法规体系的一个重要组成部分,同样具备上述特征。世界、地区或国家空管法规体系形成的主要标志是能够适应空管体制改革后新的管理体制和运行体制,逐步充实和完善空管行业管理和业务技术方面的法律、行政法规和规章,使其内容涵盖空管各业务领域,且相互协调、没有冲突。

我国航空管制法规体系(见图4.1)既是国家航空法的重要内容,也是国家法律体系的组成部分。航空管制法规体系框架有横向结构和纵向结构。航空管制法规体系的横向结构是指航空管制法规按所调整的社会关系的特点或航空管制活动关系构成要素的不同,划分出若干处于同一层次的部门航空管制法规,形成法规调整的横向覆盖面;航空管制法规体系的纵向结构是指按照航空管制法规的渊源和法的效力范围划分出若干层次航空管制法规,形成法规的纵向层次性。根据《中华人民共和国立法法》的规定,以及从我国航空法规的立法主体来看,航空法规体系从横向上可分为军事航空活动法规、民用航空活动法规和国际条约、约章、惯例。纵向上大致可分为航空法律,国务院、中央军事委员颁布的有关航空的行政法规,空军颁布的条例、条令,民航总局颁布的民用航空规范性文件。其立法数量自上而下呈逐步增多态势,由于立法主体层次的不同,目前航空规章、规定和细则等层面的立法数量最多,这也符合航空管制立法的实际情况。

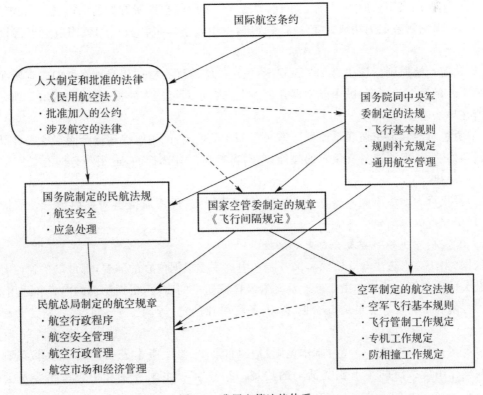

图4.1 我国空管法律体系

一、航空管制法规体系基本内容

(一)全国人民代表大会及其常务委员会制定的法律

1. 规范民用航空活动的专门法律《民用航空法》

该法既是我国民用航空主管部门对民用航空实施管理的基本法律依据,也是从事民用航空活动的单位和个人所应遵守的基本法律。它在我国民用航空法律体系中处于最重要的地位。

《民用航空法》是一部内容比较全面,符合建立社会主义市场经济要求和国际民航法律规范要求的法律,对民用航空器国籍、民用航空器权利、民用航空器适航管理、航空人员、民用机场、空中航行、公共航空运输企业、公共航空运输、通用航空、搜寻援救和事故调查,对地面第三人损害的赔偿责任,外国民用航空器涉外关系的法律适用、法律责任等,都分章作了规定,涵盖了民用航空活动的各个方面,为民用航空的法规、规章的制定,建立健全民用航空法律体系提供了完善的体系框架。

《民用航空法》规定了民用航空法律的法律适用关系:

(1)国际条约优先原则。该法第184条第1款规定:中华人民共和国缔结或者参加的国际条约同本法有不同规定的,适用国际条约的规定;但是,中华人民共和国声明保留的条款除外。

(2)国际惯例补缺原则。该法第184条第2款规定:中华人民共和国法律和中华人民共和国缔结或者参加的国际条约没有规定的,可以适用国际惯例。

(3)航空器国籍国法原则。该法第185条规定:民用航空器所有权的取得、转让和消灭,适用民用航空器国籍登记地法律。第186条规定:民用航空器抵押权适用民用航空器国籍登记国法律。

(4)法院地法原则。该法第187条规定:民用航空器优先权适用受理案件的法院所在地法律。第189条第1款规定:民用航空器在公海上空对水面第三人的损害赔偿,适用受理案件的法院所在地法律。

(5)意思自治和最密切联系原则。该法第188条规定:民用航空运输合同当事人可以选择合同适用的法律,但法律另有规定的除外;合同当事人没有选择的,适用与合同有最密切联系的国家的法律。

(6)侵权行为地法原则。该法第189条第1款规定:民用航空器对地面第三人的损害赔偿,适用侵权行为地法律。

2.国务院、中央军事委员会制定的法规

依据《宪法》《国防法》《立法法》,国务院和中央军委根据内容的需要,都可以单独或者联合制定有关国防的行政法规。由于航空活动涉及国家防空的需要,根据法规的内容和适用范围,分为国务院和中央军事委员会联合制定,国务院单独制定,国家空中交通管制委员会制定的法规。

(1)《飞行基本规则》。《飞行基本规则》是颁布最早、修改版本最多,目前是军民航都遵守的在我国作用最广泛的关于航空活动的法规。2001年版由国务院和中央军事委员会联合制定。

目前执行的是2001年8月1日颁布的第四版。2007年11月22日又公布了对该版的第二次修订,它是我国军民航及其他航空部门组织实施飞行和制定有关条令条例以及规章制度的依据,在规范飞行活动,保证飞行安全等方面发挥重要作用。《中华人民共和国飞行基本规则》总结吸取了我国航空管制的经验教训,借鉴国外的有益做法,参照国际标准和惯例,对我国境内实施飞行的诸多方面做出了更明确的规定。

四个版本的《中华人民共和国飞行基本规则》主要有以下几个变化:

1)明确了有关部门的管理职能。1950年版《飞行基本规则》按飞行活动空域分别实施管制。第 56 条规定"各部门飞机(军用飞机在内)在使用民航固定航路进行飞行时,受民航航行调度勤务的管制。军用飞机在民用航空固定航路左右 30 km 并与之平行的航线上,进行航路外的飞行及转场飞行时,应由空军司令部航行处、军区空军司令部航行处商得各该民航勤务组织的同意后管制之",是按飞行活动空域分别实施航空管制的,该规定突出了对民航固定航路的保护作用。在一个空域内的各类飞行均由一个航空管制部门提供管制服务。

1964 年和 1977 年版则规定"我国境内一切飞行的指挥,应当在统一管制下由各部门分别组织实施。军用飞机和其他航空器由中国人民解放军空军和海军航空兵的各级司令部实施指挥,民用飞机和其他航空器由中国民用航空总局实施指挥。"即所谓"统一管制,分别指挥"。新版的《飞行基本规则》第三条"国家对境内所有飞行实行统一的飞行管制。"第四条"国务院、中央军事委员会空中交通管制委员会领导全国的飞行管制工作。"第一次明确了国家行使航空管制的权力。

新版的规则规定"民用航空的不定期运输飞行,由国务院民用航空主管部门批准,报空军备案。"简化了飞行报批程序,为民用航空飞行提供了方便。

2) 飞行高度层划分不同。1950 年和 1964 年版本规定高度层主要是参考沿用了当时苏联的体系,这和国际民航组织的飞行高度层系统分配是相反的,当西欧等国家国际航行的航空器飞入或飞出我国境内时,都需要进行高度层的变更,给航空器的运行和航空管制都带来了许多麻烦。

为了和国际接轨,1977 年版本采用了国际民航组织的标准,将高度层进行了修改。但由于当时的条件限制,仍沿用老规定并没有立即执行,直到 1993 年 10 月 15 日才开始执行。

2001 年的版本根据航空器设备的更新和航空管制手段的改进,缩小了垂直的安全间隔,对高度层又进行了修改,从而增加许多可供飞行的高度层,增加了航路空间的利用率。

2007 年 10 月的修改主要也是为了适应国际上"缩小垂直间隔"实施的需要。

3) 禁飞规定更合理和更具可操作性。1964 年版和 1977 年版禁飞规定第一条"空勤组成员不齐,或者由于思想、技术、身体等原因不适于该次飞行,"中的"思想"原因,作为航空管制员来说是不好掌握的,新版中已将其删除。

1964 版禁飞规定中的第九条"降落机场还没有同意接受降落。"这对上级管制部门安排备降或者紧急、特殊任务飞行是不利的,1977 年版已作删除。

4) 语言更加精练准确。新版第 69 条禁飞规定第五条,将 1977 年版第五条的"飞机和飞机上的设备有故障……"语句中的"飞机"改为"航空器",即改为"航空器或者航空器上的设备有故障……",使得其适用范围更准确。

参照国际民航组织用语将"飞行高度层配备"改为"飞行间隔"。

1977 年版禁飞规定的第三条"飞行人员没有携带飞行任务书,飞行天气报告表及其他必需的飞行文件,"新版禁飞规定相对应的第三条改为"飞行人员未携带飞行任务书,飞行气象文件及其他必备飞行文件的,"将"没有"改为"未",将"必需"改为"必备",虽一字之差,但语言更精练。

5) 适应了新时期的需求。2001 年版中把 1977 版中带有时代色彩的内容删除了,如 1977 年版总则中的第二条"思想上政治上的路线正确与否是决定一切的……"第七条"我们的责任是向人民负责……"等。

6)批准部门不同。新中国成立初期的1950年版由中央人民政府和人民革命军事委员会批准,毛泽东主席签发;1964年版是中华人民共和国国防部命令,国防部长林彪签发,带有浓厚的军事色彩;1977年版是中华人民共和国国务院和中国共产党中央军事委员会命令,没有签发人;2001年版是中华人民共和国国务院和中华人民共和国中央军事委员会命令,由国务院总理朱镕基和中央军委主席江泽民签发,体现了国家进行空中交通管理的特点。

7)明确了违反规则应承担的法律责任。2001年版《飞行基本规则》第十一章增加了"法律责任",对飞行人员、航空管制员、飞行指挥员、飞行保障部门及其人员未按本规则规定履行职责的,应给予的处罚做出了明确规定。

8)增加了公开性。前三个版本一直作为内部规定执行,第四版本区分了对外公布和对内执行的内容,对于不宜对外公布的内容纳入了《飞行基本规则补充规定》之中。

9)第四版参照国际法规惯例,对专业名词和易产生异义的用语在第十二章做出了明确的定义,例如:航空单位、航空管理部门;过渡高度、过渡高、过渡高度层等。

(2)《中华人民共和国飞行基本规则补充规定》。2000年7月24日(国发22号),《中华人民共和国飞行基本规则补充规定》(以下简称《规则补充规定》)与《中华人民共和国飞行基本规则》同时施行。《规则补充规定》中的内容是《飞行基本规则》不宜对外公开的部分,同《飞行基本规则》一样,均是在我国境内组织实施飞行、维护飞行秩序和保证飞行安全以及制定有关飞行条令、条例和规章制度的基本依据。各单位在执行中,要相互衔接,配合使用,确保我国境内的各类飞行顺畅、安全。

(3)《通用航空飞行管制条例》。《通用航空飞行管制条例》,是规范中华人民共和国境内通用航空飞行活动的行政法规。2003年1月10日,由中华人民共和国国务院总理和中央军事委员会主席签署命令发布,自2003年5月1日起施行。《通用航空飞行管制条例》共7章45条,分为总则,飞行空域的划设与使用,飞行活动的管理,飞行保障,升放和系留气球的规定,法律责任,附则。适用于中华人民共和国境内从事通用航空飞行活动。

(4)《飞行间隔规定》。《飞行间隔规定》,是为保证飞行安全,提高飞行空间和时间利用率而制定的行政规章,是《飞行基本规则》派生的航空规章。2007年7月20日,经国务院、中央军事委员会空中交通管制委员会批准发布,自2007年11月22日零时起施行。《飞行间隔规定》分为总则,一般规则,垂直间隔标准,目视飞行水平间隔标准,仪表飞行水平间隔标准,雷达间隔标准,尾流间隔标准,附则,共8章,53条,28个附图。适用于中华人民共和国境内辖有航空器的单位、个人和与飞行有关的人员,以及所有飞行活动。《飞行间隔规定》明确规定,飞行指挥员、管制员为航空器提供飞行间隔时,可以提供高于该规定中规定的间隔标准,但不允许低于规定的间隔标准。特定区域内,军民航可以有自己的间隔标准。军民用航空器根据飞行课目需要,在机场飞行空域和其他特定的飞行空域内飞行时,可以制定适应其飞行特点的间隔标准,但应经相应的航空管制部门批准。执行此种间隔标准时,不得影响其他航空器的正常飞行和飞行安全。

(5)国务院单独颁布的关于民航的管理的法规。国务院颁布了涉及民用机场、航空器、客货运输、损害赔偿、安全保卫等规章,如《国务院关于保障民用航空安全的通知》(1982年12月1日),《国内航空运输旅客身体损害赔偿暂行规定》(1993年修订),《中华人民共和国民用航空安全保卫条例》(1996年7月6日),《中华人民共和国民用航空器权利登记条例》(1997年

10月21日),《国家处置民用航空器飞行事故应急预案》(2006年1月22日)。

3. 空军颁布的条例

《中华人民共和国立法法》第九十三条明确规定:"中央军事委员会各总部、军兵种、军区,可以根据法律和中央军事委员会的军事法规、决定、命令,在其权限范围内,制定军事规章。军事法规和军事规章在武装力量内部实施。"为了规范中国人民解放军空军建设和发展,空军制定和颁布了各项军事法规和军事规章。其中,涉及航空活动的法规有《中国人民解放军空军飞行条令》《中国人民解放军空军飞行管制工作条例》《中国人民解放军空军防止飞机空中相撞工作规定》《中国人民解放军空军专机工作规则》等。

《飞行基本规则》规定"中华人民共和国境内的飞行管制,由中国人民解放军空军统一组织实施。"因此在具体组织实施飞行管制工作过程中,空军颁布的条例、规定不仅适用军事飞行,必然直接或间接地作用到全国的飞行管制工作。

(1)《中国人民解放军空军飞行基本规则》。2018年前名称为《中国人民解放军空军飞行条令》,是规范中国人民解放军空军飞行活动的军事法规,是空军组织实施飞行的基本依据。1950年,空军首次颁发。1990年、1998年、2001年3次修订,由空军发布施行。2005年第4次修订,由中央军事委员会批准,空军发布施行。《中国人民解放军空军飞行基本规则》分为总则,飞行批准,飞行组织指挥,飞行基本程序和要求,各类飞行,特殊情况处置,机场区域管理,勤务保障,思想政治工作,附则,共10章204条和2个附录。2018年更名为《空军飞行基本规则》,并做了相应的内容变动。

(2)《中国人民解放军空军飞行管制工作规定》。2018年前其名称为《中国人民解放军空军飞行管制工作条例》,是规范中国人民解放军空军飞行管制工作的军事规章,是空军组织与实施飞行管制的基本依据。2002年,由空军发布施行。《中国人民解放军空军飞行管制工作规定》分为总则,飞行管制的组织与实施,飞行申请及批准,飞行间隔,飞行调配,飞行指挥,飞行情况通报,飞行管制协调和移交,训练飞行的飞行管制工作,转场飞行的飞行管制工作,战时飞行管制工作,空域管理工作,飞行管制设施,奖励与处分,附则,共15章158条和2个附录、1个附图。适用于空军飞行指挥员、飞行管制人员、飞行人员以及其他与飞行有关的人员。

(3)《中国人民解放军空军专机工作规定》。2018年前其名称为《中国人民解放军空军专机工作规则》,是规范中国人民解放军空军专机工作的军事规章。空军组织与实施专机工作的基本依据。1996年4月,由空军发布施行了《中国人民解放军空军专机工作条例》。2007年5月,经过修订,由空军发布施行《中国人民解放军空军专机工作规则》。《中国人民解放军空军专机工作规定》分为总则,专机工作的组织领导,专机飞行的组织实施,专机飞行的保障工作,专机出国飞行,专机工作的奖励与处分,附则,共7章114条。

(4)《中国人民解放军空军防止飞机空中相撞工作规定》。《中国人民解放军空军防止飞机空中相撞工作规定》,是规范中国人民解放军空军防止飞机空中相撞工作的军事规章。2007年2月13日由空军发布,自2007年4月1日起施行。《中国人民解放军空军防止飞机空中相撞工作规定》分为总则,组织领导,防相撞工作职责,防相撞工作制度,设施设备保障、飞行冲突和危险接近的核查,奖励与处分,附则,附录,共8章91条。

(5)飞行管制一、三号规定。《我国境内国际国内民航班机飞行航线和高度配备规定》简称《飞行管制一号规定》,用图表的形式明确了民航的班机航线、走向和飞行高度层。该规定主要是为了使得航空兵部队避让民航班机飞行有所依据，以保证军民航飞机的飞行安全。

《全国城市空中走廊规定》简称《飞行管制三号规定》。在程序管制的情况下，划设走廊有利于机场密集地区军民航各种飞行都飞得安全，也有利于要地的防空需要。

《飞行管制二号规定》是《中国联航班机飞行航线和高度的配备规定》，由于"联航"的取消而相应地失去了作用。

(6)各战区空军制定的规范性文件。战区空军在法定权限内制定适用于本地区的规范性文件，这些"地方性规章"其地位和效力低于宪法、法律、行政法规，是具体实施航空管制的依据，在经上级部门批准施行后，要报有关部门备案。例如，各战区空军《飞行管制区飞行管制细则》《飞行管制分区飞行管制补充规定》《机场使用细则》等。

4. 民航总局单独或联合其他部委共同颁布的行政规章

中国民用航空总局根据《民用航空法》的规定制定的规章在中国民用航空法律体系框架中所占比例最大。民航总局拟出的《中国民用航空法律体系框架》计划包括规章15编、400部，内容主要涉及以下几个方面。

(1)关于行政程序规则方面的规章。如《中国民用航空总局规章制定程序规定》《中国民用航空总局职能部门规范性文件制定程序规定》《民用航空行政处罚实施办法》《中国民用航空总局关于修订和废止部分民用航空规章的决定》等。

(2)关于航空器的规章。如《运输类飞机适航标准》《航空发动机适航标准》《民用航空器国籍登记规定》《民用航空器适航指令规定》等。

(3)关于航空人员的规章。如《民用航空器驾驶员和飞行教员合格审定规则》《中国民用航空飞行人员训练管理规定》《民用航空飞行签派员执照管理规则》《民用航空器维修人员合格审定的规定》《民航航空电信人员执照的暂行规定》《关于颁发民航气象人员执照的暂行规定》《民用航空航行情报员执照管理规则》《中国民用航空空中交通管制员执照管理规则》《中国民用航空空中交通管制岗位培训管理规则》等。

(4)关于航空活动管理的规章。如《一般运行和飞行规则》《中国民用航空仪表着陆系统Ⅱ类运行规定》《中国民用航空空中交通管理规则》《中国民用航空专业飞行工作细则》《中国民用航空直升机近海飞行规则》《民用直升机海上平台运行规定》《航空器机场运行最低标准的制定与实施规定》《中国民用航空飞行签派工作细则》《中国民用航空通讯导航雷达工作规则》《中国民用航空气象工作规则》《外国民用航空运输不定期飞行管理细则》等。

(5)关于民用机场建设和管理的规章。如《民用机场建设行业管理暂行规定》《民用航空运输机场选址规定》《民用机场工程施工许可证管理规定》《民用机场工程设计管理规定》等。

(6)关于航空运输规则的规章。如《中国民用航空旅客、行李国内运输规则》《中国民用航空旅客、行李国际运输规则》《中国民用航空货物国际运输规则》《中国民用航空货物国内运输规则》《中国民用航空危险品运输管理规定》《定期国际航空运输管理规定》《中国民用航空国内航线和航班经营管理规定》《中国民用航空快递业管理规定》《民用航空企业规范化基础管理规定》《单方经营中国大陆与台湾间民用航空运输补偿费的规定》《民用航空节约能源管理实施细则》等。

(7)关于航空安全的规章。如《民用航空运输机场安全保卫设施建设规定》《民用机场航空器活动区道路交通管理规则》《中国民用航空安全检查规则》《航空器搜寻援救和事故调查》等。

5. 我国加入的国际航空条约①

(1)规定一般航空法律制度的《国际民用航空公约》,该公约1944年12月7日订于芝加哥,1947年4月4日生效。1974年2月25日,外交部部长姬鹏飞通知国际民用航空组织,中国政府决定承认该公约和加入有关修正议定书。其后对于该公约的多次修订我国也予以承认,如1998年10月1日订于蒙特利尔关于《国际民用航空公约》六种语言正式文本的议定书(未生效)。该公约构筑了第二次世界大战后国际民用航空活动秩序的基石,战后所形成的一系列国际公约都是以本公约为基础,都未游离于《芝加哥公约》所设定的框架性文件。

(2)有关航空运输业务性的条约《蒙特利尔公约》,1999年5月28日国际民航组织在蒙特利尔通过了新华沙公约的正式文本《蒙特利尔公约》,其作用范围为"本公约所有以航空器运送人员、行李或者货物而收取报酬的国际运输。本公约同样适用于航空运输企业以航空器履行的免费运输。"它取代已适用70多年的《华沙公约》及修正的其系列公约、议定书,从而使规范国际航空运输的法律制度走向完整、统一,2005年2月,全国人民代表大会通过了《关于批准〈统一国际航空运输某些规则公约〉的决定》,该公约在中国生效。

(3)关于航空安全的公约。如《东京条约》《海牙公约》《蒙特利尔公约》。

(4)其他条约。这类条约包括,《关于外国航空器对地(水)面上第三人造成损害的公约》(1952年10月7日于罗马);《关于国际承认航空器权利的公约》(1948年6月19日于日内瓦)等。这类条约多数没有生效。

二、空管法规体系的发展

依据《中华人民共和国立法法》的规定,我国未来的航空管制法规体系结构在横向上将有3个层面:军事航空管制法规、民用航空管制法规和国际条约、约章、惯例等;纵向上大致可分为4个层次:一是全国人民代表大会及其常委会制定的法律,即《中华人民共和国航空法》。《中华人民共和国航空法》的创制,其内容必然涉及国家对航空活动的管理、空中航行、机场与空中交通管制设施、涉外法律适用等有关航空管制的内容。它是我国军民航航空管制法规制定、修改和补充的依据。二是国务院、中央军委空中交通管制委员会制定和发布的规定,如《飞行间隔规则》和《通用航空飞行管制条例》等。另外,国务院各部委所发布的具有规范性的命令、指示和规章,也具有法的效力,但其法律地位低于行政法规,如国务院、中央军委空中交通管制委员下发的《空中交通管制日常工作制度暂行规定》等。三是中国人民解放军空军制定和发布的条令、规定,以及中国民用航空总局制定和发布的规章。为了规范我国空军的建设和发展,空军制定和颁布了各项军事法规和军事规章。其中,涉及航空管制工作的法规的2018年以前有《中国人民解放军空军飞行条令》《中国人民解放军空军飞行管制工作条例》《中国人民解放军空军防止飞机空中相撞工作规定》《中国人民解放军空军专机工作规则》等。2018年部队改革其军事规章也作了相应的大的变化。中国民用航空总局在其职权范围内,有权发布规章。这些法规在规范和指导民用航空管制工作中会发挥重要作用。四是战区空军/地区民用航空管理局制定和发布的规范性文件。为了规范战区空军及民航地区空中交通管理局组织与实施飞行管制工作,军区空军和民航地区空中交通管理局也在法定权限内制定适用于本地区

---

① "条约"一词在国际法上有广狭两种含义:广义是指以各种名称出现的国际协议的统称;狭义是指国际协议中以"条约"为名称的那种协议。本书所称,均指广义的条约。

的规范性文件。例如,各军区空军和民航地区空中交通管理局制定的《飞行管制区飞行管制细则》《飞行管制分区飞行管制补充规定》《机场使用细则》等。

第四节 我国航空法律的实施情况

一、航空法的执行

法的执行通常称为"执法",是指国家行政机关及其公职人员依照法定的职权和程序,贯彻、执行法律的活动。我国宪法规定国家行政机关是国家权力机关的执行机关,国家权力机关制定的法律和其他规范性法律文件,主要由国家行政机关贯彻和执行,也即所谓"行政执法"。行政执法较广义的观点为,"行政执法是行政机关执行法律的行为,是主管行政机关依法采取的具体的直接影响相对一方权利义务的行为;或者对个人、组织的权力义务的行使和履行情况进行监督检查的行为[1]。"由此可见,航空活动的管理部门既有管理航空活动的职能,还有监督航空器所有者单位执行航空活动法律状况的职能。

在中国,航空法律、法规及规章共同构成了一个航空法律制度和规范体系,在航空活动的各个领域和各个方面基本实现了有法可依,为全面实行依法治航、保障航空改革与发展的顺利进行奠定了制度保障。各级人大、政府,特别是全国人民代表大会和国务院,通过法定程序把发展中国航空事业的一系列重大方针、政策和决定、决策及时转变为体现国家统一意志、政府行政依据、社会一体遵行的法律法规,充分反映了国家对航空战略地位的高度重视。

行政的"执法"性质和"依法"特征是由国家实行市场经济、民主政治和法治国家的发展目标和治国方略所决定的,国家事务有了立法、行政、司法等的分权或分工,从理论上说,航空活动行政管理部门作为执行和管理部门,其执行主要应该是执行法律,其管理工作主要应该是依法实施法律。从事实层面说,由于航空活动管理涉及的领域广泛,不可能在各个方面、各个领域都制定了比较完善的法律,除了法律以外,行政还要执行上级政府制定的政策,执行本级行政机关所做的决议、决定,执行行政首长的命令、指示等。行政的职能和任务是多方面的,但不管有多少职能和任务,执法应该是现代行政的基本要素。

(一)社会条件和国家构造有利于航空活动的依法管理

借鉴国外航空发展的经验,航空要实现依法管理,国家宏观的经济体制和管理体制要能够提供基本的条件。

1. 国家的工作重心为市场经济

市场经济是实现法治的基础[2]。在改革开放以前国家建设实行高度集中、统一的计划经济制度,逐步建立了大体上与之相适应的一套法制。航空器的所有者也都为国营单位,所有政策都是公法的范畴,没有私法存在的因素,民航也一直是政企合一,加之"以阶级斗争为纲"长期作为指导思想,航空活动的重心是国防,不能为航空活动的"法治"提供相适宜的经济条件和社会条件。航空公司和政府为一体,政企不分、企业附属于政府,因而政府对经济的管理,往往是以直接干预企业的日常生产经济活动为内容的微观管理,这种干预行为由于一般发生在具

---

[1] 罗豪才,应松年. 行政法学[M]. 北京:中国政法大学出版社,1996.

[2] 张文显. 法理学[M]. 北京:高等教育出版社,2003.

有行政隶属关系的政府主管部门和企业之间,因而政府可借助行政权力本身所具有的强制力量或个人权威、权力实现。航空法律制度带有明显的命令性,很少反映私人间的意愿和选择自由。航空活动管理权力过于集中,行使权力没有严格科学的程序;行使权力者内部没有形成自我约束的机制,缺乏有效的监督、控制机制。

改革开放以后,党的十四大明确提出建设有中国特色的社会主义市场经济,党的政策转移到以经济建设为中心上,八届人大通过宪法修正案,党的决策上升为国家的意志。这一涉及经济基础和上层建筑的许多领域的深刻革命,必须坚持社会主义法制的统一。航空业是国家综合运输体系的一部分,航空活动的法制建设也是国家法制建设的一部分。民航脱离军队管理,民用航空政企分开,航空公司和机场管理部门市场化经营,市场经济产生了权利意识、私权意识。航空市场正常运行秩序以及完善航空市场,需要法律制度和公平执法。国家的航空法律建设特别是民航的规章建设得到大力发展,初步形成了航空发展依法管理的局面。

2. 国家民主政治体制完善

改革后的中国大力推行民主制度,使得人的权利意识和平等意识增强,人作为社会和国家主人的地位以及国家权利应当受到法的制约获得了应有的景况。国家将人民民主具体化为国家机关的职权和公民的政治权利,并为其实现规定了程序、原则和方法,使得公民能够以政治主体的身份参与到国家的社会管理,法律已经成为国家生活和社会生活的基本准则,法律能够体现人民的意志,反映保护社会公众的权利,法律有了权威性,这些为航空活动的公平执法提供了基础。

3. 国家权利的分工基本合理

新中国成立以来,我国的航空管制工作一直由国务院、中央军委授权空军负责统一领导并组织实施。改革开放后,随着我国经济建设和对外开放的不断发展,我国的航空事业特别是民用航空运输业出现了前所未有的发展势头。为适应和满足这一需要,经国务院、中央军委批准,1986年8月成立了国务院、中央军委空中交通管制委员会(简称国家空管委),由当时的国务院副总理李鹏同志担任该委员会主任,负责统一领导全国的空中交通管制工作。先后改由副总理邹家华、吴邦国、黄菊、张德江、马凯同志任该委员会主任职务。国家空管委的成员单位主要有国家计委、国家经贸委、国防科工委、财政部、信息产业部、民航总局、体育总局、气象局、总参谋部、总装备部、空军、海军等。空管委办公室设在总参作战部,具体承办委员会的日常工作和交办事项。

《飞行基本规则》规定了国务院、中央军事委员会空中交通管制委员会领导全国的飞行管制工作,它改变了以往"空军领导全国的飞行管制工作"的军队管理国家航空活动的体制,体现了国家进行航空活动管理的制度,明确了军航、民航对航空管理的各自职责,逐步实现"统一管制,统一指挥",实现了通过法律来管理和控制航空活动的秩序。

4. 对外开放的国家政策

航空法天然具有国际法的特性。航空法学对于中国而言本是舶来品,它进入中国的时代正值中国改革开放初期。当时中国航空运输业十分落后,司法实践的需求确实很少甚至没有,自然难以发展。在经济全球化大的背景下,航空运输业有了飞速的发展,给中国航空法理论建设提供了很好的发展机会。中国目前的航空法研究者借鉴外国的学说、解释国际公约,深入研究与积极引进国外航空法研究成果。航空运输实践的发展及其要求是航空法学在中国发展的本源所在,建立社会主义市场经济体制和进一步扩大改革开放也必然要求中国的航空法学在研究对象、研究内容、研究手段和方法上进行深刻的变革,以至对中国的航空法理论体系进行建构和完善。

(二)航空法的执法主体

执法主体是指那些国家行政机关及其工作人员有资格成为执法权的行使者。

航空法是关于航空器、商业空运以及国内和国际航空空中航行所产生的一切公法和私法关系的一组国内和国际规则。法律的实施涉及的主体既包括从事航空业务的主体,也包括由于合同关系、航空管制关系、意外事件变成航空法律关系的主体。自然人、法人、经济组织、国际组织、国家关系都可能成为航空法律调整的对象。航空法的执法涉及的范围广泛和种类多样。

航空活动是由多工种人员组成的一项复杂的系统工程,所产生的社会关系呈现出多样性和复杂性,从而形成了多样性质的法律关系,其中有管理航空的法律所形成的行政法律关系,有宏观调控航空运输市场和航空作业市场的法律所形成的经济法律关系,有调整航空运输合同的法律所形成的民事法律关系,有关于航空领域的犯罪和惩罚的法律所形成的刑事法律关系等。航空法的执法涉及的部门广泛和种类多样。

根据中华人民共和国《民用航空法》,我国航空法律的主要任务为"为了维护国家的领空主权和民用航空权利,保障民用航空活动安全和有秩序地进行,保护民用航空活动当事人各方的合法权益,促进民用航空事业的发展,制定本法。"按照航空法律的主要任务来划分,执法的主体主要有以下部门来承担。

1. 国家飞行活动的管理

《飞行基本规则》规定,"国家对境内所有飞行实行统一的飞行管制。国务院、中央军事委员会空中交通管制委员会领导全国的飞行管制工作。"由此可见维护国家领空主权,规范中华人民共和国境内的飞行活动,保障飞行活动安全有秩序地进行的国家管理部门即执法部门是国务院、中央军事委员会空中交通管制委员会。

《飞行基本规则》规定,"中华人民共和国境内的飞行管制,由中国人民解放军空军统一组织实施,各有关飞行管制部门按照各自的职责分工提供空中交通管制服务。"空军是《飞行基本规则》明确的该行政规章的执行单位,是飞行管制工作的执法主体。其基本任务为"负责空防和战区的空域管制;监督航空器严格按照批准的计划飞行,维护飞行秩序,禁止未经批准的航空器擅自飞行;禁止未经批准的航空器飞入空中禁区、临时空中禁区或者飞出、飞入国(边)境;防止航空器与航空器、航空器与地面障碍物相撞;防止地面对空兵器或者对空装置误射航空器。"

为了执行航空管制的任务,空军航空管制体制分为四级:

空军司令部负责统一组织与实施全国航空管制,掌握与监督飞出、飞入我国国界的国际飞行;组织与掌握各飞行管制区间的飞行活动。

军区空军司令部负责组织与实施本飞行管制区内的航空管制,组织与掌握本飞行管制区内各飞行管制分区间的飞行活动。

空军、军级基地和海军舰队航空兵司令部或者指定的航空兵师、飞行学院(及个别未驻航空兵部队的场站等)司令部,负责组织与实施本飞行管制分区内的航空管制;组织与掌握本飞行管制分区各机场飞行管制区域间的飞行活动。

驻机场的陆、海、空军航空兵部队、场站负责实施本机场飞行管制区域内的航空管制；掌握本机场飞行管制区域内的飞行活动。

空军根据国家颁布的《飞行基本规则》《民用航空法》《通用航空飞行管制条例》等全局性的法律法规和国家空管委制定的《国家空中交通管制工程建设管理规定》《加强军民航空中交通管制防相撞工作的措施》等指导全国空管建设发展的规章，制定了《专机工作条例》《空军飞行管制工作条例》《空军防止飞机空中相撞工作条例》等部门规章和《飞行管制区飞行管制细则》《飞行管制分区飞行管制补充规定》《机场使用细则》等地区性航管法规。空军的航管法规体系的基本形成，使航空管制工作有法可依，有章可循，对维护国家领空主权，规范飞行活动，开发利用空域资源，保障空中交通安全顺畅，发挥了作用。

空军负责统一组织与实施全国航空管制，执行国家的航空法律法规起到显著的综合作用。

一是安全效益十分显著。保障飞行安全是航空活动的首要问题，作为航空活动的组织和实施者，航空管制的主要任务是防止航空器相撞，即防止航空器之间相撞，特别是军用飞机和民用飞机相撞，为此空军颁布了《防止飞机空中相撞工作规定》，规定了防相撞五项工作制度，"防相撞工作目标管理制度""防相撞宣传教育制度""军民航协同工作制度""空中危险接近核查报告制度""检查评比制度"。即使在"汶川"抗震救灾最繁忙阶段，为了保证飞行安全，航空管制部门也对军地飞行员和管理人员进行了两次防相撞教育，并及时地制定了救灾情况的飞行规章，保障了大密度的救灾飞行安全。

新中国成立以来，空军不论是"领导"还是"组织实施"全国飞行管制工作，从未发生因空管原因导致的飞行等级事故，这是对航空管理部门认真执法、履行职责的最有力的证明。

二是国防效益显著增强。保障了日益繁重的军事战备训练飞行，促进了部队战斗力水平的提高；增加了及时准确的空情监控手段，提高了防空指挥警戒能力；严密保障重大军事活动，圆满完成了国庆阅兵、军事演习等各项任务。

三是社会效益日益提高。全力做好了特殊任务飞行的航管工作，保障了专机、抢险救灾、科学试验等急难险重飞行任务。积极采用国际空管规范标准，推行国际高度分层和灵活选择使用航路办法，及时为受战争影响而改飞我国领空的国际航班提供应急航路和良好的空管服务，赢得国际社会的广泛赞誉。

四是促进了民用航空事业的发展。民航运输飞行以年均17%的速度增长，通用航空稳步增长，使其广泛应用于工业、农业、林业、科研、卫生等诸多领域，成为国民经济持续发展新的增长点。

空军2007年颁布了《违反飞行间隔规定评定办法》，以能更好地执行空管委颁布的《飞行间隔规定》，便于空军各个航空单位对飞行安全形势做出准确的评估，研究违反飞行间隔规定的规律，总结经验，为航空管理部门制定相关的规章提供相关的数据。

由于目前航空管制法规中的管制权限过于宏观，存在实际管理执行中的困难。"航空管制权包括依法对国家航空空间资源及领空内的一切飞行活动实施强制性的统一监督、管理和控制权。"[1]航空管制权首先需要体现国家主权和确保领空安全，其次才可谈经济效益。"9·11"事件就是一个例证。事后美国一方面在反思和平时期国家航空管制权限问题的同时，也加快

---

[1] 黄志平.航空管制与航空管制权的统一[J].航空管制，2006(3):13.

航空管制系统与国土防空指挥系统的一体化建设步伐①。虽然《飞行基本规则》明确规定,"中华人民共和国境内的飞行管制,由中国人民解放军空军统一组织实施",但在具体操作层面却有许多实际困难。一是民航和空军的沟通、协调、通报的内容、时限不够明确,人为造成异常空情。二是由于军航管制手段尤其是低空雷达监视能力较弱,致使对一些大城市、重要目标和地区上方空域进行的医疗救护、影视制作、环境保护、治安巡逻和空中旅游等通用航空飞行活动管制难度增大。三是空域管理的"责、权、利"不明确,空域使用上各用户难以做到公平、公正、公开。总之,由于权限不明,责罚法律依据不清,致使空军在统一组织实施全国的飞行管制过程中,实际操作起来比较困难。

军事机关管理国家的航空活动在执法中的行为模式有其特殊性,一般的法律行为模式有可以做什么、必须做什么、禁止做什么三种。民事法律主要设定可以做什么,刑事法律主要设定禁止做什么,军事法律主要设定必须做什么。当然军事法当中也有大量的军事权利性规范,但是与其他部门法相比,义务性规范较多,这就导致了军人在执法过程中注重"目的性",而其次是公平性和有效性,特别是对私法部分不注重考虑。

2. 民用航空的管理

《民用航空法》规定"国务院民用航空主管部门对全国民用航空活动实施统一监督管理;根据法律和国务院的决定,在本部门的权限内,发布有关民用航空活动的规定、决定。国务院民用航空主管部门设立的地区民用航空管理机构依照国务院民用航空主管部门的授权,监督管理各该地区的民用航空活动。"

民航总局负责全国航空活动的管理,其主要任务是,一是航空安全的管理、航空市场和经济管理以及行政管理;二是规范航空运输市场主体的权利、义务和责任,建立公平有序和有效竞争的航空运输市场;三发布有关民用航空的规章②。

(1)民用航空行政执法机构及其执法职能。民用航空行政机关一是中国民用航空总局,二是中国民用航空地区管理局。民航安全监督管理办公室是代表民航地区管理局负责所辖地域民航企事业单位安全监督和市场管理的派出机构;依据《国务院关于印发民航体制改革方案的通知》(国发〔2002〕6号)、《国务院办公厅关于印发民用航空地区管理局行政机构职能配置、机构设置和人员编制规定的通知》(国办发〔2002〕63号)、《民航行政检查工作规则》(CCAR-13)《民用航空行政许可工作规则》(CCAR-15),民用航空行政机关可委托其他行政机关、组织。

民用航空行政机关职责是起草民用航空业行业管理法律、法规;制定行业管理规章、政策和民用航空安全技术标准;依照《民用航空法》等法律、法规和规章及安全、技术标准,对民用航空活动实施安全监管;确保飞行安全和空防安全;主持重大飞行事故的调查,参与特大飞行事故的调查;管理、监督航空运输市场,维护公平竞争;实施空中交通管理;保障专机飞行;制定行业总体发展规划,对民航业进行宏观调控;代表国家处理涉外民航事务;承办党中央、国务院交办的其他工作。

(2)民航的执法状况。民航在2006年《中国民用航空政策报告》对执法状况的总结有以下主要内容:为贯彻落实国务院《全面推进依法行政实施纲要》,加强行政体制改革后民航行政机关的行业监管职能,全面推进行政检查工作的制度化、规范化,民航以《民用航空法》《安全生产

---

① 章沁生. 加速推进空管现代化建设[N]. 解放军报,2004-05-26(4).
② 曹三明. 民用航空法释义[M]. 沈阳:辽宁教育出版社,1996.

法》等相关的法律法规为法律依据制定了《民用航空行政检查工作规则》,对民航行政检查的定义、行政检查的实施机关和人员、行政检查的管辖、行政检查的实施、行政检查中的强制措施以及行政检查的法律责任等内容进行了规定,保证了民航行政机关依法行政,充分发挥了行政监管职能。同时在2006年正式颁布了《中国民用航空监察员行政执法手册》,为民航行政执法机构提供了统一的行政执法依据、程序标注及其相关的技术规范。

为促进民航行政机关实施行政许可,《民用航空行政许可工作规则》于2006年颁布实行。明确要求民航各级行政机构的权力要遵循法定的原则,行政许可的设定、委托和授权必须依法进行。法律、法规或国务院决定中设定的行政许可事项规定具体的许可条件、申请材料、程序、期限等实施规定的,民航总局只能发布规章予以规定,且不得以规范性文件随意变更。民航行政机关依据法律、法规、规章的规定,可以委托其他行政机关实施行政许可。没有法律、行政法规的依据,民航行政机关实施行政许可对行政学科事项的监督检查,不得收取任何费用,规章不得自行规定收费。此外也建立了行政许可实施程序、听政程序、监督检查等相应的制度。

随着行业内外各主体依法维护自身权力意识的增强,民航行政机关的行政复议工作不断增加,民航颁布了行政复议办法,建立了民航行政复议的申请、受理、颁发的制度程序,以防止和纠正违法和不当的具体民航行政行为,保护公民、法人和其他组织的合法权益,保障和监督民航行政机关依法行使职权。

为客观反映民航行政执法状况,也为相关部门对行政执法提出指导意见和建议提供数据材料,2006年民航颁布实行的《民用航空行政执法统计办法》规定:民航行政执法统计每半年一次,有相关部门和单位于每年1月15日、7月15日分别填制上报。行政执法的统计范围包括行政许可信息、行政检查信息、行政强制措施信息、行政处罚信息、行政复议情况、行政诉讼情况、执法培训情况、规范性文件制法情况、执法意见和建议等。

在加强行政法治工作同时,监督法治工作在民航企业和机场中发挥着防范风险,保证安全运行、保证依法经营、维护合法权益等重要作用,民航总局和国资委要求民航企业和机场要切实加强法治工作。各航空公司、服务保障企业和机场集团(管理)公司、大型机场应当在2~3年内设置独立的法律工作部门,配备具备企业法律顾问执业资格的法律工作人员;其他机场应明确法律工作的部门,配备专职法律工作人员。2003年6月修订后的《中国民用航空行政处罚实施办法》正式施行,这个办法与过去的办法相比,对监察员工作提出了更高的要求,特别是规定了行政处罚工作的新程序,即有监察员检查后对违法者提出处罚建议,提供违法者违法的证据,由地区管理局、监管办法规部门进行合法性审查,听取违法者意见,必要时重新调研并举行听政,而后提出处罚意见交管理局或监管办领导决定。这种程序实现了检查、处罚相分离,有利于公正公平,是执法工作的一大进步。

为了提高民航执法人员的素质,加强执法队伍的建设,2005年民航总局修订了《中国民用航空监察员规定》。原规定自1999年9月施行,实践中暴露出内容不够细致或者过于烦琐、不易执行的问题。这次主要修改的内容"增加了民航总局法治职能部门负责办理、发放和收回监察证的职责,缩短办证周期;明确规定了民航总局检查员的监察范围为全国,民航地区管理局检查员的管辖范围为本地区,但民航总局有关职能部门可以批准民航地区部分监察员的监察范围为全国,可以书面授权民航地区管理局监察员在30天内到其他指定地区履行监察职责;监察员证的有效期从三年修改为长期有效;明确规定了监察员证的办理程序"。

二、国内航空法规效力等级

所谓法的效力是指法的有效性和约束力的统称。凡具有法的有效性和法的约束力的事物即具有法的效力。航空法的效力指国家制定和颁布的规范性法律文件的效力,包括效力层次、效力范围。

航空法规法的效力层次是指在国家航空法规的体系各种渊源中,由于其制定主体、程序、时间、适用范围的不同,各种法的效力也不同。

(一)我国目前主要航空法规的效力范围、层次

《民用航空法》从制定主体上看属于法律层次,从效力范围来看其适用范围仅限于民用航空活动。《飞行基本规则》从制定主体上看属于行政法规层次,其适用范围是"中华人民共和国境内的飞行活动"。

《民用航空法》由中华人民共和国第八届全国人民代表大会常务委员会第十六次会议通过,并由中华人民共和国主席签署公布。根据《中华人民共和国立法法》第七条、第二十三条等可知,《民用航空法》属于法律层次。《民用航空法》第1条指出:"为了维护国家的领空主权和民用航空权利,保障民用航空活动安全和有秩序地进行,保护民用航空活动当事人各方的合法权益,促进民用航空事业的发展,制定本法。"可见,其适用范围仅限于民用航空活动。

《飞行基本规则》由中华人民共和国国务院总理和中华人民共和国中央军事委员会主席签署公布。根据《中华人民共和国立法法》第五十六条、第六十一条等可知,《飞行基本规则》属于行政法规层次。行政法规效力低于法律。

《飞行基本规则》第1,2,3,4条指出:"为了维护国家领空主权,规范中华人民共和国境内的飞行活动,保障飞行活动安全有秩序地进行,制定本规则;凡辖有航空器的单位、个人和与飞行有关的人员及其飞行活动,必须遵守本规则;国家对境内所有飞行实行统一的飞行管制;国务院、中央军事委员会空中交通管制委员会领导全国的飞行管制工作。"可见,《飞行基本规则》是国务院、中央军事委员会联合发布的,其效力范围是我国境内"凡辖有航空器的单位、个人和与飞行有关的人员及其飞行活动"。

(二)《民用航空法》和《飞行基本规则》的关系

影响法效力层次的因素有制定主体和适用范围,《民用航空法》和《飞行基本规则》对比而言虽然制定机关为全国人民代表大会,在立法位阶上高于《飞行基本规则》的制定主体,即中央军委和国务院,但由于《民用航空法》适用范围并不是全部航空飞行活动,而是仅限于民用航空飞行,就调整的飞行活动范围而言,《飞行基本规则》调整的范围和内容更为宽广,在《民用航空法》未规定的空域和领域,应适用《飞行基本规则》。例如,空域管理涉及我国的空域管理原则性的问题的空域管理方面,对全国范围的空域管理方针政策、处理原则、航空管制体制、管理机构的权限和责任、军事管制机构和民用管制机构管辖区域划分及相互的协同关系、防空作战机关控制空间活动的权限等,《民用航空法》第72条中规定:"空域管理的具体办法,由国务院、中央军事委员会制定。"第76条规定"在中华人民共和国境内飞行的航空器,必须遵守统一的飞行规则。飞行规则由国务院、中央军事委员会制定。"可见,现行的《飞行基本规则》和《民用航空法》虽然制定机关不同,但二者在适用效力方面并无上下位阶关系,《民用航空法》第72,76条只是法律规则援引问题。

(三)空中交通管制法规的效力等差顺序

法的效力等差顺序有外在和内在之分。就我国航空管制法规的外在等差顺序效力而言,《中华人民共和国立法法》第七十八、七十九和八十条都有明确规定。而就内在等差顺序效力而言,概括性规范高于陈述性、具体性规范,原则高于规则,规则高于细则,准则高于例则,总则高于分则。

负责统一组织和实施全国飞行管制的空军在具体进行飞行管制工作中,对我国航空管制法规的执行效力等差顺序为"《飞行基本规则》＞国务院、中央军事委员会空中交通管制委员会制定和发布的规定如《飞行间隔规定》《通用航空飞行管制条例》＞中国人民解放军空军/中国民用航空总局制定和发布的条令、条例、规则＞军区空军/民航地区空中交通管理局制定和发布的法规性文件"①。

民用航空活动的管理部门民航总局颁布的《中国民用航空空中交通管理规则》第一条"为保障民用航空飞行活动安全和有秩序地进行,根据《民用航空法》和国家其他有关规定,制定本规则。"民航总局颁布的《一般运行和飞行规则》第一条"为了规范民用航空器的运行,保证飞行的正常与安全,依据《民用航空法》制定本规则。"从以上内容可以看出,同为航空活动的管理部门在制定规章时的依据是《民用航空法》,同理可知在具体进行飞行管制工作中,对我国空中交通管制法规的执行效力等差顺序首位为《民用航空法》,因此军民航空管理部门在管理飞行活动中由于法的执行效力等差顺序不同必然对"统一管制"带来不利的影响。

我国军事航空管制法规的立法依据是《飞行基本规则》,而民用航空管制法规的立法依据却是《民用航空法》,这种军、民飞行管制法规体系效力层次的不一致,在统一管制体制下,即使是同样的依"法"管理,由于军民航航空管制法规有两个不同的"母法",为飞行活动消除飞行冲突和矛盾困难有了人为的障碍。

(四)国际航空条约的优先适用

一般而言,国际航空法与国内航空管制法规,既没有高低之分,也不存在从属关系。但在一定情形之下,二者却存在着效力地位优先顺序的问题。即在涉及履行其依据国际航空法所承担的国际义务时,主权国不得以国内法律规范为理由而予以拒绝;在一个国家的国内立法过程中涉及国际法律规范时,凡为主权国家所参加或所认可的国际条约或国际惯例,对国内法律规范也具有约束力,国内法律规范不得与该国际条约或国际惯例相抵触。②《飞行基本规则》第121条指出:"中华人民共和国航空器在本国领海以外毗连区、专属经济区和公海上空飞行,中华人民共和国缔结或者参加的国际条约同本规则有不同规定的,适用国际条约的规定;但是,中华人民共和国声明保留的条款除外。"这些是国际航空法优先原则的体现。

三、航空法的效力冲突和协调

航空活动的管理实际执行过程中,由于航空活动涉及的范围广,法律、规章的数量多,它们有多方面的立法主体体制认可,或由多方面机关所创制,且产生的时间和侧重点不同,特别是军航和民航之间飞行管制手段、方法有所不同,使得它们之间每有冲突,协调这些冲突,选取更

---

① 徐维如. 航空管制概论[G]. 北京:"十一五"空军军事理论研究计划课题,2007.
② 周旺生. 法理学[M]. 北京:中国政法大学出版社,2002:41.

合适的法律予以适用,是法律人和所有涉及法的社会主体所需要辨别的。

1. 上下位法冲突

航空法的效力冲突当是上位法和下位法冲突时,遵循上位法优先于下位法的规则易于解决。航空立法体制和法的形式的复杂性,使得法的等级上下级约束力不那么明显。

如《民用航空法》对"空域管理"的规定比较笼统,实质性规定只有两条,第70条"国家对空域实行统一管理。"第72条"空域管理的具体办法,由国务院、中央军事委员会制定。"国务院和中央军委于2001年通过的《飞行基本规则》,详细规定了空域管理和飞行管制等规则。两个立法内容有派生关系,但立法目的并不完全相同。飞行规则第一条规定,制定规则的目的是"为了维护国家领空主权,规范中华人民共和国境内的飞行活动,保障飞行活动安全有秩序地进行";相比之下,《民用航空法》的目的不仅是"为了维护国家的领空主权和民用航空权利,保障民用航空活动安全和有秩序地进行",而且也是为了"保护民用航空活动当事人各方的合法权益,促进民用航空事业的发展"。虽然《飞行基本规则》作为行政法规在位阶低于法律,但《飞行基本规则》的制定和《民用航空法》没有依据关系。这就导致了在空域划分这一空域管理的环节上,我国相关的法规空域管理原则不一致。为了方便对比,我们把国际上相关的一些提法也一并罗列如下:

《民用航空法》:"国家对空域实行统一管理。划分空域,应当兼顾民用航空和国防安全的需要以及公众的利益,使空域得到合理、充分、有效的利用。空域管理的具体办法,由国务院、中央军事委员会制定(即《飞行基本规则》)。"

《飞行基本规则》:"空域管理应当维护国家安全,兼顾民用、军用航空的需要和公众利益,统一规划,合理、充分、有效地利用空域。空域的划设应当考虑国家安全、飞行需要、飞行管制能力和通信、导航、雷达设施建设以及机场分布、环境保护等因素。""国内航路某一航段的调整、新辟与航路连接的某段航路(航线),由国务院民用航空主管部门提出方案,经中国人民解放军空军批准,并报国务院、中央军事委员会空中交通管制委员会备案。"[①]

空军《飞行管制工作条例》:"根据作战、训练飞行和国家重要目标安全的需要,按照国家空域管理有关规定对空域实施管理。"该条例第一条"根据《飞行基本规则》,制定本条例。"国家空域管理的有关规定是《飞行基本规则》。"划设飞行管制区、飞行管制分区和机场飞行管制区,应当考虑防空作战、机场分布、军事飞行和民用飞行的流量以及飞行管制能力等因素。"

《中国民用航空空中交通管理规则》:空域管理的任务是依据既定空域结构条件,实现对空域的充分利用,尽可能满足经营人对空域的需求。空域管理的具体办法另行制定。

国际民用航空组织(CICAO):Plans regarding the organization and use of airspace should be developed in common both civil and the military authorities and take account of the following factors : 1)national security requirements;the requirements for safety,flexibility and economy of air traffic;the desirability of joint use of airspace by the provision of suitable services,including radar;compatibility of civil and military operation in the same general area;... ICAO DOC 9426 2.2.6。(应该由民/军主管部门共同研究制定空域组织和使用计划,并考虑下列因素,国家安全的需要,空中交通安全、灵活性和经济性的需求;联合使用空域的需要;……)

---

① 中华人民共和国《飞行基本规则补充规定》,2001年.

美国联邦航空局(FAA): The national interest dictates that a single, integrated system of air navigation and traffic control be developed and maintained so as to permit the efficiency in the use of modern aircraft capabilities required for defense, economy and the safety of persons and property. ——ICAO DOC 9426 Ⅱ-Ⅰ-2-5。(国家利益需要发展并保持一个单独的一体化的空中交通管制系统,以便有效地使用为国防、经济和人员与财产的安全所需要的现代航空器的能力。)

从以上内容可以看出,我国关于空域管理的不同法规,在原则上是存在一定区别的,因为其"上下"位不明确,并不是"上位法优先于下位法"简单的规则就能把问题解释清楚。即使是上下位法关系十分明确,由于面向的具体问题、对象不同,也不能简单地套用。

2. 不同种类法规的冲突

法和法之间关系的复杂性以及由此而发生的法的效力冲突。作为航空活动的主要管理部门军民航存在一定的法的价值冲突,如对航空活动的管理秩序、安全、效率、公平体现在判断取向不同,在实际部门规章的制定和执行过程中的管理和管制理念、安全管理、指挥方式、指挥权限、运用手段等方面存在的差异。作为组织实施全国飞行管制的空军管制部门工作具体主要依据是《飞行管制工作条例》,军事航空管制和民航对管制的理念有着很大的不同。军用飞行器的最终目的是提高飞行器的使用效率,飞行器的飞行效能就是战斗力的体现,这与民用飞行安全是空中交通管理的首要任务目的有着截然的不同。

例如《飞行基本规则》:第54条 航空器进行空域飞行时,应当按照规定的航线(航向)、高度、次序进入空域或者脱离空域,并且保持在规定的空域和高度范围内飞行。

除等待空域外,一个飞行空域,在同一个时间内,只允许安排一至三批航空器飞行。各批航空器飞行活动的高度范围之间,通常应当保持2 000米以上的高度差。

原空军《飞行条令》:第八十七条 在同一时间、同一飞行空域内(等待空域除外),数批飞机可以在不同的高度范围飞行;各批飞机活动的高度范围之间,应当保持不小于1 000米的高度差,并明确规定各批飞机进出空域的方法;任何飞机不得穿越其他飞机飞行的高度范围。

第五章　航空器、航空人员和机构空管法规

本章知识点提示：我国航空管理机构，航空人员规定，航空器的分类，航空法规对于不同航空器的适用，军用航空器的职能，对民用航空器的拦截。

航空管理是对航空活动中航空器适航、航空设施、飞行管制、空域管理、航空法规建设等方面的管理。由于航空器飞行速度快，范围广，如果没有有效的航空管理和对航空活动有一定的约束，就无法保证领空安全、飞行安全和空中交通的高效、有序和畅通。

第一节　航空管理机构及其法规

航空管理机构，即航空管理部门，是指对从事航空活动的航空单位和个人具有管理职能的机关或者单位。在我国现有航空制度体系下，包括总参谋部空中交通管制局[①]、中国人民解放军空军、海军、总参谋部陆航局、国家体育总局、民用航空局等。

航空管理机构是国家在规范和组织有序飞行活动时，不可缺少的环节和单元，在航空活动中发挥重要作用，特别是在进行维护国家安全、保障航空安全和维护市场秩序方面法规制定与执行发挥着积极作用。当前，尽管详略程度、管理机构有别，但世界上所有国家的航空法均有对航空管理机构做出的规定调整。

一、典型国家航空法中涉及航空管理机构内容的分析

（一）美国航空法有关航空管理机构的规定

1958 年版美国《联邦航空法》，将航空活动管制权统一到一个机构乃是该法的立法目的之一。正是出于这一立法目的，被视为该法核心内容的第 307 条（a）款，将管制权置于联邦航空局局长的权限范围，以防止权力分散，导致政出多门，影响航空安全。目前美国联邦航空局职能范围宽泛，大致可涵盖航空安全管理、航空噪声管理、企业认证、航空器登记、航空制图、教育培训、事故调查和运营等。联邦航空局局长的权力也有明确规定。根据《运输部法》第 106 条（f）款第 2 项对联邦航空局局长权力的规定：

联邦航空局局长的权力：由局长最终执行联邦航空局的职责与权力。主要有以下几个方面：

---

① 2016 年军事体制改革，军队系统的相关管理部门的名称有了变化，其职能仍在。

1)任命、聘用所有的工作人员(总统任命和由政治原因任命的除外);

2)取得并维护联邦航空局的财产和设备;

3)除另外有规定,颁布有关规章、规则、命令、咨询通告、公告或联邦航空局的其他官方出版物;

4)履行《航空交通运输管理系统促进法案(1996)》(或相应的修正案)所赋予局长的其他职责和权力。

"就总统任命航空局的官员或雇用或政治任命人的任命和资格问题向总统提供建议和意见。可以委派或授权航空局官员或工作人员行使赋予局长的职责和权利。法律禁止的情况除外。除本章和其他法律另有规定外,对于局长具有最终的决定权的事项,在做出决定时不需要协调、申报批准或征求部长及管理局任何官员或工作人员的意见。"

可见,联邦航空局局长被赋予广泛的职能,如空中安全,这些职能甚至部长也不能中止,曾有几任交通部长想把联邦航空局的安全职能细分给其他部门,但最终都被迫尊重联邦航空局的独立性。

联邦航空局与国防部、国土安全部等部门的协调,美国相关法律也有规定,与国防部的协调有,《联邦航空法》第302条E款的规定,以及1958年联邦航空法第306条、第307条的规定:

联邦航空法第302条E款。

紧急状态下局长应与国防部和其他有关的政府部门相互协调,草拟出联邦航空局在战时如何有效地履行职责的计划。但在这一立法草案通过之前,总统得以行政命令联邦航空局的任何职能(包括权利、职责、活动、设备及各种业务在内)移交给国防部,并得规定对档案、财产、人员等也作相应的移交。

第306条 局长在行使和履行本法所授予的职权时,应充分注意国防的需要、商业航空及一般航空的需要,以及在可航空域自由通行的公权。

第307条 当由于军事紧急情况或军事上的急需对合众国说来有此必要时,当有关军事当局做出如此之决定并事前通知局长时,该军事当局得批准合众国国防部队的军用航空器不按根据本章规定所颁布的空中交通规则行事。这体现了联邦航空局与国防部之间的协调关系。此外,根据2002年制定的《国土安全法》,联邦航空局与国土安全部之间也存在着相互协调合作,并在国土安全部设立了专门的联络办公室,具体规定在该法第423节(a)款中。

可见,美国由联邦航空局统一管理全国航空活动,并且相对独立。联邦航空局的职责、权利、机构设置等都有具体可操作的制定法规定。同时,在确保联邦航空局相对独立地领导全国航空活动的同时,注意联邦航空局与其他部门之间的协调,这样保证了航空活动的统一领导和高效运行,同时也保证了航空活动与其他关系国家利益活动之间的平衡,较为科学合理,值得我国航空立法借鉴。

(二)英国航空法有关航空管理机构的规定

目前,民用航空局是英国专门对航空活动进行监管的机构,承担所有民用航空管理职能,包括经济管理、领空政策、安全管理和消费者保护。民用航空局是通过1971年《民用航空法案》设立,取代运输部成为英国民用航空运输活动的专门管理机构。但运输部对于民用航空运输活动仍然具有一定管理职能,体现为对民用航空运输业制定政策和长期战略,并促进它们的实施,以及代表英国进行航空领域的国际谈判等。目前,英国空中交通服务局(NATS)负责提供全国空中交通服务。在民用航空与军用航空协调方面,则由民航局的三个小组之一的空域政策局负责,进行空域政策和规划,该组织是一个军民联合组织,主要向联合航行服务理事会负责,同时还向民航局董事会和空军参谋长负责。这种结构运输部与国防部的协调,保证空中交通服务的协调合作,同时也让空域政策局受多方监督。

关于民用航空局的构成、职能、职能履行规定等都在1971年《民用航空法案》第一部分一到五节做了具体详细规定。

纵观英国航空法,民用航空局负责主要管理活动,运输部通过民用航空局(CAA)和国家空中交通服务公司(NATS),确保在英国及授权空域内提供安全和便捷的服务。同时,为协调军民航关系,通过在民航局下设空域政策局专门与国防部进行协调沟通,NATS公司董事会也必须有国防部的派员等规定,保证了管理上的安全高效统一。这种体制既体现了航空管理上的统一性,也注重部门之间协调,较为合理,有我国航空立法可借鉴之处。

(三)德国航空法有关航空管理机构的规定

德国航空管理体现在,横向上管理机构多元,各机构间关系错综复杂;纵向上多层级管理,即有国家、超国家和国际三个层面的管理。国家层面,德国空中交通实行国家统一管制体系,除军事基地外,德国飞行安全公司(DFS)负责提供所有空域的管制服务,同时联邦和州之间区分管辖权限;超国家层面体现在欧盟的欧洲民航大会、欧洲飞行安全署对德国航空方面的管理和影响;国际层面则是国际民航总局等国际组织的管理与影响。

在航空管理军民航协调问题上,德国十分重视。除军事基地外,军航的管制工作仍由DFS提供,DFS的管制员中有专门的军航管制员,这是军民航运行层面的协调工作管理方式;在决策层面,有由国防部、运输部派员组成的联合委员会,大政方针及空域规划等由该委员会决定,决定不了的交通运输部、国防部部长协商,再解决不了交内阁会议裁决;此外,在战时,德国的交通管制、空域控制等管理则由军队接管。

德国航空法法规建设十分健全,管理规范化程度非常高。《联邦航空法》确定了航空法律方面的法律框架结构;《联邦机构法》对航空管理机构设置、职能、人员配置等做了具体详细规定。受语言和时间限制,德国具体相关法律法规条文规定在本章中未能详细列举,有待以后继续深入研究。

总之,德国航空管理机构相对来说较为复杂,管理机构设置多元,各机构之间又紧密相关,但总体上来说德国航空管理机构多而不乱,主要原因在于有健全的法律法规进行详细规范。可见完善的法律体系结构对提高管理机构管理效率十分重要。

二、我国现有航空法中涉及管理机构条款的分析

我国当前的民用航空管理机构包括国家空中交通管制委员会、中国人民解放军空军、中国人民解放军海军、总参谋部陆航局、民航局、其他管理机构(例如国家体育总局、航空工业集团公司)。

我国目前涉及航空管理机构的航空法规有《飞行基本规则》和《民用航空法》。

《飞行基本规则》第123条中给出了下列用语的含义:

航空单位,是指拥有航空器并从事航空飞行活动的机关或者单位,包括航空运输公司、飞行俱乐部、飞行部队和飞行院校等。

航空管理部门,是指对从事飞行活动的航空单位具有管理职能的机关或者单位,包括中国民用航空总局,国家体育总局,航空工业集团公司,中国人民解放军海军、空军,总参谋部陆航局等。

《飞行基本规则》第3条,"国家对境内所有飞行实行统一的飞行管制。国务院、中央军事委员会空中交通管制委员会领导全国的飞行管制工作。"《飞行基本规则》第28条,"中华人民共和国境内的飞行管制,由中国人民解放军空军统一组织实施,各有关飞行管制部门按照各自的职责分工提供空中交通管制服务。"《民用航空法》第3条,"国务院民用航空主管部门对全国民用航空活动实施统一监督管理;根据法律和国务院的决定,在本部门的权限内,发布有关民用航空活动的规定、决定。"

可见,我国空中交通管制服务由空中交通管制委员会领导,由空军统一实施,因此空军系飞行管制执法主体之一。同时国家民用航空局则对全国民用航空活动实施统一监督管理,国务院民用航空主管部门设立的地区民用航空管理机构依照国务院民用航空主管部门的授权,监督管理该地区的民用航空活动。这样,可以说我国是军民两套不同管理系统,且从《民用航空法》和《飞行基本规则》的相关规定中还可看出,虽然两者都明确了航空管理机构,但两个法规的效力范围和效力层次不相适应,实际管理过程中的航空管理机构的职责和义务的履行存在多部门制约。

第二节 航空人员及其法规

航空人员的概念、种类、范围在理论和实际上都是一个非常重要的问题。在国际上,对此问题并没有统一的规定。一般认为,航空人员是指从事航空活动的空勤人员和地面人员,按其工作职责和工作环境的不同可以分为两大类九个职种。第一大类是空勤人员,即在飞行中的航空器上执行任务的航空人员,包括驾驶员、领航员、飞行机械人员、飞行通信员和乘务员。第二大类是地面人员,即仅在地面工作的航空人员,包括航空器维修人员、空中交通管制员、飞行签派员和航空电台通信员。

航空人员是航空活动的微观行为主体,在航空活动中起着非常重要的作用。按照航空活动的客观规律和相关法律法规的规定,每种航空人员都在其业务范围内享有特定的权利,承担特定的责任,以此保证航空活动安全有序地进行。航空人员的政治素质、职业准入、业务水平、身心状况、薪酬福利等因素不仅对航空活动的安全至关重要,而且影响甚至决定着整个国家航空事业的发展水平。

一、国际公约与典型国家航空法中涉及航空人员内容的分析

(一)国际公约有关航空人员的规定

国际公约中关于航空人员的规定主要见于《国际民用航空公约》附件1《人员执照》,该附件对民用航空领域各类作业人员执照的颁发和管理做出了比较详尽的规定。附件并没有直接使用"航空人员"的概念,而是通过执照分类方式,间接对"航空人员"的类别和范围加以界定。附件第2章标题为"驾驶员的执照和等级",第3章的标题为"驾驶员以外的其他飞行机组成员的执照",第4章的标题为"飞行机组成员以外的其他人员的执照和等级",上述结构充分显示,附件实际上把"航空人员"分为三大类,即驾驶员、驾驶员以外的其他飞行机组成员、飞行机组成员以外的其他人员。其中,驾驶员细分为飞行学员、私用驾驶员和商用驾驶员,与飞机类别相应的多机组驾驶员、航线运输驾驶员,与飞机、飞艇、直升机和动力升空器相应的飞行教员、滑翔机驾驶员和自由气球驾驶员。驾驶员以外的其他飞行机组成员细分为飞行领航员、飞行机械员、飞行无线电报务员。飞行机组成员以外的其他人员细分为航空器维修、空中交通管制员、飞行运行员/飞行签派员、航空电台报务员和航空气象人员。分析该附件对"航空人员"的界定模式,可以发现,附件是从航空人员所从事的与航空活动有关的具体行为性质这一角度来对"航空人员"进行界定的,这一模式可以概括为"航空微观行为"模式。该模式在客观上对"航空人员"的界定相当清晰,对"航空人员"的分类也非常详尽,实务上可操作性很强。

(二)典型国家航空法的相关规定

1. 美国航空法中有关航空人员的规定

美国关于航空人员的规定主要在 1958 年《联邦航空法》第 101 条对航空人员的定义,以及第 602 条对航空人员执照的规定中。

美国 1958 年《联邦航空法》第 101 条第 7 项规定,"航空人员:从事于非系留状态下航空器运行之任何人员,如机长、飞行员、机械人员或空勤组之任何成员;直接担任航空器、航空器发动机、螺旋桨或机上设备的检查、维护、翻修或修理之任何人员(在合众国外所雇用的人员除外,局长对之得另行规定);以及担任航空器调度或塔台工作的任何人员"。第五部分民用航空的安全规范第 602 条航空人员执照,对执照发行权、执照的发行、执照的格式与内容以及执照系统的修改等作了详细规定。

可见,美国航空法是直接而鲜明地对"航空人员"做出界定,其界定角度是航空人员与航空器的关系,我们可以把这种界定模式概括为"人与航空器关系"模式,这种模式对"航空人员"的界定比较科学合理,实务操作性比较强。

2. 法国航空法有关航空人员的规定

法国航空人员的规定是在《法国民用航空法典》(立法部分)第四卷航空人员当中:机长、驾驶员、机械员以及负责航空器运转的其他人员,都必须持有符合条件的合格证书,其条件由负责民航的部长确定。须具备以下条件:

(1)具备法国国籍;

(2)持有法定的证明和有效执照;

(3)未因欺诈或败坏风尚的违法行为或者犯罪行为受过监禁或任何更严厉的处罚。

《法国民用航空法典》(立法部分)首先将"航空人员"分为专业航空人员和非专业航空人员,然后又将其中的前者分为四级,即"指挥和驾驶航空器"(A级),"在机上维护航空器航行必需的发动机,机械和各种仪器的劳务"(B级),"用装上航空器的其他设备在机上进行劳务,主要是用于照相、气象、农业工作和空投的器材"(C级),"机上的辅助服务,主要是包括航空运输的商务航空人员"(D级)。

法国航空法没有统一的关于"航空人员"的概念,而是直接对"航空人员"做出分类,再对每种类别所从事的"劳务"进行一般性描述。这种对"航空人员"的界定模式,出发角度是航空人员所提供的劳务,该模式可以概括为"航空劳务"模式,优、缺点都很鲜明。优点在于对"航空人员"有不同层级的分类,而且突出了"以人为本"的价值取向,缺点在于较之《国际民用航空公约》的规定,其逻辑性和严密性有所欠缺。

二、我国现有航空法中涉及航空人员内容的分析

我国现行法律法规中有关航空人员的规定见于《民用航空法》第五章航空人员以及《中国民用航空飞行人员训练管理规定》《民用航空器领航员、飞行机械员、飞行通信员合格审定规则》《民用航空器维修人员合格审定的规定》《民用航空飞行签派员执照管理规则（民航总局令第136号）》《关于〈民用航空飞行签派员执照管理规则〉的修订说明》《民航航空电信人员执照的暂行规定》《关于颁发民航气象人员执照的暂行规定》《民用航空航行情报员执照管理规则》《航空安全员管理规定》《民航运输飞行人员飞行时间、值勤时间和休息时间的规定》等法律文件中。

上述法律法规的效力位阶不尽相同，有的属于法律，有的属于部门规章，它们的调整对象和调整范围也各有侧重。其中，对航空人员做出比较系统规定的是《民用航空法》。

第五章　航空人员

第一节　一般规定

第39条　本法所称航空人员，是指下列从事民用航空活动的空勤人员和地面人员：

（一）空勤人员，包括驾驶员、领航员、飞行机械人员、飞行通信员、乘务员；

（二）地面人员，包括民用航空器维修人员、空中交通管制员、飞行签派员、航空电台通信员。

第40条　航空人员应当接受专门训练，经考核合格，取得国务院民用航空主管部门颁发的执照，方可担任其执照载明的工作。

第43条　民用航空器机组由机长和其他空勤人员组成。机长应当由具有独立驾驶该型号民用航空器的技术和经验的驾驶员担任。

现有《民用航空法》中关于航空人员的规定是我国在立法上第一次明确规定航空人员的内涵及外延，是国内航空立法的一次大胆、有益尝试，既有利于航空法自身完善，也有利于航空法与航空领域行政法规和部门规章在概念使用上的统一。自实施以来，客观上起到了推进我国航空事业发展的重大作用。然而，随着时代发展，该法的某些规定已不符合航空活动的实际情况，例如空勤人员，《民用航空法》只规定了五种：驾驶员、领航员、飞行机械人员、飞行通信员、乘务员，而在实际工作中，还有航空摄影员、安全保卫员等。同时，随着航空器制造业的发展和高新技术设备的广泛应用，空勤人员的种类和驾驶航空器所需的人员数量逐步减少，特别是现代民用航空器广泛使用驾驶舱二人制，使飞行组仅由机长和副驾驶二人组成，不再配备专职的领航员、飞行机械员和飞行通信员，他们的操作任务或是被电子设备取代，或是由正、副驾驶员兼任，而乘务员和安保人员的数量则随着飞机大型化和人们更重视客舱安全和服务工作呈上升趋势。再如，近年来时有发生的飞行员因跳槽与航空公司对簿公堂的事件，其本质上就是航空人员个人权益与航空运输企业经营权益之间的冲突和博弈。由于现有法律法规不完善，导致二者的权益冲突不能得到化解和平衡，最后结果往往是两败俱伤。当飞行员感到个体力量不足以对抗航空运输企业时，就可能抱团与企业抗衡，2008年东航飞行员集体返航事件即为明证。这些事件的发生，在直接层面上关乎航空人员的培养、选拔、使用和流动，在更高层面上则影响着整个国家航空事业的安全及发展。

空军颁布的《飞行基本规则》中对航空人员的分类和职责进行详细的规定。

第三节　航空器及其法规

航空器指任何能从空气的反作用而不是空气对地面的反作用在大气中获得支承的机器。航空法中有关航空器的规定是各国航空法中最重要的组成部分，直接影响或决定该国航空活动的各个方面：

(1)航空法中有关航空器内涵和外延的规定决定了航空法的效力范围，航空器的国籍登记规则直接决定了国家对航空器管辖权的范围；

(2)航空器的适航标准与规则直接决定着航空安全飞行的水平和安全技术管理与保障的水平；

(3)航空器权利产生、变更、消灭规则决定了航空器物权变动的交易秩序。

一、国际公约与典型国家航空法中涉及航空器内容的分析

(一)国际公约有关航空器的规定

1.《国际民用航空公约》

国际民用航空公约第 3 条、第 8 条、第三章"航空器的国籍"，第五章"航空器应具备的条件"、第 77 条、第 83 分条共 17 个条款分别对航空器做出了规定。其中公约第 3 条通过确定公约的适用范围而将航空器分为民用航空器和国家航空器；第 8 条规定了无人驾驶的航空器；第三章"航空器的国籍"则用第 17～21 条共 5 个条款对航空器的登记和国籍做出了规定；第五章用了八个条款(第 29～36 条)规定从事国际航行的"航空器应具备的条件"，包括航空器应备文件、无线电设备、适航证、人员执照、承认证书和执照、航行记录簿、货物限制和摄影器材；第 77 条规定了联合经营或者国际经营机构所用航空器国籍由理事会决定；第 83 分条则确定了在航空器包、租、互换等因航空器登记国与经营航空器的经营人所在国不一致的情形下，登记国全部或部分职能与责任的转移规则。

第 3 条　民用航空器和国家航空器

一、本公约仅适用于民用航空器，不适用于国家航空器。

二、用于军事、海关和警察部门的航空器，应认为是国家航空器。

三、一缔约国的国家航空器，未经特别协定或其他方式的许可并遵照其中的规定，不得在另一缔约国领土上空飞行或在此领土上降落。

四、各缔约国承允在发布关于其国家航空器的规章时，对民用航空器的航行安全予以应有的注意。

第 8 条　无人驾驶航空器

任何无人驾驶而能飞行的航空器，未经一缔约国特许并遵照此项特许的条件，不得无人驾驶地在该国领土上空飞行。各缔约国承允对此项无人驾驶的航空器在向民用航空器开放的地区内的飞行一定加以管制，以免危及民用航空器。

第三章　航空器的国籍

第 17 条　航空器的国籍

航空器具有其登记的国家的国籍。

第 18 条　双重登记

第五章 航空器、航空人员和机构空管法规

航空器在一个以上国家登记不得认为有效,但其登记可由一国转移至另一国。

第 19 条 管理登记的国家法律

航空器在任何缔约国登记或转移登记,应按该国的法律和规章办理。

第 20 条 标志的展示

从事国际空中航行的每一航空器应载有适当的国籍标志和登记标志。

第 21 条 登记的报告

各缔约国承允,如经要求,应将关于在该国登记的某一特定航空器的登记及所有权情况提供给任何另一缔约国或国际民用航空组织。此外,各缔约国应按照国际民用航空组织制定的规章,向该组织报告有关在该国登记的经常从事国际空中航行的航空器所有权和控制权的可提供的有关资料。如经要求,国际民用航空组织应将所得到的资料提供给其他缔约国。

第五章 航空器应具备的条件

第 29 条 航空器应备文件

缔约国的每一航空器在从事国际航行时,应按照本公约规定的条件携带下列文件:

航空器登记证;航空器适航证;每一机组成员的适当的执照;航空器航行记录簿;航空器无线电台执照,如该航空器装有无线电设备;列有旅客姓名及其登机地与目的地的清单,如该航空器载有旅客;货物舱单和详细的申报单,如该航空器载有货物。

第 30 条 航空器无线电设备

一、各缔约国航空器在其他缔约国领土内或在其领土上空时,只有在该航空器登记国主管当局已颁发了设置及使用无线电发射设备的执照的情况下,才可以携带此项设备。在该航空器飞经的缔约国领土内使用无线电发射设备,应遵守该国制定的规章。

二、无线电发射设备只准飞行组成员中持有航空器登记国主管当局为此颁发的专门执照的人员使用。

第 31 条 适航证

凡从事国际航行的每一航空器,应备有该航空器登记国颁发或核准的适航证。

第 77 条 联合经营

本公约不妨碍两个或两个以上缔约国组成航空运输的联营组织或国际性的经营机构,以及在任何航线或地区合营航班;理事会应决定本公约关于航空器国籍的规定以何种方式适用于国际经营机构所用的航空器。

2.《国际民用航空公约》附件

《国际民用航空公约》附件 6 第Ⅰ部分《航空器的运行》、附件 7《航空器国籍和登记标志》、附件 8《航空器适航性》中均对航空器进行了相同的定义,即航空器是:"任何能从空气的反作用而不是空气对地面的反作用在大气中获得支承的机器"。[①]

其中,附件 7 对航空器所用的国籍标志、公共标志和登记标志及其位置、尺寸、字体、登记、登记证明、识别牌进行了规定。附件 7 中将航空器分为"重于空气的航空器"[②]和"轻于空气的

[①] 见《国际民用航空公约》附件 6 第Ⅰ部分《航空器的运行》第一章定义,附件 7《航空器国籍和登记标志》第 1 条定义和附件 8《航空器适航性》第一章定义。

[②] "任何在飞行中主要从空气动力获得升力的航空器",附件 7《航空器国籍和等级标志》第 1 条定义。

航空器"①,并针对这两类不同的航空器适用不同的标识规则。航空器分类如图5-1所示。

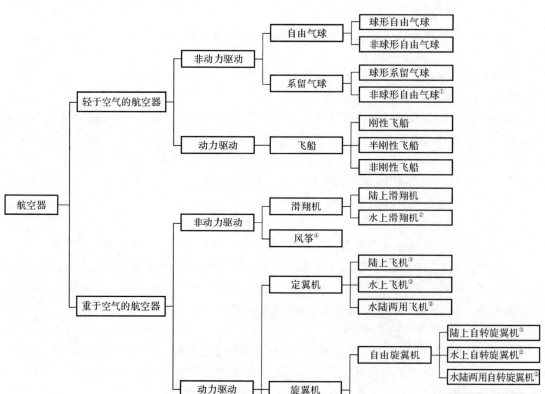

图 5-1 航空器分类
①通常称为"风筝气球";②根据情况可增加"浮筒式"或"船身式"字样;
③包括装有雪橇式航空器(改"陆上"为"雪橇");④只是为了全面而列入

3.《蒙特利尔公约》

《蒙特利尔公约》第57条第2款在公约的保留条款中涉及了军用的航空器。

第57条:保留

对本公约不得保留,但是当事国可以在任何时候向保存人提交通知,声明本公约不适用于:

(一)由当事国就其作为主权国家的职能和责任为非商业目的而直接办理和运营的国际航空运输;

---

① "任何主要由于浮力而支持在空中的航空器",附件7《航空器国籍和等级标志》第1条定义。

(二)使用在该当事国登记的或者为该当事国所租赁的、其全部运力已为其军事当局或者以该当局的名义所保留的航空器,为该当局办理的人员、货物和行李运输。

上述国际公约对于航空器的规定主要包括如下方面:

航空器的定义、国家航空器的范围、航空器的国籍原则、航空器适航条件、航空器的机载文件、航空器运营条件。

国际公约有关航空器的规定是各个缔约国妥协一致的结果,因此国际公约不能对所有航空器相关事项做出规定,但目前已有的规定是当前国际社会较为统一的认识和理解,同时也是各国航空立法必须应当涉及的内容。

(二)典型国家航空法有关航空器的规定

1. 美国

在美国,对航空器进行详细规定的主要有1958年《联邦航空法》和《美国法典》第49集《航空运输法》。《联邦航空法》中涉及航空器的条文主要有第101条、第501~506条、第603条、第701条、第702条、第1108条。第101条定义中对航空器、民用航空器、合众国民用航空器和公用航空器进行了界定;第五章用6个条文(第501~506条)规定了航空器的国籍登记与所有权;第603条则规定了航空器的型别证书、生产证书以及适航证书;第701条和第702条通过对航空器事故调查规则的确定区分了民用航空器和军用航空器;第1108条则确立了外国航空器在合众国空域飞行的基本规则。

《美国法典》第49集《航空运输法》涉及航空器规定的条文比较多。主要有第40102条、40103条、第40125条、第41703条、第44101条、第44112条、第44717条、第44722条、第45302条、第46304条、第46306条、第46315条。其中第40102条对航空器、民用航空器、美国民用航空器、国家航空器做出了定义;第40103条和第41703条确立了外国航空器和外国武装力量航空器在美国空域飞行的许可规则;第40125条则对公共航空器的法律地位资格进行了详细的阐述;第44101~44112条确定了航空器登记与记录的若干规则,包括航空器运行、登记、证书及其暂停生效和吊销、航空器转让、所有权和权利信息,以及不提供航空运输的航空器登记等;第44717和第44722条则从航空器运行安全的角度,要求联邦航空局局长制定规章以确保老化航空器的适航性和提高冬季航空器的运营安全性。第45302条、第46306条和第46315条分别对不提供航空运输航空器的费用、登记违法以及运输管制物轻微违法做出了规定;第46304条确立了在航空器涉及违法行为时,对航空器进行扣押的规则。

(1)美国1958年《联邦航空法》。

第一章 总则

第101条 定义

航空器:现有的或今后将发明、使用或专供用于空中航行、飞行之任何机器。

民用航空器:除公用航空器以外的任何航空器。

合众国民用航空器:按照本法的规定登记了的任何航空器。

公用航空器:专供合众国任何政府,包括一个州、领地、属地、哥伦比亚特区的政府或其下属政府机关使用的航空器,但不包括政府所有的任何载运人员、财产进行商业活动的航空器。

第五章 航空器的国籍与所有权

第六章 民用航空器的安全条例

第七章　航空器事故调查
涉及军事航空器的事故
第1108条　外国航空器

(2)美国法典第49集《航空运输法》。
第一分部　总则
第40102条　定义

"航空器"是指任何发明的、使用过的、或设计用来在天空中航行、飞行的机械装置。

"民用航空器"指除国家航空器而外的航空器。

"美国民用航空器"指根据本部分第441章的规定登记注册的航空器。

"导航机"和"航空器导航"包括引航航空器。

"运行航空器"和"航空器运行"指为航行而使用航空器,包括航空器的航行和在有或没有合法控制航空器权的情况下运行航空器。

"国家航空器"是指以下一些:

(A)除第 E 条规定的有关航空器以外,只由美国政府使用的航空器,并排除第40125(b)条规定的航空器。(B)由政府所有的并由任何人管理用来进行工作人员培训,设备制造或展示的航空器,但第40125(b)条规定的除外。(C)由州政府、哥伦比亚特区、美国的领地或属地,以及这些政府的任何分支机构所有、运营的航空器,40125(b)条规定的除外。(D)由州政府、哥伦比亚特区、美国的领地或属地,以及这些政府的任何分支机构连续单独租用至少90天的航空器,40125(b)条规定的除外。(E)根据40125(c)具体规定的条件,由武装力量拥有运营或包租的方式为武装力量提供运输服务的航空器。

第40103条　空域的主权和使用

外国航空器——不是其武装力量组成部分的外国航空器可以根据本部分第41703条的规定在美国境内飞行。外国武装力量的航空器——仅当得到国务卿的准许时,外国武装力量的航空器才可在美国境内飞行。

第40125条　公共航空器的法律地位资格

定义——在本条中下列概念的含义:

(1)商业目的——"商业目的"的含义指为取酬或者租赁对人员或货物的运输,但是不包括对由军事力量运营的航空器的补偿,当这种补偿被1999年11月1日生效的联邦立法、规则、或者命令所要求或者是在成本补偿的情况下,一政府部门代表另一政府部门运营航空器,被代表的部门向联邦航空局局长证明且这种运营对于消除重大的即将到来的对生命或财产(包括自然资源)威胁是必要的,同时不应当没有私人运营者所提供的服务可以解决问题。

(2)政府职能——"政府职能"的含义是由政府所从事的活动,例如国家安全、情报任务、消防、研究和援助、法律实施(包括运送犯人、被拘留者和非法入境者)、航空研究或者生态资源管理。

(3)合格的非乘务人员——合格的非乘务人员的含义是指航空器上除机组人员以外的个人。

由美联邦政府的军事力量或情报机构掌握该航空器;或履行政府职责必须该人在场。

(4)军事力量——关于军事力量的含义可以参见第10集10条的规定。

政府所有的航空器——在40101条(a)(37)条中(A)(B)(C)(D)项中所描述的航空器在

本条中并不能作为公共航空器,当该航空器用作商业目的或者是运送除机组成员或者合格的非机组成员以外的个人时。由军事力量拥有或掌握的航空器

1)一般规定——按照第(2)项的规定,在40102(a)(37)(E)条中规定的航空器可以作为公共航空器,如果该航空器按照第10集的规定运营;该航空器按第14,31,32或第50集,运营以执行政府职能并且该航空器不是用于商业目的;或该航空器被租赁来为军事力量提供运输,国防部长(或由海岸警卫队所负责部门的部长)基于国家利益指定航空器的运营。

2)限制——为国家国民警卫队、哥伦比亚特区或美利坚合众国的其他区域拥有和控制且满足第(1)项所提出的标准的航空器,只有在国防部的直接控制下才能作为公共航空器。

第41703条 外国民用航空器的航行

2. 俄罗斯

俄罗斯《航空法典》第5章从第32～39共9个条文对航空器进行了规定。其中第32条给出了航空器的定义,第33条规定了航空器的注册和国籍,并区分了民用航空器、国家航空器和实验航空器而适用不同的登记程序;第34条确定了航空器的标识规则;第35条规定了航空器的适航证;第36条规定了民用航空器和国家航空器的飞行许可规则;第37条规定了航空器的证书;第38条规定了航空器无线通信信号;第39条规定了战时或国家进入紧急状态时对航空器使用权利的限制。

3. 法国

法国《民用航空法典》(立法部分)在第一卷"航空器"中用5篇共37个条文对航空器做出了规定,其中第一篇总则的第L.110-1条和L.110-2条对航空器进行了界定,并规定了军用航空器和用于公务的航空器;第二篇"航空器注册及其国籍和产权"规定了航空器的注册、国籍、抵押和优先权、扣押及强行拍卖等规则;第三篇"航空器的飞行"对航空器的飞行权和降落进行了规定;第五篇"处罚条款"规定了对违反航空器登记规则、标识规则、飞行运输规则等行为的处罚。另外,在第三卷("航空运输")第二篇("运输契约")的第三章("租赁航空器")中,对租赁航空器的产权以及责任承担做出了规定。

法国《民用航空法典》立法部分

第一卷 航空器

第一篇 总则

本法典所指的航空器,系指一切能够在空气中腾起或运行的器械。

军用航空器和属于国家并专门用于公务的航空器,只受关于产权人或经营人责任的规则的约束。

第二篇 航空器注册及其国籍和产权

第一章 航空器注册及其国籍

第二章 关于航空器的抵押及其优先权

第三章 航空器的扣押和强行拍卖

第三篇 航空器的飞行

第一章 飞行权

第二章 降落

第三章 航空器的飞行规章

第四章 收费

第四篇　损害与责任
第一章　机组和经营人的责任
第二章　援救—发现残骸—失踪
第五篇　处罚条款
第三卷　航空运输
第二篇　运输契约
第三章　租赁航空器

二、我国现有航空法中涉及航空器内容的分析

我国目前涉及航空器的法律法规主要有《民用航空法》《民用航空器国籍登记条例》《民用航空器权利登记条例》《民用航空器适航管理条例》《外国民用航空器飞行管理规则》，规章主要有《民用航空器国籍登记规定》《民用航空器权利登记条例实施办法》《民用航空器适航指令规定》《运输类旋翼航空器适航规定》《正常类旋翼航空器适航规定》和《航空器型号和适航合格审定噪声规定》等。

《民用航空法》第5条将民用航空器界定为"除用于执行军事、海关、警察飞行任务外的航空器"，并在其第二章（第5~9条）、第三章（第10~33条）、第四章（第34~38条）、第十三章（第173~183条）分别对航空器的国籍、权利、适航管理、外国民用航空器进行了规定。《民用航空器国籍登记条例》《民用航空器权利登记条例》《中华人民共和国民用航空器适航管理条例》《外国民用航空器飞行管理规则》则根据《民用航空法》的体例安排对以上四个方面进行了细化规定。

《民用航空法》：
第二章　民用航空器国籍
第三章　民用航空器权利
第一节　一般规定
第二节　民用航空器所有权和抵押权
第三节　民用航空器优先权
第四节　民用航空器租赁
第四章　民用航空器适航管理
第十三章　对外国民用航空器的特别规定

我国现行法律有关民用航空器的规定，基本同国际公约相符，规定了航空器的国籍、航空器的权利、航空器的适航、标识等事项，但尚缺少对航空器的分类规定，在细节内容上尚需根据国外的先进经验做进一步适合中国国情的优化。

三、我国民用航空器登记标志

中国民航总局在2004年颁布了《民用航空器国籍登记规定》，在第三章"国籍标志和登记标志"中做出了以下规定：中华人民共和国民用航空器的国籍标志为罗马体大写字母B。中华人民共和国民用航空器登记标志为阿拉伯数字、罗马体大写字母或者二者的组合。中华人民共和国民用航空器的国籍标志置于登记标志之前，国籍标志和登记标志之间加一短横线。取得中华人民共和国国籍的民用航空器，应当将规定的国籍标志和登记标志用漆喷涂在该航空

器上或者用其他能够保持同等耐久性的方法附着在该航空器上，并保持清晰可见。我国大陆地区航空器国籍和登记标志格式为 B-×××× (目前编号规则为四位数字)，香港、澳门地区为 B-××× (目前为三位字母)，台湾地区为 B-××××× (目前为五位数字)。

民用航空器上国籍标志和登记标志的字体和尺寸应当符合下列规定：字母、数字、短横线 (以下简称字)均由不加装饰的实线构成；除短横线外，机翼上每个字的字高不小于 50 cm，机身、垂直尾翼、尾梁及飞艇、气球上每个字的字高不小于 30 cm；除数字 1 和字母 I 外，每个字的字宽和短横线的长度为字高的 2/3；每个字的笔画的宽度为字高的 1/6；每两个字的间隔不小于字宽的 1/4，不大于字宽的 3/4。

未经民航总局批准，不得在民用航空器上喷涂中华人民共和国国旗、民航总局局徽、"中国民航"字样或者广告。

目前，我国大陆地区登记标志按照第一位数字对航空器发动机进行分类，为了方便航空公司和管理部门对航空器进行管理，以第一位和第二位数字对机型进行划分，每种机型都分配有一个固定的号段，这种命名规则的好处是可以方便地判别航空器型号[①]。

0 字头号段——滑翔机、气球；

2 字头号段——大型喷气运输机；

3 字头号段——小型喷气、螺旋桨式运输机；

5 字头号段——波音飞机(新增号段)；

6 字头号段——空客飞机；

7 字头号段——旋翼机、固定翼小型飞机；

8 字头号段——农用飞机号段、固定翼公务机；

9 字头号段——一些小型固定翼飞机、飞艇和 B-9000、B-9003(飞艇)

知识拓展：美国航空器国籍登记标志

美国国籍登记标志编码规则可以分为以下三种方式：

N123AZ,N 字头后为三位数字和两位大写字母，如 N356UA；

N1234A,N 字头后为四位数字和一位大写字母，如 N2925V；

N12345,N 字头后为 5 位数字。

由于美国联邦航空局规定不允许数字第一位为 0，只能是 1~9 数字中的一个，N0545N 和 N042BK 是无效的国籍登记标志，正确的应为 N545N 和 N42BK，因此在美国航空器国籍注册标志中出现了四位编码的情况，但这种情况依然符合 FAA 三种编码规则。

四、军用航空器

(一)军用航空器的概念

军用航空器是指国家武装部队所拥有的，有特殊的外部标志、由军事人员指挥和操纵的航空器。1923 年制定的海牙空战规则曾规定，若一航空器属于某个国家，外表涂有表示该国国籍及军事性质的标志，接受国家的军事任务并受国家正式任命的和列入空军名册的军官指挥，机组人员是军人，则该航空器是军用航空器。

---

① 赵晋玉.对我国航空器国籍标志编码规则的探讨[J].中国民用航空，2007(1)：101-102.

军用航空器是国家航空器的一种,其所有权只能是国家。军用航空器直接由一个国家的武装部队或准军事机构掌握,主要用于作战、军事侦察、军事运输、军事训练以及其他军事任务的飞行。因它的这些特殊性,军用航空器的法律地位和民用航空器及一般国家航空器的法律地位有很大的不同。尽管军用航空器和其他航空器一样,"未经特别协定或其他方式的许可并遵照其协定,不得在另一缔约国领土上空飞行或在此领土上降落",但"如经特许,该军用航空器在没有特别规定的情况下应在原则上享受外国军舰习惯上所享受的优遇"。如军用飞机在地面允许降停的情况下享有完全豁免权,海军舰载机在其母舰停泊在外国港口时,法律地位和母舰完全一样,但不得有起降活动。

(二)军用航空器的权利

和军舰一样,无论是在一国的内水、领海、专属经济区、大陆架或在公海,军用航空器都可以行使一定的权力。根据有关国际条约和习惯,军用航空器可以行使以下权力[①]。

1. 自卫权

军用航空器在执行维护国家领土主权的任务时,可以代表国家行使自卫权。有权对侵犯国家领土领空,危害国家安全的侵犯者进行自卫反击,采取警告、拦截、驱逐、迫降、攻击等措施。

2. 紧追权

军用航空器和军舰一样,对国家管辖海域内的违法船舶享有紧追权,其紧追规则和军舰行使紧追权的规则一样。以"不间断追逐"规则而言,对违法船舶发出停驶命令的飞机,除非其本身能逮捕该船舶,否则须其本身积极追逐船舶直至其所召唤的沿海船舶或另一飞机前来接替追逐为止。飞机仅发现船舶违法或有违法嫌疑,如果该飞机本身或接着不间断进行追逐的其他飞机或船舶既未命令该船停驶也未进行追逐,则不足以构成在领海以外逮捕的理由。

3. 惩治海盗权

军用飞机对在海上从事海盗行为的海盗船舶和飞机有扣押和惩治的权力;有权制止非法劫持航空器的犯罪行为,也有权逮捕在海上从事未经许可广播的任何人或船舶。军用飞机在气象恶劣或发生故障时,在别国领土紧急迫降或临时避难,不认为是侵犯领空的行为。

第四节 国家航空器对民用航空器的拦截法规

1990年,国际民航组织理事会出版了《关于民用航空器拦截的手册》。该手册把国际民航组织发布的与拦截民用航空器有关的所有的规定和特别建议综合进了一个单一的文件之中,并扩充了第一版(1984年)的指导资料。规定和特别建议从附件2,4,6,7,10,11,15,以及DOC 8168/DOC 4444文件中摘录。手册所包含的指导资料是由一个包括民航专家和军事专家在内的空中航行研究小组编纂而成的。另一部单独的"Manual Concerning Safety Measures Relating to Military Activities Potentially Hazardous to Civil Aircraft"(DOC 9554),也是这个组参与了改进。这个从ICAO各个文件编辑而成的指导材料目的是有助于有关部门理解和为做这方面工作准备提供参考,同时也希望这些规定和推荐方法有助于执行过

[①] 王继. 国际法与空军军事斗争[M]. 北京:空军指挥学院,2007:151.

程。在国家航空器拦截和识别民用航空器的执行过程中,缔约国被要求确保参与行动的军民航管理部门和人员对该手册的内容给予关注。这为拦截民用航空器提供了一个随时可用的权威参考。《关于民用航空器拦截的手册》非穷尽性列举了国家航空器可以拦截民用航空器的7种情形:

民用航空器的机长应当意识到,在下列情境下民用航空器可以被拦截,即一国的军用、海关、警察航空器:

(1)不能通过除目视巡查之外的其他方式,如通过与空中交通服务部门协调和/或通过二次监视雷达,对被观察已经进入或正在进入该国领空的航空器获取肯定识别;

(2)观察到无适当授权的航空器即将进入或已经进入禁止或限制民航的区域;

(3)观察到在其领空内的航空器,在无已知或明显有效偏离理由的情况下,偏离指定飞航服务航线(ATS route)或飞行计划航线离开飞航服务航线网络;

(4)怀疑航空器正在从事与《芝加哥公约》目的不相符的、违背该国法律的非法飞行或和/或运输非法货物或人员。

在下列情境下,也可以发生对民用航空器的拦截,即如果一架航空器:

(1)未得到合适许可进入一国领空,并未遵守着陆或离开领空的指令;

(2)从与飞越上空许可规定的不同的位置或航线进入一国领空;

(3)对其他航空器构成危险。

一、使用武器问题

拦截(interception)指一国的军用航空器受命对入侵本国领空的外国航空器,或进入一国防空识别区而不报明身份的航空器,或其他违法航空器采取强制手段,或将此等航空器驱逐出境,或迫令其在本国境内的指定机场降落,予以检查处置的行动。拦截,是国家行使领空主权,保卫国防安全的合法行为。鉴于拦截航空器对飞行安全具有潜在的危险,因此对拦截措施不得滥用。《国际民用航空公约》规定:"缔约各国承允在发布其国家航空器的规章时,对民用航空器的航行安全予以应有的注意"(第3条第4款)。国际民用航空组织理事会亦敦请各缔约国,希望避免拦截民用航空器;如要拦截,仅作为最后手段而采用,以识别为限,按照规定的拦截程序进行,并应提供为安全飞行所需要的任何航行上的引导。

根据领空主权原则,任何外国航空器未经一国准许而进入该国领空,均应视为构成对该国领空的侵权。被侵犯的国家对入侵的外国航空器可以采取一切必要的合理措施以保卫国防安全的正当权利。据统计,第二次世界大战后,国际上发生了多起民航客机进入外国领空而被击落事件。其中,最为严重且在全世界引起公愤并受到严厉谴责的是发生在1983年的韩国客机被苏联导弹击落的事件。该事件之后,美国、日本等17个国家向联合国安理会提交了一个决议案,该决议案中指出:"如此对国际民用航空器使用武力,是不符合关于国际行为和基本人道考虑规范的。"但是该决议案由于苏联的否决权而没有获得通过。国际民用航空组织在1983年9月15日至16日在蒙特利尔召开特别理事会,通过了谴责苏联的决议,同时,为了防止类似事故的再次发生,提出修正《国际民用航空公约》及其附件。1984年5月10日,国际民用航空组织对《国际民用航空公约》的第3条通过了四点修正案,即第3分条,该第3分条从1998年10月1日起生效。

这一修正案的通过,一方面明确了每一国家不得对飞行中的民用航空器使用武器,如果采取拦截这样的强制手段,也必须不危及航空器内人员的生命和航空器的安全;另一方面又重申了每一国家的主权和自卫的权利。这条规则指的是"每一国家",因此不仅适用于缔约国,而且可以说对所有国家有约束力的国际习惯法规则,对民用航空器的飞行安全是重要的法律保障。

2001年9月11日,两架美洲航空公司的班机被恐怖分子劫持,撞向纽约世界贸易中心大楼,造成两架客机机毁人亡,世界贸易中心大楼也因此坍塌。震惊世界的"9·11事件"的发生,对第3分条的适用提出了严峻的挑战。"航空安全现在就是国家安全"(aviation security is now national security),美国联邦航空管理局(FAA)用这句话高度概括了"9·11"之后美国的航空政策将发生重大转变。美国投入了大量的资金用于航空安全项目,以努力避免类似事件的发生。美国政府在"9·11"事件后,对空中禁区和管制区做了严格规定,一些媒体直升机和小型飞机可以恢复飞行,但是不能靠近28个主要的市中心,包括纽约、华盛顿和洛杉矶。管理局向所有美国注册机师发出的通告说,飞行禁区禁止任何民航客机和私人飞机进入,并声称把违例的飞机击落将是不得已的最后手段。但是,"9·11事件"引发人们思考新的问题是,如果民用航空器被使用为进攻性武器,那么领空国将应当采取什么方式的措施来保护自己的安全,第3分条并没有排除国家行使自卫权,那么在民用航空器被恐怖分子劫持从而本身也成为一个具有重大杀伤力的武器的时候,领空国能否以自卫权作为依据使用武力将其击落?

这些问题使得领空国面临着两难:一方面它需要维护国家的安全,保护本国人民和财产的安全;另一方面,拦截或击落这种民用航空器又将危及民用航空器上的无辜乘客的生命。但是无论如何,对民用航空器使用武力时必须谨慎行事,只能作为保卫国家安全的最后手段,应尽量避免殃及无辜的民用航空器和机组人员的生命和财产安全。即使领空国以自卫的名义使用武器,也应当遵循自卫行动中的"刻不容缓""必要性""相称性"等要求[①]。

二、拦截的原则和目的

《附件2》中对拦截民用航空器的原则和目的进行了阐述。

拦截民用航空器须受到由缔约国遵照国际民用航空公约,特别是第3条d款所发布的有关规章和行政指示的制约。该第3条d款约定:缔约国在发布其国家航空器规章时,对民用航空器的航行安全要予以应有的注意。因此,在起草有关规章和行政指示时须对附录1第2节和附录2第1节的规定予以应有的注意。

认识到全世界民用和军用航空器正确地使用和理解仅作为最后手段而进行拦截时采用的任何目视信号,对于飞行安全至关重要,国际民用航空组织通过将此目视信号作为附录1而列入本附件时,敦促各缔约国保证其国家航空器将严格遵守这些目视信号的规定。因为拦截民用航空器,在一切情况下均有潜在的危险。理事会已制定了特殊建议,敦促各缔约国以统一的方式对之予以应用。这些特殊建议载于附篇A内。

民用航空器机长,当其被拦截时应遵守附录2第2节、第3节的标准,并按附录1第2节

---

① 德国宪法法院于2006年否决了一部允许军方击落被怀疑劫持用于恐怖目的的民航客机的法律。该部德国法律是在"9·11"事件之后颁布的。德国宪法法院院长汉斯·约尔根·帕皮尔做出裁决,"人类尊严权应受到严格的保护,任何形式的侵犯都不被准许。"他指出,该部法律违反了宪法保证——德国军事力量不得用于部署国内安全。德国飞行员也反对该法,称该法会导致悲剧性的错误。舆论认为,德国政府无权为了挽救他人的生命而剥夺机上人员的生命。依据帕皮尔的观点,"把夺取人的生命作为拯救他人的一种手段,意味着把人的生命当成了一种物质,具有可比性。国家出于自身考虑认为可以支配同样需要保护的机内乘客的生命,等同于否定了这些人生命的价值。而这一价值是每个人与生俱来的。"

规定的目视信号进行理解和回答。

应避免拦截民用航空器并应仅作为最后手段方使用之。如采用时,拦截应仅限于识别航空器,除非有必要使该航空器返回到原计划的航迹上,引导它们离开禁航区、限制区或危险区,或者指示它们在指定的机场实施着陆。不采用民用航空器练习拦截。

为了避免或减少拦截民用航空器,重要的是:

(1)拦截控制单位应尽一切可能以获得任一航空器(它可能是一架民用航空器)的识别标志,并通过有关空中交通服务单位对该航空器发出任何必要的指示或建议。为此,至关重要的是,在拦截控制单位同空中交通服务单位之间,要建立迅速可靠的通信手段,并且在这些单位之间要按《附件11》中的规定,订有交换民用航空器动态信息的协议。

(2)禁止一切民航飞行的禁航区和未经国家特别批准不准民航飞行的区域,若要进入这些区域,有可能遭到拦截的危险的情况,要按照《附件15》中的规定,清楚地在航行资料汇编(AIP)中予以公布。当靠近已公布的ATS航路或其他常用的航线划设这类区域时,各国应考虑到可供民用航空器使用的导航系统的可用性和系统的总精确度及其保持避开这些划设区域的能力。

(3)必要时,要考虑增建导航设备以确保民用航空器按照需要绕飞禁区或限制区。

消除或减少作为最后手段采用的拦截中固有的危险性,要尽一切可能保证驾驶员和地面有关单位间的协作。为此至为重要的是,缔约国家要采取以下步骤以保证:

(1)使一切民用航空器驾驶员充分了解他们所采取的行动以及在本附件第二节和附录1所规定使用的目视信号。

(2)经营人或民用航空器机长执行《附件6》第Ⅰ,Ⅱ及Ⅲ部分关于航空器具有使用121.5兆赫通信能力的规定,并且机上备有拦截程序和目视信号。

(3)使所有的空中交通服务人员充分了解按《附件11》第2章和《航行服务程序——空中规则和空中交通服务》中规定他们所要采取的行动。

(4)所有拦截航空器机长了解航空器一般性能限制,并且认识到被拦截民用航空器由于技术困难或因非法干扰所引起的紧急状况的可能性。

(5)把清楚而不含糊的指示发给拦截控制单位以及可能的拦截航空器的机长,包括拦截动作,引导被拦截航空器,被拦截航空器的行动,空对空目视信号,与被拦截航空器的无线电通信,并且需要避免凭借使用武器。

(6)拦截控制单位和拦截航空器要配备《附件10》第1卷的技术规范相一致的无线电话设备,以使他们能在紧急频率121.5兆赫上与被拦截航空器进行通信。

(7)要尽可能提供二次监视雷达设施,以使拦截控制单位识别有可能在区域内遭受被拦截的民用航空器。这些设施能够识别A模式中的单个的四位数字编码,其中包括能立即识别A模式的编码7500,7600和7700。

三、拦截的实施

具体可参见国际民用航空组织编写的Manual concerning Interception of Civil Aircraft(DOC 9433,1991)。

(一)拦截动作

(1)应为拦截民用航空器的航空器规定其拦截动作的标准方法,以避免给被拦截航空器带来任何危险。这种方法应考虑到:民用航空器的性能限制需要避免飞得距被拦截航空器过近,以致可能产生碰撞的危险;需避免穿过被拦截航空器的飞行航径或进行有尾流颠簸危险的动作,特别是,如果被拦截航空器又是一架轻型航空器的场合。

(2)目视识别动作。建议拦截航空器采用下列动作以试图目视识别一架民用航空器:

第Ⅰ阶段,拦截航空器应从后方接近被拦截航空器,长机(或单独的拦截航空器)应在稍高于被拦截航空器的左前方,在被拦截航空器的驾驶员的视界之内,最初距航空器不要近于300米。任何其他参与(拦截)的航空器应远离被拦截航空器,最好在它的上面和后面,在已调整好速度和位置后,必要时航空器应进行程序的第Ⅱ阶段。

第Ⅱ阶段,长机(或单独的拦截航空器)应开始柔和地在同一高度上接近被拦截航空器,至能获得所需的情报的绝对必要的距离为止,不要过近。长机(或单独的拦截航空器)应注意避免惊扰被拦截航空器的飞行组或旅客。时时记住:在拦截航空器认为是正常的动作,而对于民用航空器的旅客和飞行组来说可能被认为是危险的。任何其他参与(拦截)的航空器应继续保持远离被拦截航空器。识别以后,拦截航空器应按下面第Ⅲ阶段所述,脱离被拦截航空器的周围。

第Ⅲ阶段,长机(或单独的拦截航空器)应柔和地以小角度俯冲,离开被拦截航空器,任何其他参与(拦截)的航空器应保持远离被拦截航空器并与其长机重聚。

图 5-2

(3)航行引导动作。

1)如在上述第Ⅰ,Ⅱ阶段的识别动作之后,认为有必要干涉被拦截航空器的航行,长机(或单独的拦截航空器)应在稍高于被拦截航空器的左前方,使后者的机长可以看见所发出的目视信号。

2)拦截航空器机长对被拦截航空器机长知道已被拦截并已认收所发出的信号一事认为满意,这是非常必要的。如果反复使用附录1第2节第1组的信号试图引起被拦截航空器机长注意而不成功,可用其他的信号发出方法来表示这个意图,包括作为最后手段的复燃加力燃烧室的目视效应(如果采用这种手段对被拦截航空器并不产生危险)。

3)气象条件或地形,有时可能使长机(或单独的拦截航空器)必须处在稍高于被拦截航空器的右前方。在此情况下,拦截航空器的机长必须特别注意要让被拦截航空器的机长随时能清楚地看到拦截航空器。

(二)引导被拦截航空器

附件2中对引导被拦截航空器做出了规定。

凡能建立无线电联络时,应使用无线电话向被拦截航空器发出航行引导和有关信息。在引导被拦截航空器时,必须注意不要把它引向能见度可能降低到保持目视气象条件下飞行所要求的条件之下,如遇到操作效能业已减弱的航空器时,要求被拦截航空器作的动作不要增加

其已经存在着的危险性。在特殊情况下,要求被拦截的民用航空器在飞越的领土上着陆时,也必须注意:

(1)该指定的机场是适合于该有关类型的航空器作安全着陆的(尤其是如该机场通常不用于民航运输飞行的,更要注意);

(2)其周围地形要适于作盘旋、进近和复飞动作;

(3)该被拦截航空器有足够保持到达机场的燃油;

(4)如被拦截航空器是一架民用运输机,该指定机场要有一条在平均海平面上其长度至少相当于2 500米的跑道和足以承受该航空器的承重强度;

(5)任何时候只要可能,该指定机场是一个在有关航行资料汇编中有详细说明的机场。

要求民用航空器在一个不熟悉的机场上着陆时,重要的是要给其有充分时间作着陆准备。要记住:只有该民用航空器机长能够判断与跑道长度、航空器当时的质量有关的着陆操作的安全性。要用无线电话向被拦截航空器提供对于促进安全进近与着陆所需的一切资料,这一点尤为重要。

(三)被拦截航空器应采取的行动

《附件2》中对被拦截航空器行动做出了规定。

一航空器被另一航空器拦截时,必须立即:

(1)遵循拦截航空器所发出的指示。按照附录1的说明,理解并回答目视信号。

(2)如可能,通知有关空中交通服务单位。

(3)试图与拦截航空器或与有关的拦截控制单位建立无线电通信,使用紧急频率121.5兆赫进行呼叫,报告被拦截航空器身份和飞行性质;并且如未建立联络而又有可能时,在紧急频率243兆赫上重复这一呼叫。

(4)如装有二次监视雷达(SSR)应答器,除非有关空中交通服务单位另有指示外,调到A模式编码7700上。

如通过无线电收到从任何来源的任何指示与拦截航空器用目视信号所发的指示有所矛盾时,被拦截航空器在继续遵行拦截航空器所发出的目视(信号)指示的同时,必须要求立即澄清。

如通过无线电收到从任何来源的任何指示与拦截航空器用无线电所发出的指示有所矛盾时,被拦截航空器在继续遵守拦截航空器所发出的无线电指示的同时,必须要求立即澄清。"

本附件的附录1中载有拦截和被拦截航空器所使用的目视信号。至为重要的是,拦截和被拦截航空器须严格遵守这些信号并且正确理解对方航空器所发出的信号,拦截航空器特别应注意被拦截航空器所发出的说明它是处于遇险或紧急情况中的任何信号。

拦截控制单位或拦截航空器和被拦截航空器的无线电通信,在进行一次拦截时,拦截控制单位和拦截航空器应:

(1)首先试图用一种共同语言在紧急频率121.5兆赫与被拦截航空器建立双向通信联络,使用的呼号分别为,"INTERCEPT CONTROL(拦截控制)""INTERCEPTOR(call sign)(拦截机、呼号)"和"INTERCEPTED AIRCRAFT(被拦截航空器)"。

(2)如这种试图失败,尽力设法在其他规定的频率或由有关ATS当局规定的频率与被拦截航空器建立双方通信,或通过有关ATS单位建立联络。

如拦截时建立了无线电联络,但不能使用一种共同语言进行通信时,必须试图采用《附件

2》表 A-1 的字句和发音来表达指示,对指示和重要情报的认收,并且每个字句发送两遍。

避免使用武器,使用曳光弹来引起注意的做法是危险的,并且期望采取措施避免其使用,以便不危害机上人员的生命和航空器的安全。

四、空中交通管制单位的行为

《附件 11》中对空中交通服务单位在民用航空器被拦截时的行为做出了规定。

空中交通服务单位一旦得知航空器在其责任区内正遭拦截,必须根据情况采取下列步骤:

(1)以任何可用方式,包括紧急无线电频率 121.5 兆赫,试图与被拦截的航空器建立双向通信联络,除非这种通信联络原已存在;

(2)将拦截一事通知被拦截航空器的机长;

(3)与拦截控制单位(该单位与拦截航空器保持有双向通信联络)建立联络,并提供给该单位关于被拦截航空器能够得到的情报;

(4)根据需要,在拦截航空器或拦截控制单位与被拦截航空器之间中转电报;

(5)与拦截控制单位密切协调,采取一切必要措施保证被拦截航空器的安全;

(6)如果该航空器是从某一相邻飞行情报区出来的,通知为该相邻飞行情报区服务的 ATS 单位。

空中交通服务单位一旦得知航空器在其责任区外正遭拦截,必须根据情况采取下列步骤:通知为发生拦截所在空域服务的 ATS 单位,提供给该单位有助于识别该航空器的情报,并请求其按 2.23.2.1 的规定采取措施。在被拦截航空器与有关 ATS 单位、拦截控制单位或拦截航空器之间中转电报。

DOC 9433 也对管理部门的行为做出了规定[①]。

DOC 4444 文件中关于拦截的内容基本类同于《附件 11》的内容。

---

① 4.1.1 Action by States

4.1.1.1 As interceptions of civil aircraft are, in all cases, potentially hazardous, the Council of ICAO has formulated special recommendations which Contracting States are urged to apply in a uniform manner. The term "special recommendations" refers to all subsequent texts which have been extracted from Annex 2, Attachment A (see source references in Appendix A).

4.1.1.2 To eliminate or reduce the hazards inherent in interceptions undertaken as a last resort, all possible efforts should be made to ensure co-ordinated actions by the pilots and ground units concerned. To this end, it is essential that Contracting States take steps to ensure that:

a) all pilots of civil aircraft be made fully aware of the actions to be taken by them and the visual signals to be used, as specified in 4.1.3 and 4.1.4.

b) operators or pilots-in-command of civil aircraft implement the provisions in 4.1.5.2 and 4.1.5.3 regarding the capability of aircraft to communicate on 121.5 MHz and the availability of interception procedures and visual signals on board aircraft.

c) all air traffic services personnel be made fully aware of the actions to be taken by them in accordance with the provisions of 4.1.7.

d) all pilots-in-command of intercepting aircraft be made aware of the general performance limitations of civil aircraft and of the possibility that intercepted civil aircraft may be in a state of emergency due to technical difficulties or unlawful interference.

e) clear and unambiguous instructions be issued to intercept control units and to pilots-in-command of potential intercepting aircraft, covering interception manoeuvres, guidance of intercepted aircraft, action by intercepted aircraft, air-to-air visual signals, radiocommunication with intercepted aircraft, and the need to refrain from resorting to the use of weapons.

f) intercept control units and intercepting aircraft be provided with radiotelephony equipment compatible with the technical specifications of Annex 10, Volume I so as to enable them to communicate with intercepted aircraft on the emergency frequency 121.5 MHz.

五、敌对国家民用航空器[①]

对敌对国家民用飞机一般不进行攻击,只有在成为军事目标时才能被攻击。就目标而言,军事目标是指那些其性质、位置、目的或用途对军事行动能产生积极效能,如果对其进行全面或部分摧毁、夺占或压制,在当时情况下能产生明显的军事效益的目标。

下述行动可使敌方民用飞机成为军事目标:

(1)代表敌方从事战争行动,如布雷、扫雷、布设监视用音响传感器,从事电子战、截击或攻击其他民用飞机,或向敌军提供目标射击诸元情报等。

(2)为敌方武装力量担任辅助飞机,如运送军队或军用物资,或为军用飞机加油。

(3)加入或协助敌情报搜集系统,如从事侦察、预警、监视或指挥、控制和通信任务。

(4)在敌方军舰或军用飞机的伴随掩护下飞行。

(5)拒绝执行要求其表明身份、改变航向,或飞往一个对该机来说是安全的且有理由易进入的交战国机场进行临检、搜查的命令,或者正在使用可能被合理地推定为飞机武器系统一部分的火控设备,或者正在进行明显的反拦截机动,以及攻击进行拦截的交战国军用飞机。

(6)装备有空对空、空对舰武器。

(7)正在进行有效的协助军事行动的其他行动。

1982年英阿马岛战争,英军宣布任何阿根廷民用飞机如果接近正在驶往马岛的英国特混舰队,试图监视英国舰队的行踪,将被视为敌对目标。

对敌民用飞机的处置可以分为三种情况:

捕获:《圣雷莫海战法手册》规定,"敌国民用飞机以及机上的货物可在中立区域外被捕获。"对敌民用飞机因其具有敌对性,对民用飞机及机上货物进行捕获是最基本的处理原则。"捕获的行使在于拦截敌国民用飞机,命令其飞往对该类飞机是安全的和可进入的交战机场,并在该机降落后,将其作为捕获品而受审判。"如果要行使捕获,必须提供人员和个人财产的安全,维护捕获的文件和证书的安全。对于捕获应当经过审判。

驱离:"如果没有安全的和可进入的机场,敌国民用飞机可以被迫改变其宣布的目的地。""作为捕获的替代措施,敌国民用飞机也可以被改变其宣布的目的地。"如敌国飞机主动改变航向,则可以不予捕获。如果没有合适的机场使其降落,我方也可将其驱离。

攻击:敌方民用飞机成为军事目标。

在对敌民用飞机进行处理时[②],第一步,应判明民用飞机是属于敌方还是属于其他国家。判断敌民用飞机应根据其标志,《圣雷莫海战法手册》规定,"民用飞机标有敌国标志的事实是其敌性的决定性证据",如果民用飞机标有敌方标志则视为敌方民用飞机。第二步,迫降,对其进行临检和搜索。如没有相应机场,可以将其驱离。如敌国飞机主动改变航向,则可以使其离开。第三步,如敌民用飞机不接受迫降或改变航向的命令,或有从事《圣雷莫海战法手册》第63条规定的情形的,可以进行坚决地攻击。

[①] 1994年的《圣雷莫国际海上武装冲突法手册》,对空战中主体资格和目标选择作了进一步完善,对军用飞机、辅助飞机、民用飞机、民用航班、医务飞机的具体认定和地位待遇作了更加科学的规定,该手册对规范空战行为也有一定的指导作用。

[②] 王继. 国际法与空军军事斗争[M]. 北京:空军指挥学院,2007.

案例:"空中手术刀"

1987年9月13日,苏联西北部警戒雷达上出现了一架中型飞机的反射波。不久雷达兵向上级报告:一架不明国籍的中型飞机在沿海岸线约90 km的航线由西向东飞行。苏联空军立即派出了一架最新型歼击机苏-27进行拦截监视。当苏-27靠近那架飞机时,发现它是一架属于挪威空军美国制造的P-3B反潜巡逻机,该机也常常被用作侦察。苏-27急速向P-3B冲去,后者无奈,只得改变方向,朝与苏联海岸线相反的北方飞去。苏-27见状也不追赶,调头返航。不料P-3B又恢复原航线,继续向东飞行,苏-27也立即返回,跟踪监视。又过了十几分钟,P-3B一点也没有返航的意思。因为此时不在苏联领空内,苏-27无法发射武器攻击,驾驶员感到十分恼火,便驾机从P-3B机下掠过,用其两个垂直尾中的一个,像手术刀那样将P-3B右翼外侧的发动机割开一个大口子,使该发动机立即停车,P-3B被迫返航,苏-27也没有再次采取行动。

拓展知识:美国军用飞机的编号方法

1962年以后,根据美国国防部的命令,美国三军对军用飞机采用了统一的编号方法。

美国各种军用飞机的军用编号基本上包括以下五种代号。

(1)机种代号(基本任务或机型代号)原则上用一个英文字母表示,如下所述。其中H,V,Z三个字母系型号代号,其余均为基本任务代号。

A——攻击机;

B——轰炸机;

C——运输机;

E——特种电子设备携带机;

F——战斗机;

H——直升机;

K——空中加油机;

O——观测机(用于观测战斗现场弹着点和对方兵力状况);

P——巡逻机(执行反潜、海面侦查、敷设鱼雷等任务的岸基飞机或水机);

S——反潜机;

SR——战略轰炸机;

T——教练机;

U——多用途飞机;

V——垂直起落和短距起落飞机(即V/STOL飞机);

X——研究机;

Z——水机。

(2)序号代号。用数码表示,按设计时间先后顺序编号,列于机种代号之后。

(3)改型代号。按英文字母顺序编号,列于设计代号之后。为避免与数码"1"和"0"混淆,不使用"I"和"O"这两个英文字母。

(4)任务变更代号。分别用下述英文字母表示,列于机种代号前面。

A——攻击(攻击和地面支援);

C——运输(装备和人员的运输);

D——指令(无人驾驶飞机、导弹的制导);

E——特种电子装备(装电子对抗设备、预警雷达、空中指挥/通信中断设备,以及除现场自适应飞行外的战术数据通信联络所需的电子设备);

H——搜索、救护;

K——空中加油;

L——寒带用(带有寒带作战装备);

M——载导弹用(改装成能装导引或非导引导弹的飞机);

C——无人机;

R——侦察(装有照相或电子侦察设备);

S——反潜(搜索和攻击潜艇);

T——教练;

U——多用途(有一定运载能力,能执行装备和人员运输、拖靶等任务);

V——专机(设有座席、办公桌、休息室和床铺等);

W——气象观测。

(5)状况代号。表示飞机处于研制、研制试验、特种试验等状况的代号,分别用下述英文字母表示,列于机种代号或任务变更代号之前。

G——表示永远停飞,只用作教材和训练;

J——表示临时特种试验(根据军方的许可和命令,为进行特种试验经过改装的飞机,试验结束后,恢复到原来的状态);

N——表示永久特种试验(改装后不再改回原来状态);

X——试验原型机(指尚达不到适用型标准的原型机);

Y——原型机(适用型的原型机,或转为其他用途的原型机);

Z——表示处于计划中或研制初期状态。

美国军用飞机的编号一般由3个代号(即图5-3中的代号①、②、③)组成,如F-105D、C-130E、T-37B等。用4个代号组成的编号示例如图5-3所示。

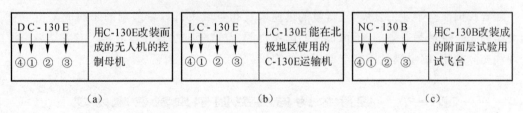

图 5-3

第六章　空域管理法规

本章知识点提示：空域的分类、ICAO、各个国家空域分类的差别，禁区、限制区、危险区、防空识别区的概念及其应用，低空空域的分类和管理矛盾。

空域管理是指国家对领空安全、空域利用进行决策、规划、建设、控制活动的统称[①]。目的是维护领空主权，合理利用空域资源，保证航空活动的安全和顺畅，满足不同类型空域用户的需求，保证航空活动安全顺利进行。原则是统一规划、军民兼顾、分级管理和配套建设。主要内容：制定空域管理政策、法规，组织实施空域建设规划，审批军用、民用机场的修建和改建，审查军用、民用靶场和对空射击点的设置；划设各种航空活动使用的空间，办理使用空域的申请，制定空域使用的飞行规则、方法，协调空域使用的矛盾，建设空域控制、保障的设备。通常由国家指定的政府机构或者军事机构协同主要空域用户，根据国家制定的空域管理政策、决议，负责空域的规划、划分、协调和建设工作。

目前我国的空域管理政策由国务院、中央军委制定，并指定负责航空管制的军事机构根据国家规定的权限，负责全国的、地区的空域管理工作。航空管制部门依据空域惯例的分工、政策、法规和程序，负责空域管理工作。按照飞行管制区域的划分，负责空域的设置、调整和协调，对管辖区内的空域实行直接或间接的控制。

随着我国航空事业的发展，飞行量的迅速增长和空域飞行容量限制的矛盾成了空域管理的突出问题。空域是有限的、不可再生的国家资源，空域管理法规建设应实现有限空域资源的合理和充分利用，尽量满足所有空域用户的需求。

第一节　国际公约与典型国家空域管理法规

一、《国际民用航空公约》及其附件有关空域管理内容的法规

（一）《国际民用航空公约》有关空域管理的条文

第 1 条　主权

缔约各国承认每一国家对其领土之上的空气、空间享有完全的和排他的主权。

第 9 条　禁区

---

① 空军司令部.中国空军百科全书[M].北京：航空工业出版社，2005：1136.

(1)缔约各国由于军事需要或公共安全的理由,可以一律限制或禁止其他国家的航空器在其领土某些地区上空飞行,但对该领土所属国从事同样飞行的航空器,在这一点上不得有所区别。此种禁区的范围和位置应当合理,以免空中航行受到不必要的阻碍。一缔约国内此种禁区的说明及其随后的任何变更,应尽快通知其他各缔约国及国际民用航空组织。

(2)在非常情况下,或在紧急时期内,或为了公共安全,缔约各国也保留暂时限制或禁止航空器在其全部或部分领土上空飞行的权利并立即生效,但此种限制或禁止应不分国籍,适用于所有其他国家的航空器。

(3)缔约各国可以依照其制定的规章,令进入上述第一款或第二款所指地区的任何航空器尽快在其领土内一指定的机场降落。

《国际民用航空公约》对于主权国家设立空中禁区制度,规定了三项限制性条件:基于军事需要或公共安全的理由;禁区的范围和位置应当合理;不得区别对待。但是,由于航空器所有人或者经营人的国籍问题以及不定期航班的存在,区别对于外国人从事可以不给予外国从事不定期飞行的航空器以"国民待遇"。这样看来,第9条第1款的主要意图是防止缔约国利用禁区制度来限制和排斥外国定期国际航班的飞行,而对于不定期飞行则有所忽视。

空中限制区是指在一个国家的领陆或领水上空,根据某些规定的条件,限制航空器飞行的空域[①]。但是,符合限制区规定的特定条件的航空器不在此限。根据《国际民用航空公约》第9条第2款的规定,限制区的适用条件比空中禁区制度宽松:第一,前者适用的理由不限于军事和公共安全;第二,限制区的空域范围可以包括全部领土上空;第三,这种权利的行使可以"立即生效"。此外,改款规定也没有第9条第1款所谓的"国民待遇"的问题,也不区分外国航空器的定期飞行与不定期飞行。空中危险区是指在规定时间内存在对航空器飞行安全构成危险的空域。

危险区与禁区、限制区的主要区别是:①国家设立空中禁区或限制区只能在其领空内,而划定危险区,按照国际习惯,则可以延伸到毗邻的公海上空;②禁区和限制区一般是长期的、固定的,而危险区一般是暂时的,有关危险事项解除后,危险区即告撤销。

案例:随着遏制战争被提到战略优先考虑的地位,空中禁区作为空中威慑与空中实战之间的新"台阶"已成为当代国际政治、军事斗争的重要手段,并得到了成功的运用。1991年4月和1992年8月,美、英等国分别以"保护库尔德难民"和"保护什叶派穆斯林免遭伊军轰炸"为借口,在伊拉克境内北纬36°以北和北纬32°线以南地区建立了两块"禁飞区"。不准伊军用和民用飞机飞入这一地区,否则将被击落。1996年,美国又宣布将南部禁飞区的范围向北扩展至北纬33°,逼近伊拉克首都巴格达。这样伊拉克60%的领空都被划入禁飞区,伊拉克的空中走廊只有500 km的宽度,实际上剥夺了伊拉克空中飞行的权利。根据国际法,一国只能在其本国领空、毗连区和专属经济区的上空及公海上空划定空中禁区、限制区和危险区,美、英等国在没有得到联合国授权的情况下,在别国领空设立禁飞区,违反了国际法的有关规定。

空中禁区对制空权理论的新发展,以往的制空权通常经过双方空中力量反复较量而赢得,而禁飞区则是一方以绝对优势的空中力量和战场布势,未经空中较量仅通过一纸声明或空中巡逻而达成的。实施空中禁飞行动突出强调三点:一是以敌对双方空中力量实力悬殊为前提;二是谋求政治上的合法性,力争得到国际社会的普遍认可,至少是多数国家集团的默认;三是

---

① 空军司令部.中国空军百科全书.北京:航空工业出版社,2005:523.

实施禁飞一方将全力消除一切对抗因素,着力谋求绝对制空权,甚至对方的雷达也必须"闭上眼睛"。

(二)高度保留区概念辨析

2003年,国际民航组织在曼谷召开亚太地区空中航行规划和实施第13次会议,因美国提议,空中交通服务小组讨论形成备忘录《高度保留区》。该文件明确"作为一种共识,一些军事航空行动必然不能按照某种空中交通程序运行,为了大编队或其他空中行动使用,可以建立固定的或移动的临时空域保留区。高度保留协调的目的,在于获得避免危及民航安全和减少干扰军用航空器正常行动的最佳安排。实施高度保留程序的目的,在于当某些航空器必须与其他航空器保持小于标准空中交通管制条件下所允许的仪表飞行间隔时,以及多机在规定的高度、时间和区域内飞行时,提高安全水平。"

高度保留区是指基于提高空域利用率和安全的需要,航空管理当局依据相互协议和特定规则,在本飞行情报区公开为特殊需求用户临时划设的按特定程序标准使用的非排他性的可位移空域。

(三)高度保留区的特点

(1)划设协调性。国际民航组织备忘录《高度保留区》中明确,"划设这类保留空域应该有空域用户和空中交通服务当局协调完成。协调按照《附件11》的规定进行,并提前完成以便按照《附件15》规定及时发布信息"。并说明"美国国防部与日本、韩国和菲律宾空中交通管制中心通过协调建立了高度保留程序。"

(2)临时可变性。按照国际民航组织和《欧洲航行安全组织指南——空域管理手册》的说法,灵活使用空域结构保罗管制空域、空中交通服务航路、空中交通扇区、危险区、限制区、禁区、临时隔离、临时保留区空域和跨国界地带等。高度保留区属于典型的临时保留区,只能短期临时划设,甚至地理位置、高度限制等还可随时间轴变化,因此不可用于永久性规划,并且开设期限比较短,一般与专项活动(如军事演习、搜救、空中加油)时间相当,不存在防空识别区和空中禁区一旦划设后长时间内不会改变的状况。

(3)不代表主权性。高度保留区由当地飞行情报区的空中交通服务提供方划设和公布,其区域范围只与飞行情报区关联,表示的是谁提供空中交通服务(飞行情报服务),并不表示行政管理权和主权属性。领空内高度保留区主权特征由领空自身属性决定,与高度保留区无关。非领空高度保留区不存在主权特征,因此挑唆、煽动飞行情报区责任国为自己划设的高度保留区来挑起主权争议是徒劳的,没有法律依据。

(4)穿行无别性。高度保留区划设后以航行通告的方式向国际社会公布,公开的内容对任何国家一律适用,各国航空器在符合国际法和高度保留区技术性能要求下,具有平等的穿越高度保留区的权利。

(5)大国主导型。从当前国际高度保留区划设运用实际情况看,高度保留区的程序标准和法规制度制定、组织机构和系统设备建设主要由航空大国主导,高度保留区被称作"军事外交斗争手段方法"的可能性不能排除。国际民航组织明确"美国在太平洋负责高度保留区的军事机构是太平洋军事保留办公室,该办公室人员由美国空军派遣,负责民用航空当局持续保持协调。"

高度保留区与空中禁区、限制区、危险区的区别和联系:

设置目的上，高度保留区除了强调安全之外，还兼顾空域利用率。且空中禁区限制区的目的是为了保证本国政治、军事目标的安全，空中危险区是为了该区域航空器安全，而高度保留区强调的是特定用户活动与其他活动的安全及其自由。

设置范围上，高度保留区和领空主权没有直接关系，关切的是飞行情报区责任区，位置不受"领空或领空附近"，并且可以随时间发生位移。

设置组织上，空中禁区、限制区、危险区主要由航空管理当事国根据本国需要划设，高度保留区可能是国际组织和别国申请划设。

运行限制上，空中禁区、限制区、危险区的强调排除性，无关航空器一般不得进入；高度保留区强调的空域使用的灵活性，即使是领空内高度保留区，任何航空器获得管制许可也可穿越。经获准进入空中禁区、限制区、危险区的航空器都将受到严密监视，而进入高度保留区的航空器却是享受以飞行情报区为主的空中交通服务。

(四)《附件11 空中交通服务》有关空域管理内容

(1) 空域的分类。应按如下内容进行空中交通服务空域的分类和指定。

A类：只允许仪表飞行规则飞行，对所有飞行均提供空中交通管制服务，并在相互之间配备安全间隔。

B类：允许仪表飞行规则飞行和目视飞行规则飞行，对所有飞行均提供空中交通管制服务，并在相互之间配备安全间隔。

C类：允许仪表飞行规则飞行和目视飞行规则飞行，对所有飞行均提供空中交通管制服务，并在仪表飞行规则飞行与其他的仪表飞行规则飞行和目视飞行规则之间配备安全间隔。在目视飞行规则飞行与仪表飞行规则飞行之间配备安全间隔，并接收关于其他目视飞行规则飞行的情报。

D类：仪表飞行规则飞行和目视飞行规则飞行，对所有飞行均提供空中交通管制服务。在仪表飞行规则飞行与其他的仪表飞行规则飞行之间配备安全间隔，并接收关于目视飞行规则飞行的情报。目视飞行规则飞行接收关于其他所有飞行的情报。

E类：允许仪表飞行规则飞行和目视飞行规则飞行，对仪表飞行规则飞行提供空中交通管制服务，与其他的仪表飞行规则飞行之间配备安全间隔。对所有飞行均尽可能接收交通情报。E类空域不能用做管制地带。

F类：允许仪表飞行规则飞行和目视飞行规则飞行，对所有参加的仪表飞行规则飞行均提供空中交通咨询服务，如有申请，所有飞行均接受飞行情报服务。

G类：允许仪表飞行规则飞行和目视飞行规则飞行，如有申请，接受飞行情报服务。

(2) 各缔约国可根据需要选择相应的空域类别，增加对公约和附件内容的分析。

从以上内容可以看出，国际民航组织承认每个缔约国对于领空的绝对管理权，以及由于国防的需要，建立禁区的权利。另外为了飞行安全，它还对空域的类别作了详尽的分类，并指出各国可以根据需要选择与之相适应的空域类别。

二、美国航空法中有关空域管理的法规

1958年颁布的《联邦航空法》是美国航空界的最高法律，其第3章（联邦航空局的组织与局长的职权）第307条（空域管制与设备）规定了局长的权限。

《美国法典》第49集 《航空运输法》

第 40130 条 空域的主权和使用

1. 主权和公众流动的权利

美国政府对美国空域具有排他性的主权。

美国公民拥有通过可航空域进行流动的权利。为了促进此项权利,运输部长在制定规章和发布命令、程序之前,如果这些规章、命令和程序对残障人士使用商业机场或商业航空运输会产生显著的影响,则运输部长应该与根据1973年精神健康法案(29 美国法典 792)规定建立的建筑与运输障碍协调委员会进行协商。

2. 空域的使用

(1)局长有权并受命对可航空域的使用制定计划和方针;以规则、条例或命令的方式,规定按照他所认为必要的条件和限制来使用可航空域,以保证航空器的安全和空域的有效利用;并得根据公众利益的需要,修改或撤销此种规定。为了下列目的,局长有权制定有关航空器飞行的空中交通规章(包括飞行安全高度的规章):(A)航空器航行、保护和识别;(B)保护地面的人身及财产;(C)有效地利用可航空域;(D)防止航空器互撞、与舟车相撞、与其他物体相撞。

(2)制定安全条款,该条款将在与国家安全一致的前提下,鼓励并允许民用航空器最大限度地使用可航空域,局长经与国防部长协商,应:(A)在空域中划出局长认为的对国防利益有利的必要区域;(B)通过规章或命令限制或禁止民用航空器在这些区域的飞行,在这些区域内局长不能通过可提供的设施识别、定位和控制这些民用航空器。

《联邦法典》第 14 集第 1 章中的法规称为《联邦航空条例》,这部分法规由美国联邦局(FAA)局长发布。

第 11 部 《规则制定的一般程序》D 分部《空域指定和使用的规则与程序》。

11.61 范围

(a)本分部规定根据1958年《联邦航空法》第307(a)节(美国法典第49集1348(a))颁布规则和指令,其中包括下列的起始、处理、颁发和公布的程序:

(1)划定联邦航路、管制地带、管制区延伸区、绝对管制区、绝对管制航段、编码喷气机航线、过渡区和天线塔地区;

(2)指定供特种使用目的的可航行空域区段或部分。例如限制区、军用长走廊和实验试飞区;

(3)同指定或使用可航空域有关的特殊规则或指令。

(b)本分部不适用于紧急情况和本节(a)条所述程序被认为是不现实、不必要或违背公众利益的情况。

11.63 建议的提出

(a)对于划定供空中交通正常使用的联邦航路或其他区域、指定供特种使用目的的可航空域,或颁布有关使用可航空域的特殊规则或指令的每项建议(FAA 内部提出的建议除外),必须以书面形式提交给主任,一式三份。

(b)对于 FAA 内部提出的建议,主任可以自行主动起始本分部规定的程序。

(c)请求指定供特殊使用目的的可航空域或划定空中交通区域的建议,必须至少包括以下内容:

(1)希望被指定或划定的空域的位置和说明;

(2)对于在该空域内要开展的活动或使用的完整说明,包括对在指定或划定区域内要从事

的运行类别、规模、持续性、时间和地点的详细说明;

(3)对于如被指定或划定时可供使用和将要设置的导航、空中交通管制、监视和通信设施的说明;

(4)在不会为被可能指定的目的而使用的期间,可以被授权允许使用空域的机构、政府机关、工厂或人员的名称和地点。

(d)主任颁发对任何被拒绝建议的通告。

第73部 专用空域 C 分部《禁航区》73.83 条款。

任何人不得驾驶航空器在禁航区内飞行,除非已取得使用单位的允许。限制区与禁区一样,非经许可,任何航空器不得进入。但是,符合限制区规定的特定条件的航空器可以例外。一般来说,限制区是一个立体空间,同时还有时限要求,即在规定时限以外,符合条件的航空器是可以飞越的。

《美国联邦航空条例》第73部 B 分部《限制区》73.13 条规定:

限制任何人不可在限制区规定的高度之间和规定的时间内在一个限制区内飞行,除非他事先已得到以下单位的允许;(a)73.15 所述的使用单位;(b)73.17 所述的管制单位。

73.15 使用单位

(a)对本分部来说,以下是使用单位:某些机构组织或军事司令部,其在限制区内的活动需要该区域被这样指定为限制区。(b)根据 FAA 的请求,使用单位必须签发一个为使用单位与管制单位联合使用一个限制区而制定程序的文件,根据这个文件,使用单位应通知管制单位,何时管制单位可允许按照文件条款穿越限制区的飞行。(c)使用单位必须:排定在限制区内活动的时间表;在实际可行情况下批准飞越或在限制区内的飞行;把在限制区按照指定目的进行的所有活动限制在限制区内。

73.17 管制单位

在本分部,管制单位是联邦航空局(FAA)的机构,它可以按照 73.15 发布的联合使用文件批准飞越或在限制区内飞行。

联邦航空条例第99部空中交通的安全保卫条款:

防空区:美国任何空域都是防空区,为了国家安全保卫,在其中对航空器实施管制。

防空识别区(ADIZ):按一定范围专门划定的空域。航空器在此空域内除执行提供空中交通服务(ATS)的有关程序外,还必须遵守特定的识别和/或报告程序。

防空区。

A)定义:防空区是指专门划定的,必须为其安排并提供防空的区域。

B)用途:防空区限定在某个作战区域内,且必须设防。

C)备注:防空区可辅助制定计划或划分责任区,但并非航空管制措施。

D)联络人:区域防空司令官。

防空识别区。

A)定义:有平面界线的空域,在此空域内必须随时对飞机进行识别、定位及控制。本附件阐述的是定义、备注、军种实施航空管制的方法。以下空管措施可帮助您制定空管申请、命令及计划。在本附件和附录中有空管申请范例。

B)用途:防空识别区与国家和区域作战有关,通常指程序管制区(防区外)与全面管制区(防区内)之间的过渡区,主要用于对从主权国边境地区,或某个作战区域进入纵深地区飞机的识别。

美国为了其国土防空的需要,把国家的空域都划分为了防空区,而且指定了每个区域的责任人,即该地区的防空司令官。很明显国际民航组织对空域的划分方法是出于空中交通管理的需要,而在美国联邦航空条例中对空域的划分是国土防空的需要,不仅美国,世界上各个主权国家在国土防空问题上对空域的管理都不存在"非管制区"。

美国空域分类与ICAO空域分类标准存在以下几个方面的不同。

(1)美国没有引入国际民航组织的F类空域。

(2)美国对航空器速度限制有了要求,美国要求在B、C类空域中运行的航空器,其IAS(指示空速)不大于250海里/小时。

(3)VFR飞行放行许可要求不同,美国对在C、D类空域中以VFR运行的航空器不要求其获取ATC许可。

(4)能见度要求不同,美国G类空域要求的能见度标准为白天1英里,夜晚3英里;国际民航组织要求的能见度标准均为3英里。

三、英国航空法中有关空域管理的法规

在英国,运输部作为空中交通服务的主管部门,通过英国民航局和英国国家空中交通服务局,确保在英国及授权空域内提供安全和便捷的服务。英国民航局由4个部门组成,分别是安全规章司(Safety Regulation Group)、经济规章司(Economic Regulation Group)、消费者保护司(Consumer Protection Group)、空域政策司(Directorate of Airspace Policy)。其中空域政策司主要负责英国空域政策和规划,是一个军民联合组织。它的职责包括以下几方面:

(1)完善英国空域划分的国家政策,包括设计标准、规则、方针和一般步骤;

(2)负责英国航空信息公告,并保证提供航空信息服务;

(3)在英国空域使用中协调并且颁布临时变化公告,满足特殊空中航行需要;

(4)在英国空域中,决定并促成提供低空空域雷达服务;

(5)制定公用航空无线电频率和二次监视雷达代码的使用及分配的相关国家政策;

(6)为运输部和国防部提供所需建议;

(7)在国际空域政策、空域设计和日常事务中起主导作用;

(8)受理与处理公众反映的与飞机有关的环境问题;

(9)受无线通信局委托,根据《无线电报法》颁发执照;

(10)在国内外消费者对航空环境造成的影响方面,提供独立的专业技术咨询。

空域政策司主要向联合航行服务理事会(Joint Air Navigation Services Council)负责,同时向民航局董事会和空军参谋长负责。这种结构能够体现运输部与国防部关心的重要问题,保证空中交通服务是协调合作的,并且用以监督空域政策司的活动。从1996年开始,空域政策的制定由空域政策司负责。空域政策司隶属于民航局,部分成员来自国防部。目前,在空域政策司大约60%成员来自民航局。

在英国,空域被划分为A、B、D、E、F、G共6个类别。A类可获得最完善的服务,B、D和E类指其他管制空域,F类和G类表示非管制空域,ICAO规定的C类空域目前还未被英国采用。

为了加强对空域的管理,并且满足特殊用户对空域的需求,英国划设了以下几种特殊

空域：

(1)(民用)机场交通区:指机场上空2 000英尺以下,以机场为中心,半径为2海里或2.5海里的空域。机场交通区的建立是为了给起降的飞机提供保护。

(2)军用机场交通区:标准军用机场交通区是指以机场为中心,半径为5海里,机场上空3 000英尺以下的空域。

(3)禁区和限制区:禁区禁止所有的飞行器飞行,限制区允许飞行器在特定的情况下使用。这些区域包括北爱尔兰安全区以及原子能设施、敏感的军事设施等所在地区。

(4)临时限制区:重大的空中表演时设置的临时限制区。

(5)皇家区:为保护皇家飞机而建立的皇家专用飞行空域。

(6)危险区:英国的危险区分为很多种。危险区起作用的时间可以是部分的、永久的或在航行通告中公布的。

(7)高强度无线电发射区:该区域内有很强的辐射,致使无线电、电子自动气压计和记录器失效。

(8)紧急空中活动区:指军民航飞机在非正常高度飞行而不被保护的空域,或飞机有组织的参加重大演习的空域。

(9)雷达咨询服务区:可以向提出要求的用户提供雷达服务的空域。

四、法国航空法中有关空域管理的规定

《法国民用航空法典》有关空域管理的内容规定如下:

"航空器可在法国领土上空自由飞行。但具有外国国籍的航空器,只有按照外交协议获得此项权利或得到特别和临时许可后才能在法国领土上空飞行。

为了军事秩序和公共安全,可颁布条令禁止在法国领土的某些区域内飞行。禁区的位置和区域应在条令中特别指明。任何进入禁区上空的航空器,一经发觉,应当发出规定的信号,并在禁区外最近机场降落。

当一领土已宣布戒严并禁止任何航空器飞越时,任何航空器违反该项禁令,如果机长不能提供飞越该领土的正常理由,则该航空器在国内任何一地降落后即予扣留,并将航空器上人员以间谍罪移送军事法庭。

如果航空器在飞行中被发现,在首次空炮弹射击警告后,即应在最近的机场降落。航空器接到降落命令,应立即减速并下降至低空,如不遵从,则用武力强制执行。"

法国认为空域属于国家,并与空中防务有关,空域使用必须由政府控制。

在高度6 000米以下空域,军事飞行在划定的军用空域内进行,民用飞行在划定的民用空域内进行,互不干扰。高度6 000米以上的空域军民航共同使用,军用飞机在6 000米以上空域都可以进行飞行活动。

为了军民航的方便,民航飞机在航路内飞行,军用飞机在航路以外飞行。军用飞机穿越航路在雷达引导下进行,避让民航飞机。军用运输机在航路飞行,要提交飞行计划,接受民航管制。民航飞机到航路外飞行要与军队管制部门进行协调,没有军事飞行时民航飞机可以使用航路外空域。

在空域管理上,法国采取了以下三种方法:

(1)划分高度区与划设扇区。通常9 750米以上为高空区,9 750米至6 000米为中空区,

6 000米至3 500米为低空区,3 500米以下为目视飞行区。飞行管制扇区按照飞行繁忙程度和飞行高度区划设,管制中心的管制扇区一般不超过12个,每个管制人员管制飞机同时不超过15架。

(2)飞行繁忙地区划设单向航路。多数航路均为双向航路。从北欧到南欧的国际航路,每天有600架次往返飞行,采用划设单向航路的方法调配飞行。单向航路之间间隔为28 km。航路的宽度通常有四种,分别为7.5 km,18 km,22 km,28 km。

(3)签订军民航空域使用框架协议。本着军民兼顾的原则,充分考虑民航和军航的飞行特点,充分利用空域资源,按照军民航飞行要求,军民航签订中长期空域使用协议。

从以上内容可以看出,法国强调空域的主权性,领空神圣不可侵犯。它在航空法里还明确了禁区建立的依据,违反禁区飞行规定的航空器的处置程序,对于迅速处置进入禁区的航空器,保证国防安全具有重要意义。

五、俄罗斯航空法中有关空域管理的规定

俄罗斯管理的空域达2 500万平方千米,包括1 700万平方千米陆地空域和800万平方千米海洋空域。全国空域划分为8个管制大区,大区内又划分为若干个管制小区。全国设有"空中交通管制统一系统"总中心1个,区域管制中心8个,分区管制中心64个以及若干个机场塔台管制室。

各管制中心一般由军民航两部分组成,个别管制中心也可由单一部门组成。总中心负责全国交通流量管理和航路费的征收及航行资料的收集整理等工作。区域管制中心不承担具体对空指挥,其主要任务是协调相邻区域及区域内各分区的飞行计划,并管理区域内的飞行流量。分区管制中心负责进近和航路飞行的对空指挥。俄罗斯空军和民航各有自己的指挥系统,境内绝大部分地区可被雷达覆盖,实行雷达管制。北极地区及西伯利亚地区雷达覆盖不到,实行程序管制,采用10分钟纵向水平间隔标准。

《俄罗斯联邦航空法典》

第1条 俄罗斯联邦拥有领空完全的和排他性的主权。

第12条 空域活动的国家法规。

(1)应该认为空域活动的国家法规是国家对于该类活动建立的一般规则以及负责这些规则的执行。

(2)空域活动国家法规的执行机构应由以下实体组成:

1)国防领域特别授权的实体——空域活动的所有国家法规。

2)民用航空领域特别授权的实体——根据建立的相关程序,与(国内国际)航线、本地航线、空中作业地区和民用机场有关的空域活动的国家法规。

第13条 空域活动的优先次序

(1)所有的空域用户空域的使用权一律平等。

(2)若同时有两个以上的用户对同一空域有需求时,应按以下优先次序分配:

1)抗击空中打击,阻止和迟滞冒犯俄罗斯边界和武装侵入俄罗斯联邦领土行为;

2)在自然灾害和紧急情况时实施救援的活动;

3)宇航飞船和机组的发射、着陆、撤离;

4)预防和阻止违反空域使用的联邦法规的活动;

5)包括为国防、国家安全利益和按联邦政府相关决定进行的飞行;

6)执行特别协议的航空器飞行或其他活动;

7)突然的作战准备检查和转换基地的国家航空器的飞行;

8)客机的定期飞行;

9)国家航空器的飞行;

10)实验航空器的飞行;

11)定期货运和邮政飞行;

12)临时航空运输和空中作业;

13)训练、运动、演示和航测;

14)满足大众需求的航空飞行或其他空域活动。

第 14 条 空域使用的组织。

(1)空域的组织应以空中交通和其他空域活动的安全、经济和正常为前提,空域的组织应包括以下几方面:

1)空域结构的建立;

2)按该法典的第十三条的优先顺序,空域使用的计划和协调;

3)空域使用允许程序的构成;

4)空中交通组织应涵盖:空中交通服务(管制)、空中交通流量管理的组织、为确保空中交通服务(管制)和空中交通流量管理组织目的的空域组织;

5)有关空域使用联邦法规遵守的管制。

(2)空域使用的组织应按俄罗斯政府建立的程序,包括空中交通组织单一系统的实体、空域使用的实体、管制地带和管制区的空中交通服务实体。

有关空中交通组织单一系统的法规由联邦政府统一发布。

第 15 条 空域结构

空域结构包括管制地带、管制区、空中交通服务航路、机场、终端、特殊地带、航路、禁区、危险区、限制区以及有关为飞行活动而建立的空域结构,空域结构应获得俄罗斯联邦政府的批准。

第 16 条 空域使用的许可

除按该法典第 13 条第 2 段第 4 分段指明的空中交通组织单一系统的强制性通知以外,空域的使用应获得空中交通管制组织单一系统的职能部门的许可。

第 17 条 空域使用的禁止和限制

可以按照联邦政府相关程序禁止和限制空域或其一部分的使用。

第 18 条 有关空域使用的联邦法规的遵守

(1)空域使用的遵守情况应由空中交通组织单一系统的实体执行。空域使用越界时由国防相关部门处理。承担本地区的空中交通空域使用用户也可负责。

(2)本条第 1 段所涉及的各实体及空域用户必须采用联邦政府立法机构为减少空域使用违规所制定的措施。

第 19 条 违反空域使用所应承担的责任

违反空域使用规定者应按相应的联邦法律承担责任。

综上所述,俄罗斯对于空域的管理机构,空域使用的优先次序、空域的使用程序、空域使用法律责任等均在其《航空法典》中进行了全面的规定,真正做到了在空域管理时有法可依。

第二节 我国空域管理法规

一、《飞行基本规则》

2007年重新修订的《飞行基本规则》第二章第11条至第27条共17个条文详细地规定了空域管理的基本原则、空域的划分方法等内容。

第11条 空域管理应当维护国家安全,兼顾民用、军用航空的需要和公众利益,统一规划,合理、充分、有效地利用空域。

第12条 空域的划设应当考虑国家安全、飞行需要、飞行管制能力和通信、导航、雷达设施建设以及机场分布、环境保护等因素。

空域通常划分为机场飞行空域、航路、航线、空中禁区、空中限制区和空中危险区等。空域管理和飞行任务需要的,可以划设空中走廊、空中放油区和临时飞行空域。

第13条 空域的划设、调整,应当按照国家有关规定履行审批、备案手续。

第14条 机场飞行空域应当划设在航路和空中走廊以外。仪表(云中)飞行空域的边界距离航路、空中走廊以及其他空域的边界,均不得小于10千米。

机场飞行空域通常包括驾驶术(特技、编队、仪表)飞行空域、科研试飞飞行空域、射击飞行空域、低空飞行空域、超低空飞行空域、海上飞行空域、夜间飞行空域和等待空域等。

等待空域通常划设在导航台上空;飞行活动频繁的机场,可以在机场附近上空划设。等待空域的最低高度层,距离地面最高障碍物的真实高度不得小于600米。8 400米以下,每隔300米为一个等待高度层;8 400米至8 900米隔500米为一个等待高度层;8 900米至12 500米,每隔300米为一个等待高度层;12 500米以上,每隔600米为一个等待高度层。

相邻机场之间飞行空域可以相互调整使用。

第15条 航路分为国际航路和国内航路。

航路的宽度为20千米,其中心线两侧各10千米;航路的某一段受到条件限制的,可以减少宽度,但不得小于8千米。航路还应当确定上限和下限。

第16条 航线分为固定航线和临时航线。临时航线通常不得与航路、固定航线交叉或者通过飞行频繁的机场上空。

第17条 国家重要的政治、经济、军事目标上空,可以划设空中禁区、临时空中禁区。未按照国家有关规定经特别批准,任何航空器不得飞入空中禁区和临时空中禁区。

第18条 位于航路、航线附近的军事要地、兵器试验场上空和航空兵部队、飞行院校等航空单位的机场飞行空域,可以划设空中限制区。根据需要还可以在其他地区上空划设临时空中限制区。在规定时限内,未经飞行管制部门许可的航空器,不得飞入空中限制区或者临时空中限制区。

第19条 位于机场、航路、航线附近的对空射击场或者发射场等,根据其射向、射高、范围,可以在上空划设空中危险区或者临时空中危险区。

在规定时限内,禁止无关航空器飞入空中危险区或者临时空中危险区。

第20条 空中禁区、空中限制区、空中危险区的划设、变更或者撤消,应当根据需要公布。

第21条 空中走廊通常划设在机场密集的大、中城市附近地区上空。

空中走廊的划设应当明确走向、宽度和飞行高度,并兼顾航空器进离场的便利。空中走廊的宽度通常为10千米,其中心线两侧各5千米。受条件限制的,其宽度不得小于8千米。

第22条 空中放油区的划设,按照国家有关规定执行。

第23条 临时飞行空域的划设,由申请使用空域的航空单位提出方案,经有关飞行管制部门划定,并通报有关单位。

国(边)境线至我方一侧10千米之间地带上空禁止划设临时飞行空域。通用航空飞行特殊需要时,经所在地大军区批准后由有关飞行管制部门划设。

第24条 在机场区域内必须严格执行国家有关保护机场净空的规定,禁止在机场附近修建影响飞行安全的射击靶场、建筑物、构筑物、架空线路等障碍物体。

在机场及其按照国家规定划定的净空保护区域以外,对可能影响飞行安全的高大建筑物或者设施,应当按照国家有关规定设置飞行障碍灯和标志,并使其保持正常状态。

第25条 在距离航路边界30千米以内的地带,禁止修建影响飞行安全的射击靶场和其他设施。

在前款规定地带以外修建固定或者临时靶场,应当按照国家有关规定获得批准。靶场射击或者发射的方向、航空器进入目标的方向不得与航路交叉。

第26条 修建各种固定对空射击场或者炮兵射击靶场,必须报国务院、中央军事委员会批准。设立临时性靶场和射击点,经有关飞行管制部门同意后,由设立单位报所在省、自治区、直辖市人民政府和大军区审查批准。

固定或者临时性的对空射击场、发射场、炮兵射击靶场、射击点的管理单位,应当负责与所在地区飞行管制部门建立有效的通信联络,并制定协同通报制度;在射击或者发射时,应当进行对空观察,确保飞行安全。

第27条 升放无人驾驶航空自由气球或者可能影响飞行安全的系留气球,须经有关飞行管制部门批准。具体管理办法由国务院、中央军事委员会空中交通管制委员会会同国务院民用航空主管部门、中国人民解放军空军拟定,报国务院、中央军事委员会批准实施。

二、《民用航空法》

1995年《民用航空法》第七章空中航行的第一节第70条至第72条概述了空域管理的基本原则。

第70条 国家对空域实行统一管理。

第71条 划分空域,应当兼顾民用航空和国防安全的需要以及公众的利益,使空域得到合理、充分、有效的利用。

第72条 空域管理的具体办法,由国务院、中央军事委员会制定。

《民用航空法》基本原则与《飞行基本规则》类似,即国家对空域实行统一的管理;划分空域,应当兼顾经济发展和国防需要以及公众的利益,使空域得到合理、充分、有效的利用。

三、空军规章对空域的管理规定[①]

空域管理的主要工作如下:

---

① 空军司令部. 中国空军百科全书[M]. 北京:航空工业出版社,2006.

研究空域结构,制定空域管理使用计划,组织实施飞行流量管理工作;根据上级指示,对国际(地区)航路、国内航路的划设、国际(地区)航路某一航段的调整,空中禁区、空中限制区、空中危险区的划设进行论证,提出建议或者方案;负责调整国内航路某一航段、新辟与航路连接的某段航路(航线),划设固定航线、空中走廊、临时空中限制区、临时空中危险区的审批工作;协调解决对空射击(发射)同航空器飞行使用空域的矛盾;搜集有关空域使用和管理资料;处理日常空域管理工作。

空域工作的基本要求如下:

(1)统筹兼顾。严格执行《飞行基本规则》的规定,维护国家领空安全,兼顾军事飞行、民用飞行的需要,合理划设和使用空域,优化空域结构,改善空中环境。

(2)充分利用。在机场密集地区,根据需要可以划设共用飞行空域;相邻(相近)机场的航空器兵部队、飞行学院可以相互借用飞行空域,并严格执行空域借用规定。

(3)严格监督。飞行管制部门对本飞行管制区域内空域使用的范围、用途等情况实施监督。对违反空域使用规定的,查明情况,依法处理。

(4)按级审批。空域的划设、调整,应当按照规定的权限申报和批准。

划设飞行管制区、飞行管制分区和机场飞行管制区,应当考虑防空作战、机场分布、军事飞行和民用飞行的流量以及飞行管制能力等因素。制定划设飞行管制区域方案时,飞行管制部门应当同作战、通信、军训、雷达等部门进行协商。

借用飞行空域的规定通常由担负飞行管制分区任务的司令部制定。其主要内容包括:借用飞行空域的申报、批准程序,飞行调配和飞行通报的分工,飞行指挥的单位,进入或者退出飞行空域的方法,防止航空器空中相撞的措施,以及特殊情况的处置预案等。

经批准修建的固定或者临时性的对空射击场、发射场、炮兵射击靶场、射击点的管理和使用单位,应当与所在地区飞行管制部门共同制定协同通报制度。协同通报制度的主要内容包括:在射击或者发射时应当遵守的规则、安全措施、申请方法和时限、射击或者发射半径、射高、射向等。

四、《中国民用航空空中交通管理规则》

2007年修订的《中国民用航空空中交通管理规则》规定了以下有关空域管理的内容:

空域管理的任务是依据既定空域结构条件,实现对空域的充分利用,尽可能满足经营人对空域的需求。

空域分为飞行情报区、管制区、限制区、危险区、禁区、航路和航线。

各类空域的划分,应当符合航路的结构、机场的布局、飞行活动的性质和提供空中交通管制的需要。

飞行情报区是指为提供飞行情报服务和告警服务而划定范围的空间。

飞行情报区内的飞行情报工作由该区飞行情报部门承担或由指定的单位负责。

为了便于对在中国境内和经国际民航组织批准由我国管理的境外空域内飞行的航空器提供飞行情报服务,全国共划分沈阳、北京、上海、广州、昆明、武汉、兰州、乌鲁木齐、香港和台北十个飞行情报区。

为了及时有效地对在我国飞行情报区内遇险失事的航空器进行搜寻援救,在我国境内及其附近海域上空划设搜寻援救区。搜寻援救区的范围与飞行情报区相同。搜寻援救工作的组织与实施按照《中华人民共和国搜寻援救民用航空器规定》执行。

　　管制空域应当根据所划空域内的航路结构和通信、民航、气象、监视能力划分，以便对所划空域内的航空器飞行提供有效的空中交通管制服务。

　　管制空域分为 A、B、C、D 四类。A、B、C 类空域的下限应当在所划空域内最低安全高度以上第一个高度层；D 类空域的下限为地球表面。A、B、C、D 类空域的上限，应当根据提供空中交通管制的情况确定，如无上限，应当与巡航高度层上限一致。

　　A 类空域为高空管制空域。在我国境内 6 000 米（含）以上的空间，划分为若干个高空管制空域，在此空域内飞行的航空器必须按照仪表飞行规则飞行并接受空中交通管制服务。B 类空域为中低空管制空域。在我国境内 6 000 米（不含）以下最低高度层以上的空间，划分为若干个中低空管制空域。在此空域内飞行的航空器，可以按照仪表飞行规则飞行。如果符合目视飞行规则的条件，经航空器驾驶员申请，并经中低空管制室批准，也可以按照目视飞行规则飞行，并接受空中交通管制服务。C 类空域为进近管制空域。通常是指在一个或几个机场附近的航路汇合处划设的便于进场和离场航空器飞行的管制空域。它是中低空管制空域与塔台管制空域之间的连接部分，其垂直范围通常在 6 000 米（含）以下最低高度层以上；水平范围通常为半径 50 千米或走廊进出口以内的除机场塔台管制范围以外的空间。在此空域内飞行的航空器，可以按照仪表飞行规则飞行，如果符合目视飞行规则的条件，经航空器驾驶员申请，并经进近管制室批准，也可以按照目视飞行规则飞行，并接受空中交通管制服务。D 类空域为塔台管制空域，通常包括起落航线、第一等待高度层（含）及其以下地球表面以上的空间和机场机动区。在此空域内运行的航空器，可以按照仪表飞行规则飞行。如果符合目视飞行规则条件，经航空器驾驶员申请，并经塔台管制员批准，也可以按照目视飞行规则飞行，并接受空中交通管制服务。

　　飞行中的航空器应当使用机载和地面导航设备，准确掌握航空器位置，防止航空器误入危险区、限制区、禁区。空中交通管制单位应当严密监视飞行中的航空器动态，发现航空器将误飞入危险区、限制区、禁区时，应当及时提醒航空器，必要时采取措施予以纠正。空中交通管制单位应当掌握并适时向航空器发出下列内容的有关危险区、限制区或禁区的通告：空域的名称；空域的范围，包括垂直和水平范围；空域的活动时间。

　　空中交通管制航路，根据在该航路执行飞行任务的性质和条件，划分为国内航路和国际航路。空中交通管制航路各段的中心线，从该航路上的一个导航设施或交叉点开始，至另一个导航设施或交叉点为止。各段中心线连接起来成为航路的中心线。

　　空中交通管制航路的宽度，通常为航路中心线两侧各 10 千米的平行边界线以内的空域，根据导航性能的定位精度，可调整其宽度；在航路方向改变时，则包括航路段边界线延长至相交点所包围的空域。空中交通管制航路的高度下限为最低高度层，上限与巡航高度层上限一致。空中交通管制航路应当设置导航系统。为了帮助航路上的航空器保持在规定的航路范围之内飞行，导航设备之间的距离应当符合有关技术规范。空中交通管制航路应当用代号予以识别。国际航路的识别代号应当与国际民航组织协调，防止重复使用。空中交通管制航路应当根据导航设备设置转换点，以帮助沿航路的航空器准确飞行。空中交通管制航路应当设置重要点并用代号予以识别，以便掌握航空器在航路上运行的进度。根据航空器机载导航设备的能力、地面导航设备的有效范围以及空中交通管制情况，可以按规定在某些空域内建立区域导航航路。空中交通管制航线,划分为固定航线和临时航线。

五、《民用航空使用空域办法》

为了规范我国民用航空活动对空域的建设和使用,逐步实现与《国际民用航空公约》及其附件规定的标准和建议措施接轨,2004年民航总局发布了《民用航空使用空域办法》。

目前,我国民用航空活动所用空域的建设和使用缺乏完整的规则。实际工作中大多借鉴《国际民用航空公约》及其附件中的标准和建议措施,其主要内容尚未转化为国内法。《民用航空法》第七十二条做出授权规定。《飞行基本规则》第二章对空域管理做出原则性的规定。从技术标准方面看,操作性不强。为此,依据《飞行基本规则》制定本办法,对民用航空活动所用空域的建设和使用做出补充规定,规范民用航空所用空域的建设和使用活动。中国民用航空所用空域的分类使用问题多次在国际会议上被列为中国民航的"缺陷和不足",要求中国及时解决。本办法在制定中,采用和借鉴了《附件2》、《附件11》、DOC 8168文件、DOC 9689文件、DOC 9426文件中的内容,可以解决基本符合国际民航组织审计要求的现实问题。

根据《民用航空法》第七十二条,空域管理的具体办法由国务院、中央军事委员会制定。国务院、中央军事委员会颁发的《飞行基本规则》中已经基本明确了空域管理的主要内容,《飞行基本规则补充规定》中,也明确提出哪些空域由国务院民用航空主管部门提出方案后报批,哪些空域由国务院民用航空主管部门审批。据此,民航总局可以根据《民用航空法》《飞行基本规则》和《飞行基本规则补充规定》的规定,制定民用航空建设和使用有关空域的具体规定。

空域分类问题。国际民航组织多次在不同会议上提出,各缔约国应当按照《附件11》的要求对空域进行分类划设和命名,并将该项目列为有关国家的缺陷和不足。目前,《民用航空法》和《飞行基本规则》中均无此种空域分类。在《空中交通管理规则》中已经规定了A、B、C、D等4类空域。本办法遵守《飞行基本规则》的原则规定,并在原则规定的基础上规定A、B、C、D类空域。该四类空域的定义与《附件11》的规定一致。

航路和航线最低飞行高度的确定方法问题。《飞行基本规则》第八十二条中关于航路、航线最低飞行高度的确定办法与国际民航组织的标准之间存在差异。《飞行基本规则》中的操作办法比较简单,但是对于导航精度的考虑不充分。《附件11》和DOC 8168文件中关于航路最低飞行高度的确定标准需要利用模板或数字地图实现,技术比较复杂。因此,为保持与上位法一致,本办法采用《飞行基本规则》中航路、航线最低飞行高度的确定办法,并根据《飞行基本规则》第八十二条第三款的规定,性能受到限制的航空器在航路、航线上飞行时的最低飞行高度可以按照本办法第七十一至七十四条进行评估,重新确定航路或航线的最低飞行高度。

航空器类型问题。国际民航组织文件《空中航行服务程序——航空器运行》(DOC 8168)中,根据航空器允许最大着陆质量在着陆形态下失速速度的1.3倍,将航空器划分为A、B、C、D、E五种类型。国家有关机构的飞行管制规定中(如空军一号规定),参照国际民航组织的文件,也将航空器用列表方式分为A、B、C、D、E等5种类型。办法第九十四条第二款中出现的最大类型航空器,就是根据上述规定将航空器的类型按照字母顺序由小到大表示的。

共有七章、八个附件、一个说明,共109条。

第一章 总则对空域的使用和建设的基本原则作了详尽的阐述,指出中国民用航空局空中交通管理局为中国民用空域的建设和使用的管理单位。

第二章　空域分类指出空域分类的基本原则及我国空域的划分方法。

第三章　空中交通服务区域。

第四章　空域规范,包括一般规定、导航容差、飞行情报区、高空和中低空管制区、终端(进近)管制区、机场管制地带和塔台管制区、航路和航线第八节　机场仪表飞行程序的保护、等待航线区域、特殊区域。

第五章　空域数据。

第六章　空域使用程序。

第七章　附则。附件一　定义,附件二　各类空域对空中交通服务和飞行的要求,附件三　导航容差和缓冲区,附件四　管制扇区划设指导材料,附件五　重要点的设置和识别规范,附件六　航路和航线代号的识别规范,附件七　空中禁区、限制区和危险区代号的识别规范,附件八　航行数据质量要求。

六、《通用航空飞行管制工作条例》

2003年,《通用航空飞行管制工作条例》第二章第6~11条对通用航空空域管理与使用做出了一些规定。

从事通用航空飞行活动的单位、个人使用机场飞行空域、航路、航线,应当按照国家有关规定向飞行管制部门提出申请,经批准后方可实施。

从事通用航空飞行活动的单位、个人,根据飞行活动要求,需要划设临时飞行空域的,应当向有关飞行管制部门提出划设临时飞行空域的申请。

划设临时飞行空域的申请应当包括下列内容:①临时飞行空域的水平范围、高度;②飞入和飞出临时飞行空域的方法;③使用临时飞行空域的时间;④飞行活动性质;⑤其他有关事项。

划设临时飞行空域,按照下列规定的权限批准:

在机场区域内划设的,由负责该机场飞行管制的部门批准;超出机场区域在飞行管制分区内划设的,由负责该分区飞行管制的部门批准;超出飞行管制分区在飞行管制区内划设的,由负责该管制区飞行管制的部门批准;在飞行管制区间划设的,由中国人民解放军空军批准。

批准划设临时飞行空域的部门应当将划设的临时飞行空域报上一级飞行管制部门备案,并通报有关单位。划设临时飞行空域的申请,应当在拟使用临时飞行空域7个工作日前向有关飞行管制部门提出;负责批准该临时飞行空域的飞行管制部门应当在拟使用临时飞行空域3个工作日前做出批准或者不予批准的决定,并通知申请人。临时飞行空域的使用期限应当根据通用航空飞行的性质和需要确定,通常不得超过12个月。

因飞行任务的要求,需要延长临时飞行空域使用期限的,应当报经批准该临时飞行空域的飞行管制部门同意。已划设的临时飞行空域,从事通用航空飞行活动的其他单位、个人因飞行需要,经批准划设该临时飞行空域的飞行管制部门同意,也可以使用。

七、我国空域管理法律规范分析

(一)划分空域所需要考虑的因素

《飞行基本规则》第12条规定"空域的划设应当考虑国家安全、飞行需要、飞行管制能力和通信、导航、雷达设施建设以及机场分布、环境保护等因素。"

结合空管的工作实践经验总结,空域分类应考虑的主要因素如下:

(1)空域用户需求。空域分类必须考虑军事航空、公共航空运输和通用航空等用户的需求。

(2)空中交通管制的需求。不同的空域用户对空中交通服务的要求不同,因此,在确定空域类型时必须考虑能提供的空中交通服务能力。

(3)飞行流量。飞行流量变化趋势是空域分类调整的主要依据。

(4)空中活动的混合、复杂程度。对混合、复杂空中活动的处理比处理单一交通需要更高要求的空中交通服务和建立更严格的空域分类。

(5)空中交通保障系统。空中交通保障系统是影响所能提供空中交通服务水平的重要条件,包括通信、导航、监视、气象和航行情报等。

(6)环境约束。地形、地貌、城市、机场及飞行流量密集区域等是影响空域分类的一个因素。

(7)成本效益。空域分类需要人力和物力的支持,如管制员培训,通信、导航和监视设备的投入等,因此需要考虑成本效益。

(二)中美民航空域划分对比[①]

以 ICAO 推荐的七类标准来比较分析中、美两国的空域分类状况。

(1)A 类空域。中、美两国都划设了 A 类空域,其垂直范围大致相同,对空中交通服务和飞行的要求也一致,这类空域为大型喷气飞机的高速航路飞行提供了有力的保障。

(2)B 类空域。中、美两国都划设了 B 类空域,均允许 IFR 和 VFR 运行。中国的 B 类空域在垂直范围紧邻 A 类空域,是中低空管制区域,而美国的 B 类空域紧邻 E 类空域,是主要繁忙机场的终端管制区域对于 VFR 运行,美国所要求的最低能见度比中国要低。

(3)C 类空域。中、美两国都划设了 C 类空域,均允许 IFR 和 VFR 运行:中国的 C 类空域是终端(进近)管制空域,美国的 C 类是主要机场的终端管制区域;对于 VFR 运行,美国所要求的最低能见度比中国要低,进入该类空域时航空器不要求其获取 ATC 许可。

(4)D 类空域。中、美两国都划设了 D 类空域,均允许 IFR 和 VFR 运行:中国的 D 类空域是机场管制地带,美国的 D 类空域是小机场的终端管制区域;对于 VFR 运行,美国所要求的最低能见度比中国要低,进入该类空域时航空器不要求其获取 ATC 许可。中国所有的机场管制地带均划为 D 类空域,而美国依据流量和机场设施的不同将机场管制地带和终端区细分为 B、C、D 三类空域,细化的空域分类更有助于航空器安全、有序的运行。对 VFR 运行的低要求,在能够完全保证航空安全下,更有效地增加了空域容量。

(5)E 类空域。只有美国划设了 E 类空域。E 类空域被称为通用管制空域,为通用航空创造了宽松、规范、安全的运行环境。E 类空域内目视和仪表飞行可以混合运行,仪表飞行需要管制放行许可,接受与其他飞行之间的间隔服务;目视飞行仅在管制员工作负荷允许时提供交通咨询服务,飞行情报服务和告警服务由飞行服务站提供。比起 G 类空域,E 类空域较为严格的 VFR 飞行标准能够为 IFR 和 VFR 飞行提供较好的安全保障,且通信覆盖较好,飞行员更倾向于在 E 类空域内进行目视飞行,以便在需要的时候能够随时联系有关管制单位和飞行

---

① 王庆琪,胡明华,姜静逸.空域分类技术研究[J].交通运输工程与信息学报,2008,6(4):63-69.

服务站,获取相关的空中交通服务以确保飞行安全。

(6)F类空域。中、美两国都未划设F类空域。

(7)G类空域。只有美国划设了G类空域。该类空域是美国的非管制空域,允许IFR和VFR飞行,但不提供管制服务。G类空域是专为通用航空飞行划设的,在非管制空域内飞行,不需要向管制部门办理飞行申请和通报飞行活动,这样就大大简化了通用航空飞行申请手续,增强了通用航空的机动性、灵活性和高效性。同时,也减轻了空中交通管理的压力。

(三)空域管理法规与航空发展的需要不相适应

虽然《民用航空法》《飞行基本规则》《飞行基本规则补充规定》《通用航空飞行管制条例》以及军民航有关规章都对空域管理进行了规范,总的来说,空域管理总体上比较笼统,低空空域使用存在信息不够透明、申报手续烦琐、飞行不够便捷、工作时效性不强等问题,具体运行过程中可操作性不强,不利于通用航空的发展。目前组织实施低空飞行的主要依据是《飞行基本规则》和《通用航空飞行管制条例》,但这两部法规均缺少对低空空域管理使用和低空飞行活动的具体规范和实施细则,一时还无法满足低空飞行和低空空域管理需要。为此2010年国务院颁布了《关于深化我国低空空域管理改革的意见》,为空域的科学化管理提供了政策上的保障。

第三节 低空空域管理法规

为了更好地适应我国低空空域用户使用的需要,2010年8月19日,国务院、中央军委颁发了《关于深化我国低空空域管理改革的意见》①(以下简称《意见》),这是指导今后一个时期我国低空空域管理改革的纲领性文件。《意见》规划了未来十年我国低空空域管理改革的思路、任务和措施。重点体现在以下几个方面:

改革的总体目标。《意见》提出,用10年左右时间,建立起科学的空管理论体系、法规标准体系、运行管理体系和服务保障体系(以下称"四个体系"),形成既有中国特色又符合客观规律的组织模式、制度安排和运作方式,实现低空空域资源的充分开发和有效利用。这一目标,强调了走中国特色空域管理改革的道路,突出了体系建设和协调发展的理念,工作重心直接针对现行低空空域管理"四个体系"不够健全的薄弱环节,总体部署与国务院、中央军委关于2020年基本实现我国空管体制改革的战略目标是一致的,具有很强的指导性和现实性。

改革的阶段步骤。为实现改革的总体目标,《意见》明确改革分三个阶段实施:一是试点,2011年前在沈阳、广州飞行管制区深化试点,进一步积累经验;二是推广,2015年年底前在全国推广试点成果,基本形成政府监管、行业指导、市场化运作、全国一体化的低空空域运行管理和服务保障体系;三是深化,2020年年底前健全完善"四个体系",实现低空空域管理科学有效运行。这三个阶段的划分,时间节点与国家和军队的五年规划相吻合,任务安排体现了积极稳妥、循序渐进的原则,有利于依托规划实施机制进行宏观指导、通盘控制和具体落实。

运行管理机制。《意见》针对当前低空空域使用信息不够透明、申报手续烦琐、飞行不够便捷、工作时效性不强等问题,要求军民航各级空管部门牢固树立服务意识,采取措施建立高效、

---

① 空军航管部部长解读低空开放政策.新华网,2011-05-27.笔者根据记者的采访稿整理。

便捷、安全的运行管理机制,为通用航空飞行提供便利。一是改进通用航空起降点审批办法,简化程序,缩短时间,提高效率;二是拓展飞行计划办理渠道,建立专用网络平台,方便航空用户申请报备;三是建立信息发布平台并发行低空目视飞行航图,及时公布低空空域划设使用情况和通用航空飞行所需信息;四是研究探索在监视、报告空域由空管部门监督管理,通用航空用户自主运行、自负责任的管理模式,适应通航飞行时效性强的特点。

《意见》中,明确了具体措施,提出了要求,表现在以下几个方面:一是合理界定安全责任,航空用户要承担目视飞行安全的主体责任,空管部门要提供仪表飞行安全间隔服务;二是建立健全适用空管用的法规制度,为低空空域管理提供法律保障;三是加强通用航空从业人员的教育培训,从严发放飞行驾驶执照和严格资质审核;四是严格低空空域准入资格审查,严密组织低空飞行活动;五是建立完善低空飞行违规处罚机制,实行空管、公安、工商等军地部门联合执法,严肃处理超执照等级飞行、超空域范围飞行等扰乱空中秩序的违法行为;六是军民航空管部门牵头制定和完善低空空域飞行突发事件应急处置方案,建立应急反应机制。

文件中定义低空空域原则上是指真高 1 000 米(含)以下的空间范围,可根据不同地区的特点和需要具体划设低空空域高度范围,报批后严格执行。低空空域分为管制空域、监视空域和报告空域三类。管制空域,航空用户申请飞行计划,空管部门掌握飞行动态,实施管制指挥;监视空域,航空用户报备飞行计划,空管部门监视飞行动态,提供飞行情报和告警服务;报告空域,航空用户报备飞行计划,向空管部门通告起飞和降落时刻,自行组织实施,空管部门根据用户需要,提供航行情报服务。管制空域通常划设在飞行比较繁忙的地区,机场起降地带、空中禁区、空中危险区、空中限制区、地面重要目标、国(边)境地带等区域的上空。在此空域内的一切空域使用活动,必须经过飞行管制部门批准并接受飞行管制。监视空域通常划设在管制空域周围。在此空域内的一切空域使用活动,空域用户向飞行管制部门报备飞行计划后,即可自行组织实施并对飞行安全负责,飞行管制部门严密监视空域使用活动,并提供飞行情报服务和告警服务。报告空域通常划设在远离空中禁区、空中危险区、空中限制区、国(边)境地带、地面重要目标以及飞行密集地区、机场管制地带等区域的上空。在此空域内的一切空域使用活动,空域用户向飞行管制部门报备飞行计划后,即可自行组织实施并对飞行安全负责,飞行管制部门根据用户需要提供航行情报服务。

低空空域开放可解释为:解除部分航空器在某些低空空域活动的封锁、禁令、限制等。2007 年,国家颁布的《飞行基本规则》,飞行实际高度从 600 米开始到 12 500 米,每隔 300 米设一个高度层,有严格的规定。一直以来,通用航空作业和转场飞行,高度大多集中在 1 000 米以下空域。从法规上说,国家从来就没有关闭过 1 000 米以下的低空空域。"低空开放"是指国家"低空空域管理改革"。改革必须是在确保国家领空安全,确保首都地区、重要军事目标和经济目标、重要的地标性建筑等安全的前提下进行。根据通用航空发展的不同时期、不同阶段,为满足通用航空飞行需求,对不同地区的低空空域管理模式进行改革是必要的。所谓"低空空域管理改革",是为满足低空飞行需要,国家在低空空域管理方面,进一步采取的完善相关管理法规、加强监控手段和评估监督体系建设等一系列措施。低空空域是国家的重要战略资源,是军航和通用航空的主要活动区域,像国土资源、海洋资源一样,蕴藏着极大的经济、国防和社会价值。要想使用好低空空域,那就得管理好。要想管理好,改革是唯一出路。因此国家十分重视低空空域管理工作,近年来出台了一系列政策法规,积极推动空域集约化管理使用,空域资源利用率得到逐步提高。

在《关于促进通用航空业发展的指导意见》(国办发〔2016〕38号)中,对低空空域提出了如下改革意见:扩大低空空域开放。①科学规划空域。及时总结推广低空空域管理改革试点经验,实现真高3 000米以下监视空域和报告空域无缝衔接,划设低空目视飞行航线,方便通用航空器快捷机动飞行。研究制定并组织实施空域分类标准,在国(边)境地带、空中禁区、全国重点防控目标区和重点防空目标等重要地区划设管制空域,包括航路航线、进近(终端)和机场管制地带等民用航空使用空域,确保重要目标及民航航班运行安全。②优化飞行服务。完善基础性航空情报资料体系,制定并发布目视飞行航空图,实时发布监视空域和报告空域的飞行动态、天气条件情况,提升低空空域航空情报、航空气象、飞行情报与告警服务能力。简化通用航空飞行任务审批、飞行计划申请和审批(备案)程序,原则上通用航空用户仅向一个空管单位申请或报备飞行计划;涉及管制空域的飞行活动,须申请飞行计划和空中交通管制许可,长期飞行计划只作一次性申请;仅涉及监视空域和报告空域的飞行计划,报备后即可实施。

低空空域是通用航空的主要活动区域,通用航空飞行是影响低空安全的主要因素。从空防安全上讲,通用航空器飞行高度相对比较低、体积小、飞行速度相对较慢,对于低、慢、小的飞行目标探测、识别以及防御,各国空军都是比较棘手的问题。如果低空空域管理不当,低空航空器或不明飞行物就很难控制。如1987年5月13日,西德青年鲁斯特驾驶塞斯纳单发飞机,从芬兰赫尔辛基起飞,低空飞行进入苏联领空,直飞首都莫斯科并降落在红场上。又如2000年年初,一名美国人,驾驶租用的塞斯纳-172飞机,超低空飞行145千米,躲过古巴雷达探测,闯入首都哈瓦那,撒下传单,后遭古巴空军拦截被迫返回美国。还如2010年2月18日,一名美国软件工程师,驾单引擎4座小飞机撞击得克萨斯州国税所,大楼一、二层被撞出一个大洞,整栋楼损坏严重。这部分事例,已充分说明低空空域管理不当,可直接危及重要目标安全和国家主权的问题。从防相撞上讲,低空飞行,防相撞任务十分艰巨。如2010年5月19日,在河北保定,某通用航空公司未经申请,擅自执行防虫作业,闯入空军某机场空域,致空军军事训练飞行被迫停止。类似这样的很多事例,都是在空域管理部门严密管控下出现的安全问题,如果"低空放开",实现"海阔凭鱼跃、天高任鸟飞"的梦想,那么低空飞行必将杂乱无章,事故频发。对国家来说,空防安全、重要目标安全也就无从谈起。我国通用航空的迅猛发展,空域使用与空域管制之间的矛盾更加突出,维护空中秩序、确保安全飞行是必不可少的工作。当下,我国通用航空飞行还存在不少薄弱环节,如飞行范围广、高度低,飞行区域地理条件差异大等问题,大多数通用航空器机载设备差,不能及时、准确通报本机位置。另外,协同查证处置环节多,空管部门没有对低、慢、小航空器强制管理权限等问题也比较突出。因此,从促进通用航空发展的角度来看,低空空域管理改革凸显重要。

健全法规制度是实现低空空域科学管理,提高空域利用率和保证空防安全的前提和基础。随着国家经济建设的飞速发展和人们生活水准的提高,私人拥有飞机的数量呈上升趋势,既能飞起来,又能管得住,这是最好的愿望和结果。改革开放以来,随着我国人均GDP、个人消费能力的不断提高,美国私人飞行的现状很有可能成为中国私人飞行的明天。随着我国经济的快速增长,私人财富的不断增加,通用航空器价格的低廉,驾驶通用航空器实现空中飞行梦想的人会越来越多。如何管好私人航空器是摆在国家有关政府部门面前的重大课题,它不仅关系到国家经济的发展,也关系到国家空防安全。目前,我国私人通用航空器场地停放大都由个人决定,地面安全管理存在极大隐患,极有可能会给周边群众带来不可预见的危险。因此,可由政府相关部门承担这些职能,将私人通用航空器纳入正规渠道管理。例如国家可以根据私人通用航空器数量和所在位置,采取政府投资或民间投资的方式建立政府认可的通用航空服务站。这样,不仅能有效地管理通用航空器,还可防止使用通用航空器给地面造成的危险,既便于私人航空器的维修、保养,也能减轻拥有者的安全责任。

低空空域管理改革是一项复杂的系统工程,涉及面广,牵扯利益多,不仅关系到国家安全,也关系到各产业的发展和群众的利益。我国低空空域管理仍然存在不少问题,这些问题是前进中的问题,是改革中的难题。

第七章　空中交通管理法规

本章知识点提示：空中交通管制、服务的概念，飞行规则基本内容，飞行间隔标准，航空器之间位置关系，飞行冲突的确定，军民航协调难点，军民航协调中的职责，特情处置的法规。

空中交通管理[①]为确保航空器在各个运行阶段的安全和高效运行所必需的空中职能和地面职能(空中交通服务、空域管理和空中交通流量管理)的总称。空中交通管制[②]是对从事空中交通的航空器的飞行活动实施的管理和控制。空中交通管制的任务是防止航空器与航空器空中相撞及在机动区内航空器与障碍物相撞，维护和加快空中交通有序流动。国际民航组织建议，国家必须指定负责空中交通管制服务的组织机构。该组织机构可以是国家行政机构或其他机构。管制区或管制地带需要延伸到他国领土上空的，相关国家依据双方协议执行。对公海上空或主权未定的空域提供空中交通管制服务，须根据地区航行协议确定。中国民用航空总局负责对中华人民共和国和协议范围内的民用航空器及特定航空器提供空中交通管制服务。根据国际民航组织的规定，空中交通管制单位必须与军事部门建立密切的协调。

第一节　空中交通服务

空中交通服务(Air Traffic Service)是指飞行情报服务、告警服务、空中交通咨询服务、空中交通管制服务(区域管制服务、进近管制服务或机场管制服务)等不同含义的通称(见《国际民航公约》附件11《空中交通服务》：定义，第5页)。航空的重要支柱之一就是给航空器提供服务的空中交通服务，没有空中交通服务，就没有航空器的安全、高效、有序飞行。航空的天然属性是国际性，空中交通服务从一开始就是国际航空法的重要组成部分，伴随着航空法产生并不断发展完善，在现有的国际航空法体系结构内已经包括了较为完善的空中交通服务章节。

一、国际公约与典型国家中涉及空中交通服务内容的分析

(一)《国际民用航空公约》及其附件有关空中交通服务的规定

国际民航组织对空中交通服务内容的规定，主要在《国际民用航空公约》的第8,11,69条，以及《附件11　空中交通服务》、《附件2　空中规则》第三章第6节、《附件15　航行情报服务》、国际民航组织4444号文件《航行服务程序——空中交通管理》中。

---

① 《Air Traffic Management》ICAO DOC 4444　2001.
② 空军司令部. 中国空军百科全书[M]. 北京：航空工业出版社，2006.

1.《国际民用航空公约》

第8条 无人驾驶航空器:任何无人驾驶航空而能飞行的航空器,未经一缔约国特许并遵照此项特许的条件,不得无人驾驶而在该国领土上空飞行。缔约各国承允对此项无人驾驶的航空器在向民用航空器开发为我所用地区内的飞行加以管制,以免危及民用航空器。

第11条 空中规章的适用:在遵守本公约各规定的条件下,一缔约国关于从事国际航行的航空器进入或离开其领土或关于此种航空器在其领土内操作或航行的法律和规章,应不分国籍,适用于所有缔约国的航空器。此种航空器在进入或离开该国领土或在其领土内,都应该遵守此项法律和规章。

第69条 航行设施的改进:一缔约国如认为某一缔约国的机场或其他航行设施,包括无线电及气象服务,对现有的或筹划中的国际航班的安全、正常、有效和经济的经营尚不够完善时,应与直接有关的国家和影响所及的其他国家磋商,以寻求补救办法,并可对此提出建议。缔约国如不履行此项建议,不应作违反公约论。

2.《附件11 空中交通服务》

空中交通服务分为空中交通管制、飞行情报和告警服务。

《附件11》第2.2条规定了空中交通服务的目的:防止航空器相撞;防止在机动区内的航空器与该区内的障碍物相撞;加速并维持有秩序的空中交通流动;提供有助于安全和有效地实施飞行的建议和情报;航空器需要搜寻与援救时通知有关组织,并根据需要协助该组织。

《附件11》第13版共分为七章,五个附录,四个附篇,其内容分别如下:

第一章 定义,准确地界定了空中交通服务所使用各种术语的含义。

第二章 总则,规范了管制当局的建立,提出了空中交通服务的目标,对空中交通管制分类进行了规定,还制定了针对所需空中交通管制服务的认定、空域的分类、航路、重要点、滑行路线和空中交通管制服务单位和提供服务的标识方法,民航各空中交通管制单位、军民航管制单位、管制单位与情报部门、管制单位与气象部门之间的协调,民用航空器的截击,空中交通管制服务所使用的时间格式,空中交通安全、语言效率、应急计划等进行了具体规范。

第三章 空中交通管制服务,明确了空中交通服务的适用范围,空中交通管制服务的提供单位,空中交通管制服务的主要工作,飞行间隔的最低标准,管制的责任,管制责任的移交,空中交通管制放行许可,对机场上人员和车辆的管制,雷达的提供和场面活动雷达管制。

第四章 飞行情报服务,明确了飞行情报服务的适用范围,规定了飞行情报服务的范围,运行飞行情报服务广播和 VOLMET 广播和 D-VOLMET 服务内容。

第五章 告警服务,对告警服务的适用范围作了详细的规定,明确了三个阶段:情况不明阶段、告警阶段和遇险阶段,对传递给援救协调中心的通知进行了规范,并且还明确了通信设施的使用、对处于紧急情况航空器的标图,给经营人的通知以及为了安全给在处于紧急情况的航空器附近飞行的其他航空器通知。

第六章 空中交通服务对通信的需求,详细规定了航空移动业务、航空固定业务、地面管制服务和航空无线电导航业务对通信设备的要求以及各管制单位需要配备什么样的通信设备。

第七章 空中交通服务对资料的需求,明确了气象资料的提供方法,对机场情况和有关设施工作情况的资料、导航设备工作情况的资料、无人驾驶自由气球的资料、火山活动的资料、放射性物质和有毒化学"云"的资料的提供作了规定。

第七章 空中交通管理法规

　　附录1　关于ATS航路(标准离场和进场航路除外)识别的原则
　　附录2　关于重要点的设置和识别的原则
　　附录3　关于标准离场和进场航路的识别原则和有关程序
　　附录4　空中交通服务空域分类提供的服务和飞行要求
　　附录5　航空数据质量要求
　　附篇A　关于划设由全向信标标定的空中交通服务航路的方法和材料
　　附篇B　建立装备有RNAV设备飞机所使用的空中交通服务航路的方法
　　附篇C　航空器交通情报广播及有关工作程序
　　附篇D　应急计划有关材料

3.《附件2　空中规则》

《空中规则》共分为5章,4个附件,2个附篇,其中第三章第6节是有关空中交通服务的内容:空中交通管制放行许可、飞行计划的遵守、位置报告、管制的终止、通信。

4.《附件15　航行情报服务》

《航行情报服务》共九章五个附录。它对航行情报资料的充分性和真实性、航行资料的交换、禁区、限制区和危险区的识别等作了详尽的规范。内容包括:引言,定义,总则,航行资料汇编(AIP),航行通告(NOTAM),航行资料定期颁发制(AIRAC),航行资料通报(AIC),飞行前和飞行后资料,电信要求,附录1　航行资料、汇编内容,附录2　雪情通告格式,附录3　按航行资料定期颁发通知的航行资料,附录4　航行通告的预定分发制,附录5　一级航行通告格式。

5.《航行服务程序——空中交通管理》

国际民航组织4444号文件《航行服务程序——空中交通管理》是对《附件2》与《附件11》中的标准和建议措施的补充,更为详尽地阐明了空中交通服务部门在向空中交通提供各种空中交通服务时应采用的实际程序,由国际民航组织推荐给各缔约国在全球范围内使用。共分为十六章,五个附件(具体内容见本教材该文件介绍章节)。

国际民航组织公约及其《附件2》《附件11》《附件15》和4444号文件对空中交通服务的方方面面作了详尽的规范,是空中交通服务方面的纲领性文件,是各国实施空中交通服务时应普遍遵守的准则,对航空器的安全运行起到了保驾护航的作用。在学习中特别应注意对附录的学习。

(二)美国航空法规中有关空中交通服务的规定

美国1958年颁布《联邦航空法》第307条空域管制与设备规定:(联邦航空局)局长有权在国会拨款限额之内,获得、建立、改进任何地点所需要的航行设备,使用、维护此类航行设备,利用现有政府机关可能提供的设备和援助,安排为航空器安全航行所必需的航空地图和地形图的出版事宜,为管理和保护空中交通提供必需的设备和人员。

空中交通规则的建立:为了航空器的航行、保护和识别,为了保护地面的人身和财产,为了有效地利用可航空域,局长还有权并受命制定惯例、航空器飞行的空中交通规则和条例,包括飞行安全高度的规则,防止航空器互撞、与舟车相撞、与空中其他物体相撞的规则。

气象服务:局长有权并受命向商务部长提出建议,请其提供对从事商业航空的航空器安全有效的运行中所必需的气象服务。在提供气象服务时,商务部长应与局长合作,并对其他类建议作充分考虑。

发展计划的制定：局长受命对可航空域的有秩序的发展和使用，对着陆区、联邦航路、雷达设施，以及其他一切助航设备的有秩序的发展和位置的确定，做出长期规划、制定方针，以便最大限度地满足民用航空和国防的需要，为它们的利益服务；但军事机关的专属空军作战和主要属于军事范围的一些需要，则不在此列。

航行设备的鉴定：对于可供民用航空器使用的任何航行设备，局长有权就其适用性进行检验、分类及合格鉴定。局长有权为任何此种航行设备颁发证书。

气象局：为了最大可能地增进空中航行的安全与效率，气象局长在商务部长的领导下，除去在提供气象资料用于其他目的所应承担的职责外，还应当为事先确实掌握未来的天气情况，进行必要的对大气现象的观察、测量、调查、研究，建立气象所和气象站。

对局长、由对局长指定的从事民用航空业务的一些人员、对气象局长可能决定的其他人员，提供一定的报告、预报、警报和建议，提供这类报告时所采取的方式和次数的多寡，应以最大可能地增进空中航行的安全和便利为原则。

与经营商业航空的人员、受雇于商业航空的人员、从事气象服务的人员合作，在执行本规定时与他们建立并保持工作上的互相交流，从飞行中的航空器搜集天气报告并发布天气报告；建立并协调为空中航行安全和效率所需的气象情报的国际交换关系。

公众对航行设备的使用：合众国所有或经营的航行设备，在其主管部门或其他主管机关的首长认为合适的条件下和一定范围内，并根据他们制定的使用条例，得开放供公众使用。

《美国法典》第14集《航空与航天》第91部至第101部均涉及空中交通管制服务的内容。第91部为运行和飞行的一般规则，第93部为特殊空中交通规则和机场起落航线，第95部为仪表飞行规则高度，第97部为标准仪表进近程序，第99部为空中交通的安全保卫管制，第101部为留气球、风筝、无人火箭和无人自由气球，第103部为超轻型航空器，第105部为跳伞。

第91部　总则、空中交通管制的许可和指示的遵守、目视飞行规则、仪表飞行规则、特殊飞行的运行等内容。

第93部　特殊空中交通规则和机场起落航线，主要规定了不适用一般规则的有关民用机场和军用机场的空中交通规则。

第95部　仪表飞行规则高度，规定了关于按照IFR在联邦航路、高空航路、区域导航低空或高空航路的运行高度，另该部中还划定了山区和转换点。

第97部　标准仪表进近程序，明确了标准仪表进近程序和天气最低标准。

第99部　空中交通的安全保卫管制，明确了防空识别区的建立和航空器在防空识别区的运行规则。

第101部　明确了留气球、风筝、无人火箭和无人自由气球的运行规则。

第103部　详细规定了超轻型飞行器的定义及运行规则。

第105部　对跳伞的运行作了详细规定。

美国联邦航空局7110.65号令是有关空中交通管制人员所使用的程序和术语内容的。全文共分十一章四个附件。空中交通管制服务被定义为：其主要任务是防止该系统内的航空器相撞，组织和加速空中交通，为国家安全和国土防空提供支持。

美国联邦航空局宣称其宗旨是保证航空安全、维护公众利益、促进航空事业发展。其法规反映了这一宗旨并较为恰当地协调了民用航空器制造人、营运人与公众之间的利益。几十年的航空实践活动证明,依据这些法规对民用航空实施管理确实收到了较好的效果,因此,世界上许多国家,包括发达国家在内,有的直接引用美国联邦航空条例,有的则借鉴这些法规制定本国法规。美国联邦航空条例是具有世界性影响的民用航空法规,值得我们借鉴。

(三)俄罗斯航空法有关空中交通服务的规定

1997年颁布的《联邦航空法典》是俄罗斯航空法律领域的核心,共18章,137个条款,但在该法中并没有专门空中交通服务章节,仅在第69~71条中有所涉及。

第69条 保障航空器的飞行

(1)在航空器各个飞行阶段提供的航空器飞行导航服务(组织和服务空中交通、保障航空电信、提供导航和气象信息、搜索和救援),以及无线电和照明技术保障、航空工程保障、机场保障、事故救援保障和其他航空器飞行保障,如俄联邦法律未做其他规定,在收取费用的情况下按照统一的条件实施。

(2)导航服务及保障航空器飞行的规定和条件,由联邦航空法规确定。

(3)补偿根据俄联邦法律免于支付导航服务费用的空域用户的航空器的飞行导航服务开支的程序,由俄联邦政府确定。

第70条 航空器的飞行计划

(1)航空器的飞行应在获得空域的使用权后,按由空域用户提交给单一空中交通管制系统相应机构计划执行。反空中打击、防止和中止侵犯俄罗斯联邦边界和领土、为具有天然和技术特征的紧急情况提供帮助,搜索和撤离宇航飞船及其机组人员,防止和中止违反空域使用联邦条例以及由联邦政府制定特殊地区的飞行除外。

(2)航空器飞行计划的偏离只有在获得相应空中交通服务当局的批准后才可以实施,该法典第58款另有规定的除外。

第71条 与航空器的无线电通信

航空器必须安装无线电设备并与空中交通管制机构建立双向通信。

在俄罗斯领土上提供空中交通服务应使用俄语,当在联邦领土内使用国际航路、国际机场和由俄提供空中交通管制服务的公海上空飞行时可以使用俄语和英语。无线电通信程序由联邦政府条例公布。

从以上这些内容可以看出,俄罗斯《联邦航空法典》对空中交通服务的收费、飞行计划的遵守与例外以及空中交通管制服务语种有非常详尽的规定,我国在航空立法时应吸收借鉴。

二、我国现有航空法中涉及空中交通服务内容的分析

(一)我国空中交通管制服务法律规范

我国现行对空中交通服务进行规范的法律主要有《飞行基本规则》《飞行基本规则补充规定》《民用航空法》《空军飞行管制工作规定》《中国民用航空空中交通管理规则》《通用航空飞行管制条例》等。

1.《飞行基本规则》

第29条 飞行管制的基本任务是:监督航空器严格按照批准的计划飞行,维护飞行秩序,禁止未经批准的航空器擅自飞行;禁止未经批准的航空器飞入空中禁区、临时空中禁区或者飞出、飞入国(边)境;防止航空器与航空器、航空器与地面障碍物相撞;防止地面对空兵器或者对

空装置误射航空器。

第30条 在中华人民共和国境内,按照飞行管制责任划分为:飞行管制区、飞行管制分区、机场飞行管制区。航路、航线地带和民用机场区域设置高空管制区、中低空管制区、终端(进近)管制区、机场塔台管制区。在中华人民共和国境内、毗连区、专属经济区及其毗连的公海的上空划分若干飞行情报区。

第31条 各类管制区的划设,应当按照国家有关规定审批。

第32条 各类管制区的飞行管制,由有关飞行管制部门按照职责分工实施。

第33条 中华人民共和国境内特定地区以及执行特殊任务的飞行,应当执行特种飞行管制规定。

第34条 担负飞行管制任务的航空管理部门及航空单位,应当按照各自的职责权限,根据本规则制定飞行管制的具体实施办法。相关飞行管制部门之间,应当制定协同制度。

第35条 所有飞行必须预先提出申请,经批准后方可实施。获准飞出或者飞入中华人民共和国领空的航空器,实施飞出或者飞入中华人民共和国领空的飞行和各飞行管制区间的飞行,必须经中国人民解放军空军批准;飞行管制区内飞行管制分区间的飞行,经负责该管制区飞行管制的部门批准;飞行管制分区内的飞行,经负责该分区飞行管制的部门批准。民用航空的班期飞行,按照规定的航路、航线和班期时刻表进行;民用航空的不定期运输飞行,由国务院民用航空主管部门批准,报中国人民解放军空军备案;涉及其他航空管理部门的,还应当报其他航空管理部门备案。

第36条 战斗飞行按照战斗命令执行,飞机起飞前或者起飞后必须及时通报飞行管制部门。

第37条 对未经批准而起飞或者升空的航空器,有关单位必须迅速查明情况,采取必要措施,直至强迫其降落。

第38条 转场航空器的起飞,机场区域内、外飞行的开始和结束,均应当遵守预定的时间;需要提前或者推迟起飞时间的,应当经上一级飞行管制部门的许可。转场航空器超过预定起飞时间一小时仍未起飞,又未申请延期的,其原飞行申请失效。

第39条 组织与实施通用航空飞行活动,必须按照有关规定履行报批手续,并向当地飞行管制部门提出飞行申请。飞行申请的内容包括:任务性质、航空器型别、飞行范围、起止时间、飞行高度和飞行条件等。各航空单位应当按照批准的飞行计划组织实施。

第40条 航空器飞入相邻管制区前,飞行管制部门之间应当进行管制移交。管制移交应当按照程序管制或者雷达管制的有关规定实施。

2.《民用航空法》

第73条 在一个划定的管制空域内,由一个空中交通管制单位负责该空域内的航空器的空中交通管制。

第74条 民用航空器在管制空域内进行飞行活动,应当取得空中交通管制单位的许可。

第75条 民用航空器应当按照空中交通管制单位指定的航路和飞行高度飞行;因故确需偏离指定的航路或者改变飞行高度飞行的,应当取得空中交通管制单位的许可。

第81条 民用航空器未经批准不得飞出中华人民共和国领空。

对未经批准正在飞离中华人民共和国领空的民用航空器,有关部门有权根据具体情况采取必要措施,予以制止。

第七章 空中交通管理法规

第82条 空中交通管制单位应当为飞行中的民用航空器提供空中交通服务,包括空中交通管制服务、飞行情报服务和告警服务。

提供空中交通管制服务,旨在防止民用航空器同航空器、民用航空器同障碍物体相撞,维持并加速空中交通的有秩序的活动。提供飞行情报服务,旨在提供有助于安全和有效地实施飞行的情报和建议。提供告警服务,旨在当民用航空器需要搜寻援救时,通知有关部门,并根据要求协助该有关部门进行搜寻援救。

第83条 空中交通管制单位发现民用航空器偏离指定航路、迷失航向时,应当迅速采取一切必要措施,使其回归航路。

第84条 航路上应当设置必要的导航、通信、气象和地面监视设备。

第85条 航路上影响飞行安全的自然障碍物体,应当在航图上标明;航路上影响飞行安全的人工障碍物体,应当设置飞行障碍灯和标志,并使其保持正常状态。

第86条 在距离航路边界三十千米以内的地带,禁止修建靶场和其他可能影响飞行安全的设施;但是,平射轻武器靶场除外。在前款规定地带以外修建固定的或者临时性对空发射场,应当按照国家规定获得批准;对空发射场的发射方向,不得与航路交叉。

第87条 任何可能影响飞行安全的活动,应当依法获得批准,并采取确保飞行安全的必要措施,方可进行。

第88条 国务院民用航空主管部门应当依法对民用航空无线电台和分配给民用航空系统使用的专用频率实施管理。

任何单位或者个人使用的无线电台和其他仪器、装置,不得妨碍民用航空无线电专用频率的正常使用。对民用航空无线电专用频率造成有害干扰的,有关单位或者个人应当迅速排除干扰;未排除干扰前,应当停止使用该无线电台或者其他仪器、装置。

第89条 邮电通信企业应当对民用航空电信传递优先提供服务。

国家气象机构应当对民用航空气象机构提供必要的气象资料。

3.中国人民解放军空军有关飞行管制工作规定

《空军飞行管制工作规定》是空军组织管制工作的基本依据和基础,从飞行管制的组织与实施到战时管制工作的组织对空军的航空管制工作都做了规定,相关条款包括:

空军的飞行管制工作,是空军飞行组织指挥的组成部分。空军各级飞行管制部门在首长领导下,具体负责组织与实施飞行管制工作。

第7条详细规定了组织与实施飞行管制的主要工作:制定飞行管制规定;实施空域管理;承办飞行申请及批复工作;实施飞行调配,提高飞行空间和时间的利用率;掌握飞行动态,监督航空器按照批准的计划飞行;受领与传达专机等重要飞行任务,掌握准备工作与实施情况;承办转场飞行的放飞与接受工作。按照分工,组织转场飞行的保障工作,对运输机(含直升机,下同)转场飞行实施指挥;组织与实施飞行情况通报;规划和组织飞行管制设施建设。

4.《中国民用航空空中交通管理规则》

《中国民用航空空中交通管理规则》共17章10个附件,主要陈述空中交通管制程序,是民用航空空中交通管制服务工作的规范性文件。

第一章 总则
第二章 一般规则

第三章　空中交通管制员执照及训练

第四章　空域

第五章　程序管制

第六章　目视飞行规则飞行的管制工作

第七章　仪表飞行规则飞行的管制工作

第八章　雷达管制

第九章　复杂气象条件及特殊情况下的空中交通管制

第十章　协调与移交

第十一章　事故、差错及调查

第十二章　扇区划分及管制席位设置

第十三章　空中交通管制设施

第十四章　飞行流量管理

第十五章　飞行高度层

第十六章　无人驾驶气球

第十七章　附则

附件一　定义

附件二　空中交通管制单位等级划分

附件三　管制员发给航空器的灯光或信号弹信号

附件四　机场目视地面信号

附件五　航空器驾驶员收到管制员信号后的确认信号

附件六　机场进近和跑道灯光系统强度

附件七　航空器驾驶员应当进行的请示和报告

附件八　空中交通事件报告表

附件九　附图

附件十　指定航空器调整速度时使用的最低调整速度标准

(二)我国空中交通服务面临的主要问题

防止飞行冲突和搞好军民航协调是空中交通管制服务的主要任务之一。它对于防止航空器空中相撞,实现航空器空中有序流动十分重要,空管委、空军和民航总局高度重视这项工作。然而,面对民用航空飞行量的递增和军事飞行训练任务的加重,我国空中交通服务方面还存在以下许多问题和不足:

(1)军民航机构不对等,造成协调困难。

(2)议事协调机构系非常设机构,导致信息沟通不畅。

(3)军民航通报关系交叉,造成协调层次多。

(4)军民航管制指挥区域划设不一致,造成协调环节多。

(5)协调平台不一致,造成协调路径不畅。

(6)军民航指挥分工不同,造成协调层面的复杂化。

(7)军民航管制方式与范围不同,造成协调关系多元化。

(8)军民空中交通管制相应的培训教材、用语不统一,给飞行安全留下隐患。

第二节 飞 行 规 则

飞行是航空活动的主要内容,因此进行航空飞行时,既要保证飞行安全,又要对空域进行有效利用,还要为航空运输中的乘客提供高质量的服务,在航空事业日益发展、空中飞行流量日趋饱和的现代社会,必须确立空中航行的基本原则,制定统一的空中交通规则,以保证航空活动高效有序地进行。

飞行规则是我国航空单位组织实施飞行和制定有关飞行条例与规章制度的依据,在规范飞行活动、维护飞行秩序、保证飞行安全方面起着十分重要的作用。飞行规则的性质、内容和适用范围决定了规则应具有公开性、规范性、权威性和国际性。

一、《国际民用航空公约》及其附件有关飞行规则的规定

涉及飞行规则的国际公约主要有《国际民用航空公约》第12条及其《附件2 空中规则》的国际标准。

《国际民用航空公约》第12条规定了航空器飞行应当遵守所在国航空飞行和运转的基本规则的原则,并要求各缔约国制定的飞行规则应与公约制定的规章相一致。

第12条 空中规则:各缔约国承允采取措施以保证在其领土上空飞行或在其领土内运转的每一航空器及每一具有其国籍标志的航空器,不论在何地,应遵守当地关于航空器飞行和运转的现行规则和规章。各缔约国承允使这方面的本国规章,在最大可能范围内,与根据本公约随时制定的规章相一致。在公海上空,有效的规则应为根据本公约制定的规则。各缔约国承允保证对违反使用规章的一切人员起诉。

依据公约第37条,公约《附件2 空中规则》即系国际上关于航空器飞行和运转的规则和规章。

(一)《附件2》的地位和适用范围

《附件2》和《附件11》的标准和建议措施,指导着《航行服务程序——空中交通管理》(PANS-ATM,DOC 4444号文件)和《地区补充程序——空中规则和空中交通服务》(DOC 7030号文件)的应用,后一文件中包括适用于地区的补充程序。

公海上的飞行。应注意到理事会于1948年4月通过《附件2》和1951年11月通过对附件第一次修订时做出的决定,即附件是在公约第12条意义范围内,构成航空器飞行和机动操作的规则。因此,在公海上一律适用这些规则,没有例外。

凡具有一缔约国国籍和登记标志的航空器,不论其在何地,只要与对所飞行领土具有管辖权的国家颁布的规则不相抵触,均适用本空中规则。一缔约国如果和只要未向国际民用航空组织通知有相反的决定,即认为该国就其登记的航空器而言,已经同意。

(二)《附件2》的体例

《附件2》对空中规则的标准、措施和程序做出了详细的规定,而各国在制定本国飞行规则时也通常依据或参考《附件2》的基本内容。《附件2》的体例如下:

第1章 定义
第2章 空中规则的适用范围

适用空中规则的领土范围、空中规则的遵守、遵守空中规则的责任、航空器机长的权限、酒类、麻醉剂或药物的使用。

第3章 一般规则

人员和财产的保护、避免碰撞、飞行计划、信号、时间、空中交通管制服务、非法干扰、拦截。

第4章 目视飞行规则

第5章 仪表飞行规则

适用于一切IFR飞行的规则、适用于在管制空域内IFR飞行的规则、适用于在管制空域外IFR飞行的规则。

附录1 信号

遇险信号和紧急信号；拦截时所用的信号；用以警告未经批准的航空器正在或行将进入限制区、进入限制区、禁航区或危险区的目视信号；机场交通信号；引导信号。

附录2 民用航空器的拦截

(1) 缔约国要遵守的原则

(2) 被拦截航空器的行动

(3) 拦截时的无线电通信

附录3 巡航高度层表

附录4 无人驾驶自由气球

二、典型国家航空法有关飞行规则的规定

1. 美国

美国有关飞行规则的内容主要规定在其《联邦法律汇编》(Code of Federation Regulations, 简称CFR)第14集的第1章(《联邦航空条例》, Federal Aviation Regulation, 简称FAR)第F分章"空中交通规则与一般运行规则"中。军事飞行规则由美国国防部同联邦航空局制定，如海军军事训练与作战程序标准飞行手册(Aircraft NATOPS Flight Manual)、海军军事作战部指令3710.7(OPNSVINST 3710.7)，以及美国国防部公布的对所有军事单位适用的飞行(规则)信息(FLIPs: Flight Information Publications)。

《联邦航空条例》是由美国联邦航空局局长发布的联邦行政法规，其第91部、93部、95部、97部、99部分别就飞行规则的以下内容做出规定：运行和飞行的一般规则、特殊空中交通规则、仪表飞行规则(IFR)高度、标准仪表进近程序、空中交通的安全保卫管制。其中第91部第91.101~91.195条共100多个条文规定了包括目视飞行规则和仪表飞行规则的运行和飞行的一般规则。为顾及特定地区的安全或其他利益，还为特定区域制定了特别飞行规则，该类特别规则作为附件列入了第91部项下(FAR Part 91)。

2. 英国

英国的民用飞行规则主要规定在《空中飞行(导航)法令》(Air Navigation Order 2005)，以及英国交通部根据《空中飞行(导航)法令》授权在民用航空领域制定的《空中飞行规则》(The Rules of the Air Regulations 2007)①中，军用航空飞行规则由国防部制定，包括《军事飞行规

---

① 此前曾有《空中飞行规则1996》《空中飞行规则1991》《空中飞行规则1990》等三个版本。在《空中飞行规则》之前，较早的民用航空飞行规则为1985年的《空中规则和空中交通管制条例》，该规则在1986—1989年间历经5次修正。

则》(Military Flying Regulations)①和《承包人飞行指令》(Flying Orders to Contractors)②等。依据《空中飞行（导航）法令》第 8 部分第 95 条（3）规定，军用飞行规则优于民用飞行规则适用。③

《空中飞行（导航）法令》(Air Navigation Order 2005)第八部分"航空器的飞行"中第 95 条(Rule of the Air)共 5 款对飞行规则做了简单的规定，包括：飞行规则的主要内容、违反飞行规则违法、特定情形下违反飞行规则的正当性、不能遵守飞行规则时的正当程序、不允许在使用灯、信号或者设备时存在过失。《空中飞行（导航）法令》(Air Navigation Order 2005)并没有对具体的飞行操作规则作进一步的规定，而交由根据其授权制定的《空中飞行规则》(The Rules of the Air Regulations 2007)来解决。

《空中飞行规则》(The Rules of the Air Regulations 2007)共 9 个部分 64 个条文对空中飞行规则做出了比较全面的规定，主要包括：定义、适用范围、低空飞行规则、通用飞行规则、目视飞行规则、仪表飞行规则、机场交通规则、航空器灯光和信号、机场信号和标志。

3. 德国

德国的民用航空飞行规则规定在其《德国航空法》《航空交通条例》中。

《德国航空法》在其 32 条授权德国联邦交通管理部门制定具体的空中飞行规则，《航空交通条例》则是交通部根据该授权制定的类似于我国部门规章的法律文件④，主要适用于经营航空飞行器的企业，类似于"道路交通条例"。

《航空交通条例》制定于 1963 年 8 月 10 日，目前已经经历十多次修改⑤，其前身是 1930 年 7 月 19 日出台的《航空交通规则》。《航空交通规则（旧）》历经 1953 年、1954 年、1959 年和 1963 多次修改，最后一次修改是德国加入 1944 年《国际民用航空公约》(《芝加哥公约》)的结果。

在德国，民用航空飞行规则作为一般规则也适用于军用飞行，但军用飞行规则优先于民用航空飞行规则。

从以上典型国家的立法内容分析，大部分国家在对飞行规则进行法律规范的时候，均在一定程度上参考了《国际民用航空公约》的《附件 2　空中规则》中对飞行规则的基本分类：即目视飞行规则和仪表飞行规则；在立法模式上，其他国家一般在航空法的基本法律中规定飞行规则的原则性条款，而具体的操作规则授权国家航空管理部门制定规章；除此之外，各个国家还在借鉴国际公约的基础上对一些特殊的飞行规则做出了规定，如美国的特殊空中交通规则、英国的低空飞行规则、通用飞行规则等；在军用飞行规则和民用飞行规则的关系上，一般国家均分别使用不同的规则，但军用飞行规则优先于民用飞行规则使用。这些规定对我国航空法中制定飞行规则条款具有重要的借鉴意义。

---

① Joint Service Publication 318。
② 该法规的名称翻译仅为字面对应，翻译的准确性可以再探讨，文件编号：Aviation Publication 67。
③ 依据 Air Navigation Order 2005 Part 8 Rules of the Air Article 95 (3)。
④ 德国的法律等级机制和我国有所不同，行政机关没有立法权，必须被专门授权才能立法，授权后的立法具有"准"法律效力，德军用飞行规则优先于民用航空飞行规则，也有行政法规（规章），但主要指行政机关的内部工作规则，所以《航空交通条例》可以说"类似我国的行政规章"。
⑤ 1967 年 1 月 4 日，1969 年 9 月 12 日，1969 年 9 月 16 日，1975 年 11 月 28 日，1985 年 7 月 1 日，1993 年，1997 年，1999 年，2000，2005 年两次，2006 年两次。

三、我国现有航空法中涉及飞行规则内容的分析

我国目前的航空法律法规中，一般飞行规则的相关规定与典型国家和国际民航组织 DOC 4444 文件的规定条款基本一致。我国目前有关飞行规则的法律法规主要有《民用航空法》《飞行基本规则》，空军《空军飞行基本规则》和《民用航空飞行规则》。

《民用航空法》第七章第 76 条对飞行规则做出了原则性的规定。

第 76 条　在中华人民共和国境内飞行的航空器，必须遵守统一的飞行规则。

进行目视飞行的民用航空器应当遵守目视飞行规则，并与其他航空器、地面障碍物体保持安全距离。仪表飞行的民用航空器应当遵守仪表飞行规则。

《飞行基本规则》是由国务院、中央军事委员会对飞行规则进行全面规定的行政法规，其主要内容包括：飞行规则的基本原则、空域管理、飞行管制、机场区域内飞行、航路和航线飞行、飞行间隔、飞行指挥、飞行中特殊情况的处置、对外国航空器飞行的特别规定。

《飞行基本规则》总结吸取了我国航空管理的经验教训，借鉴国外的有益作法，参照国际标准和惯例，对我国境内实施飞行的诸多方面做出了比较详细的规定，《飞行基本规则》及后来制定的《飞行基本规则补充规定》是我国目前关于航空飞行活动适用范围最广泛的法规。

《空军飞行条令》是空军组织与实施军用飞行的基本依据，其中涉及飞行规则的内容时，一般规则与《飞行基本规则》一致，但考虑到空军飞行使命的特殊性，还规定了便于空军完成使命任务的特殊飞行规则。

《民用航空飞行规则》是组织与实施民用航空飞行的基本依据，规定了民用航空飞行各个方面的制度：飞行的原则、飞行的一般规定、飞行的组织与实施、机场区域内飞行、航线飞行、通用航空飞行、复杂条件下的飞行、飞行中特殊情况的处置。依据该规则的规定，"凡拥有航空器，从事民用航空飞行活动的部门及其所属人员都必须遵照执行。民用航空的训练飞行和检查试验飞行，除按照该规则执行外，还应当遵守有关的飞行规定。制定有关民用航空飞行的一切规章，都必须符合该规则的规定。"

我国民航为了规范在机场和终端区内运行的航空器实施目视间隔和进近活动，参照国际民航组织文件《空中交通管理》(DOC 4444)制定《目视间隔和进近试运行规定》和《目视间隔和进近实施指导材料》。目视间隔是为航路、终端和塔台管制空域内飞行高度 6 000 米(含)以下运行的航空器配备的一种飞行间隔。目视间隔可以通过管制员目视航空器或者航空器驾驶员目视其他航空器的方式保持航空器间的安全飞行间隔。目视间隔是空中交通管制部门提供空中交通间隔服务的重要组成部分，它是一种以能见为手段，面向特定空域内所有航空器的间隔标准。目视间隔和进近是国际上广为应用的成熟技术，是对现有间隔服务和进近方式的有效补充，是进一步提升繁忙机场和空域容量的重要手段。目视间隔与程序间隔、雷达间隔、ADS-B 间隔以及尾流间隔共同构成飞行间隔服务的完整序列。

第三节　飞行间隔标准的确定

空中交通管制中，航空器按预定航线飞行的责任是赋予机组的，飞行管制系统通常并不承担航空器航行的责任。

如图 7-1 所示，为了研究方便，两架航空器 A 和 B 在航行过程中，认为 B 是一个质点，A

身上有三个长方体，λ 取飞机的长、宽、高，当 B 进入这个体后即认为发生了两机相撞。S 体的长、宽、高即飞机之间的横向、纵向、垂直安全间隔，B 进入了 S 体即认为航空器相撞的可能性就急剧增大，此刻状态称为"飞行冲突"，在程序管制中这个纵向安全距离有可能在 100 千米以上，飞行管制的任务就是保证 B 点不进入这个 S 体。邻近面是为了研究方便设立的，认为从这个时候开始两架航空器就存在碰撞的可能了。

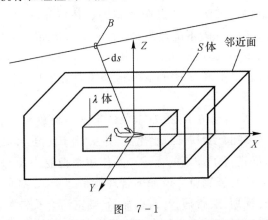

图 7-1

因为各国国情的不同，世界各国航空器活动的安全间隔标准都不尽相同。

2007 年 7 月 20 日，经国务院、中央军事委员会空中交通管制委员会批准发布《飞行间隔规定》，是《中华人民共和国飞行基本规则》派生的航空规章。分为总则，一般规则，垂直间隔标准，目视飞行水平间隔标准，仪表飞行水平间隔标准，雷达间隔标准，尾流间隔标准，附则。共 8 章，53 条和 28 个附图。适用于中华人民共和国境内辖有航空器的单位、个人和与飞行有关的人员，以及所有飞行活动。《飞行间隔规定》明确规定，飞行指挥员、管制员为航空器提供飞行间隔时，可以提供高于该规定中规定的间隔标准，但不允许低于规定的间隔标准。特定区域内，军民航可以有自己的间隔标准。军民用航空器根据飞行课目需要，在机场飞行空域和其他特定的飞行空域内飞行时，可以制定适应其飞行特点的间隔标准，但应经相应的航空管制部门批准。执行此种间隔标准时，不得影响其他航空器的正常飞行和飞行安全。

一、航空器之间位置关系

在 ICAO 的 DOC 4444 号文件中将航空器的接近分为 4 种：

(1) Risk of collision（有碰撞危险）：The risk classification of an aircraft proximity in which serious risk of collision has existed. 航空器之间存在严重的碰撞危险。我国的飞行管制工作中称为危险接近。危险接近的标准数据是为了对飞行管制工作的质量进行评估的一个统计标准。美国联邦航空局将航空器空中危险接近（Near midair collision）泛指航空器之间的距离小于 150 米或者飞行员报告存在碰撞的危险。在 ICAO 的 DOC 9426 报告中，明确指出当察觉一次飞行中航空器偏离半个间隔标准时主管当局应当调查偏离的原因，以便确定任何重复发生的可能及采取改进行动。要使危险接近间隔标准顺利执行，基本的要求有两个：一是简单化，意图是使各级航管人员不被不必要的复杂性所累；二是标准化，使整个系统采用共同标准。基于以上考虑，许多国家将现有安全间隔标准的一半作为"航空器危险接近"的标准来掌握。

(2)Safety not assured(安全无保证):The risk classification of an aircraft proximity in which the safety of the aircraft may have been compromised.航空器之间由于距离接近安全受到威胁。我国的飞行管制工作中称为违反安全间隔。即图示 B 点进入了 A 点的 S 体。

(3)No risk of collision(无碰撞危险):The risk classification of an aircraft proximity in which no risk of collision has existed.航空器之间不存在碰撞危险。我国的飞行管制工作中称为航空器之间保持安全间隔。即图示 B 点在 A 点的 S 体以外。

(4)Risk not determined(危险不确定):The risk classification of an aircraft proximity in which insufficient information was available to determine the risk involved, or inconclusiveor conflicting evidence precluded such determination.没有足够信息可以判断航空器是否安全,如飞机的位置不能确定。

飞行冲突管理概念是 2003 年 9 月 22 日 ICAO 第十一次航行会议正式通过的《全球空中交通管理运行概念》(DOC 9854 AN/458)提出的,并从"作用、相关术语、管理层次、战略管理、间隔保障和避撞"等六方面进行了详细的描述。其作用是把航空器与障碍物相撞的风险限制在一个可以接受的水平。针对管制员来说冲突管理就是基于 ICAO 空中交通管理运行概念,凭借听觉和视觉接收飞行计划、航行通告、雷达显示、陆空话音及告警设备的文字、数字、语音、声音或光信息,并对信息进行加工,在头脑中建立时空状态,形成空中交通态势图,并感觉航空器与危险物之间的位置关系,确定飞行冲突类型,启动冲突解脱程序,提供安全间隔。

二、安全目标的确定

在 ICAO DOC 9574《Manual on Implementation of a 300 m (1 000 ft) Vertical Separation Minimum Between FL 290 and FL 410 Inclusive》中,TLS(安全目标等级)在 RVSM 安全目标等级为每小时 2.5×10^{-9} 严重事故,有关相撞风险模型的进一步信息,可以查看《确定最小间隔标准的空域规划方法手册》(DOC 9689)。

确定间隔标准首先必须决定适当的安全绩效指标,然后再确定什么是可接受的结果。选出的安全绩效指标需要适于应用。在空中交通服务的安全管理中可以应用的典型措施包括:

(1)不良事件的最大概率,如空中相撞、失去间隔或跑道侵入;

(2)每 1 万个航空器起降架次的最大事故征候数量;

(3)每 1 万次横越大西洋飞行的失去间隔的最大可接受数量;

(4)每 1 万个航空器起降架次的短期冲突告警的最大数量。

因为航空事故很少,所以事故率不是安全绩效的理想指标。

《空中交通管理运行概念》(DOC 9854)中对飞行冲突给出了如下解释:飞行冲突指航空器与危险物之间的最低间隔标准可能被破坏的任何一种情形。冲突范围是提供间隔时所考虑的航空器未来航迹上潜在危险的范围。应与航空器隔开的危险物有其他航空器、地形、天气、尾流、不兼容的空域活动及当航空器在地面上时,停机坪或机动区内的场面车辆及其他障碍物。最低间隔标准是指将航空器与危险物之间的碰撞风险保持在一个可接受安全等级的最小间隔。间隔模式是与最低间隔标准相关的一套经批准的应用规则、程序和条件。间隔保障是保持航空器与危险物之间至少有适当的最小间隔的一个战术过程。

DOC 9859《安全管理手册》(SMM)中对飞行安全进行了如下解释:

不良状况被界定为"非预期的交通状况导致安全系数减小的运行情况"。

国家安全方案管理监督部门确定一个安全方案要达到的,以下述形式表达的可接受的安全水平：

(1)对于航空公司经营人,每十万小时发生致命事故的次数为 0.5 次（安全指标）；

(2)每飞行十万小时发生事故征候的次数为 50 次（安全指标）,三年内降低 25%（安全目标）；

(3)每飞行十万小时发生重大航空器缺陷事故征候的次数为 200 次（安全指标）,比前三年平均数降低 25%。

《确定最小间隔标准的空域规划方法手册》(DOC 9689),对相撞风险计算建立了数学模型：

航空器空中相撞率原理公式在垂直方向上的分量 CR_z,即为航空器由于失去垂直间隔而产生的垂直相撞率 CR_z,即

$$CR_z = N_x P_y(0) P_z(S_z) + N_y(0) P_z(S_z) P_x + N_z(S_z) P_x P_y(0)$$

$P_y(0)$ 为同一航迹上的两架航空器,其实际的横侧距离 dy 小于 λ_y 的概率

$N_y(0)$ 为同一航迹上的两架航空器,其实际的横侧距离 dy 小于 λ_y 的期望频率

$P_z(S_z)$ 为安排在垂直间隔为 S_z 的相邻高度层上的两架航空器,其实际的垂直距离 dz 小于 λ_z 的概率

$N_z(S_z)$ 为安排在垂直间隔为 S_z 的相邻高度层上的两架航空器,其实际的垂直距离 dz 小于 λ_z 的期望频率

根据国际民航组织的文件《确定间隔标准的空域规划方法手册》(DOC 9689－AN/953)推荐的方法,可以得到垂直、横向与纵向相撞率的计算公式为

垂直相撞率为

$$CR_z = N_x P_y(0) P_z(S_z) \left\{ 1 + \frac{\lambda_x}{V} \left(\frac{|Y'|}{2\lambda_y} + \frac{|Z'|}{2\lambda_z} \right) \right\}$$

横向相撞率为

$$CR_y = P_y(S_y) P_z(0) \frac{\lambda_x}{S_x} \left\{ E_s \left(\frac{|X_s'|}{2\lambda_x} + \frac{|Y'|}{2\lambda_y} + \frac{|Z'|}{2\lambda_z} \right) + E_o \left(\frac{|X_o'|}{2\lambda_x} + \frac{|y'|}{2\lambda_y} + \frac{|Z'|}{2\lambda_y} \right) \right\}$$

纵向相撞率为

$$CR_x = N_x P_y(0) P_z(0) \left\{ \left(\frac{|X'|}{2\lambda_x} + \frac{|Y'|}{2\lambda_y} + \frac{|Z'|}{2\lambda_z} \right) \right\}$$

CR_z, CR_y, CR_x：分别为垂直、横向和纵向相撞率,即每单位飞行小时致命事故的期望值,机型、间隔和飞行的高度范围不同,其值也不同；依据其值的变化情况,来确定危险接近间隔规定。

x, y, z：分别代表纵向、横向与垂直方向。

$\lambda_x, \lambda_y, \lambda_z$：分别代表飞机的平均长度、平均翼展和平均高度。作战飞机的取值分别为 14.6 m,9.04 m 和 3.89 m,运输飞机的取值分别为 42.85 m,35.24 m 和 11.50 m。

S_x, S_y, S_z：分别代表两架飞机之间的纵向、横向和垂直间隔。

$|X'|$：由于失去纵向间隔而相撞的两架飞机的平均纵向相对速度。

$|Y'|$：同航线的两架飞机的平均横向相对速度,取值为 4 海里/小时。

$|Z'|$：同飞行高度的两架飞机的平均垂直相对速度,取值为 10 海里/小时。

V：飞机的飞行速度，作战飞机取值为 900 km/h，运输飞机取值为 852.92 km/h。

N_x：在纵向范围间隔小于 λ_x 的次数，平均取值为 0.37。

$P_y(0)$：同航线两架飞机的横向重叠概率，取值为 0.44。

$P_y(S_y)$：横向间隔为 S_y 的两架飞机的横向重叠概率。

$P_z(0)$：同飞行高度两架飞机的垂直重叠概率。

$P_z(S_z)$：垂直间隔为 S_z 的两架飞机的垂直重叠概率，机型、间隔和飞行的高度范围不同，其值也不同。

E：系统利用率，两条相邻航路在 S_x 的距离内的飞机数量，用于衡量交通密度。

s，o：分别代表顺向和逆向飞行。

三、飞行冲突的管理

空中交通活动中，航空器空间位置状态的不断变化，使得冲突管理过程也表现出相应的动态性。管制员监视空中交通动态，根据飞行动态的变化，检测飞行冲突，随时启动冲突管理。根据 ICAO《全球空中交通管理运行概念》要求及我国空管体制和运行程序等具体情况，管制员冲突管理可分为四个层次，其中第一层为飞行计划预先调配，第二层为飞行实施阶段的中期冲突探测和解脱，第三层为飞行中的短期冲突探测和告警，第四层为机载冲突检测和避撞，如图 7-2 所示。

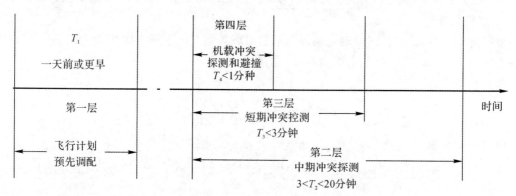

图 7-2

1. 飞行计划预先调配

飞行计划预先调配属于管制员冲突管理的第一层，也即 ICAO DOC 9854 AN/458 提出的战略冲突管理（Strategic Conflict Management）。该层次是在飞行前一天或更早，根据中长期的航班飞行计划、临时航班飞行计划、飞行训练计划，以及飞行空域容量的限制、气象条件等进行飞行计划冲突计算，判断可能的冲突航段、冲突时间和冲突类型，并依据有关法规、标准和程序通过对飞行计划的修改来实现对冲突的调配。飞行计划调配涉及全局或局部区域内飞行计划的调整，需要通过军民航管制部门与航空单位之间相互协调后确定，是一种非实时的战略冲突管理技术，在飞行量较小的地区调配较容易，可以通过简单的排序实现；而在飞行量较大的地区，主要通过对整个区域的优化算法来实现。

2. 中期冲突探测与解脱

中期冲突探测与解脱属于管制员冲突管理的第二层。再完美的飞行计划预先调配，在飞行量大的地区,由于重要任务或紧急任务飞行及其他影响飞行活动因素的存在,都需要临时修改或调整飞行计划,从而引发新的飞行冲突。该层次是在飞行实施后,根据飞行计划、历史航迹、飞行意图、航路气象状况等预测某一架航空器几分钟到数十分钟(一般为20分钟)内可能存在的冲突,通过提供给管制员冲突解脱建议方案,对冲突航空器的飞行计划进行调整,以保证适当的飞行间隔。

3. 短期冲突探测和告警

短期冲突探测和告警属于管制员冲突管理的第三层。由于飞行活动的动态性及"人-机-环境"不安全因素的影响,航空器很可能会偏离预定的飞行航线或飞行高度,管制员主要依据实时的监视数据,检测在较短时间(一般为2~3分钟)内可能出现的飞行冲突,并立即对冲突进行响应,通过甚高频通信设备与飞行员保持联络、发布指令(如改变飞行高度、航向、速度等),来避免冲突的发生。

2008年民航空管局下发的《关于加强管制员飞行冲突处置能力的通告》中将飞行冲突分为了下列种类:"在实际运行中,由于管制调配原因、航空器机组原因和其他原因造成的飞行冲突或潜在的飞行冲突主要有以下类型:航空器在上升、下降状态或平飞状态下,在航路航线上的汇聚、逆向和顺向飞行冲突。航空器在上升、下降状态或平飞状态下,在管制移交点附近的汇聚、逆向和顺向飞行冲突。平行跑道仪表进近时,航空器之间的飞行冲突。平行跑道起飞时,航空器之间的飞行冲突。最后进近阶段的航空器与跑道内航空器之间的冲突。进近复飞的航空器与起飞离场航空器之间的飞行冲突。航空器在各种自身或外界原因造成紧急情况下引发的与其他航空器的飞行冲突。航空器在机载防相撞设备(TCAS)设备 RA(解脱建议)指示下操作引发的与其他航空器的飞行冲突。军民航飞行冲突。"

4. 机载冲突检测和避撞

机载冲突检测和避撞属于管制员冲突管理的第四层。该层次通过航空器机载设备主动探测周围飞行情况,根据高度层的不同,产生预警 TA 或解脱建议 RA。通常情况下,飞行员此时必须依据解脱建议对航空器的运动进行调整,这是防止航空器相撞的最后技术手段。考虑到可能与之前管制员根据短期冲突告警给出的解脱建议矛盾,目前欧洲已提出了空地协同实现防相撞的思路,通过地空数据链将机载 TCAS 的监视信息、意图信息、TCAS 系统的 TA 告警和 RA 解脱建议等信息,下传给空中交通管制系统,使管制员在发现 TCAS 告警并给出解脱指令前获得航空器的监视信息和意图,在航空器 TCAS 告警时及时地得到航空器的状态,有利于管制员增强对当前态势的判断,避免出现与 TCAS 建议相反的指令。

四、违反飞行间隔判定的基本标准

1. FAA 的标准

美国联邦航空管理局 FAA 7210(Air Traffic Quality Assurance)中对飞行冲突给出了如下解释:Near Midair Collision (NMAC)— an incident associated with the operation of an aircraft in which the possibility of collision occurs as a result of proximity of less than 500 feet to another aircraft, or a report is received from a pilot or flight crewmember stating that a collision hazard existed between two or more aircraft.

案例:"碰撞危险"(Collision Hazard)与"空中接近相撞"(Near Midair Collision)不同。

联邦航空管理局由于飞行员违反了 FAR91.13(a)2 条(粗心和鲁莽操作)和 91.111(a)条

(在其他航空器附近运行),决定将该飞行员的航空公司运输飞行员执照暂停 120 天。做出该处罚是因为,该飞行员在驾驶自己的红色 T-33 飞机时,接近一架 Mitsubishi MU-2 飞机,并从 MU-2 下部将其赶上,在非常接近 MU-2 的前方把飞机拉起。

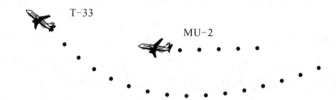

在上诉时,飞行员认为,行政法法官对两架航空器的距离的决定是错误的。飞行员认为距离大于 500 英尺,因此,根据飞行员信息手册(AIM)中关于"空中接近相撞"的定义,并不存在碰撞危险(飞行员信息手册第 7-6-3.b 规定了"空中接近相撞"的定义,即航空器的运行与另一架航空器接近少于 500 英尺,导致发生碰撞可能性的事件,或者飞行员或飞行机组成员报告两架或多架航空器之间存在碰撞危险)。

委员会对这一观点不予采纳,认为飞行员信息手册仅仅具有建议的性质,没有规章的约束力。并且,飞行员信息手册的定义,并非没有确定是否违反了 FAR91.111,因为"被告导致了或者几乎导致了空中接近相撞并不重要;被告接近 MU-250 英尺或者 500 英尺也不重要,重要的是被告运行航空器是否与其他的航空器太近,以至于造成了碰撞危险"。委员会还援引以前的裁决,指出除了接近之外,熟练的飞行员躲避碰撞的行为也是潜在的碰撞危险的证据。因此,委员会维持了行政法法官的决定。

在一份独立的记录中,委员会对行政法法官对其决定的解释表示异议。行政法法官认为,该飞行员并不值得信赖,特别是他有类似事件的历史记录(指出该飞行员承认以前发生过类似事件,他驾驶飞机时遇到一个熟人驾驶执法的直升机,他就从下面超过去,并在急近的前方把飞机拉起,当时直升机离地面只有 300 英尺)。委员会认为,根据联邦证据规则,这种证据是不允许的,因为禁止将承认其他犯罪、违法或行为的证据作为当事人行为的依据。但是,委员会不认为这一错误是对该飞行员的歧视。

尽管该飞行员的观点比较有趣,但是委员会对此不予采纳是很明显的。具有讽刺意味的是,FAA 却认为飞行员信息手册的定义具有适用性,在这种情况下,审理结果有可能会相反。在这种情况下,联邦航空管理局可能会主张而委员会可能会同意,委员会必须顺从联邦航空管理局利用飞行员信息手册的定义来解释规章。这公平吗?不公平。但是,当要求委员会服从联邦航空管理局时,事情就是这样。

2. 民航的标准

2012 年中国民用航空局颁布民用航空行业标准《民用航空器事故征候》。

在航空器运行阶段或在机场活动区内发生的与航空器有关的,不构成事故但影响或可能影响安全的事件,分为运输航空严重事故征候、运输航空一般事故征候、通用航空事故征候和航空器地面事故征候。

运输航空严重事故征候(air transportation serious incident)。按照《大型飞机公共航空运输承运人运行合格审定规则》(CCAR121)或《小型航空器商业运输运营人运行合格审定规则》(CCAR135)或《外国公共航空运输承运人运行合格审定规则》(CCAR129)规定运行的航空器在运行阶段发生的几乎导致事故的事故征候。为避免航空器相撞或不安全情况,应做出规避动作的危险接近。发生小于规定间隔事件,且危险指数大于 90(含)的飞行冲突。危险指数的计算方法参见该标准附录。

运输航空一般事故征候(air transportation incident),按照《大型飞机公共航空运输承运人运行合格审定规则》(CCAR121)或《小型航空器商业运输运营人运行合格审定规则》(CCAR135)或《外国公共航空运输承运人运行合格审定规则》(CCAR129)规定运行的航空器在运行阶段发生的、未构成运输航空严重事故征候的事故征候。为避免航空器相撞或不安全情况,应做出规避动作的危险接近。发生小于规定间隔事件,且危险指数介于 75(含)至 89(含)之间,详见该标准附录。

3. 军航的办法

空军制定了《违反〈飞行间隔规定〉的评定办法》。

飞行冲突:违反《飞行间隔规定》,飞行中飞机之间的横向间隔、纵向间隔、垂直间隔同时小于《飞行间隔规定》的标准。

危险接近:严重违反《飞行间隔规定》,飞行中飞机之间的横向间隔、纵向间隔、垂直间隔同时小于本办法中的间隔数据。

该办法所指"满足缩小 8 400 米以上飞行高度层垂直间隔适航和运行要求的军航飞机",是指有两套独立的高度测量系统、一套高度告警系统和一套自动高度保持装置等机载设备的飞机。

该办法分航路(航线)飞行阶段、进近飞行阶段、着陆飞行阶段制定了判定危险接近的标准。

第四节 军民航协调

军民航空管的协调矛盾起源是民用航空要求严格执行有关飞行间隔标准,以保证飞行安全,军用航空器则追求最大程度的飞行自由和机动性。

尽管军民航预先协同计划做得比较周详,但计划赶不上变化、变化跟不上特殊情况变化事情还是经常发生的,仍然会存在着配合、协调不够有力的现象。可以说,协调是空管运行中的一个永恒问题,也是一个普遍现象。解决协同空管方面的问题,最有效的办法是建立健全协同规章体系,"The most difficult point of civil/military coordination is reaching agreements required by changing requirements."(ICAO DOC 9426 AIR TRAFFIC SERVICES PLANNING MANUAL,第二部分)最难的是改变现有规章体系。军方的要求会随不断改进的飞机性能和活动的种类而变化,并对空域结构和航路结构提出改革的要求,以满足大量空中活动的改变,以及进入特定终端区的流量及入口方面的需要。这些变化只有在协商和协作的基础上达成协议,方可为之。不能理想化地使用联合空域的重要原因是:在特定的时间使用联合空域的飞机和该空域的使用方代理缺乏足够的即时联络;使用者们建立特定的机构协调空域使用时刻表;连接使用者(可能分散在广阔的地理区域内)时刻表制定人和空中交通管制部门的通信网络非常复杂。因而,在实际上由谁来占用该空域还是不能很快做出决定,这样空域利用率就很低。"在军事行动中,根据一般情况下所制定的行动计划常常被意外的特殊情况所打乱。

因此军事活动中必然依靠才能,较少的运用理论的规定。①"

和谐的军民航协调表现在管理上形成统一的方针与政策,统一的空域规划与管理,统一的运行协调机制,唯一的法规体系,适应性强的技术标准体系;在组织上形成以政策、法规和协调发展战略规划为主的唯一的行业和系统管理主管部门,建立国家空中交通管理行业主管部门;在运行上形成以标准、程序一致为依托的,以和谐的运行机制为保障的,以规范的系统数据和信息交换为基础的运行管理体系。

从军事观点看,许多国家所建立的航路和有关终端区及管制地带的空中交通管制系统,都是与飞机飞行的活动数量和其性能的快速增长密切相关的,这件事已经使民用航空/军用航空共处于世界空域之中并完成各自不同任务变得更加错综复杂了。民用航空公司不但要求严格飞行之间的间隔标准,并依据法律保证民用飞机所飞行的大部分空域,而且还要接受地面机构对其航线的管制;然而从军事观点来看,要像旅客那样坚持事先确定的航线和执行严格的间隔规则,就等于否定了军用飞机所承担的职责任务,因为军用飞机应有活动的自由度和战术的灵活性。

因此,必须为这两种类型的空中活动在同一空域中的共存问题找到解决办法。

一、《国际民用航空公约》的规定

为了达到处理好民用航空和军用航空的空中交通的目的,国际民航组织在《国际民用航空公约》的《附件11》中阐明了如何处理军用航空和民用航空之间的空中交通服务协调问题,和如何处理协调那些可能危及民用航空器的空中活动问题。由于各个国家对军事航空任务的考虑各自不同,因此国际民航组织是很明智的,它不就如何去协调的细节问题对各国提出建议,而是把它留给有关国家去采取能满足这个目的的各类程序。

《芝加哥公约》附件和 DOC 4444 文件关于协调军民航关系主要作了以下的规定。

1. 军事当局和空中交通服务单位的协调

《芝加哥公约》的《附件11》对军事当局和空中交通服务单位的协调主要作了4个方面的规定:一是"空中交通服务当局必须与可能对影响民用航空活动负有责任的军事当局,建立和保持密切协调。"二是"空中交通服务单位和相应的军事单位必须做出安排,使有关民用航空的飞行安全和顺利进行的情报可以及时得到交换。"三是"空中交通服务单位必须遵照当地商定的程序,按常规或经申请,向相应的军事单位提供确切的民用航空器的飞行计划及其他资料。"四是"必须建立程序,以保证军事单位在觉察到民用航空器或确信是属于民用的航空器正在接近或已经进入应予以拦截的区域时,空中交通单位可以及时收到通知,该通知必须包括必要的可以避免拦截的改正行动。"

2. 对民用航空器构成潜在危险的活动的协调

《芝加哥公约》的《附件11》主要作了4个方面的规定:

一是无论在一国领土上空或在公海上空安排对民用航空器有潜在危险的活动,都必须与有关的空中交通服务当局进行协调,这种协调应尽早进行,以便能按《附件15 航行情报服务》的规定及时公布这些危险活动的情报。二是协调的目标必须达到将对民用航空器避免危险和使对这些航空器正常指挥干扰最小的安排。三是有关空中交通服务机构应负责开始传达

---

① 克劳塞维茨.战争论[M].北京:军事出版社,1996:162。

有关各项活动的情报。最后建议在定期或者连续进行对民用航空活动构成潜在危险的各项活动的区域，应建立本国的或者多国的委员会，以保证所有有关方面的要求得到充分地协调。

3. 对迷航或未识别航空器的措施

迷航航空器是指航空器已经明显地偏离了预期的航线，或者该航空器报告说它已迷失了预期航线，未识别。迷航航空器是指航空器虽然能被观察到或被告知在某一给定空域内飞行，但却不能予以识别。由于在世界空域中存在着一些敏感区域，且由于导航的误差，往往会发生迷航或未识别航空器闯入"军事禁区"的情况。在此情况之下，一架航空器可能被一个机构认定为迷航航空器，而被另一机构认定为是未识别航空器。基于此，DOC 4444 号文件，又对《芝加哥公约》的《附件 11》进一步作了详细的说明。

首先，对迷航航空器必须采取的措施。如果不知道航空器的空中位置，空中交通服务单位必须力图与迷航航空器建立双向通信，除非这种通信联系已经存在；利用各种可以使用的办法来确定其位置；通知所有可能受影响的空中交通服务机构，考虑在该情况下可能会影响航空器导航的各种因素；按照地区协议程序，通知有关的军事单位，并为它们提供有关迷航航空器的飞行计划和其他数据，请它们在建立与迷航航空器的通信联系和确定该航空器的位置方面提供各种帮助。如果迷航航空器的位置已经确定，空中交通服务单位必须进行以下工作，告诉航空器它自身的位置和它要采取的纠偏动作；如有必要的话，向其他空中交通服务机构和相应的军事机构提供关于迷航航空器的有关信息和对该航空器的各种建议。

其次，对未识别航空器必须采取的措施。当空中交通服务单位一旦知道在它的空域中有未识别的航空器时，无论何时，只要是为了保障空中交通管制的需要，或是依据地方协议所制定的管制程序有关军事当局提出了要求，它都将力图建立对该航空器的识别。它应该作以下工作：尽力与该航空器建立双向通信联系，如果企图失败，则应向该航空器所在飞行情报区内的其他空中交通服务单位询问有关该航空器飞行情况，并请求他们在可用的频率范围内尽力与该航空器建立双向通信联系，如果上述的企图都失败了，则应向邻近飞行情报区内的空中交通服务单位询问有关该航空器的飞行情况，并请求他们协助与该航空器建立双向通信联系。一旦建立了对该航空器的识别，如果有必要，空中交通服务单位应立即通知相应的军事单位。

4. 有关军用交通的职责

DOC 4444 号文件指出了军用航空器的职责。

某些军用航空飞行不遵照某些空中交通管制程序，这已得到认可。为了确保飞行运行的安全，只要可行都必须要求有关军事当局在实施这种机动飞行前通知有关空中交通管制单位。只有在对航空器有管辖权的当局以某种记录表形式提出特别申请后，空中交通管制单位方可受理由于军事或其他特殊情况的需要而降低的最小间隔标准，并且应遵守只能在这些航空器间使用这种降低了的最小间隔标准。有关空中交通管制单位必须发布完全包括这项降低最小间隔标准的指示的某种记录表。

可以划设固定的或移动的临时保留空域以用于大的编队飞行或其他空中军事活动。这种保留空域的安排必须经使用者与有关空中交通服务当局协调解决。这种协调必须根据《附件11》的规定进行，并尽早完成，以便有足够的时间根据《附件15》的规定及时予以公布。

二、美国航空法规的规定

美国是由联邦航空局负责,为一个统一的机构向所有的航空器提供空中交通服务。这样一种结构被称之为"完全一体化",是鉴于发生空中碰撞血的教训[①],于1958年修改原1938年美国《民用航空法》为《联邦航空法》后形成的。根据1958年《联邦航空法》成立了"联邦航空局",建立成一个统一的空中交通管制系统。为了协调军民航关系,正确处理空中交通管制和防空管制以及平时与战时的关系,美国《联邦航空法》规定如下。

1. 明确授予联邦航空局局长的职权并规定了制约条件

"联邦航空局应设有局长一人,由总统任命之,但须征询参议院的意见并取得其同意。局长对联邦航空局一切权利的行使和职责的履行,应负全责,并有权管辖局内一切人员及活动。局长根据本法(指美国《联邦航空法》,下同)的规定,不必得到由总统命令所建立的任何委员会或其他组织的同意,也不受它们的决定或建议的束缚。"(第301条A款)"局长应为合众国公民。在任命局长时,应适当地考虑他能否有效地行使本法所授予的职权,在提名时,他应当是一个文职人员,且在与航空直接有关的领域已具有经验者。局长不得在任何民用航空企业中有任何经济权益或持有其股票、债券,也不得从事任何其他的商业、职业或受雇于人。"(第301条B款)。"局长有权并受命对可航空域(Navigable Airspace)的使用计划和方针。以规则、规章或命令的方式,规定按照他所认为必要的条件和限制来使用可航空域,以保障航空器的安全和空域的有效利用,并得根据公众利益的需要,修改或撤销此种规定。"(第307条A款)"局长有权在国会拨款限额之内获得、建立、改进任何地点所需要的航行设备,使用、维护此类航行设备,利用现有政府机关可能提供的设备和援助,安排为航空器安全航行所必需的航空地图和地形图的出版事宜,为管理和保护空中交通提供必需的设备和人员。"(第307条13款)"为了航空器的航行、保护和识别,为了保护地面的人身和财产,为了有效地利用可航空域,局长还有权并受命制定管理航空器飞行的空中交通规则(Air Traffic Rules)和规章,包括飞行安全高度的规则,防止航空器相撞,与舟车相撞、与空中其他物体相撞的规则。"(第307条C款)"局长根据该条(307条)A款(空域的使用)和C款(空中交通规则)的规定行使其制定规则的权限时,应受《行政程序法》的内容的约束,尽管该法第4条载有关于军事或海军方面的例外规定。"(第307条D款)"局长在行使和履行本法所授予的职权时,应充分注意国防的需要、商业航空及通用航空的需要,以及在可航空域自由通行的公权(Public Right)。"(第306条)

2. 军队人员参加联邦航空局的工作

"本法及其他法律均不限制任命武装部队中的现役军官任副局长之职位,但如局长过去曾为任何军种的正规军官时,副局长即不得为任何军种的现役军官,或任何军种退役正规军官或曾任正规军官者。"(第301条B款)"为了保证国防利益有适当的保障,保证局长对军队的需要及特别问题有所了解,局长在行使其管理和保护空中交通的职能,包括提供航行设备,研究及发展空中交通管制办法,划分空域等方面,应让军队人员参与。陆、海、空、海军陆战队或海岸警卫队的成员,得由各相应军种的部长,依照其与局长达成的合作协议,分别派任之。此种协定中包括局长和有关部长对军队人员参加局务一事认为应当赋予补偿的协议。"(第302条C款)"副局长及根据此种合作协定参加局务的军队人员之任命,接受任命和任职,丝毫也不

---

① 克林顿. 天空管理[M]. 北京:中国民航出版社,2009.

应影响到军官或士兵原来的身份、职务、军阶、等级,也不应影响因此种身份、职务、军阶、等级所带来的任何薪金、暂时津贴、权利、特权或利益。被派遣或被任命的此等人员,其根据本法所负的职责,或在本局范围之内的职责,无论直接地或间接地,均不受原属部的指挥或控制,也不受该部任何机构或军官的指挥或控制。"(第 302 条 C 款)

3. 及时交换情报

"为了帮助局长更好地履行本法所规定的职责,局长与国防部长、局长与国家航空和航天局局长得以合作协定的方式做出适当的安排,以便及时交换与其职责有直接关系的,关于计划、方针、需要等方面的情报。"(第 302 条 D 款)

4. 平时军事紧急情况的例外规定

在平时正常情况下,任何航空器都必须遵守统一的空中交通规则(包括统一标准、统一程序、统一术语),服从统一的空中交通管制,但是,"当由于军事紧急情况或军事上的急需对合众国国防有此必要时,当有关军事当局做出如此之决定并于事先通知(联邦航空局)局长时,该军事当局得批准合众国国防部队的军用航空器不按根据本章规定所颁布的空中交通规则行事。此项事先通知应尽可能早地向局长提出,并应在时间和情况允许的条件下尽量与局长做到充分协商,在双方均能接受的基础上,于事先安排其所要求的例外规定办法。"(第 307 条 F 款)

5. 战时移交联邦航空局的职能和权力

"(联邦航空局)局长应与国防部和其他有关政府机关协商,草拟出联邦航空局在战时如何有效地履行职责的计划,并应向国会提出该项立法草案。但在这一立法草案通过之前,总统得以行政命令把联邦航空局的任何职能(包括权力、职责、活动、设备及各种业务在内)移交给国防部,与上述移交相关联,总统得规定对档案、财产、人员等也作相应的移交。"(第 302 条 E 款)

三、我国航空法规的规定

在空中交通服务中,加强军民航协调的必要性和重要性是不言而喻的。军民航若不协调,对民用航空的安全必然存在着潜在的危险。我国现行军民航协调机制分为三个层次。战略层面是国家空管委领导下由相关部委及军兵种组成,主要负责空域政策、法规、规划层面的协调,形成空域资源分配的静态结构,协调解决军民航使用空域的重大矛盾。预战术层面是地区空管协调委员会领导下由地区军民航各单位组成,主要负责协调解决本地区的军民航空域使用矛盾,协商优化区内的空域结构。战术层面由军民航相对应的管制运行单位组成,主要工作是实时解决军民航运行矛盾和飞行冲突,实时协调释放军用空域或临时航线。

我国《民用航空法》就军民航协调作了原则规定,为做好军民航协调工作提供了保障。根据我国《民用航空法》的规定,对加强军民航关系实行"统一管理、协调运作"的原则。所谓"统一管理",是指"国家对空域实行统一管理"(第 70 条),"在一个划定的管制空域内,由一个空中交通管制单位负责该空域内航空器的空中交通管制"(第 73 条),"在中华人民共和国境内飞行的航空器,必须遵守统一的飞行规则"(第 76 条)。所谓"协调运作",是指"空域管理的具体办法""飞行规则""军民合用机场管理办法"均由国务院和中央军事委员会共同制定(第 72 条、第 76 条、第 53 条),以便"兼顾民用航空和国防安全的需要以及公众的利益"(第 71 条)。

截至 2012 年 8 月,我国共划设 611 条航路航线,划设了 1 个空中禁区[①]、19 个空中危险

---

① 国家空中交通管制委员会大厅宣传框中数据,2012.

区、199个空中限制区,以及1 600多个的军事训练空域和其他军事用途空域。我国空域在管理上以空军为主体,在协调上以军航为主导,在程序上民航申请、军航审批。为了缓解空域运行容量与不断增长的航空需求之间的矛盾,近几年来,在空管委办公室和空军的大力支持下,空域环境有所改善,飞行矛盾有所缓解,在灵活航线使用等方面也取得些进展。然而就目前情况看,国家空域管理体制、历史原因形成的空域结构很难在近期得到根本性改变,军民航协调工作在今后很长的一段时期内仍要在现有空域管理体制下开展。

综上所述,和谐的军民航协调表现在管理上形成统一的方针与政策,统一的空域规划与管理,统一的运行协调机制,唯一的法规体系,适应性强的技术标准体系;在组织上形成以政策、法规和协调发展战略规划为主的唯一的行业和系统管理主管部门,建立国家空中交通管理行业主管部门;在运行上形成以标准、程序一致为依托的,以和谐的运行机制为保障的,以规范的系统数据和信息交换为基础的运行管理体系。

案例:沟通协调不顺畅造成军民航飞行冲突(选自自愿报告系统)。

管制员报告:在我们机场西面50千米有一个军用机场,为保障安全,军航运输机从军用机场向东起飞离场时必须保持1 200米以下的高度通场,因为我们机场北线的起始进近高度是1 500米。有一天,C值主班,我值副班,空中有几架从东北方向进场的飞机,准备使用05号跑道进近着陆。忽然,区调打电话来说军航的运输机IL76已经起飞了,我请区调将与军航的工作协议内容跟军航指挥所再强调一遍(即保持1 200米右转通场,向东不超过12.5千米),同时叫小F把VHF 130.0 MHz打开,准备监听。

这时有一架进场的飞机正离开2 400米下到1 500米,还有4海里就过起始进近定位点了,我急忙对小C说先不要发进近许可,让那架航空器保持高度。接着,在雷达屏幕上看到那架IL76沿军航跑道方向徐徐上升,冲着起始进近定位点就过来了,高度很快要穿过900米了,可还不见它右转。我连忙叫通报席Y直接打电话给军航说有冲突,叫他们指挥飞机保持1 200米右转,最好能将飞机统一由我们来指挥(军航无其他飞行)。这时,我心里想要不要指挥本场的飞机避让,忽然奇怪频率130 MHz怎么没听到军航的声音,小F边说打开啦、打开啦,边走过去看,一看发现是音量设得太小了以致没有听到机组与地面指挥的联系。音量调大后,正好听到IL76说通场后上升到3 600米。然后看到其已经保持1 200米缓缓右转,与进场飞机侧向间隔最小时只有10千米,由于我们及时指挥民航机保持高度,才没有造成可能小于安全间隔的差错。

冲突原因:
(1)对军航活动还是缺乏足够的敏感性,没有尽早检查通信频率是否调好(包括音量控制)。
(2)VHF设备放置离我们对空指挥席位太远,不利于统一指挥。
(3)协调环节过多影响工作效率。

第五节 特情处置

一、特情的表现形式与特点

(一)特情的内容

飞行中的特殊情况,是指突然发生的、直接或者间接危及飞行安全的下列情况:

指挥通信设备出现故障。如设备故障引起的地空通信联系中断;情报保障设备故障。如雷达监控不正常;地面保障出现异常情况。如跑道或滑行道有障碍物时;飞机冲出或偏出跑道;飞机出现故障时。如飞机在跑道或滑行道上滑行时出现故障,滑跑中飞行员发现设备故障;起落架不能正常收起和放下,发动机部分或完全停止工作,飞机失火,飞机空中与鸟发生碰撞,飞机需要紧急释放燃油等;天气突然变坏。如陷入危险天气或遇到飞行人员不能胜任的复杂天气,突然发生地震灾害等;飞行员出现差错。如发生错觉或操纵错误使飞机进入复杂状态、飞机迷航时,飞行员受伤或突发疾病等;空中秩序混乱时;不明空情出现;净空组织,如机场管制地带有战斗飞行时。

(二)特情的基本成因

特情产生的原因通常有两种:一是自然原因,二是人为原因。

1. 人为因素

飞行员在飞行中没有严格按照飞行计划和飞行调配的指令进行,或者没有听清楚管制员的指令,从而导致与其他航空器冲突或者与障碍物的安全间隔不够;飞行员飞行技能不能正确处置飞行中出现的情况;飞行准备不充分或发生错、忘动作;生理、心理素质不能适应飞行的特殊环境,出现晕厥、昏迷、严重错觉及操纵失误等现象。管制员的调配出现偏差造成飞行秩序混乱或不能保持安全间隔;工程机务和其他保障人员工作差错,导致飞机、设备工作状况达不到飞行的要求。

2. 航空器材、设备的因素

飞机的飞行性能超出了飞行员的心理反应能力和生理承受能力;飞机及设备结构布局不合理或设计缺陷;飞机的维修工作质量没有达到规定要求,造成飞机带故障升空,飞机在空中出现故障;飞机设备和其他机械设备超条件和超限度使用。

(三)特情处置的特点

1. 特殊情况出现突然

飞行中出现特殊情况,并非人们所能预料的。对于出现哪一种"特情",出现的具体时间、位置,都是难以预测的。空中异常情况起因复杂,类型多种多样,不同时间、空间、方向,都有可能出现空中异常情况,随机因素起主导作用,加剧了突然性。

由于情况突然,往往对特情的性质的判断带来了困难。一是可能没有预先确定飞行特情准备预案作为"参照系",判断无依据;二是没有明显征候或根本没有征候,对孤立的空情较难连贯起来思索;三是时间短促,查询、验证余地很小。因此在处置空中异常情况的组织指挥中,影响调配效能的主要因素,是对空情性质、目的、企图不易做出迅速、准确的判断,难以把握和运用处置对策。

2. 可供管制员判断的信息少

管制员对空中尤其是目视以外所发生的特殊情况信息,主要依靠飞行员无线电报告和雷达信息的渠道获得,这就大大减少了对当时所发生情况全面的掌握程度。加之有的飞行员报告急促,语调失真,就更加难以判断情况。因此,管制员除了通过无线电问话,还要尽可能采用其他手段,并凭借自己的知识和经验,查明情况、当机立断。

3. 指挥处置时间短暂,查询、验证余地很小

出现特殊情况时,无论是飞行高度、飞行速度,还是飞机位置和飞行状态,都急剧地发生变

化。这种变化过程很短,一般在几分钟或几秒钟之内就结束了。此间管制员只能讲几句话甚至只有一次讲话的机会。因此要争分夺秒捕捉信息,抓住时机及时指挥。

4. 相互配合、协作处置

管制员担任飞行指挥时,特殊情况的决策主要由飞行员进行,飞行管制员协助其实施调配指挥。由于特殊情况出现突然、危害极大,有些情况根本来不及请示或商讨,所以飞行管制员必须迅速反应、立即决策,积极主动地完成处置任务。

5. 飞行管制员承受的心理负荷大

特殊情况的指挥决策属于风险性决策,必然会给飞行管制员带来很大的心理负荷。因此,要正确对待决策的风险性,不计较个人得失,减轻、消除不必要的压力,敢于负责,果断决策。

二、特情处置的原则和条件

(一)特情处置原则

1. 积极主动

在处置特殊情况时,充分发挥主观能动性,寻找对策。

2. 沉着及时

处置特殊情况时,必须始终保持清醒头脑,根据情况的紧迫程度,沉着而不慌张、及时而不迟疑地做出判断决策并付诸实施。

3. 简化局面

特殊情况发生后,应正确处理其他飞行活动与处置特殊情况操作之间的关系,相对集中注意力用于处置特殊情况,最大限度地争取并保持有利的态势,为提高处置成功率创造良好的条件。

4. 趋利避害

处置特殊情况,应从其性质和条件出发,运用正确的思维和操作方法,力求当时情况下的最好结果。既防止无所作为的消极行为,也防止为了不切实际的目标而导致更加严重的后果。

5. 随机应变

随着特殊情况的变化,及时调整处置行动的具体目的和方法,使之与变化的客观实际情况相适应,增强处置针对性和有效性。

6. 协同一致

充分发挥地面保障人员的作用,围绕统一的目标,从不同的侧面全面收集信息,实施判断决策和处置操作,以提高特殊处置的准确性和成功率。

(二)特情处置的依托条件

进行任何特殊情况处置需要4个基本的支撑条件:

一是有一整套系统的法规体系。

二是有一个在拥有绝对实权的中枢指挥系统控制下的特情处理体制。

三是有一套可靠的情报收集与信息分析系统。

四是有一个完备的特情处理计划和多套特情处置方案。

三、国外有关特情处置法规

(一)国际民航组织文件

《附件2 空中规则》附录中、DOC 4444号文件第十五章是关于紧急情况处理的条文。

每一种紧急情况周围出现的各种不同的环境使得不可能制定出准确、详尽的应该遵循的程序。所概括的程序旨在给空中交通服务人员一般性指导。处置紧急情况时,空中交通管制单位必须保持充分完全的协作,空中交通管制人员必须使用他们最好的判断力。

飞机发出以下信号,就是飞机遇到严重和紧迫危险的威胁,需要协助:
- 用无线电报或任何其他发出信号的方法发出含有"XXX"字组的信号;
- 话音用"PAN,PAN"的无线电话遇险信号;
- 用数据链发送表达"PAN,PAN"一词含义的紧急电文;
- 用无线电报或任何其他发出信号的方法发出含有"SOS"字组的信号;
- 话音用"MAYDAY"的无线电话遇险信号;
- 用数据链发出表达"MAYDAY"含义的遇险电文;
- 带红光的火箭或信号弹,每次一颗,间隔很短;
- 带红光的降落伞照明弹。

MAYDAY与PAN用语的区别:

MAYDAY, MAYDAY, MAYDAY—indicates that an aircraft is being threatened by serious or imminent danger and requires immediate assistance.(遇险信号,表示航空器正遭受严重的或迫近的危险威胁,需要立即援助。)

PAN PAN, PAN PAN, PAN PAN—indicates an urgent condition, one of being concerned about safety, and requiring timely but not immediate assistance.(紧急信号,表示一种紧急情况,涉及航空器、其他车辆和机上人员安全,需要采取及时但不是立即援助。)

《附件11 空中交通服务对管制员紧急避撞冲突处理》做出了多项相关规定。

当管制员发现或者判断某一已识别的管制飞行和某一不明航空器在一条冲突航径上构成相撞危险时,无论何时,只要可行须通知航空器驾驶员,开始采取避免相撞措施。通知有冲突的航空器采用如下格式:
- 按照12小时钟表明冲突航空器的相对方位;
- 使用千米(海里)表示与冲突航空器的距离。

管制员如果不清楚航空器的高度和机型则说明冲突航空器的相对速度,例如慢或快。为避免危急的碰撞危险,管制员可通播指令所有飞行暂时改变飞行高度层,通播时说明脱离现在高度层以及飞向的高度层,飞行员除非察觉还有潜在的碰撞危险,否则不需要证实收到的广播指令。

飞行员收听到另一航空器的活动情报广播,他认为有必要立即采取措施以避免紧迫的碰撞危险,但又不能按照《附件2》中的航行优先权的规定实施时,他如果在采用最低垂直间隔为600米(2 000英尺)的区域内FL290以上,应立即下降150米(500英尺)或300米(1 000英尺);除非有一项代替的机动操作显得更为合适。

(二)FAA《管制员手册》7110中关于紧急情况处理的相关规定

美国《管制员手册》7110文件中第十章为紧急情况处理。以下摘选了管制员特情处置的方法和对战斗机的特情处置的要求,具有一定的参考意义。

紧急情况在"飞行员/管制员术语"中是遇到危及飞行安全的事件或者紧急的事件。当飞行员遇到危险情况应当在其所用的通信工具中发出"Mayday",最好重复三次。在紧急情况下同样方式使用"Pan-Pan"。如果没有使用"Mayday"或者"Pan-Pan",但管制人员怀疑有紧急情况或有潜在的紧急情况,当成紧急情况来处理

因为空中紧急情况千变万化,不可能有详细具体的处理程序。当管制员认为紧急情况存在或者即将来临时,选择一个在那种情况下最恰当的方法,以及和本手册介绍的最相近的方法。

军用战斗机的设计和复杂性使得飞行员在紧急情况下工作负荷非常高。飞行员的注意力完全在操作飞机上。因此应避免改变通信频率和雷达编码,尽量减少无线电通信,特别是飞机在低高度的紧急状况下。

军用的战斗机通常是单发动机,发现失去动力或者判断将要失去动力或者控制执行发动机紧急遇险处理方案。基于紧急情况的恢复方法,根据位置和具体紧急情况,调整处置措施。安排飞行任务的军用机场指挥紧急状况的进近,多方执行任务的按预定方案执行。

四、国内有关法规

(一)《飞行基本规则》

飞行中的特殊情况,是指突然发生的危及飞行安全的情况。对飞行中特殊情况的处置,应当根据情况的性质、飞行条件和可供进行处置的时间来确定。飞行中各种特殊情况的处置办法,由各航空管理部门规定。

飞行人员、空中交通管制员、飞行指挥员和各类保障飞行的人员,对飞行中特殊情况的处置必须预有准备。(管制员不是飞行指挥员)飞行人员应当及时察觉飞行中出现特殊情况的各种征兆,熟练掌握在各种特殊情况下的操作程序和紧急处置方法;空中交通管制员或者飞行指挥员,应当熟知在不同的飞行条件下特殊情况的指挥措施和组织援救遇险航空器的方法;各类保障飞行的人员在任何情况下都应当恪尽职守,使各种保障设施经常处于良好状态,随时能为飞行人员、空中交通管制员、飞行指挥员正确处置特殊情况提供有利条件。

飞行中发生特殊情况,机长必须在保证航空器上人员生命安全的前提下,积极采取措施保全航空器。时间允许的,机长应当及时向空中交通管制员或者飞行指挥员报告所发生的情况和准备采取的措施,并且按照其指示行动。

空中交通管制员或者飞行指挥员应当根据空中具体情况,及时采取正确措施指挥航空器。

在飞行中遇到严重危及航空器和人员安全的情况时,飞行人员应当利用一切手段,重复发出规定的遇险信号。其他航空器飞行人员在飞行中收到遇险信号,应当暂时停止使用无线电发信,必要时协助遇险航空器重复发出遇险信号。

空中交通管制员或者飞行指挥员在收到航空器发出的遇险信号后,应当迅速查明遇险航空器的位置和险情性质,立即采取措施,并报告上级。

军用航空器遇险时,有关部门应当及时报告当地政府和驻军。当地政府和驻军应当立即组织搜寻援救。在海上搜寻援救遇险航空器时,还应当报告国家海上搜寻援救组织和附近的海上搜寻援救组织,国家海上搜寻援救组织和附近的海上搜寻援救组织应当迅速进行搜寻和援救。

民用航空器遇险时,搜寻援救活动的组织与实施按照国家有关规定执行。

航空器在中华人民共和国境外遇险时,应当使用国际通用的遇险信号和频率。在海上飞行遇险时,设备允许的,还应当使用 500 kHz 频率发出遇险信号。

(二)民用航空器紧急情况下用语

当民用航空器在机场遇到紧急情况时,依据中国民用航空总局颁布《空中交通无线电通话用语》,采用如下通话用语。

(1)遇险或紧急通话的第一次通话时,以"MAYDAY"开始表示遇险信号;以"PAN PAN"开始表示紧急信号。

遇险或紧急信号应讲三次,如"MAYDAY,MAYDAY,MAYDAY",或者"PAN PAN,PAN PAN,PAN PAN"。

(2)遇险或紧急呼叫通常应在所使用的频率上完成。遇险呼叫通话应在这个频率上保持连续,除非认为转换到另外的频率上能提供更好的帮助。

(3)在遇险或紧急通话业务中,在其后的任何通话开始时,也可使用遇险和紧急信号(MAYDAY 或 PAN PAN)。

(4)发给遇险或紧急航空器的通话信息,管制单位应将通话次数、长度和内容限制到情况所需要的最低程度。

(5)遇险或紧急通话时,空中交通管制员应使用镇定、清楚、明确、自信的语音,并且每次只问一条信息。语速应比正常速度慢,避免不必要的重复。

(6)空中交通管制员有权强令该区域内干扰遇险通话的任何电台保持沉默。应根据情况将该指令发给所有电台,或发给某一电台。

无论哪一种情况,应使用:航空器呼号或全体注意,停止通信,紧急情况。

"STOP TRANSMITTING"加无线电遇险信号"MAYDAY"。

示例:CCA103 STOP TRANSMITTING,MAYDAY。

ALL STATIONS,STOP TRANSMITTING,MAYDAY。

(7)遇险信号比所有通话具有优先权,紧急信号比遇险信号以外所有通话具有优先权。了解这些情况的电台不应在有关频率上发送,除非遇险已经解除或已经终止、所有遇险已被转移到其他频率、得到空中交通管制员的许可或者它本身需要给予援助。

(8)当空中交通管制员得知遇险结束,应在遇险业务所使用的各个频率上,发布通知。通知应包含以下内容:本管制呼号,现在时间,遇险交通结束(DISTRESS TRAFFIC ENDED)。

示例:ALL STATIONS,BEIJING TOWER 0935 HOURS,CCA103 DISTRESS TRAFFIC ENDED,OUT(所有航空器,北京塔台 0935 分,国航 103 遇险结束,完毕)。

(9)根据 1949 年日内瓦公约和附加协议的受保护的救护运输,为宣布和标志航空器是用于救护运输,应发送无线电紧急信号"PAN PAN",应讲三次,后边应跟随救护运输信号"MAY-DEE-CAL",内容应包含以下信息:

1)呼号或表明救护运输的其他认可的标识办法;

2)救护运输的位置;

3)救护运输的数量及类型;

4)预飞航路;

5)预计航路时间及起飞降落时间;

6)其他信息,如飞行高度、所守听的无线电频率、所使用的语言以及二次雷达的模式和编码。

(10)遇险和紧急情况的信息应在当时所用的频率上发送,其内容的发送按照下列顺序:

1)收电电台的名称;

2)航空器的识别标志;

3)紧急情况的性质;

4)航空器驾驶员的意图;

5)现在位置、高度和航向;

6)其他有用的情报。

第八章 应急、战时和军事飞行法规

本章知识点提示：应急、战时概念的界定，应急状态下空管的职责，战时空管的特征，战时空管体制和责任的变化。

目前有关空管的有关应急、战时和军事飞行法规分散在多个法规的条款中，对有关这几个方面的法规进行系统的学习是做好空管工作的基础。

第一节 应急状态下的空中交通管制

我国空管应急工作经验零散，空管应急理论研究基础薄弱，其应急法律制度建设刚刚起步。在突发事件应急处理中，一些应急措施的采取与否往往不是依照法律的规定，而是依靠处置人员的认识水平和判断能力，由于缺乏相应的应急空管程序规则，容易造成多头指挥、应急资源浪费。

2008年汶川地震救灾中飞行活动密集，空投、机降活动繁多，初期阶段的空中交通管制由于没有应急状态下的空中交通管制法规可以依循，缺少应急指挥预案，加上不能实现预先调配和空中飞行动态监视的困难，通信联络不畅，飞行安全间隔全部依靠飞行中调配实现，空中交通管制局面混乱。后来，为统一组织实施成都地区救灾飞行活动，负责具体组织实施全国飞行管制工作的空军成立了以副司令为主任，总参陆航部部长、空军副参谋长、民航西南管理局副局长为副主任的救灾空中管制委员会，联合筹划空中交通管制，划设管制空域，制定管制法规，实施空域管理，理顺指挥协同关系。空管委组织各个保障单位先后制定了《成都地区抗震救灾空中管制规定》《成都地区抗震救灾空中管制补充规定》《成都地区抗震救灾空中管制实施办法》《直升机山区救灾飞行空中管制规定》《直升机执行专机和重要任务有关规定》，统一了应急飞行方法和避让规则，实现了后期抗震救灾应急空中飞行忙而不乱、井然有序。事后多家空管部门在经验总结中也都提到：要建立处置突发事件的航空管理规章和应急预案，建立应急联合管制机构，制定应急联合管制运行办法，明确各个单位职责、组织实施原则、方法等，以确保空中管制行动的快速高效组织。

目前，我国虽然已经颁布了一系列与空管处理突发事件有关的法律制度，如《飞行基本规则》《民用航空法》《民用航空器飞行事故应急反应和家属援助规定》《民用运输机场应急救援规则》《中国民用航空空中交通管理规定》《中国民航突发事件处置规定》《国家处置民用航空器飞行事故应急预案》《国家反劫机预案》等等，但这些规定仅是航空活动领域自身出现突发事件后的处置,对空管应急处置程序进行规范的条款少,缺乏空管应急工作中的预防、预警和事后恢复内容,并且大都是针对不同类型突发事件分别立法,相对分散、不够统一,难免出现法律规范之间的冲突。另外,交通运输部(民航局)和军队有关部门只是针对自己所负责事项立法,部门间协调不够。

此外,大部分规则的法律位阶不高,除《民用航空法》和《飞行基本规则》以外,其他的大部分规则都是部门规章或者地区性制度,没有提升到法律、行政法规层次,突发事件空管应急法制建设不够系统、不够完善。《飞行基本规则》《民用航空法》中虽然规定了一些应急措施,也只是给予了空管系统应急处置的方法,并没有说明授予空管系统此类应急处置的合法性。

一、国际公约与典型国家航空法中涉及应急状态下空管的内容分析

(一)美国空管应急法规

从法律渊源上看,美国有一套包括空管应急法制在内的完整法律体系,诸如《美国联邦反映计划》《国土安全法》《应急管理法》《空中交通管制规章》《公共卫生安全、生物恐怖准备与反应法》《灾难救助和紧急事件援助法》等。美国将突发事件应对纳入了法制化管理,1992年发布了《美国联邦反应计划》(Federal Response Plan),目的在于建立一种面对大的灾难、紧急事件的处理流程和结构,提高各部门之间应对突发事件的应急能力,以及各部门之间的协作性、高效性和系统性。其中,该计划以附件形式规定了各部门在发生紧急事件时各自的职责任务,附件一为运输部在紧急情况下的职能——协助提供联邦机构、州、政府性组织和自愿组织等需要的运输能力①。在其职能范围中就包括了提供用于航空运输的航空器②。同时,在该计划的健康与医疗服务附件(Health and Medical Services Annex)里,还规定了运输部门的职能,

---

① Emergency Support Function #1 Transportation Annex

A. Purpose

Emergency Support Function (ESF) #1 — Transportation assists Federal agencies, State and local governmental entities, and voluntary organizations requiring transportation capacity to perform response missions following a major disaster or emergency. ESF #1 also serves as a coordination point between response operations and restoration of the transportation infrastructure.

② B. Scope

Federal transportation assistance provided by ESF #1 includes, but is not limited to:

1. Processing and overall coordination of requests for Federal and civil transportation support received from organizations eligible under the Federal Response Plan (FRP), including requests for military transportation;

2. Operating national and field Movement Coordination Centers (MCCs), as required, to obtain transportation services and provide visibility of transportation assets into and out of the disaster area;

3. Assessing the damage to the transportation infrastructure, analyzing the effects of the disaster on the regional and national transportation system, monitoring the accessibility of transportation capacity and congestion in the transportation system, and implementing management controls as required;

4. Assisting in the design and implementation of alternate transportation services, such as mass transit systems, to temporarily replace system capacity lost to disaster damage;

5. Coordinating the clearing and restoration of the transportation infrastructure; 999Transportation Annex ESF #1—1Federal Response Plan

6. Coordinating activities conducted under the direct authority of Department of Transportation (DOT) elements, such as air and marine traffic control and search and rescue; and

7. Providing DOT — owned aircraft for transportation of personnel and cargo, to the extent these assets are not required for internal priority DOT missions.

包括提供航空运输航线、协助联邦航空局的空中交通管制等①。该计划使得美国大大提高了应对大的灾难和紧急事件的能力,其中就包括航空领域的应急能力。

2001年"9·11事件"后,美国应急理论和应急能力均得到快速发展。认为紧急事件是危及国家安全,危害公共安全和社会秩序,威胁公民生命和财产安全,需要迅速反应并立即处置的事件。为应对紧急事件,2001年10月26日美国颁布了《爱国者法》(亦称《反恐怖法》),扩大了FBI打击恐怖主义的权利,2002年11月25日美国国会通过了《国土安全法》,该法第五部紧急事件的准备和反应中,对核危害、自然灾害等紧急事件的应对作了规定。

对应急状态下空中交通管制进行具体可操作性规定的法律文件,则是美国运输部制定的《空中交通管制规章》(Order JO 7110.65S)中第十章紧急事件。该章对空中交通管制的紧急援助、过期航空器、管制措施、其他操作、海上紧急情况程序、地面导弹紧急情况等作了详细规定。

美国十分重视对应对紧急事件的立法,发生任何种类的紧急事件,都有可能需要利用空中交通管制,快速调动航空器应对紧急事件。因此,美国空管应急处置协调部门包括运输部、联邦航空局、国防部等机构。空管应急处置具体操作层面也有细致立法。我国航空立法中可以借鉴这些体例和具体操作。

(二)俄罗斯应急机制背景下的空管应急法规

俄罗斯的应急法律体系相当完善,其应对紧急状态的法律有《俄罗斯联邦紧急状态法》《俄罗斯联邦安全法》《制止非法劫持航空器条例》《航空运输义务条例》等,构成了空管应急领域的法律体系。

俄罗斯的空管应急法制具有明显特点:

一是应急法制确立了统一的应急机构,协调细则丰富。应对突发事件的主要机构都由若干部门组成,各部门之间、部门内部之间的协调关系比较复杂,但协调细则丰富。如"空中交通管制统一系统"的各级管制中心内都有军民航协调细则。

二是法制制度模式以应急机制为制度设计主线,而不是以突发事件的发生、发展过程为制度设计主线。

(三)日本应急机制背景下的空管应急法规

日本应急状态下的空中交通管制内容融合在《航空法》《灾害救助法》《警察法》《反恐怖特别措施法》《自卫队法》《海上保安厅法》等法律之中,没有专门的应急状态空中交通管制法。

从突发事件应急管理体制看,日本没有常设空管应急机构,其空管应急临时机构,是依托现行空管组织领导体系建立的。日本运输省负责全国的空中交通管制(军用机场和军民合用

---

① Health and Medical Services Annex

5. Department of Transportation

a. Assist in identifying and arranging for all types of transportation, such as air, rail, marine, and motor vehicle;

b. Assist in identifying and arranging for utilization of U.S. Coast Guard (USCG) aircraft in providing urgent airlift support when not otherwise required by ESF #1—Transportation or the USCG;

c. Provide casualty distribution assistance from DOT resources subject to DOT statutory requirements; and

d. Coordinate with the Federal Aviation Administration for air traffic control support for priority missions

机场暂委托防卫厅实施进近和塔台管制),运输省民航局空中交通服务处和运输省下设的四个区域管制中心负责相关工作的具体组织实施。同时,运输省还代表日本政府负责处理突发事件,对劫机、航空搜寻救助等突发事件担负直接领导责任。航空领域突发事件发生时,运输省通过政府通知、政令的形式,实施紧急应对措施。

二、我国现有航空法有关应急状态下空中交通管制内容的分析

分析应急状态下空中交通管制,首先需要明确"应急状态"的内涵,我国现有相关法律中缺少清晰的分析和界定。其次,我国现行《国家处置民用航空器飞行事故应急预案》虽是对处理航空器飞行事故的专门规定,但其中涉及空管应急对策的只有"3.3.6 现场紧急处置"中有所提及,与发达国家类似制度相比,十分欠缺,亟待完善。最后,我国应急状态下空中交通管制应当从管理机构、管理制度、预案编制、法律责任等多方面统一和细化。

(一)"应急状态"内涵的确定

首先,我国现有法律法规中缺少对应急状态具体内涵的界定,"应急状态"通常与紧急状态、突发事件等发生混淆,不同法律文件中对这些词汇的使用也比较混乱,有必要在航空法中明确界定应急状态的含义,区分或统一使用该表述。

我国现行法律体系中,同应急状态相关共有"突发事件""紧急状态""战争状态"三个词条。

突发事件主要出现在以下法律规范之中:

《中华人民共和国突发事件应对法》第3条:本法所称突发事件,是指突然发生,造成或者可能造成严重社会危害,需要采取应急处置措施予以应对的自然灾害、事故灾难、公共卫生事件和社会安全事件。

《中国民用航空突发事件应急管理工作规定》第4条:本规定所称民用航空突发事件是指突然发生,威胁或者危害民用航空活动,造成或者可能造成重大人员伤亡、财产损失或其他严重社会危害,需要采取应急处置措施的事件,以及为避免或应对其他各类突发公共事件而紧急组织实施的民用航空活动。

国务院《国家突发公共事件总体应急预案》1.3条:突发公共事件是指突然发生,造成或者可能造成重大人员伤亡、财产损失、生态环境破坏和严重社会危害,危及公共安全的紧急事件。

"紧急状态"出现在2004年《宪法》修正案和《突发事件应对法》中。

《宪法》第六十七条:全国人民代表大会常务委员会行使下列职权:……决定全国或者个别省、自治区、直辖市进入紧急状态……;第八十条:中华人民共和国主席根据全国人民代表大会的决定和全国人民代表大会常务委员会的决定,公布法律……;宣布进入紧急状态,宣布战争状态,发布动员令。

《突发事件应对法》附则第69条:发生特别重大突发事件,对人民生命财产安全、国家安全、公共安全、环境安全或者社会秩序构成重大威胁,采取本法和其他有关法律、法规、规章规定的应急处置措施不能消除或者有效控制、减轻其严重社会危害,需要进入紧急状态的,由全国人民代表大会常务委员会或者国务院依照宪法和其他有关法律规定的权限和程序决定。

紧急状态一般分为两类[①]:一类是指国家领土完整和国家主权构成威胁的战争状态,一类

[①] 傅思明.突发事件应对法与政府危机管理[M].北京:知识产权出版社,2008:242。

是指对社会基本价值造成威胁的但并不危及国家安全的一般紧急状态。区分的意义在于，针对战争状态，国家宪政制度有可能暂时中止，公民的权力将根据特殊情况而受到更大程度的限制，或在特定的范围和特定的时间内被剥夺。

"战争状态"出现在《宪法》和《国防法》中。

《宪法》第八十条：中华人民共和国主席根据全国人民代表大会的决定和全国人民代表大会常务委员会的决定，公布法律……；宣布进入紧急状态，宣布战争状态，发布动员令。

《国防法》第八章第四十九条：国家依照宪法规定宣布战争状态，采取各种措施集中人力、物力和财力，领导全体公民保卫祖国，抵抗侵略。

从上文所引全部法条可见，我国现行法律仅对"突发事件"给出了明确的定义，"紧急状态""战争状态""应急状态"在法律中均无明确定义。因此为明确应急状态下空中交通管制适用的范围，应当对"应急状态"内涵做出规定。

(二) 目前应急状态下空中交通管制的立法状况及分析

目前我国应急状态下空管的法规主要是 2006 年国务院颁布的《国家处置民用航空器飞行事故应急预案》，它制定了应急处理的相关规定，对发生民用航空器飞行事故应急状态下处理的组织指挥体系及职责、应急响应、后期处置、应急保障以及宣传、培训和演练做出了规定，但其中直接涉及空管的仅"3.3.6 现场紧急处置"一条中有所体现：当飞行事故发生在民用运输机场区域内时，机场应急指挥中心应按有关规定及机场应急救援预案迅速组织实施应急救援工作。在不影响应急救援工作及事故调查的前提下，尽快搬移、清理停留在机场道面上的事故航空器或其残骸，尽早恢复机场的正常运行，避免机场长时间关闭。相关空中交通管制部门应根据情况，及时调配与本机场运行有关的航班。机场及相关航空运输企业负责组织、疏导、安置因民用航空器飞行事故滞留机场的旅客，维护机场运行秩序。可见，应急状态下空中交通管制的法律规定十分欠缺，且《国家处置民用航空器飞行事故应急预案》中关于空管的规定也仅仅针对民用航空器特别重大飞行事故，不能适合其他种类应急状态下空管工作的需要。要完成应急状态下空管工作任务，航空法规应在以下几个方面进行规范。

1. 应急状态下空管的管理机构

国务院、中央军事委员会空中交通管制委员会和空军都没有负责全国突发事件空管应急处置的常设部门，也没有设置此类部门的法律依据。从近年抗击雪灾、地震的经验看，大都只是在突发事件出现后才成立临时性"空管委员会"（或指挥部）。交通运输部民航空管局虽设立了应急办公室，但由于缺乏法律授权，无法有效负责组织实施全国空管应急处置工作。

2005 年 6 月 31 日，国务院颁布的《国家处置民用航空器飞行事故应急预案》2.1.1 项规定："国家处置民用航空器飞行事故应急救援组织体系由领导协调指挥机构、执行办事机构和应急救援队伍及力量组成。应急救援领导协调指挥机构为国务院民用航空主管部门及其他相关部门组成的国家处置民用航空器飞行事故应急指挥部（以下简称国家处置飞行事故指挥部），执行办事机构为国家处置飞行事故指挥部办公室；应急救援队伍及力量包括民用航空器搜寻援救队伍和地方人民政府、民用航空企事业单位应急救援、消防、医疗救护、环境保护队伍及社会力量等。"

上述规定只授权国务院民用航空主管部门及其他相关部门负责民用航空器飞行事故应急指挥，不能作为成立负责突发事件全国空管应急常设机构的法律依据。因此空管系统日常的预防与应急准备、监测与预警,以及事后恢复与重建等应对活动,只能依靠国家其他应急部门或地方政府,应急处置缺乏权威指挥组织。

2. 应急状态下的空管管理制度

我国空管应急法制建设中,需要建立起一项完整的应对制度,即空管系统在应对突发事件过程中,所要涉及的一系列法律问题,如事件报告、处理控制、社会组织和公众责任、社会资源征用、国家立法等方面的制度。

3. 空管应急预案体系

军民航空管系统各管制部门虽制定了一些应急预案,但在应急预案的管理、维护和运行中存在一些漏洞:一是没有国家空管应急总体预案,军民航各级空管预案分散零乱,难以形成国家预案体系,空管应急工作难以协调统一;二是预案编制不科学不充分,很多空管部门的应急预案是按上级下发的通知或样本进行简单改动形成的,与实际情况联系不够紧密,应急预案的基本内容不完备,甚至法律依据不确切;三是预案的法律效力没得到保障,不少空管部门编制的预案因缺少效力认定程序进行法律效力确认,经常导致预案没有执行力,只能作为本单位的一个参考程序;四是预案编写过程缺少与相关部门的协调,可能出现处置程序冲突;五是研究不够,预案中未能体现突发事件应对工作的基本原则,少有预先防范内容等。这些问题的解决都需要依靠体系协调、内容完善的航空立法。

4. 应急法律责任

突发事件空管应急法律制度不能缺少责任制度,空管应急立法应对法律责任做出权责平衡的规定,防止应急状态下因空管不当使损失进一步扩大,防止应急法律机制虚化。

第二节 战时空中交通管制

战争作为人类的一种暴力对抗形式,蕴含着预测、策划、动员、指挥、组织、协调、强制、督导等法的要素。战争是一种特别的紧急状态,为保障战前充分动员,战争中高效、秩序地调动、利用国内各方力量,充分利用国家各种航空资源以实现战时需要,为战争胜利提供充分的保障。正是由于战争的特别性,为防止有关主体基于战争状态而获得的特权不被滥用,并尽可能保障战时民用航空的正常运行,防止民用航空权利遭受不必要的限制。

一、典型国家航空法中涉及战时空中交通管制内容的分析

世界各国立法中"战时"一词的含义很广,理解也很不一样,大体说来,有广义、狭义之分。有的国家将"战时"理解为最广义的"战时",即只要有扰乱社会正常秩序的事情发生,都可称之为"战时"。在这些国家中,战时分为"战时"和"视为战时"两种,前者包括内战、对外抵抗入侵之战的战争状态,后者则把处于普通刑事犯罪行为威胁的区域都称之为"战时状态区域",如实行戒严、军事管制等区域。这样的国家以中国、意大利和苏联等为代表。这里的战时是从广义上理解,包括战争和戒严、处置突发暴力事件等紧急状态。意大利的《意大利军事刑法典》由两大部分组成,即《平时军事刑法典》和《战时军事刑法典》。这两部适用于不同时期的法典是在同一天颁布的,并且同一天生效。《战时军事刑法典》中对战时的规定是:"宣战之后和战争结束之前的战争时期"以及"在非常情况下,为了维护公共秩序而进行的军事活动"。它的含义

是比较广的。苏联1990年3月14日通过的《苏维埃社会主义共和国联盟关于设立苏联总统职位和修改补充苏联宪法（根本法）的法律》，规定了战时紧急处置制度。该宪法修改补充规定，苏联总统"宣布总动员或者部分动员；在苏联遭受武装侵犯时，宣布战时状态并把这个问题立即提交苏联最高苏维埃审议；为了保卫苏联及其公民的安全，宣布在个别地区实行戒严。实行戒严的程序和戒严的制度由法律规定。""为了确保苏联公民的安全，提出关于在个别地区宣布战时状态的警告，而在必要的情况下，根据有关加盟共和国最高苏维埃主席团或最高国家权力机关的请求或同意，宣布实行战时状态并立即将所做出的决定提交苏联最高苏维埃批准。"

有的国家只从狭义的角度来理解战时，在这些国家，战时是一种独立的状态，而发生在全国或局部的通过国家行政权就可以加以控制的危险事态则称之为紧急状态。代表国家有美国、英国、法国等。就联邦法律而言，美国除宣战和全国紧急状态的战时规定外，还有戒严和总统动用联邦武装部队的紧急处置制度。全国紧急状态是在遭到入侵、发生战争和在外敌支持的内部暴乱的情况下实施的一种只适用于战时的处置制度。后两种制度既适用于战时也适用于其他紧急状况。

美国的戒严制度则没有任何成文的法律规定，而是基于公共需要而实施。实践中，戒严的使用范围较广，包括发生叛乱、暴乱、骚乱、司法程序或法律的实施受到严重阻碍等。总统动用联邦武装部队的权力，是指在发生叛乱、内乱、重大自然灾害等使法律秩序遭到严重破坏，并且州政府无法控制局势或不得不采取应付措施的情况时，总统作为联邦武装力量总司令动用部队，以平息民间动乱、恢复秩序的制度。在英国，战时属于紧急状态的一部分。成文法规定的紧急状态分为战时和普通紧急状态，曾立有30部法律，其中相当一部分现已被废止，目前继续有效的主要有战时的概念、宣布程序、期限以及可采取的措施等基本问题的法律。如1920年的《紧急状态权力法》和1964年的《国内防御法》等。在英国，战时专指战争或外敌入侵的情况；而诸如阻碍食品、水、燃料或电的供应和散发，或者阻碍人口的正常流动，或者是剥夺臣民或绝大多数臣民的生活必需品时，则不属于"战时"，政府可采取普通紧急状态。法国法律中，战时是指同总统的特别权利、紧急状态和行政法上的特别局势理论相并列的一种紧急情况。它专指"对外战争、内战、武装叛乱"等时期。法律将出现的公共秩序的严重破坏以及水灾、地震、爆炸等重大自然灾害、公共灾难性事件称之为"紧急事态"。在这里，战时显然是作为狭义上使用的。

国际民用航空公约规定"如遇战争，本公约的规定不妨碍受战争影响的任一缔约国的行动自由，无论其为交战国或中立国。如遇任何缔约国宣布其处于紧急状态，并将此事通知理事会，上述原则同样适用。"

美军拥有一整套系统全面的战时航空管制法规。1973年制定的《美国空军战区空域管制》、1995年颁发的《联合空中作战指挥与控制》和《战区联合空域管制概论》、1998年颁布的《美国空军空域管制条令》及《多军种联合空域管制程序》，美国联邦航空法第320条规定"在紧急状态下，局长应与国防部和其他有关的政府相关协商，草拟出联邦航空局在战时如何有效地履行职责的计划。"这些法规详细地规范了美军战区空域管制的组织体制、运作方式及工作流程，有效地指导美国空军战区空域管制工作。美军系统全面的战时航空法规和条令，在历次局部战争中规范航空管制活动发挥了重大作用，其做法有许多可取之处。美国联邦航空法规定了战时联邦航空局归属国防部,就是明确了美国战时航空管理领导部门为国防部。

许多国家在法律上明文规定,在平时状态,非军人不适用军事法,但战时军事法既可适用于军职人员,也可适用于一般平民。如法国《紧急状态法》第12条规定:"在已公布全省或部分省区处于紧急状态的情况下,根据司法部长和国防部长的报告而颁布的法令,可授权军事法庭受理属该省重罪法庭管辖的重要案件以及相关轻罪案件"。韩国戒严法规定,从宣布"非常戒严"(即军事管制)时起,戒严司令官掌管戒严区内的一切行政和司法事务。

二、我国航空法中涉及战时空中交通管制内容的分析

所谓战时,人们习惯上称之为战争环境存在的状态,而把无战争存在的状态称之为平时。但是,法律上对战时的理解,有规范的法律含义。《中华人民共和国刑法》第451条规定"本章所称战时,是指国家宣布进入战争状态。部队受领作战任务或者遭受敌人突然袭击时,部队执行作战任务或者处置突发性暴力事件时,以战时论。"

显然我国刑法对"战时"有了明确的定义,2007年8月我国出台的《中华人民共和国突发事件应对法》所称突发事件,是指突然发生,造成或者可能造成严重社会危害,需要采取应急处置措施予以应对的自然灾害、事故灾难、公共卫生事件和社会安全事件,从广义上说,出现上述状况,都有可能使国家进入紧急状态。

航空活动由于其特殊性,航空法对战时的航空活动管理的制定应中止普通法律的效力,明确战时管理部门和职能。战时的航空法具有以下特征。

1. 在适用条件上,战时空中交通管制主要适用于战争状态,也适用于其他突发事件

战时空中交通管制主要适用于战争状态。这是战时法成立的最初依据。在正常状态下不能适用该法律而只能适用普通法律。战争状态下,军事目的及全方位的军事支援成为国家一切活动的重心。尤其是在外敌的大举入侵,国家和军队面临生死存亡的关头,正常的宪政秩序遭到破坏时,国家和军队必须采取一切强硬措施保证航空活动中战时利益,争取战争胜利。战时军事法就是为了保证这些强硬措施的实施。

"战时状态"是适用战时军事法的依据。处于"战时状态"下,普通法律自动失效,战时军事法自动生效。这就要求"战争状态"必须经国家首脑或有权机关依法定程序确认和宣布。未经这种确认和宣布程序,任何人不得以"战时状态"为由随意中止普通法律而启用特别法律。由于战争的性质、交战地点、战争的规模等不同,国家确认和宣布战时状态的方式和范围也有所区别。如果外敌入侵,在本国交战,国家通常会向军队发布作战命令,并向全国或某些特定的地区宣布"战争状态""戒严""军事管制""宵禁"等。在一些国家的法律中,都有关于遇有外来侵略时,国家宣布战时状态或戒严的规定。在此情况下,"战争状态"适用于全国或某些特定地区,即战时军事法适用于全国或某些特定地区。如果出兵在国外进行战斗,如中国人民解放军的抗美援朝等,国家一般只向军队发布战斗命令,而不对国内宣布"战时状态"、实施戒严或军事管制等非常措施。在此情况下,尽管国家可能会向全国发布动员令,号召人民以人力和物力支援前线,但这不是"战时状态"的宣布,因"战争状态"而启用的战时法律对国内不产生地域效力。

战时空中交通管制也适用于因其他紧急状态而实行戒严或军事管制的情况下。"其他紧急状态"主要指由内乱、有明显的战争或内乱的危险、治安状况恶化等非常情况。内乱即一国因政治、经济、军事、宗教、民族等不同的原因和目的而发生的武装叛乱、暴动、政治骚乱、民族

分裂等严重分裂国家、危害政权、破坏宪法秩序的大规模的破坏事件。这些紧急状态也会同战争一样引起一个国家的机构瘫痪、秩序混乱、人民生命财产的严重危险等,因此,许多国家法律都规定遇有上述紧急状态时,国家可以采取有效的法律措施加以遏制。由于紧急状态的严重程序不同,国家采取的法律措施也有区别,主要有戒严、军事管制、禁飞、紧急动员、终止某些法定权利的行使等。并非在"其他紧急状态"下都适用战时法律,而只是在因为这些紧急状态而实行戒严或军事管制的情况下才使用。戒严和军事管制是最为全面、紧急、严厉的军事法律措施。尽管各国对军事管制的概念表述及具体规则的规定各有差异,但其基本点却是相同的,即在发生战争或其他紧急状态的情况下,国家依法定程序宣布在一定区域内限制宪法上的自由和权利的行使,由国家暂行立法、司法、行政权限的一种紧急管理措施。在多数国家,戒严和军事管制视为同种措施,故在法律上有的只提"戒严";有的只提"军事管制"。在我国戒严同军事管制也是不同的,根据我国《戒严法》的规定"戒严任务由人民警察、人民武装警察执行;必要时,国务院可以向中央军事委员会提出,由中央军事委员会决定派出人民解放军协助执行戒严任务。"戒严是"警察管制"而非军事管制。

2. 在适用主体上,战时空中交通管制既适用于军事航空人员,又适用非军事的航空人员

在战时,正常的宪法原则、法律规则如非军事航空人员不受军事法律追究等因战时状态的存在而发生变通。每个非军事航空人员和航空部门都有义务和责任积极配合非常时期的军事航空行动,暂且牺牲自己的个人利益和部门利益,维护国家和社会的全局利益。无论是军人还是地方人员,如果反其道而行之,严重地违反义务和责任,甚至进行各种破坏活动,将受到军法的严厉惩处。将战时军事法律延伸适用于地方非军人,是维护非常状态下最低限度的安全和秩序的需要。

在战时,军队成为社会生活的领导和指挥者。军队有关战争的活动成为一切活动的中心,任何人对这种特定社会关系的严重破坏,即被看作是对国家根本利益即战争利益的破坏,就应受到战时军事法律的追究。《中华人民共和国国防法》第9条第3款规定:"违反本法和有关法律,拒绝履行国防义务或者危害国防利益的,依法追究法律责任。"拒绝履行国防义务或者危害国防利益的法律责任是指有国防义务的国家公职人员、军人、公民、法人或者其他组织,故意不履行法定的国防义务,或者做出违反国防法和其他有关国防的法律所禁止的行为,而应承担的法律后果。如果非军人在战时构成犯罪,追究其战时的法律责任,应当适用战时军事法。

航空活动中的航空人员,如飞行员、管制员、机务人员等必将投入到军事活动中,因此战时空中交通管制有关法律的制定,对以上相应人员的责任和义务应做出相关的规定。

3. 战时航空法从严的原则

战时法从严,是指战时法的制定与适用比一般法更严格和严厉。这是因为:第一,特别法严于一般法是一条普遍的法则,而战时法属于特别法。第二,国家军事利益是国家最高利益之一,战时法严于一般法,是维护国家军事利益的需要。战时法从严的原则,要求对违反军事法行为的制裁,比一般违法行为的制裁更严厉。战时法从严的原则,要求对战争时期违反战时法的行为从重处罚。这是因为战时危害国家军事利益行为的社会危害性,要比平时危害国家军事利益行为的社会危害性大。在战时的违法行为,哪怕是一举一动,一言一行,都可能给国家军事利益带来严重的后果。因此,对战时违法行为必须予以严厉的惩处。

《中华人民共和国国防法》第48条规定:"国家根据动员需要,可以依法征用组织和个人的

设备设施、交通工具和其他物资。"

战时航空管制与平时航空管制不是独立存在的。平时航空管制是战时航空管制的基础，根据战争需要，可对平时管制机构进行必要的调整加强，赋予必要的职能。但战时与平时航空管制毕竟不同，需要相应的快速转换机制。因此，二者既紧密联系，相互作用，又有所区别。

一方面，随着世界信息化进程加快和航空航天技术的发展，一个国家无论战时，还是平时都有空中安全问题。空中安全不再是战争的专利，平时的空中威慑对一个国家空中安全的影响将是长期的。与传统国防相比，现代的空中国防表现为全时效、全时空，对于军航航空管制，必须随时监督、控制飞行动态，处理各种空情、特情。战时与平时航空管制比较而言，二者在维持飞行活动秩序、防止航空器空中相撞等基本任务，以及所采用的管制方式和程序等方面基本上是一样的，不应当有太大的区别。因此，战时航空管制必须以平时为依托，需要建立平战结合的长效机制。另一方面，战时与平时空中交通管制在目的、运行环境和工作强度等方面有较大差别。这是由空军的基本任务和战争的特点决定的。作为军航作战指挥系统组成部分的航空管制部门，平时的管制目的是"保卫国家安全，识别空中目标，维护飞行秩序，保证飞行安全。"以此对飞行活动进行有效监督、控制和管理，并使其始终处于和谐有序的运行状态。而战时的管制目的除此之外，应以空中作战集团行动为中心，空域管理和飞行管制按照战争的要求进行运转，以保证夺取战争的胜利。同时，尽管战时与平时航空管制在管制方式、程序等方面没有多大差别，但"战争是迫使敌人服从我们意志"的暴力方式，战争的惨烈性和高强度性，使得平时与战时航空管制的运行环境和工作强度发生很大程度变化。战争一旦爆发，航空管制系统必将成为敌我双方干扰与反干扰、打击与防护的重点目标。尤其对于民用航空系统来说，这些差别更加明显。这是因为，"一个国家的空中力量包括了军事空中力量和战时可转化为军事用途的民用航空力量。"民用航空力量是国家整体的一部分，根据《中华人民共和国国防法》要求，有责任、有义务应征参战。民用航空管制系统在战时的运行环境和工作强度将与平时差别更大。

航空管制系统建设作为国家发展战略和国防发展战略的一个重要组成部分，处在国防建设和经济建设的结合点上，具有军民共用、平战皆需的双重属性，与国家经济总体建设密切相关，其发展建设只有符合"军民一体、平战结合"的要求，才能使航空管制的平战功能高度融合，缩短平战转换时限，确保平战转换的安全性和稳定性。

所谓军民一体，即航空管制系统建设要立足于国家利益这个大局，在国务院、中央军事委员会空中交通管制委员会领导下，抓好顶层设计，将军民航管制系统建设融为一体，实行统一的管制规则、标准和程序。军事航空管制系统通过为作战和训练飞行提供管制服务，保障作战和训练顺利进行，维护国家的安全利益；民用航空管制系统为民航运行提供管制服务，加速空中交通流量，保障航空运输及通用航空正常进行，为国家的经济建设和持续发展提供保障。二者体现了国家利益中安全与发展的辩证统一关系，在发展和建设中必须实现军民一体，相互兼顾，不可偏废。

所谓平战结合，即航空管制系统建设中，要以平时为基础，并着眼于战时，着眼于国防，既保证民用飞行畅通，又满足作战飞行需求；既有效保证正常飞行，又有利于迅速处置突发事件。首先，平战结合是军队建设的基本要求。平时，军队的主要任务是备战、训练和支援国家建设，随时准备担负作战任务；战时，军队的主要任务是作战和应付突发事件；其次，平战结合是军事航空管制系统所担负任务的要求。航空管制系统在平时组织与实施全国的飞行管制工作,担负空中目标识别,空中动态掌握等任务,成为作战指挥系统的有机组成部分。战争爆发后,航空管制系统,既要保障大批次的战时空运、战斗部队转场等任务,又要协助战区防空识别,保障领空安全。只有实行平战结合的航空管制体制,才既能顺利完成平时的管制任务,又能在爆发战争时迅速转入战时体制,行使战时的使命;最后,航空管制系统建设只有平战结合,才能实现平战快速转换。平战结合的航空管制体制,可以在战时稍做调整甚至不做调整便可用于未来作战空域管制。

我国《飞行基本规则》规定了国家空中交通管理委员会领导全国的飞行管制工作,军委《战时管理条例》规定了解放军总参谋部在军委领导下统一组织全军战时管理工作。

根据《国防法》"国家在和平时期进行动员准备,将人民武装动员、国民经济动员、人民防空、国防交通等方面的动员准备纳入国家总体发展规划和计划,完善动员体制,增强动员潜力,提高动员能力。"各级飞行管制部门应当加强对战时飞行管制工作的研究,注重平战结合,认真做好战时飞行管制工作的各项准备,有关业务训练、人才培养和设施建设,都应当适应战时需要。

国家组织平战转换,通常按照国家主席令实施。平战转换的情况复杂,各专业和保障部门要根据当时形势和任务,具体情况具体分析。一般来讲,航空管制平战转换的基本程序可分为"两阶段"进行。

第一阶段:组织筹划。

这一阶段是指从接到上级预先号令开始。一般可分为两个步骤:第一步为筹划部署。主要任务是,领会上级意图,理解本级任务,研究本级航空管制设备、人员和战斗精神状况,提出调整筹措建议,调整工作重心,明确工作分工,下达平战转换预先号令。第二步为提前准备。主要任务是,按照预案调整部署,修订完善方案计划,制定补充战时航空管制的政策,编组调配参战人员及非现役人员,调配相关管制设备器材。

第二阶段:组织实施。

这一阶段是指从接到正式转换命令开始。组织实施航空管制平战转换,是一个动态过程,一般可分为两个步骤:第一步转换指挥机制。主要任务是,按照战时空中作战集团或合成师的编制安排,调整隶属关系和职能,迅速进入战时位置,履行战时管制职能,与上级指挥部门建立指挥关系,为快速投入作战保障做好准备。第二步接管调配的民航管制系统。《中华人民共和国国防法》第48条规定:"国家根据动员需要,可以依法征用组织和个人的设备设施、交通工具和其他物资。"据此,国家根据情况战时必然要征用民航管制力量,民用航空管制力量无疑是我国战时航空管制的坚强后盾。根据国家对民航管制力量的"整体征用、人员征用、设备征用"等不同情况,采取协调、合作或接管等方式,军民航群策群力,共同实现平战转换,完成战时管制保障任务。

第三节 军事航空

军事航空是指为防备和抵抗侵略,制止武装颠覆,保卫国家的主权、统一、领土完整和安全所进行的军事航空活动,包括与军事有关的政治、经济、外交、科技、教育等方面飞行活动。和平时期组成我国国防力量的各军事单位的飞行活动,是军事航空的主要内容。

军事航空是我国航空活动的重要组成部分,同民用航空共同分享我国的空域。军事航空与民用航空共存的理想局面是二者和谐共处,共同发展繁荣,但二者并非总是协调一致的。为实现下述目的,只有对军事航空做出明确规定才能实现。

一、国外航空法中涉及军事航空内容的分析

(一)《国际民用航空公约》及其附件有关军事航空的规定

国际公约中有关军事航空的规定很原则,仅有的同军事航空相关的条约为《国际民用航空公约》的《附件11》、国际民航组织4444号文件、9426号文件和9554号文件。

《国际民用航空公约》第9条第1款:"缔约各国由于军事需要或公共安全的理由,可以一律限制或禁止其他国家的航空器在其领土内的某些地区上空飞行。"

DOC 4444号文件:

15.4.1.2 空中交通服务单位一经发现在该地区有不明航空器时,它必须根据有关军事当局按照当地协议的程序提出的要求尽力确定该航空器的身份并提供必要的空中交通服务,为此,该空中交通服务单位必须视情采取下列适当步骤:

(1)设法与该航空器建立双向通信联络;

(2)询问该飞行情报区内的其他空中交通服务单位有关该飞行的情况,并要求他们帮助与该航空器建立双向通信联络;

(3)询问为相邻飞行情报区服务的空中交通服务单位有关该飞行的情况,并要求他们帮助与该航空器建立双向通信联络;

(4)设法从在该区域内飞行的其他航空器获取情报。

15.4.1.2.1 必要时,该空中交通服务单位必须尽速将已确认身份的航空器通知有关军事单位。军事当局和空中交通服务间的协调要求载于《附件11》的2.15。

16.1 有关军用交通的职责。

16.1.1 某些军用航空飞行不遵照某些空中交通管制程序,这已得到认可。为了确保飞行运行的安全,只要可行都必须要求有关军事当局在实施这种机动飞行前通知有关空中交通管制单位。

16.1.2 只有在对航空器有管辖权的当局以某种记录表形式提出特别申请后,空中交通管制单位方可受理由于军事或其他特殊情况的需要而降低的最小间隔标准,并且应遵守只能在这些航空器间使用这种降低了的最小间隔标准。有关空中交通管制单位必须发布完全包括这项降低最小间隔标准的指示的某种记录表。

16.1.3 可以划设固定的或移动的临时保留空域以用于大的编队飞行或其他空中军事活动。这种保留空域的安排必须经使用者与有关空中交通服务当局协调解决。这种协调必须根据《附件11》的规定进行,并尽早完成,以便有足够的时间根据《附件15》的规定及时予以公布。

国际民航组织DOC 9426文件规定:

"当民用和军事航空并在一个公共系统内时,在空域的利用上要达到最大程度的安全与有效,并且国家空域内所有的航空器都受到公共空中规则与空中交通管制的制约。"

国际民航组织附件11《空中交通服务》第2.15条"军事当局和空中交通服务之间的协调:空中交通服务当局必须与负责可能影响民用航空器飞行活动的军事当局建立并保持密切的协

调。对民用航空器构成潜在危险的活动所进行的协调,必须以避免民用航空器发生危险,并将对这种航空器的正常运行的干扰减少到最低限度为目的。必须做出安排,使有关民用航空器飞行安全和加速运行的情报,可以在空中交通服务单位和有关军事单位之间迅速交换。空中交通服务单位必须遵照当地协议的程序,例行地或经要求,向有关军事单位提供关于民用航空器的飞行计划以及其他有关飞行数据。"对军事航空的空域建设有了如下提议"为了增加空域容量和改进航空器运营的效率和灵活性,各国应对为军事或其他特殊活动预留的空域制定灵活利用该空域的程序,该程序应允许所有空域用户安全进入这种预留的空域。

《国际民用航空公约》和国际民用航空组织不调整军事航空,因此相应的条约仅确立了如下基本原则:

(1)确认军事航空飞行及其他对空域利用行为的特殊性;

(2)应保障军事航空的上述特性;

(3)通过协调性的程序安排,降低军事航空对民用航空的影响。

国际民航组织的上述文件,对于我国建立军民航协调、一致的空管体系具有借鉴意义。

(二)美国航空法有关军事航空的规定

美国有关军事航空的法规在《美国联邦法规汇编》第32集《国家防卫》A分集"国防部"第7章"空军"。该章包括第800～989条,内容涵盖如下方面:空军信息自由法案项目和民用航空器对空军机场的使用。

上述法案及相关法律确认联邦航空局作为国家空域资源管理者,代表国家管理空域,但是联邦航空局的一切活动都应与国防部密切联系与合作,时刻保持良好的协调关系。20世纪90年代美国联邦航空局局长恩金来中国访问,在接受李鹏总理有关军事飞行管理的问题时曾说"美国的空域是民用空域,军队必须遵守民用法规,军方是遵守民用规定的。"

联邦航空局将军事航空的飞行管制规定为一种附加的、有修改的不同于基本联邦航空局的程序,空中交通服务的部门工作由军方部门操作,如空军管制部门为空军基地提供空中交通服务。空中交通管制机构,不论它们的上级部门是联邦航空局、美国空军、美国海军,还是政府,均支持指定军用机场使用的独立性。联邦航空局支持美国空军基地的独立性,美国空军的空中交通管制程序在本基地适用于所有的飞行。

联邦航空局对军事飞行空域的规定为:

"国防部应保证军方飞行员在要求使用特殊空域和空中交通服务安排的空域时,预先和空域管理部门协调并获得进入的许可,而且熟悉相应的MARSA(军方负责航空器间隔)的程序。空中交通服务部门没有责任确定军方的飞机是否被批准进入特殊空域或空中交通服务指定的空域。"

联邦航空局空中交通管制部门不使用但也不否认军方负责航空器间间隔,MARSA的使用是军方所有的特权。但MARSA中,飞行单位和飞行员并非无限制飞行,他仍应执行仪表飞行的相关要求。此外,批准MARSA的部门需保证规则的使用和执行是有据可查,并与正在负责那个空域的管理部门沟通。

可见,美国对军事航空管理的模式是将其纳入国家统一管制的体系中,但又将其作为有别于一般的民用航空活动进行管理,保障军事航空的特殊性和优先权,这种立法趋向和体例值得我国借鉴。

(三) 俄罗斯航空法有关军事航空的规定

俄罗斯有关军事航空的飞行主要规定在其《航空法典》的第 6、7、9、22、23、26、33、34、38、40、41、44、49、52、56、61、66、67、83、93、94、95、98 条。

俄罗斯将航空分为国家航空、试验航空和民用航空。国家航空包括军事、国防、边防警察、海关和其他国家服务的航空，试验航空包括执行研究、设计、试验、开发和其他工作，包括试验航空和其他技术的飞行，因此，事实上国家航空、试验航空均包含军事航空的成分，其《航空法典》有关国家航空和试验航空的内容构成了其全部《航空法典》有关军事航空的规定。

俄罗斯《航空法典》将国家航空和试验航空统统归由国防部管理，对于航空器的登记、适航、飞行许可、事故调查等事项全部授权国防部另行制定规则。俄罗斯《航空法典》这种授权立法的模式值得我国借鉴，我国的航空法可以采取类似的模式。

二、我国现有航空法规中有关军事航空内容的分析

我国有关军事航空的规定主要为《国防法》《飞行基本规则》《国防交通条例》《空军飞行条令》《飞行管制工作条例》。

1. 我国《国防法》有关军事航空的条文

中华人民共和国的领陆、内水、领海、领空神圣不可侵犯。国家加强边防、海防和空防建设，采取有效的防卫和管理措施，保卫领陆、内水、领海、领空的安全，维护国家海洋权益。

中央军事委员会统一领导边防、海防和空防的防卫工作。

地方各级人民政府、国务院有关部门和有关军事机关，按照国家规定的职权范围，分工负责边防、海防和空防的管理和防卫工作，共同维护国家的安全和利益。

国家根据边防、海防和空防的需要，建设作战、指挥、通信、防护、交通、保障等国防设施。各级人民政府和军事机关应当依照法律、法规的规定，保障国防设施的建设，保护国防设施的安全。

2.《飞行基本规则》有关军事航空的条文

第 18 条 位于航路、航线附近的军事要地、兵器试验场上空和航空兵部队、飞行院校等航空单位的机场飞行空域，可以划设空中限制区。根据需要还可以在其他地区上空划设临时空中限制区。在规定时限内，未经飞行管制部门许可的航空器，不得飞入空中限制区或者临时空中限制区。

第 28 条 中华人民共和国境内的飞行管制，由中国人民解放军空军统一组织实施。

第 36 条 战斗飞行按照战斗命令执行，飞机起飞前或者起飞后必须及时通报飞行管制部门。

3.《飞行基本规则补充规定》有关军事航空的条文

空中禁区的划设，由国务院、中央军事委员会批准。临时空中禁区的划设，由中国人民解放军总参谋部批准。因特殊原因航空器需要飞入空中禁区或者临时空中禁区的，必须经批准划设的单位或者由其授权的机关批准。

空中限制区的划设，由中国人民解放军空军或者大军区商有关单位提出方案，报中国人民解放军总参谋部批准。临时空中限制区的划设，由有关单位提出方案，报中国人民解放军空军批准。空中危险区的划设，由中国人民解放军空军商有关单位提出方案，报中国人民解放军总

参谋部批准。军用航空器识别标志的样式,由中国人民解放军总参谋部批准。民用航空器识别标志的样式,由国务院民用航空主管部门批准,报中国人民解放军总参谋部和空军备案。中华人民共和国飞行人员在飞行中必须准确使用统一的防空警戒识别信号。防空警戒识别信号和使用范围由中国人民解放军总参谋部规定。

  从以上内容可以看出,在具体组织实施飞行管制工作过程中,空军颁布的条例、规定不仅适用军事飞行,而且直接或间接地作用到全国的飞行管制工作;军事部门不仅承担着军事航空的管理任务,也担负着国家飞行管制的组织实施工作,但是我国现行航空法在军事航空方面仍存在如下问题:

(1)未明确军用航空的概念。

(2)缺少军事航空管理的上位授权法规。

(3)缺少对军用航空权利、义务的明确规定,导致军事航空的优先权无法保障,对军用航空行为的限制不够清晰。

第九章 通用航空法规

本章知识点提示：ICAO、美国、我国通用航空内涵的差异，通用机场的分类，通用航空与运输航空空管法规上的差异，国家通用航空政策在空域管理、飞行申请、管制方法有关法规的改变。

发达国家航空发展历程表明，一个国家航空事业的繁荣需要公共航空运输业和通用航空共同发展。通用航空虽然与公共运输航空同属于民用航空，但由于通用航空器机型多、品种繁杂，飞行中使用的空域有低空、超低空，具有使用空域随意性大，飞行作业项目多样，飞行时间离散等基本特征，使得通用航空在航空器适航、航空设施、飞行管制、空域管理等方面与公共运输航空有较大区别，所以不能完全应用公共运输航空法规、标准来管理通用航空活动。

第一节 国外航空法中有关通用航空内容的分析

通用航空的表述和内涵在 ICAO 和美国等国家并不完全一致，主要为通用航空活动具体内容上的差异，以下就 ICAO、美国、欧盟针对通用航空制定的主要法律法规进行介绍。

一、《国际民用航空公约》及其附件有关通用航空的规定

早期 ICAO 对通用航空的定义是"定期航班和用于取酬的或租用合同下进行的不定期航空运输以外的任何民用航空活动。"具体是指对社会公众开放使用的定期和不定期航空运输以外的任何民用航空活动。随着航空业的不断发展，ICAO 对通用航空又有了新的定义。在《国际民用航空公约》的《附件6》第Ⅱ部分"航空器的运行"的第一章定义中，对通用航空的定义为：通用航空运行是除商业航空运输运行和航空作业以外的航空器运行，航空作业是航空器用于专门的服务，如农业、建筑、摄影、测量、观察与巡逻、搜寻与援救、空中广告等，商业航空运输运行是指为获取酬金或收费从事旅客、货物或邮件运输的航空器运行。

使用定翼飞机从事国际通用航空运行的标准和建议措施，见《附件6》第Ⅱ部分。

使用直升机从事国际商业航空运输运行或国际通用航空运行的各项标准和建议措施，见《附件6》第Ⅲ部分。

《附件6》第Ⅱ部分对定翼飞机从事国际通用航空运行的标准和建议措施，内容如下：

"飞行准备和飞行中的各种程序；飞行设施；机场最低标准；飞机的适航性与安全措施；气象条件对飞行的限制；气象报告和预报；气象条件对飞行的限制；飞行中的紧急情况指示；驾驶员报告天气；危险的飞行条件；飞行组成员的健康状况；在岗位上的飞行组成员；仪表飞行程

序；飞机性能的使用限制；飞机仪表和设备；飞机通信与导航设备；飞机维修；飞机飞行组。"

《附件6》第Ⅲ部分第3篇是对使用直升机从事国际通用航空运行的各项标准和建议措施。

研读国际民航组织附件关于通用航空运行的规定可以看出，与公共航空运输的运行相比，通用航空的运行具有以下特点：

(1)有些国际通用航空运行可以由技术水平低于商业民用航空人员的机组执行。

(2)某些通用航空航空器上安装的设备可以不达到商业运输航空器上的标准。

(3)通用航空的运行标准不是十分严格，比商业航空运输有更大的自由空间。

鉴于以上特点，ICAO承认国际通用航空驾驶员和其乘客不一定必须要有商业航空运输付费旅客所享有的相同安全水平。但是，《附件6》第Ⅱ部分被特别设计用来保证第三方（地面人员和在空中其他航空器内的人员）享有的安全水平。因此，通用航空航空器在相同环境中运行时需要遵守最低的安全标准。

二、美国航空法规有关通用航空的规定

美国《民用航空安全法》定义通用航空，是指除商业航空运输、航空作业以外的民用航空活动。航空作业是指航空器用于专门的服务，如农业、建筑、摄影、测量、观察与巡逻、搜寻与援救、空中广告等作业活动。商业航空运输是指以营利或出租为目的，使用航空器运送旅客、行李、邮件或货物的活动。民用航空活动是指从事通用航空、航空作业或商业航空运输的活动。

通用航空主要包括新飞行员的训练、通用航空飞行员级别和执照、观光、直升机移动重物、私人的飞行和紧急医疗救护飞行等。

《美国联邦航空法》和《美国联邦航空条例》并没有明确针对通用航空运行的集中规定，而是散见于各章节当中。

通用航空器的适航管理是在美国联邦航空条例C分章第25部进行的规定。

对航空人员的管理，规定于美国联邦航空条例D分章第61部中，对通用航空飞行员的规定在C,D分章，航线运输飞行员规定在F分章。

C,D,F分章对娱乐飞行员、航线运输飞行员、商用飞行员和私人飞行员的航空知识、飞行技术熟练性、飞行等级、航空经历、旋翼机等级、航空经历、权利和限制等方面内容进行了规定。

通用航空空域的管理在F分章空中交通规则与一般运行规则给予了规定。

通用航空的航空承运人、空中俱乐部及其出租业务在G分章中给予了规定。

早在1926年美国就颁布了有关通用航空的规章《空中商务条例》，使通用航空在法律的保护下健康发展。1994年，克林顿政府颁布了《通用航空振兴法案》，主要内容为在第二节(c)款[①]对通用航空器做了补充规定，规定通用航空器的飞机最大载客量为20人；从飞机出厂之

---

① (c) GENERAL AVIATION AIRCRAFT DEFINED — For the purposes of this Act, the term 'general aviation aircraft' means any aircraft for which a type certificate or an airworthiness certificate has been issued by the Administrator of the Federal Aviation Administration, which, at the time such certificate was originally issued, had a maximum seating capacity of fewer than 20 passengers, and which was not, at the time of the accident, engaged in scheduled passenger-carrying operations as defined under regulations in effect under the Federal Aviation Act of 1958 (49 U.S.C. App. 1301 et seq.) at the time of the accident.

日起的18年内,对通用航空飞机实行有限责任制。① 这一规定使通用航空飞机制造厂商降低了保险费额,促进了美国通用航空的极大发展。

美国现有通用航空的规章标准,虽不如商业航空的规章标准严格,但也十分完善,基本涵盖通用航空飞行、维修、监察员的执照培训、各类通用航空的运行以及维修机构和训练学校的资质认证等。此外,还拥有大量规范性文件支持规章,指导通用航空监察员履行职责及实施日常监察。如《飞行标准组织手册》(1100.1令)明确了通用航空监察员的职责;《国家飞行标准工作计划指南》(1800.56G)指导年度监察工作计划的制定与实施;《飞行标准国家训练计划》(3140.20A)规范了监察员训练计划的制定与实施程序;《通用航空运行监察员手册》(8700.10令)规范了通用航空监察员的监察程序;《航空器及有关部件的适航认证》(8130.2F令)对自制飞机的飞行明确了飞行限制和具体要求。

现有的安全监察员中有的兼管通用航空监察工作,有的则是专职的通用航空监察员。通用航空监察员主要来源于通用航空公司、商业航空公司、航校及军方。现有通用航空监察员分3类,即运行监察员、维修监察员和航空电气监察员。运行监察员负责从事娱乐、空中出租、工业及农业飞行的单发飞机及起飞质量为1.25万磅以上多发飞机的运行监督检查。主要职责一是对通用航空驾驶员、教员进行执照考核;二是对通用航空人员的训练大纲、训练设备、设施进行评估;三是对空中出租及类似商业飞行设施、设备、程序及管理进行评估;四是对有关通用航空(含按135部飞行的企业)的事故、事故征候及违章事件进行调查。

维修监察员负责从事娱乐、空中出租业务、工业及农业的单发和多发飞机的监察。主要职责一是评估维修人员执照和维修单位的初始及持续认证;二是评估维修人员的训练计划;三是检查通用飞机及有关设备的适航性;四是调查及报告事故、事故征候及违章事件。航空电气监察员负责所有通用航空飞机电气系统的监察。主要职责一是对空中出租飞机的电气部分进行监控;二是对电气工程师及维修单位的工作质量进行评价;三是对从事空中出租、旅游俱乐部飞行的飞机的电气维修大纲进行评价;四是检查飞机及相关设备的适航性;五是调查和报告事故、事故征候及违章事件。联邦航空局对通用航空监察员的录用资格与培训有明确的要求和规定。新录用的监察员必须到联邦航空局航空学院接受附加训练课程的培训。此外在正式从事监察工作前,还应进行含有知识、理解及实际操作三部分内容在内的为期1～3个月的岗位培训。联邦航空局对通用航空违章事件的处罚包括吊销执照、罚款以及责成相关人员进行再培训。

研读美国的通用航空法规政策,有以下特点:

(1)通用航空的内涵不同。美国的关于通用航空包括的内容不同于国际民航组织和我国对通用航空内涵的确定。

(2)通用航空的规章标准适度。联邦航空局的看法是,管理通用飞机和管理运输飞机不应等同。联邦航空局强调,规章必须促进通用航空安全;规章能促进通用航空的发展;规章的制定如不符合通用航空规律,会阻碍通用航空的发展。就通用航空而言,规章和标准不能定得过高,过高不利于通用航空的发展。如联邦航空局对个人自制飞机的要求就较为宽松,仅需制造

---

① SEC. 3. (3) the term 'limitation period' means 18 years with respect to general aviation aircraft and the components, systems, subassemblies, and other parts of such aircraft.

者向联邦航空局证明 51% 以上的部件是自己制造的①,联邦航空局不对其进行型号合格审定,但向其颁发试验类适航证。美国的经济、科技实力较强,有良好的工业基础和零部件供应渠道,普通老百姓很容易买到飞机的零部件及各类仪表,自制或改装飞机十分便利。

(3) 通用航空是美国航空交通运输的组成部分。通用航空和运输航空构成美国均衡的航空运输系统。美国已把发展通用航空运输作为架构空中高速路规划的重要组成部分,使之成为新的民航运输发展战略。美国人认为在未来 20 年中高速公路和枢纽轮辐式航空运输网将极其严重堵塞,不能满足 21 世纪的经济发展需要。另外信息网络时代的人们的时间价值观大大增强,预计美国人将出现由城市向偏远地区移居的趋势,未来的工业产品将从标准化向按客户需要等因素转化,需要相适应的交通运输工具。美国人通过多方面论证和考虑,选择了建立"小飞机运输系统"扩大航空运输能力,将该系统作为骨干、地区航空公司之外的第三种国家航空运输力量,缓解高速公路和枢纽机场的拥挤,并成为一种快速的交通运输方式,"小飞机运输系统",将使美国的近郊、农村和偏远地区实现以 4 倍于高速公路的速度作从家到目的地的旅行。

(4) 发展通用航空的政策适当,收费低廉。联邦航空局在通用航空安全上关注的是公众,前提是不能伤害他人。既保护公众的安全,又给予通用航空发展更多的灵活性。允许私人制造飞机和自建机场,纳入国家一体化机场体系规划的地方机场可获得联邦政府 95% 的财政支持。此外,美国设有非管制空域,目视飞行在管制空域及管制地带以外无须与空中交通管制部门联络。

(5) 注重安全投入和新技术应用。为解决阿拉斯加地区通用飞机的安全问题,联邦航空局出资建设了一套供私人飞行员了解航路、起降点天气情况的气象观测摄像系统,并由联邦航空局技术人员负责维护。航空管制部门可通过融合 ADS-B 目标的雷达显示,监控低高度小飞机的飞行活动。

(6) 联邦航空局重视引导和发挥行业协会和社团的作用。某些行业标准由协会先行制定提出,安全论坛或研究行业安全问题时通常邀请行业协会和社团代表参加。

(7) 公众和媒体的航空知识较丰富。遇有私人小飞机发生事故,虽然媒体也进行报道,但并不过度夸张,而且公众也并不大惊小怪。当然,有关部门亦十分重视舆论导向。2006 年,一著名橄榄球球员自驾飞机撞上纽约市的一栋大楼后,本人是通用飞行员的纽约市长亲自做客电视台,与公众讨论通用航空的安全问题。

三、欧盟航空法有关通用航空的规定

欧盟关于通用航空的规定主要有,欧盟制定的通用航空管理规章第 2407/92、2408/92、2409/92(EEC)规章规定通用航空运营人的许可,第 7857/2004 号规章规定了通用航空的保险要求;欧盟理事会关于欧盟机场时刻分配的 95/93 规章中对欧盟机场稀缺容量分配中通用航空对机场的利用规定;单一欧洲天空服务提供规章中在通用航空服务提供上的一些豁免以及

---

① 此部分内容取自网上飞行论坛《美国的通用航空和通用航空的安全监管与服务》,内容仅供参考,没有核实。私人飞行免收航路费和起降费,停场 3 小时以上时才收取停场费。相关费用低廉,考取私照需 7 000~10 000 美元,考取运动类执照需 3 500~4 000 美元,通用飞机注册仅收取 5 美元。

在欧盟委员会向欧洲议会和理事会提出的立法建议中关于通用航空的一些建议。

1. 通用航空运营人的许可

欧盟内部航空运输自由化的框架是由2407/92,2408/92,2409/92(EEC)规章规定的。这三个规章通常被称为"自由化第三组合",它们集中规定了内部航空市场的航空服务:

(1)关于航空承运人许可的规章,对于由无动力驱动的航空器,超轻型动力驱动航空器和不涉及在不同机场之间运输的地方飞行所进行的旅客、邮件、货物航空运输,不予适用。如果国内法有运营执照的要求,那么,应当适用欧盟和国内法关于航空运营人合格证的规定。

(2)对于仅仅从事最大起飞质量在1 000千克以下和20座以下的航空器运营的承运人,规定了不太严格但仍很高的经济合格标准。这些类型的航空器通常用于公务包机。

以上提到的规定,在新起草的欧洲议会和理事会关于欧盟航空运输服务运营一般规则中,在原则上予以保留。

2. 通用航空保险的要求

关于航空承运人和航空器运营人保险要求规定在7857/2004号规章。

为了保护消费者,欧盟决定有必要规定最低保险要求,以便涵盖成员国之内,进入、飞出和飞越领土的航空运营人、承运人所运载的旅客、行李、货物和第三方。对于国家航空器和主要用于休闲通用航空活动的特定类型的航空器,欧盟立法不要求强制保险,并且立法规定,对于最大起飞质量在2 700千克以下的非商业运营航空器所运输的旅客,成员国可以规定更低的最低保险责任(不少于每旅客10万元特别提款权)。

3. 欧盟机场稀缺容量的分配

1993年1月18日制定了理事会关于欧盟机场时刻分配的95/93规章(其后于2002年、2003年、2004年修改),主要针对的是建立单一航空市场之后,欧洲航空运输市场的需求与基础设施之间不平衡问题。该规章承认了通用航空有进入机场的权利:

(1)在决定机场的容量状况时,应当征求经常使用机场的通用航空代表的意见。

(2)机场协调委员会成员中应吸纳经常使用机场的通用航空代表。作为协调委员会成员,通用航空代表可以对机场容量状况发表自己的意见,提出有效利用和改进机场容量的指导纲要。

(3)随着欧洲机场中公务航空活动的增长,95/93规章采用了特殊规定,允许这种运营成为时刻分配程序的一部分。根据计划运营的公务航空运营人有权申请一系列时刻,从"不豁免适用新法"规则和"时刻灵活性"规定中获益。

4. 航空管制和单一欧洲天空

欧洲的单一欧洲天空计划由四个单一欧洲天空规章组成,其中通用航空业的利益,由通用航空参与工业咨询机构(ICB)加以保障。ICB是依据单一欧洲天空框架规章建立的,其作用是向委员会就实施单一欧洲天空的技术问题提供建议,欧洲公务航空协会和国际机场所有人和飞行员协会的欧洲分部均是ICB的成员。

单一欧洲天空服务提供规章规定,成员国有权豁免特定种类的使用者,特别是在轻型航空器费用问题上,如果这种豁免成本不会转嫁到其他使用者身上的话。另外,欧委会制定了关于空中导航服务收费的实施规则,规定对于特定类型的飞行,强制和特许豁免空中导航费——特别是最大起飞质量少于2吨的航空器和根据目视飞行规则执行的飞行,这对于通用航空业的发展特别重要。

5. 航空安全与欧洲航空安全局

欧盟委员会制定 2002 年 9 月 1592/2002 号规章,规定在航空产品、部件和设备的适航和环境适应性问题上,欧盟具有排他性的权力。它们的设计、生产、维修组织必须遵守欧委会制定的统一规则。规章成立了欧洲航空安全局——欧盟航空安全战略中心,其任务是促进民用航空的安全和环保。

欧盟委员会向欧洲议会和理事会提出立法建议:①将安全局的管制范围延伸至飞行人员许可、空中运营、第三国航空器和运营人,建议将通用航空业的几个方面均考虑在内(特别是休闲航空),并采用新类型的执照——"休闲飞行员执照"。②立法建议承认全部航空器适用同样的规则是不合适的,特别是对于设计简单或主要在当地运营的航空器和自制的或特别稀少或仅有少数的航空器。因而,立法建议保留这种航空器的同时采取适当的措施,普遍提高休闲航空的安全水平,尤其特别考虑最大起飞质量较低飞机和直升机。

从以上欧盟关于通用航空的政策、规章中,为了大力发展通用航空,欧盟增加了其航空法规的对通用航空的针对性,并对通用航空管理的一些方面采取了宽松的政策以利于其发展。

俄罗斯对通用航空范畴的认定基本同国际民航组织一致,《俄联邦航空法典》"第二十条 航空的种类"将航空分为民用航空、国家航空和试验航空。"第二十一条 民用航空的范畴"包括三部分:一是用于保障公民和经济需求的航空属于民用航空;二是用于提供服务(进行旅客、行李、货物和邮件的航空运输)和(或)进行航空作业的民用航空属于商业性的民用航空;三是不用于进行商业航空运输和进行航空作业的民用航空,属于普通航空(通用航空)。

第二节 我国航空法中有关通用航空内容的分析

中国的通用航空业经历了四个阶段:初创期(1951—1960 年);停滞期(1961—1977 年);恢复期(1978—1999 年)和发展期(2000 年至今)。2000 年以来,通用航空业的发展受到政府及社会各界的极大关注,鼓励行业发展的政策较密集出台,逐步形成了较良好的政策氛围。在这种背景下,通用航空业得以稳定、快速发展。通用航空具有机动灵活、快速高效和应用广泛的特点,在生产和其他领域中有着地面人工作业无法比拟的优越性和不可替代性,是当代先进生产工具和技术手段,在国家经济和社会发展中发挥着越来越重要作用。

新中国成立初我国称通用航空为专业飞行,国务院《关于通用航空管理的暂行规定》于 1986 年 1 月 8 日发布。该规定首次将"专业航空"更名为"通用航空",明确了通用航空行业管理机构、从事通用航空活动需履行的报批手续、从事通用航空经营活动的审批管理程序等。在《民用航空法》出台之前,该规定为通用航空行业管理提供了法规依据。

通用航空是指使用航空器从事公共航空运输以外的民用航空活动,包括从事工业、农业、林业和建筑业的作业飞行,以及卫生、抢险救灾、气象探测、海洋监测、科学实验、教育训练、文化体育等方面的飞行活动。

改革开放以来,我国通用航空发展水平不高,明显落后于公共运输航空的发展,形成了公共运输航空、通用航空的不平衡发展格局,导致民航产业结构不合理,不能实现"两翼齐飞"。反思影响通用航空发展的诸多因素,国家关于通用航空的法规和标准体系不够完善是造成这种现状的重要原因之一。

我国关于"通用航空"的概念与国际民用航空组织的定义是有区别的。《民用航空法》对于通用航空活动的定义较为笼统,通用航空的范围比《国际民用航空公约》的《附件6》定得要宽,并未将作业飞行从通用航空中区别开来。航空作业运行与其他通用航空运行有相同之处,但航空作业运行是以"出租和报酬"为目的的,而通用航空大多不以"出租和报酬"为目的,因此世界上大多数国家不将航空作业作为通用航空来对待,并且一般不对通用航空运行颁发"航空运营人合格证",而对航空作业运行进行管理并颁发航空运营人合格证。另外,国际民航组织航行委员会认为,航空作业运行与其他通用航空运行在本质上有较大的不同,不具有国际性,没有必要制定航空作业的标准和建议措施。因此公约《附件6》第Ⅱ部分不适用航空作业,一般由各国自己制定法规规章进行规范。

目前我国对通用航空管理的主要法规是《民用航空法》《通用航空飞行管制条例》《通用航空飞行任务审批与管理规定》。

一、《民用航空法》关于通用航空的规定

《民用航空法》关于通用航空主要规定在第十章:

第一百四十六条　从事通用航空活动,应当具备下列条件:

(一)有与所从事的通用航空活动相适应,符合保证飞行安全要求的民用航空器;

(二)有必需的依法取得执照的航空人员;

(三)符合法律、行政法规规定的其他条件。

从事经营性通用航空,限于企业法人。

第一百四十七条　从事非经营性通用航空的,应当向国务院民用航空主管部门办理登记。从事经营性通用航空的,应当向国务院民用航空主管部门申请领取通用航空经营许可证,并依法办理工商登记;未取得经营许可证的,工商行政管理部门不得办理工商登记。

第一百四十八条　通用航空企业从事经营性通用航空活动,应当与用户订立书面合同,但是紧急情况下的救护或者救灾飞行除外。

第一百四十九条　组织实施作业飞行时,应当采取有效措施,保证飞行安全,保护环境和生态平衡,防止对环境、居民、作物或者牲畜等造成损害。

第一百五十条　从事通用航空活动的,应当投保地面第三人责任险。

二、《通用航空飞行管制条例》关于通用航空的规定

2003年1月10日,中华人民共和国国务院、中央军事委员会联合颁布《通用航空飞行管制条例》。该条例在通用航空飞行的空域管理、服务保障、审批手续等方面做了进一步调整,规范了从事通用航空飞行活动的单位或个人向当地飞行管制部门提出飞行计划申请的程序、时限要求。明确了一些特殊飞行活动所需履行的报批手续和文件要求。它是中国颁布的第一部有关通用航空方面的飞行管理条例,为中国长期处于瓶颈状态的通用航空事业注入了活力,也是对通用航空活动依法管理的重要举措,对于合理开发和充分利用国家空域资源,保障飞行安全和通用航空事业的发展具有积极的促进作用。

《通用航空飞行管制条例》是管理通用航空飞行活动的基本依据。

第三条　本条例所称通用航空,是指除军事、警务、海关缉私飞行和公共航空运输飞行以外的航空活动,包括从事工业、农业、林业、渔业、矿业、建筑业的作业飞行和医疗卫生、抢险救灾、气象探测、海洋监测、科学实验、遥感测绘、教育训练、文化体育、旅游观光等方面的飞行活动。

第四条　从事通用航空飞行活动的单位、个人,必须按照《民用航空法》的规定取得从事通用航空活动的资格,并遵守国家有关法律、行政法规的规定。

第五条　飞行管制部门按照职责分工,负责对通用航空飞行活动实施管理,提供空中交通管制服务。相关飞行保障单位应当积极协调配合,做好有关服务保障工作,为通用航空飞行活动创造便利条件。

第二章　飞行空域的划设与使用

(2010年8月19日,国务院、中央军委颁发了《关于深化我国低空空域管理改革的意见》,对通用航空空域的使用有了更有利的政策,具体内容见本书第六章第三节。)

第六条　从事通用航空飞行活动的单位、个人使用机场飞行空域、航路、航线,应当按照国家有关规定向飞行管制部门提出申请,经批准后方可实施。

第七条　从事通用航空飞行活动的单位、个人,根据飞行活动要求,需要划设临时飞行空域的,应当向有关飞行管制部门提出划设临时飞行空域的申请。

第十二条　从事通用航空飞行活动的单位、个人实施飞行前,应当向当地飞行管制部门提出飞行计划申请,按照批准权限,经批准后方可实施。

第十三条　飞行计划申请应当包括下列内容:飞行单位;飞行任务性质;机长(飞行员)姓名、代号(呼号)和空勤组人数;航空器型别和架数;通信联络方法和二次雷达应答机代码;起飞、降落机场和备降场;预计飞行开始、结束时间;飞行气象条件;航线、飞行高度和飞行范围;其他特殊保障需求。

三、《通用航空飞行任务审批与管理规定》

2013年11月6日,为了规范通用航空飞行任务审批与管理,促进通用航空事业发展,维护国家空中安全,中国人民解放军总参谋部与中国民用航空局联合下发《通用航空飞行任务审批与管理规定》。

2013年11月25日,在民航局召开的《通用航空飞行任务审批与管理规定》(以下简称《规定》)宣传工作电视电话会上,民航局运输司与总参作战部的相关领导联合对《规定》出台的意义、内容、作用进行了解读[①]。

《规定》的出台,是在总结以往经验的基础上,结合我国对通航发展的需要,对通航审批与管理进行规范,为维护国家空中安全和促进通航发展提供制度保障。《规定》在改善通航整体运营环境等方面进行了积极探索,在通用航空管理领域进一步改革创新,主要体现在五个方面:

一是按照党的十八大以来行政审批制度改革的要求,首次对通用航空飞行任务审批实行

---

① 中国民航报. 2013年11月26日.

"负面清单①"式管理,明确规定除 9 种情况外,其他通用航空任务一律不需要申请和审批,体现了"法无禁止即合法"的基本原则。

第五条 除以下九种情况外,通用航空飞行任务不需要办理任务申请和审批手续,但在飞行实施前,须按照国家飞行管制规定提出飞行计划申请,并说明任务性质:

(1)航空器进出我国陆地国界线、边境争议地区我方实际控制线或者外籍航空器飞入我国领空的(不含民用航空器沿国际航路飞行),由民用航空局商总参谋部、外交部审批。

(2)航空器越过台湾海峡两岸飞行情报区分界线的(不含民用航空器沿国际航路飞行),由民用航空局商总参谋部、国务院台湾事务办公室审批;飞入香港、澳门地区的,须先通过相关渠道征得香港、澳门特别行政区政府有关部门同意。

(3)航空器进入陆地国界线、边境争议地区实际控制线我方一侧 10 千米的(不含民用航空器沿国际航路飞行),由民航地区管理局商所在军区审批;越过我国海上飞行情报区的(不含台湾海峡地区和沿国际航路飞行),由民航地区管理局商所在军区空军审批,报相关军区备案。进入上述地区或越过海上飞行情报区执行森林灭火、紧急救援等突发性任务的,由所在飞行管制分区指挥机构(航管中心)审批并报军区空军备案。

(4)航空器进入空中禁区执行通用航空飞行任务,由民用航空局商总参谋部审批;进入空中危险区、空中限制区执行通用航空飞行任务,由民航地区管理局商军区空军或者海军舰队审批。

(5)凡在我国从事涉及军事设施的航空摄影或者遥感物探飞行,其作业范围由民航地区管理局商相关军区审批;从事涉及重要政治、经济目标和地理信息资源的航空摄影或者遥感物探飞行,其作业范围由民航地区管理局商相关省、自治区、直辖市政府主管部门审批。

(6)我国与相邻国家联合组织跨越两国边境的航空摄影、遥感物探等通用航空飞行,由国土资源部商外交部、民用航空局、总参谋部提出意见,报国务院审批。

(7)外籍航空器或者由外籍人员驾驶的我国航空器使用未对外开放的机场、空域、航线从事通用航空飞行,由民用航空局商总参谋部审批。

(8)中央国家机关有关部门、地方人民政府和企业事业单位使用军用航空器进行航空摄影(测量)、遥感物探,以及使用总参谋部直属部队航空器或者使用军区所属航空器跨区从事通用航空飞行的,由总参谋部审批。使用军区所属航空器在辖区内进行其他通用航空飞行的,由相关军区审批;使用海军、空军所属航空器进行其他通用航空飞行的,由海军、空军或者海军舰队、军区空军审批。

(9)国家组织重大活动等特殊情况下的通用航空飞行,按照国家和军队的有关规定要求审批。

二是首次明确了民航、军队相关部门在通用航空飞行任务审批职责方面的事权划分,保证了民航行业管理部门实施通用航空行业管理职责的一致性和统一性。《规定》第三条明确,国家民用航空管理部门负责通用航空飞行任务的审批,总参谋部和军区、军兵种有关部门主要负责涉及国防安全的通用航空飞行任务的审核,以及地方申请使用军队航空器从事非商业性通用航空飞行任务的审批。

---

① 负面清单管理模式:指政府规定哪些领域不开放,除了清单上的禁区,其他领域的活动都可以。

三是按照国务院简政放权的要求,将民航行业管理部门负责的相关通用航空飞行任务审批权限下放到民航地区管理局,为通航企业提供更多便利。

四是尊重通用航空企业的市场主体地位,最大限度地支持企业依法依规自主决策。这包括第十条飞行实施单位或者个人自行堪选野外临时起降场地、第十五条机长负责最终决定放飞的制度等。(第十五条通用航空飞行的起飞、着陆标准由机长或者飞行员根据适航标准、气象条件和任务要求确定。)

五是结合通用航空发展实际,进一步满足企业运营要求。这包括第九条每年集中办理部分通用航空飞行任务审批,一次审批的作业期限可长达一年,避免一事一报;还包括第八条和第十六条对紧急救援的优先保障等,简化了审批程序。

需要注意的是学习《规定》的第五条,要正确区分"飞行任务"与"飞行计划"的概念。除9种情况外,不需要办理申请和审批手续的是通用航空的"飞行任务",而非"飞行计划"。在通用航空飞行实施前,仍须按照国家飞行管制规定提出飞行计划申请。《规定》中关于自行甄选临时起降点的条款,对于通用航空更好地"飞起来"具有积极作用。从事通用航空作业的固定翼小飞机、直升机通常飞行距离比较短,在出发地与目的地间需要一些临时起降点经停。按照《规定》第十条的内容:"通用航空飞行需在野外(含水面)临时起降且不涉及永久设施建设的,临时起降场地由实施通用航空飞行的单位或者个人自行勘选,连同飞行计划一并报所在飞行管制分区",意味着临时性起降点可以由通用航空企业自己选、自己建,帮助企业更高效地完成飞行作业任务。企业在建设临时起降点时,只须避开飞行繁忙地区、军事禁区、军事管理区,不得影响飞行安全和重要目标安全。

四、《通用航空机场航空管制运行保障管理办法》

为促进通用航空发展,规范通用航空机场的航空管制安全管理,中国民用航空局航空管制行业管理办公室2013年7月8日批准实施了《通用航空机场航空管制运行保障管理办法》,该办法同样适用在临时起降点。该办法对通用机场的航空管制安全管理、通用机场航空管制运行保障服务要求等内容做出了规定。

(一)通用机场的分类

按照《通用机场建设规范》(MH/T5026—2012),通用机场可根据其对公众利益的影响程度分为以下三类:

一类通用机场:指具有10~29座航空器经营性载人飞行业务,或最高月起降量达到3 000架次以上的通用机场。

二类通用机场:指具有5~9座航空器经营性载人飞行业务,或最高月起降量在600~3 000架次之间的通用机场。

三类通用机场:除一、二类外的通用机场。

(二)通用机场的空中交通管制服务

通用机场提供机场管制服务期间,塔台应当至少安排1名管制员在塔台值勤。通用机场经地区管理局批准,符合以下全部条件的通用机场的飞行活动可由从事通用航空飞行活动的单位负责组织实施,并对其安全负责。

(1)机场条件：一、二类机场仅有一个通用航空单位组织除经营性载人飞行以外的飞行活动时，或无航空器经营性载人飞行业务的三类通用机场。

(2)有明确的通用航空活动组织和安全责任单位。

(3)与相关军民航管制单位签订了保障协议。

(4)与本场其他相关通用航空飞行活动单位签订了安全协议。

有经营性载人飞行或者有一个以上通用航空单位组织飞行活动的一、二类机场应当提供航空情报服务。通用机场航空情报服务可以委托其他航空情报服务机构提供。提供航空情报服务的人员应当取得相应的执照。通用机场应当按照《民用航空情报工作规则》有关规定向所在地的地区航空情报中心提供及时、准确、完整的航空情报原始资料，并对原始资料的真实性和准确性负责，并保持资料的可追溯性。

五、《关于促进通用航空业发展的指导意见》

2016年5月17日国务院办公厅印发《关于促进通用航空业发展的指导意见》（以下简称《意见》），对进一步促进通用航空业发展做出部署。

《意见》提出，到2020年，建成500个以上通用机场，基本实现地级以上城市拥有通用机场或兼顾通用航空服务的运输机场，覆盖农产品主产区、主要林区、50%以上的5A级旅游景区。通用航空器达到5 000架以上，年飞行量200万小时以上，培育一批具有市场竞争力的通用航空企业。国产通用航空器在通用航空机队中的比例明显提高。

《意见》突出通用航空问题导向，提出了五个方面重点任务。一是培育通用航空市场，强化通用航空交通服务功能，扩大通用航空在抢险救灾、医疗救护等公益服务领域应用，促进通用航空与旅游、体育以及互联网、创意经济的融合发展。二是加快通用机场建设。三是促进产业转型升级，推广应用新技术，建设综合或专业示范区。四是扩大低空空域开放，实现真高3 000米以下监视空域和报告空域无缝衔接，简化飞行审批（备案）程序，明确报批时限要求，方便通用航空器快捷机动飞行，解决"上天难"问题。五是强化全程安全监管。

提出扩大低空空域开放，实现真高3 000米以下监视空域和报告空域无缝衔接，划设低空目视飞行航线，方便通用航空器快捷机动飞行。研究制定并组织实施空域分类标准，在国（边）境地带、空中禁区、全国重点防控目标区和重点防空目标等重要地区划设管制空域，包括航路航线、进近（终端）和机场管制地带等民用航空使用空域，确保重要目标及民航航班运行安全。

优化飞行服务。完善基础性航空情报资料体系，制定并发布目视飞行航空图，实时发布监视空域和报告空域的飞行动态、天气条件情况，提升低空空域航空情报、航空气象、飞行情报与告警服务能力。简化通用航空飞行任务审批、飞行计划申请和审批（备案）程序，原则上通用航空用户仅向一个航空管制单位申请或报备飞行计划；涉及管制空域的飞行活动，须申请飞行计划和空中交通管制许可，长期飞行计划只作一次性申请；仅涉及监视空域和报告空域的飞行计划，报备后即可实施。

提高审批效率。飞行管制分区内的飞行计划申请，应在起飞前4小时提出，审批单位需在起飞前2小时批复；超出飞行管制分区在飞行管制区内的，应在起飞前8小时提出，审批单位需在起飞前6小时批复；跨飞行管制区的，应在起飞前1天15时前提出，审批单位需在起飞前1天18时前批复。监视空域飞行计划，航空用户应在起飞前2小时向飞行计划受理单位报备,飞行计划受理单位需在起飞前1小时向航空管制部门报备;报告空域飞行计划,航空用户应在起飞前1小时向飞行计划受理单位报备。对执行应急救援、抢险救灾、医疗救护与反恐、处理突发事件等紧急、特殊通用航空任务的飞行计划,应随报随批。

确保运行安全。建立跨部门、跨领域的通用航空联合监管机制,形成全过程、可追溯的安全监管体系,由国家航空管制委办公室、民航局牵头,按照"地面管控为主、空中处置为辅"的原则,分类分级、各司其职,实施通用航空器运行安全监管。民航局负责建设通用航空安全监管平台,充分运用移动互联网、大数据等现代信息技术,提升通用航空器地面和空中活动的监控与追踪能力,实现飞行动态实时监控。工业和信息化部负责民用无人机无线电频率规划管理。军队负责查证处置空中违法违规飞行活动,公安部门负责"落地查人",严厉打击"黑飞"等违法违规行为,确保低空飞行安全有序。

六、其他有关规定

我国还出台了一系列通用航空市场准入、运行标准以及外商投资通用航空业等方面的法规、规章,初步建立了通用航空法规体系。这些法规、规章包括:

(1)《通用航空经营许可管理规定》(2007年民航总局令第176号)。该规章规范了行业管理部门的通用航空经营许可行为,规定了设立通用航空企业的条件、经营项目、申报文件要求、审批程序、时限等。

(2)《非经营性通用航空登记管理规定》(2004年民航总局令第130号)。该规定规范了行政管理部门对非经营性通用航空活动的行政许可行为,规定了申请登记的条件、内容、文件要求、登记程序、时限等。

(3)《外商投资民用航空业规定》(2002年民航总局令第110号)、《外商投资民用航空业规定的补充规定》(民航总局令第139号)以及《外商投资民用航空业规定的补充规定(二)》(民航总局令第174号)等民航规章,规定了境外资本投资民用航空包括通用航空的具体条件、要求及审批程序。

此外,还有大量审定和作业标准等,例如2009年6月15日通过中国民航局审定的《飞机施用农药规范》行业标准、1991年民航总局企业管理司下发的《民航通用航空作业质量技术标准(试行)》等。

上述法律、规章为通用航空飞行有法可依创造了条件,但在通用航空运营的各项技术和配套服务规范方面现在还比较欠缺,甚至可以说是空白。这虽是通用航空刚刚起步阶段的必然现象,但也表明我国有关通用航空的法规建设还不能完全适应通用航空发展需要。我国民用航空法由于将航空作业归属于通用航空,造成了像飞行训练、娱乐飞行等通用航空的各项标准必须与要求严格的作业航空等同起来,这也是造成通用航空难于发展的原因之一。

第十章 无人机飞行管理法规

本章知识点提示：无人机的分类，无人机对空域的需求，无人机与有人机飞行空管差异，无人机空管运行的特点。

无人机在我国研制已有 50 多年的历史，已批量生产和装备部队，广泛应用于空中侦察、战场监视、目标定位、校正火炮射击、战场毁伤评估、边境巡逻等军事领域。随着航空技术的不断发展，无人机技术逐步向通用化、低成本发展，这使得无人机使用范围也从军事领域拓展到航空摄影、地球物理勘探、灾情监测、海岸缉私等民用领域。目前，无人机飞行也已逐渐形成规模，其各种飞行活动对空管运行管理和空域需求提出了更高的要求。

第一节 国外发达国家无人机管控实践与经验

20 世纪前 10 年，世界各国都在大力发展各种用途的无人机，可以预见，将会有大量无人机出现在未来的空域中，无人机在全空域运行已成为必然趋势。无人机在战区空域中运行对其他有人驾驶航空器，尤其是直升机的飞行安全产生了严重威胁，已出现多起无人机与有人驾驶航空器危险接近或相撞的事故。无人机在非隔离空域运行，安全性受到公众质疑，这影响了无人机在全空域运行的进程。为了解决这些问题，国外航空发达国家制定了一系列的法规标准，并对无人机管控的理论技术进行了广泛研究。他们所采取的保障方法以及管控经验值得我们研究并作为参考，其中美国、英国、澳大利亚、巴西、日本以及欧盟成员国等国家走在了世界前列。

一、无人机管控运行机制

1. 依托有人驾驶航空器管控机构实施管控

目前，美国、英国、欧盟各国等典型国家并没有设立专门的无人机管控机构，无人机运行管控与其他有人驾驶航空器相同，由航空监管或空中交通服务机构负责，这些机构同时也负责颁布无人机管控相关的法规标准。对于特殊飞行，如参与作战飞行、科研实验飞行等任务的无人机，飞行时由军队空域管理机构或其他指定机构负责管控。例如，美国联邦航空局负责无人机管控，战场无人机管控由战区空域管理部门实施。

2. 根据无人机运行方式分类管控

根据无人机运行方式对无人机实施管控是较多国家采取的方式。巴西根据无人机的运行性质,将无人机分为非保密的运行和保密运行两类:非保密的运行即一般性质,指在公共空中交通空域中运行的无人机,由地区单元和空域管理局负责协调;保密运行是在军事活动区中运行,由地区单元和领空防御司令部负责协调。另外,巴西还根据无人机遥控的飞行范围,将无人机运行分为两类:第一类是视线之内的运行,飞行员或观测员能够直接看到无人机飞行;第二类是视线之外的运行,包括仪表飞行(IFR)或目视飞行(VFR),不需无人机在视线范围内。对于不同类型的运行,需要遵守相应的运行规则和标准。

美国、澳大利亚等国对航模人员娱乐所用的无人机系统进行特殊要求和管理,要求模型飞行器等用于娱乐性用途的无人机系统,需要远离机场和管制空域,限制在400英尺以下运行;对于限制空域以外的无人机系统,应该是分别需要获得实验性特殊适航认证(SAC-EC,Special Airworthiness Certificates in the Experimental Category)的无人机和需要取得豁免或授权认证(COA,Certificates of Waiver or Authorization)的无人机。实验性无人机系统必须取得SAC-EC认证,军事、警察、缉私等其他想要在民用空域运行的无人机需要取得COA认证,申请人可在网上提交申请,FAA进行审查。

3. 无人机飞行申请与批复

无人机在巴西空域的飞行申请,须提前15日提交给主管飞行所在空域的巴西民用航空局(ANAC)地区单元。申请书中应包括足够多的有关飞行的信息,包括航空器的物理特征、飞行特征、通信能力、远程操作站位置、失去联系后采用的程序、导航和监视能力、避撞能力等。区域单元在接到使用者的飞行申请后,应在5个工作日内准备一个报告,这个报告至少应包括对空中交通流量的影响、飞行的性质、飞行区域信息、目标区域的确切位置等。如需调整飞行计划,由区域单元协商空域使用者进行。申请的结果分为通过和拒绝,区域单元应告知使用者和空域管理局(DECEA)相关决定,并说明情况。如果军事机构和公安机构(如警察和国家税务局)使用无人机,考虑其任务所要求的特殊性,其飞行申请可以特殊对待,申请期限最长6个月。

无人机在美国隔离空域飞行之外飞行,必须申请COA。FAA Order 7610.4规定无人机应当在限定的区域和警戒区域内运行,如果在限定区域或警戒区域以外飞行,其必须取得COA。COA程序保证了FAA对在隔离空域以外飞行的无人机数量的管控。COA的有效期在1年以内,要求飞行时间和线路不会对其他飞机和地面人员造成威胁。COA的申请必须包含对飞行计划情况(包括空域类型、无人机的物理特性、驾驶方法、与"看见并避让"相同的避撞措施情况、与飞行员和ATC通信的方法、飞行线路、在必须中止飞行或通信失败时的终极程序以及COA要求的适航声明)的详细描述。FAA要求无人机具有与有人驾驶飞机的看见并避让的要求同等安全水准的能力。

4. 适航认证机制

用符合适航标准约束是飞行安全保证的基础,各国对无人机的分类不同,适航标准要求也不同。美国联邦航空局将有人驾驶航空器适航标准经过修改,变为无人机适航标准,分类三级:1级标准要求无人机严重事故率低于每100 000小时1次;2级标准要求无人机严重事故率低于每10 000小时1次(2级是携带武器无人机的最低要求);3级要求严重事故率低于每1 000小时1次。美国作为北约的成员国之一,其军用无人机系统的适航要求采用北约的标准,同时也有可用的美军军标。FAA对于公共用途的无人机系统是为其颁发授权或者豁免证(COA)。对于民用用途的无人机系统,FAA由航空器审定司的制造检查地区办公室(MIDO)为其颁发试验类特殊适航证。目前,FAA按照"无危害"的管理原则,对无人机系统进行适航管理,经过单机适航审定为其颁发特殊适航证,没有型号合格审定和生产审定的要求。

北约对无人机的适航管理分为3类:Ⅰ类无人机:起飞质量小于150 kg的小型无人机,须飞行在不受控制的空域内,最大高度不能超过地面以上365 m。该类无人机被认为是娱乐型飞行器,通常限制在目视飞行,但仍必须通过适航和飞行员资格等。Ⅱ类无人机:执行特定任务的非标准无人机,必须提供通过适航和飞行员资格的相关证明,Ⅱ类无人机可在某些特定限制下进行常规飞行。Ⅲ类无人机:此类飞行器可以在更高的高度以更大的速度飞行,尺寸更大,续航性更好。具备在所有空域飞行的能力,要遵守所有的空管法规,无人机应具备感知和避让能力。Ⅲ类无人机通常可进行超视距飞行。欧洲对无人机系统的适航法规是按照飞行平台的最大起飞质量进行划分的。150 kg以上是遵循欧洲航空安全局(EASA)的适航要求,150 kg以下按照欧洲各国民航局的要求进行适航管理。

二、无人机管控法规标准

目前出台专门的无人机管控法规标准的国家较少,大部分国家无人机管控都是在航空法规中与有人机一同制定规定。无人机管控法规标准主要包括无人机的分类、飞行活动管理、适航认证、运行者资质等多个方面。

无人机的分类非常重要,如果不对无人机进行严格的分类,将影响到无人机法规标准的制定与实施,也不利于国际无人机标准的统一。无人机目前有多种分类,美军根据无人机运行高度和持续性(例如高空长航时无人机)、飞行特点(例如垂直起降无人机)、飞行环境(例如战术无人机)、任务类型(例如战斗无人机)等对无人机进行分类。欧盟国家正在考虑根据数量和速度对民用和商用无人机进行分类。欧控提议根据起飞质量、航程和升限将无人机分为四类。在澳大利亚的新无人机规章中,严格根据质量对无人机进行了分类。美国FAA根据无人机的尺寸和复杂性进行了分类。

1. 无人机相关标准

无人机相关标准对于无人机制造与管控都具有十分重要的意义,标准是制定法规的依据,通常会演化成为相关的规章制度。国外航空发达国家都十分重视标准制定与研究,早在1999年,美国国防部就制定了15种应用于无人机管制、数据与通信的标准协议,最新制定了关于地面控制站的标准协议。只是这些标准协议主要用于军方,只有部分协议可应用于民用无人机。2002年,美国航空航天协会(AIAA)研究了无人机术语标准,并于2004年8月出版。2003年6月,美国实验材料学会(ASTM)成立了委员会以研究无人机适航、运行和飞行员资质标准,并成功地制定了轻型运动飞机标准。2004年6月,英国无人机安全小组委员会开始研究无人机系统的设计和适航标准,同年航空无线电技术委员会成立了研究无人机感知与避让以及指挥与控制相关标准的机构。可见航空发达国家十分重视无人机标准制定。

2. 无人机管控法规

到目前为止,尚没有专门针对无人机系统的国际公约。《芝加哥公约》将无人机视为航空器的一种,对无人机系统做了原则上的规定。针对无人机系统的飞行规则、认证程序等,各个国家的规定差别很大。

美国有关无人机的规定比较完善。联邦航空规则(FAR)对无人机飞行进行了规定,FAR分为不具有法律约束力的咨询通告(AC)和具有约束力的政策声明(PS)两类。1981年,为了鼓励模型飞机操作员自愿遵循安全标准,公布了关于无人机及其运行的咨询通告AC 91-57。

2005 年公布了关于无人机及其运行的政策声明 AFS - 400 UAS Policy Statement 05 - 01，2007 年公布了政策声明《国家空域系统中的无人机运行》(Unmanned Aircraft Operations in the National Airspace System)。此外，FAA 法令 7610.4 对无人机运行、飞行规则、安全规章、适航以及飞行员执照等内容进行了详细规定。

欧盟对无人机的规定较为全面。北大西洋公约组织于 2004 年设立了无人机在非隔离空域飞行的工作组，致力于制定无人机操作员训练标准、感知与避让基本要求和系统安全要求等各类标准协议，制定了适用于最大起飞质量在 150 千克至 2 000 千克的固定翼无人机的《北约无人机适航性法典》。欧洲空中航行安全组织(EUROCONTROL)起草了《有关在隔离空域以外军用无人机作为 OAT 飞行时所需要遵守的 ATM 规范》，由成员国自愿选择使用。欧盟 1702/2003、2042/2003 规章对无人机适航证明的颁发、更新、噪声证书、飞行许可、持续性适航等内容进行了规定。

英国的规定则比较系统。无人机系统在管控空域内运行的所有规章均来源于英国空中航行法令(ANO - the Air Navigation - The Orders)。目前，英国无人机领域的管控规范主要受以下规章约束：一是 ANO 和空中规则，涉及设备配置要求、运行规则、人员执照要求、机场规章和空中交通管理规章等规定，这些规定适用于所有的非军用飞机、组织、个人和设施；二是 CAP 722《英国空域无人机运行指导》，是由 CAA 颁布的关于在英国管制空域内使用无人机的指导，最新的版本是 2010 年版，CAP 722 的内容结合了民事指导和军事指导；三是关于轻型无人机系统的政策《The UK Light UAV Systems Polic》，早在 2002 年，英国关于军用和民用无人机系统的认证和运行的政策就已经颁布，该规定适用于 150 千克以下的无人机系统；四是欧洲航空安全局(EASA)所指定规章、实施细则，这些规定适用于 150 千克以上的民用无人机，对科研用的无人机以及军用或国家无人机(海关、警察、缉私等)不适用；五是《芝加哥公约》及其附件的规定。

3. 无人机系统适航认证

无人机系统的适航认证应当包括无人机、地面控制站、通信链路、飞行控制系统以及软件等多个方面，系统部分需要采用与有人机相同的认证标准，部分需要采用新标准进行认证。各个国家无人机管理法规中，均对无人机适航认证进行了规定。《芝加哥公约》规定，无人机系统需要经过适航性认证，生产商需要取得型号证书，缔约国需要对维修和履行标准进行审查，以确保无人机的持续续航性。欧洲航空安全局(EASA，European Aviation Safety Agency)在 2009 年颁布了《关于无人机系统的适航认证的政策性声明》。北约在 FINAS 框架内设立了无人机系统适航性需求专家组，并完成了适用于最大起飞质量在 150 千克至 2 000 千克的固定翼无人机的"北约无人机适航性法典"。欧盟 E.Y013 - 01"无人机系统适航性证明的政策声明"，为质量在 150 千克以上的无人机的型号认证(包括环境保护)建立了一般性规则，规定了无人机的型号认证和限定型号的认证程序。该政策主要适用于除军事、海关、警察及其他类似用途的无人机以及科研无人机以外的其他无人机。

4. 空战场无人机管控法规

随着无人机在战场的大量应用，无人机战区空域管控问题日益突出，也越来越受到重视，除了采取先进的技术手段避撞以外，各个国家还根据实际情况制定了战区空域无人机管控法规标准，其中，美国无人机战区空域管控法规标准最为系统和全面。美军无人机空域管理主要依据的是陆军野战条例 FM34 - 25 - 2《无人机》，针对无人机执行任务时同时具有预先计划和临时紧急任务两种情况,详细规定了无人机执行任务时采取的空域管理措施以及空域使用协调机制,规范了无人机在军事行动和在平时国家空域系统中运行的飞行活动。在空军条令《战斗区域空域管制》中,考虑到无人机在战场上大量应用可能引起的空域管理难题,制定了相应的无人机空域运行措施和办法。在美军联合出版物 JP3-55.1《无人机》中进行了详细规定。此外,在 FM3-04.303《空中交通服务设施、运行、培训、维护及标准化》等野战条例中,均对无人机的运行和管控做出了规定。

三、无人机空管服务保障方法

(一)运行管理保障

由于无人机训练的经常性及战争中使用的广泛性,美国将无人机与有人机进行空域综合使用所需的技术仍是一项挑战。除非获得特殊批准,FAA 规定禁止无人机系统(UAS)在某有人机空域上使用。而在某些特殊空域如军用试验场无人机的使用则由有关军方管理,不是 FAA。无人机平时要在国家空域内使用,必须获得与有人平台相同的安全性。目前在作战空域进行综合使用的方法是划定某些无人机空域,有人机未经特许不能进入。美国国防部目前向 NASA 提出一个五年目标,其宗旨是 5 年内使高空、长航时无人机能够在国家空域管制系统中进行日常飞行。为达到这一目标,NASA 参与组织制定了一个四步骤发展计划:第一步计划是在 1 200 米以上的高空飞行需要在受限制的空域中爬升和下降;第二步计划主要是能够在 5 400 米以上飞行的无人机制定日常飞行操作规程,起飞和着陆场地也将受限制;第三步需要无人机的特殊适航认证,但允许在 5 400 米以上作例行飞行,从为无人机制定的双向机场起飞,通过 C、D 和 E 类民航空域进入。第四步计划是无人机要达到标准适航认证的目标,并增加从受限制空域到为无人机制定的双向机场应急着陆的能力。

随着无人机应用的不断扩大,如何对无人机飞行进行管理是一个亟待解决的问题。在 2015 年进行的一系列测试结束后,美国国家航空航天局(NASA)计划在 2016 年无人机在视距外飞行实施空中交通管理进行测试和验证。随着无人机交通管理(UTM)系统的发展,NASA 正着力在未来五年中帮助小尺寸、低高度无人机融入空管系统,到 2030 年使得这些无人机系统可以和有人飞机一起进行常规飞行。NASA 的计划将分四步走[1],第一步就是近年来已经进行的测试项目。在交通流量小、无人居住的陆地和海洋上空进行测试,评估系统的使用情况,并逐步推广到美国 FAA 的无人机测试站点来进一步验证。第二步是在 2016 年 10 月,将超视距无人机及其远程运行进行测试,测试仍然选择在偏远地区。第三步要计划在 2018 年 1 月实施,将可以实现有限的包裹快递,这是无人机应用的一个关键。第四步预计到 2019 年 3 月实施,可以实施全面的快递投送。这将包括在人口稠密的城市地区进行超视距无人机应用,其间将建立无人机与无人机之间的间隔而不只是进行地面跟踪。

目前欧洲大多数国家无人机的快速发展对国家空域系统的安全造成威胁,同时无人机正在被迅速地部署和应用在多种军事任务中,现行的无人机空域是为无人机划定特定空域,采取无人驾驶航空安全隔离手段,欧洲航空安全局(EASA)认为长期下去不是一个可行的解决方案。为了应对来自民用航空当局和行业的压力,以制定适当的标准和可行的规范,从而使无人

---

[1] 国外典型空中交通事件信息通告(2009—2013).中国民用航空局空管行业管理办公室,2016 年 2 月 29 日。

机空域的安全性与有人驾驶系统一样透明和平等,不必为了空域安全而让两个系统隔离运行。欧洲航空安全组织、欧洲航空安全局、欧洲联合航空安全组织和欧洲民用航空设备组织都正致力于制定涵盖多个方面的无人机认证,并与国际民间航空组织和联邦航空局共同合作,致力于发展出一个无缝对接的全球解决方案。欧洲航空安全局正在努力制定出一套切实可行的军用无人机在民用空域使用的标准,从而保证在同一空域飞行的客运航班系统和无人机能够安全运行。

(二)空域管理服务保障

英国规定,一个 ATS 单位可以在划定的地理界限内提供服务,比如在特定的空域部分;也可以在一般区域内提供服务,比如在一个机场附近。飞机飞行和 ATS 规章的内容因空域划分、天气状况、飞行规则、ATS 单位类型的不同而不同,并不是在同一地区的飞机都联系同一个 ATS 单位,也并非在相同的规则下运行。管理无人机运行的人应当熟悉飞机飞行的任一空域所适用的规则和程序。无人机运行应让 ATS 提供者知情,飞行员应当在与有人驾驶飞机飞行员相同的时间内以相同的方式遵循 ATS 单位的空中交通管控指令或信息请求。在英国空域中运行无人机系统需要向 CAA 安全规章小组(SRG:Safety Regulation Group)或空中交通标准部(Air Traffic Standards Division)提供安全评估,以证明通过 ATS 或其他措施已鉴定对其他空域使用者可能带来的相关风险,已经评估风险且已经减少到合理的水平。如果意欲在隔离空域运行无人机,此项安全评估应当反映为减少无人机之间以及无人机与有人驾驶飞机之间在空中相撞而采取的措施。为了减少由于有人驾驶飞机或无人机意外地进入隔离空域而产生事故而应采取 ATS 和其他措施,此项安全评估应当包含关于此的安全论证。

依据国防部(MOD:Ministry Of Defense)的政策,在遵循规章方面,军用无人机应当与有人驾驶飞机处于同一个水准。依据空中规则,不同的空域类型的批准方式不同,在没有经过合适的方式批准的情况下,无人机不允许在英国的非隔离空域运行。如果无人机在英国隔离空域(比如危险区域、其他运行区域、暂时隔离空域等)飞行,则将会被提供与有人驾驶飞机相同安全水准的避撞服务。如果无人机在隔离空域而非危险区域飞行,其将会被基于个案考虑。空中交通管制者认为,关于无人机 ATS 的规章应当透明,包括从着陆的预先通知开始的所有的飞行步骤;在有限通信或转发器数据程序方面,管控者既不能适用不同的规则,也不能适用不同的标准。

(三)采用无人机管控先进技术

2003 年,NASA 进行了无人机的防撞系统试验,该系统可使无人机自动探测和回避其他飞机。试验在有人驾驶的"希腊海神"飞机上进行。试验中,有三架飞机冲向"希腊海神",机载系统探测到了这些飞机的存在,并为飞机选择了一条安全的航线,躲避了危险。

2007 年,欧洲防务局完成了一项技术演示研究,对长航时无人机"感知—避让"技术进行了一系列的工作,提出了技术要求,仿真测试了候选的技术方案,评估了这些方案对长航时无人机未来运行的影响。研究结果表明,在 2013—2015 年左右,欧洲将对感知与避让系统技术颁发许可证,也就是说,用 6~8 年时间,能够研发出实际应用的感知和避让技术。欧洲防务局已经开始制定路线图,要求 2015 年后无人机可以进入欧洲空域飞行。到 2018 年,无人机进入共用空域仍未实现。

国际民航组织于 2008 年专门成立了无人机系统研究小组,其主要任务是加强无人机管理和运行方面的国际协调,研究无人机系统的概念和法规,支持民用无人机方面的标准、建议措施的制定,协调相关国际组织在无人机方面的工作,目前正在重点研究适航和运行的审定、探测和避让方法、指令和控制数据链、人员执照和空中规则中的特殊授权等。

(四)加装机载空管设备

美国对无人机空管机载设备提出了严格要求,要求无人机无论实施 IFR 还是 VFR 飞行,都必须能够"看见并避让"或"感知并避让"。如果无人机在 A\B\C\D 类空域运行时,需要装备用来和 ATC 通信的双向无线电通信设备,在 A\B\C 类空域运行时,飞行员需要随时与 ATC 保持双向联系,无人机必须装载自动收发机设备以使 ATC 能够定位并识别航空器。在 D 类空域中,如果由塔台实施指挥,也需要双向通信。FAA 对申请 COA 的无人机要求必须装备标准的飞机防撞灯,并且必须在飞行过程中全时开启;无人机还必须装备高度编码收发机。对于在美国空域执行从起飞点起算超过 10 英里航向距离运输任务的无人机,或者进入敏感空域(如华盛顿周边空域)运行的无人机,应当能够通过收发机或与 ATC 和其他政府机构的双向通信被定位并识别。这种识别和通信的设备配置要求与无人机在 A\B\C 类空域运行时的设备配置要求类似。如美国 RQ1-1 和 MQ-1 型"捕食者",为中高度、大航程的无人驾驶飞机,装载有 APX-100 型敌我识别应答机;美无人机制造商——英西图公司与波音公司合作完成的"全球鹰"无人机系统作为一种续航时间显著增大并且具有自主飞行能力的新型 UAS,装备有 C 模式应答机,可在飞行中编程,能方便应用于国家空域或民用场合中。

四、无人机管控的基本经验

1. 成立无人机运行管控研究小组

2006 年 4 月,EUROCAE 特别成立了无人机研究小组,研究范围包括飞行控制、机组人员资质、适航认证。研究小组又分为无人机运行与感知避让,适航与持续适航,指挥控制、通信频谱与安全,以及小于 150 kg 的小型无人机研究 4 个分组。美国对无人机政策规范的探索研究始于 1991 年。FAA 发布了提议制定规章的通知,并组建了一个产业支持小组。在接下来的时间里,有关无人机的设计、维护、飞行员资质和设备需求咨询通告的研究工作陆续开展。北约(NATO)专门成立了无人机联合能力组来研究制定军用无人机运行的手册和规章,负责为无人机在非隔离空域的跨国运行提供指导。2007 年 3 月,北约发布了一项有关无人机系统适航要求的重要成果——STANG4671,并得到了成员国的批准认可。

2. 建设完整的无人机管控法规、标准体系

英国在遥控模型规章立法上一直处在领先地位,甚至允许某些情况下的商业应用。而 CAA 认为轻型无人机,从动能的角度等同于遥控模型,可以在相同的基础上按照相似的要求运行。2004 年,英国专门发布了 150 千克以下轻型无人机系统政策,将轻型无人机分为三类区别对待;而大于 150 千克的无人机由 EASA 管理。英国在 2005 年空中航行法令和 2007 年空中规范条令中,对适用于非军用的组织或个人航空器有关无人机的设备需求、运行规则、个人驾照、机场规则和空中交通服务规范做出规定,比如空中航行法中定义的小型无人机是指质量不超过 20 千克的航空器,规定的航行需求不适用于小型无人机。而且,在空中航行法令的第 98 条中提出了一系列小型无人机飞行的条件,这些条件包括禁止在管制空域或机场飞行区域飞行,除非获得空管部门的许可,正常情况下的最大高度为 400 英尺,在没有取得民航局许

可的情况下禁止以空中作业为目的的飞行。并且规定任何无人机的操控者都不能因疏忽而威胁人身及财产安全。或其运行对其他空域的使用者有不良的影响，那么无人机就没有自主的空域使用权。为了能与其他空域使用者混合运行，无人机操控者必须确保无人机能与有人驾驶航空器所使用的规则和程序保持一致。

北约关于无人机系统的适航要求的文件 STANG 4671 对无人机的最低性能要求给出了指导说明，它的目的是让可靠的无人机系统能够飞越 NATO 成员国领空，ICAO 并不允许在未得到一国同意前进入该国领空。尽管 STANG 4671 未提及感知避让系统运行要求，FINAS 对最小间隔和防撞限制提出了建议。可接受的安全目标是每飞行小时出现 5×10^{-9} 次碰撞概率。STANAG 4671 分为两大部分：第一部分是适航指令；第二部分包括确定达标情况的方法手段，其中制定了一套参考体系，对确保无人机在一定安全水平下运行的可接受的失效概率见表 10-1。

表 10-1 可接受的失效概率

安全水平	碰撞概率	灾难性的 a	危害性的 b	重要的 c	次要的 d	无安全影响
经常	$>10^{-3}$/h					
很可能	$<10^{-3}$/h					
可能	$<10^{-4}$/h					
很少发生	$<10^{-5}$/h					
不可能	$<10^{-6}$/h					

注：a 表示可能造成致命后果的不可控飞行或撞击，可能危及无人机机组成员或地勤人员生命安全；b 表示可能导致无人机损伤，不危害生命安全的中止飞行或迫降，可能对无人机机组成员或地勤人员造成严重伤害；c 表示无人机在一个预定的区域应急降落，可能对无人机机组成员或地勤人员造成伤害，但不太严重；d 表示无人机安全边际或操控性能轻微降低，机组工作负荷轻微增加。

3. 强化技术体系和装备体系研究

可以看出，以欧美为首的发达国家在运行概念和机制、机载设备等方面都具有领先地位，且已将先进技术应用于实际装备，成功地将理论与技术优势转化为军事优势。

4. 研发无人机空域管理系统

澳大利亚存在大量空域供无人机运行使用。目前澳大利亚有若干关于无人机和有人驾驶飞机同时安全有效地利用空域的项目，比如自动管理隔离系统，能够在复杂的空域中提供隔离保证，能够避让活动或静止的障碍的有人驾驶和无人机监测和避让系统。

5. 根据无人机的质量和飞行环境不同，提出了不同的管控要求

英国民航局（CAA）对无人机的视距飞行和超视距飞行两种状况，提出了不同的要求。视距飞行是指在当前气象条件下机组人员用肉眼（矫正视力的镜片除外）能够保持分离、避免碰撞的最大距离。对于视距飞行活动，飞行员必须考虑其他飞机和物体，通过持续观察飞机和它周围的空域来实现感知避让。视距飞行可接受的范围通常为以飞行员为圆心，水平方向距离 500 米，垂直高度 400 英尺。

超视距飞行时，飞行员无法直接看到无人机，肉眼避免其与其他飞机或物体相撞是不可能

的,必须另作安排防止相撞。在这一情况下,无人机必须配备可靠的感知避让系统,若不配备这一系统,则必须在隔离空域运行。

对不同质量的无人机要求如表 10-2 所示。

表 10-2 对不同质量的无人机要求

	起飞质量 M/kg	适航认证	登记	飞行许可	飞行员资质证	备注
1	$M<7$	否	否	否		最大冲击动能 95 kJ,最大运行速度 70 kft/s;在距离操控员不超过 500 m,不高于 400 ft 的区域运行
2	$7 \leqslant M \leqslant 20$	否	否	是	是*	
3	$20 < M \leqslant 150$	是#	是#	是	是*	
4	$M>150$	是	是	是	是*	

注:标 * 表示也可由同等资质证明代替,标 # 表示特定情况下可豁免。

> **知识拓展** 美军无人机发展路线图
>
> 美军无人机路线图是美军无人机系统发展的指导性文件,集中反映和描述了美军对无人机系统的最新认识、开发的最新进展、对无人机系统的最新需求。美军连续公布了多部无人机路线图。美国国防部公布的有《2002—2027 无人机路线图》《2005—2030 无人机路线图》《2007—2032 美军无人机系统路线图》《2011—2036 美军无人机集成系统路线图》。军种无人机路线图有《2009—2047 美国空军无人机系统飞行计划》《2010—2035 美国陆军无人机系统路线图》等。
>
> 无人机路线图包括三大核心要素:目标愿景、发展需求、发展内容。
>
> **目标愿景**:目标愿景反映发展主体所要达到的境地或标准。美国空军利用不断强化的自动化、模块化和可持续的无人机系统,将其建设成为一支更加精干、适应能力更强和调整能力更强的部队,扩大 21 世纪空中力量作战的有效性。
>
> **发展需求**:发展需求主要是针对规划目标与建设现状之间的差距,找出薄弱环节,对建设发展提出具体需求和量化指标。美军认为未来 25 年面临的战略环境和国家安全环境的挑战是多样化的,美军将面对新兴力量的崛起,非政府组织的增加,大规模杀伤性武器和其他非常规威胁以及经济的动荡带来的挑战。其未来的敌人将更少地依赖常规武器进行面对面的冲突,而是采用非常规手段。在这个环境中,美军的全球存在、全球到达和全球作战能力将能够维护国家利益。在这种情况下无人机能够通过减少伤亡和危险地区保持军事存在帮助美军应对挑战。
>
> **发展内容**:发展内容是对发展主体的进一步区分,找出影响和制约发展主体的相关因素及关键事项。发展内容中的关键项目、重大系统、核心技术是发展内容的重点。美军无人机系统发展的关键技术有集成技术、自主性技术、互操作技术、通用性技术、通信技术、载荷技术、信息技术和平台技术等。这些技术是无人机系统实现低成本、高效能的关键技术。

原因分析是路线图是否可靠的重要依据,是路线图使用者评判路线图是否科学的重要指标。在第一章"引言"中,《2005—2030 美军无人机路线图》与《2002—2027 美军无人机路线图》相比,增加了"为何发展无人机"的内容,主要针对规划目标与建设现状之间的差距,找出薄弱环节,旨在推动 2005—2030 年间美军无人飞行器开发的计划进程,并在《四年一度防务评审》报告中协助决策者制定无人飞行器长期开发战略,指导工业界开发无人飞行器的有关技术。

纵观美军无人机发展路线图,可以关注以下变化。

1. 由"无人机"改为"无人飞行器系统"

《2005—2030 美军无人机路线图》中一个最直观的变化是名称由原来的"无人机"(Unmanned Aerial Vehicles,UAV)改为"无人飞行器系统"(Unmanned Aircraft System, UAS)。无人机被定义为无须搭载操纵人员的空中飞行器。无人机项目的复杂程度不断提高,不仅包括飞机,也包括地面控制站、传感器组件和通信设备,需要对支撑无人机的技术予以更多的关注。尽管过去的无人机路线图也涉及无人飞行器系统相关部分,但《2005—2030 美军无人机路线图》首次直接从系统的角度进行分析、评估和预测,为无人飞行器系统未来解决通用性、互操作性、与整个作战系统的综合、控制系统成本等问题及时提供了一个正确的观念切入点。

2. 将无人飞艇列入无人飞行器系统范畴

《2005—2030 美军无人机路线图》第二章"无人机项目"部分将《2002—2027 美军无人机路线图》中的其他无人系统部分,细分为小型无人机系统、特种无人机系统和无人飞艇,所介绍的无人飞艇共 8 种,包括"先进飞艇飞行实验室""系留式浮空器雷达系统""联合对陆攻击巡航导弹空中组网传感器""快速初始部署浮空器""快速升空浮空器平台""高空飞艇""近太空机动飞行器"和"海军陆战队空中中继发射系统"。这些飞艇系统主要用于情报、监视与侦察以及通信中继,可明显增大覆盖面积并实现超视距通信。

3. 增加任务等级、任务领域和协同作战能力

在需求部分,《2002—2027 美军无人机路线图》从作战司令部的需求和联合物资采购委员会的需求两方面进行分析;《2005—2030 美军无人机路线图》则从无人机系统功能发展、作战司令部的需求、无人机系统任务等级分类、无人机系统任务领域和协同作战能力五个方面分析了无人机系统的发展需求。其中,能力需求分为战场态势感知、指挥控制、集中后勤、部队应用和部队防护 5 个领域。此外,《2005—2030 美军无人机路线图》对 2006—2011 财年各司令部优先考虑的 50 项能力进行评估,认为其中 27 项(占 54%)现在就可以由无人飞行器系统解决。该路线图还提供各司令部对小型、战术、战区和战斗 4 类无人机可执行的 18 项任务重要性等级的评价,得出的重要结论是,"侦察"仍被视为无人机最重要的任务,即使对无人作战飞机而言也是如此。

《2005—2030 美军无人机路线图》强调"协同作战能力",即无人机的互操作性,提出无人飞行器系统间应实现协调与共享,并与更大系统的集成,路线图指出,美军无人飞行器系统目前缺少标准的通信频率和波形,缺少标准化的传感器设备,缺少用于传感器和平台信息标准化的元数据以及通用的控制系统。因此,美军提出,提高无人机作战能力应首先具备通用、联合的情报、监视与侦察任务及其管理能力,采用通用、安全的战术数据链提高信息交互能力,提高数据分发与组网能力,改进对"时间敏感"数据的收集与传送,创新跨军种无人机之间、无人机

与有人机之间综合使用的作战概念。

第二节 我国无人机运行管理

一、无人机飞行对空域使用的需求

(一)无人机进入空域的基本要求

为了使无人机在国内国际空域内实现常规飞行,必须满足三个基本要求:飞机必须满足一定的适航性;必须由有资质的飞行员/操作员操作;符合空中规则(包括军用和民用),这三个要求至关重要,构成了无人机系统集成的基础。

1. 适航性

适航性是对进入空域飞行的飞机的基本要求,通过适航认证确保飞机系统的设计、制造以及维护能够保证飞行安全。一致的认证规则、标准和方法建立了一套最低设计和性能要求,确保指定类别和级别的飞行器的安全飞行。目前,我们应增加无人机特有的部件和系统属性的标准,可以借鉴国外无人机系统的相关标准。

2. 飞行员/操作员资质

由于对无人机的操作不同于有人机的驾驶,比如,无人机的起飞、巡航以及目视遥控降落、辅助目视降落或完全自主降落,无人机系统飞行员/操作员的技能培训与有人机截然不同。因此,各级培训部门必须将相应的最低培训标准用于对应培训项目的培训,确保操作员获得必需的知识、技能和能力。

3. 法规标准

要实现无人机像有人驾驶航空器一样在公共空域内飞行,必须建立具备适用于无人机飞行的航空管制法规和程序,使得无人机的飞行活动不危及空域中其他飞行器的安全,并且对无人机提供的空中交通管制服务对管制员来说是明确和可行的。

(二)无人机空域使用特点

1. 占用空域范围大

无人机飞行空域正由超低空、低空向中高空甚至临近空间方向扩展,目前飞行高度覆盖50~30 000米,涵盖了所有军民航飞行空域。

2. 占用高度层多

我国无人机的发展与美国相比,存在一定的差距,但差距没有有人机那么大。目前,我国无人机飞行从低空几米高度到高空20 000米飞行高度,在垂直空间内占用空域的范围可与有人飞机相提并论(甚至超过有人飞机)。

3. 占用时间长

无人机训练情况多变,可根据任务需要进行昼夜实施。无人机可满足各种气象条件下飞行训练的要求,因此,无人机训练具有全时性,对空域的使用时间覆盖范围广。

4. 空域使用灵活性强

由于无人机的发射与回收形式多种多样,就发射而言有空中发射和地面发射,地面发射又有发射架的零长发射、跑道起飞发射等,回收可进行伞降回收、撞网回收、跑道着陆等。这样的特点为无人机的使用创造了机动灵活的条件,即在很多情况下摆脱了机场和跑道的限制,使得无人机训练突显了方便和机动灵活的特点。同时,无人机的作战特点隐蔽突然,便于对敌发动突然袭击。因此,对空域的使用极其灵活,随时随地发射和回收,使用空域。

5. 任务特殊,空域保障要求高

我国军用、民用无人机的发展相对世界发达国家还有一定的差距,有很多无人机的飞行还处于试飞和定型阶段,对无人机试飞一直是按照特殊任务或重要任务对待的。军用无人机的训练飞行,由于认识不足,缺乏保障规范和措施,一般也是按照特殊任务飞行进行保障的。因此,对空域的使用要求很高,通常采用在隔离区域飞行,因此对空域保障的要求高于有人飞机。

二、无人机运行管理现状及存在矛盾

就无人机管理而言,从航空器的性质来看,军用无人机属于国家航空器,遵守军用航空器规定。民用无人机航空器根据用途分属不同管理部门。目前,我国陆、海、空三军和武装警察部队都已装备无人机,无人机的日常训练对空域的使用需求越来越高,如我军歼六无人机和哈比无人机(反辐射无人机)战术训练滞空时间长,高度范围变化大,航线距离远,往往需要穿越多个飞行空域和航路航线,训练飞行的申请和空域使用的协调十分困难。由于无人机本身的飞行特点和对飞行空域使用的特殊要求,使空管工作的难度加大。因此,迫切需要对无人机的管控进行研究并制定相应规范,以满足我军无人机战斗力生成训练的需要。

我国民用领域无人机飞行活动量也逐年增加,对航空安全造成严重威胁,迫切要求对无人机的飞行加强管控。基于无人机的诸多优点,无人机的功能正在逐渐从军事领域向民用领域转移,我国使用无人机进行人工降雨、航测、航拍、喷洒农药、地球物理探矿、危险天气监测、灾情监测、海岸缉私等飞行活动量也与日俱增。由于无人机的发射与回收多样,有些无人机可随时随地发射,机动灵活,造成无人机飞行与有人驾驶飞机争抢空域使用,而且无人机组织飞行人员法规意识淡薄,有些无人机用户不办理任何飞行审批手续,随意乱飞,对航空安全造成严重威胁,因此必须依法加强管控。

在我国,航模和其他用途的民用无人机分别受到两个不同部门的管理。航模作为体育运动项目,归属国家体育总局管理,而民用无人机飞行属于通用航空,归属中国民用航空局管理。航模与无人机的区别主要在于:一是用途上,航模飞行主要是用于展示航空器性能或者操纵人员的技术水平;无人机是搭载有效载荷完成特定任务。二是在操纵方式上,航模通常使用线控或者无线电信号控制,在视距内飞行操作;无人机可以采用多种组合操纵方式,实现远距操控。三是在活动范围上,航模通常在模拟固定、相对狭小的空域飞行;无人机根据其任务需要飞行空域跨度较大。四是在航空器性能上,航模突出低速、低高度性能;无人机根据其任务性质,性能差异大,有的可以接近或超越有人驾驶航空器。

中国民用航空局现有的政策法规有《关于民用无人机管理有关问题的暂行规定》《民用无人机空中交通管理办法》《轻小无人机运行规定(试行)》。2011年8月29日,中国民航局按照《关于民用无人机管理有关问题的暂行规定》(后简称《规定》)为安华农业保险公司首批三架AH-3N型无人机正式颁发特许飞行证。这是民航局航空器适航审定司第一次按《规定》组织审查颁证的成功范例。国内无人机的每次飞行基本上都要"特事特办"、临时批准,并严格限制在隔离空域中飞行,一定程度上影响了无人机的研制和使用。

2013年年底,中国民航局颁布了《民用无人驾驶航空器系统驾驶员管理暂行规定》。该规定主要解决无人机的驾驶员资质管理,类似交管部门要求机动车司机具有驾驶证一样,民用无人机正在迎来"有证驾驶"新阶段。按照《民用无人驾驶航空器系统驾驶员管理暂行规定》,申请人必须接受并记录培训机构工作人员提供的地面训练,完成与所申请无人机系统等级相应的地面训练课程并通过理论考试,必须在培训机构进行实际操纵飞行或模拟飞行训练,并通过口试和飞行考核。这一举措,也被业内认为是对无人机驾驶员进行正规化管理的开始。

中国民用航空局飞行标准司 2015 年 12 月颁布了《轻小无人机运行规定(试行)》,咨询通告自下发之日起生效。咨询通告适用范围包括,可在视距内或外操作的、空机质量小于等于 116 千克、起飞质量不大于 150 千克,校正空速不超过 100 千米/小时;起飞质量不超过 5 700 千克,距受药面高度不超过 15 米的植保类无人机;充气体积在 4 600 m^3 以下的无人飞艇。该通告对适用范围的无人机进行了分类,通告要求 2016 年 12 月 31 日前 Ⅲ,Ⅳ,Ⅴ,Ⅵ和Ⅶ类无人机均应符合本咨询通告要求,在北京、上海、广州、深圳运行的Ⅱ类无人机也应符合本咨询通告要求。

分类	空机质量/kg	起飞质量/kg
Ⅰ	0<W≤1.5	
Ⅱ	1.5<W≤4	1.5<W≤7
Ⅲ	4<W≤15	7<W≤25
Ⅳ	15<W≤116	25<W≤150
Ⅴ	植保类无人机	
Ⅵ	无人飞艇	
Ⅶ	可 100 米之外超视距运行的Ⅰ,Ⅱ类无人机	

体育总局颁发了《模拟运动管理办法(试行)》《无线电遥控航空模型载重飞行竞赛规则》《关于航空模型标号的规定(试行)》来规范管理航模运动。同时其下属的航空运动管理中心负责组织操作员飞行考核,通过后由中国航空运动协会颁发的无线电遥控飞行执照。信息产业部下发的《无线电模型遥控器使用频率规定》规范了模型遥控使用频率。在无人机测绘领域中现有两部行业标准,CH/Z 3001 — 2010《无人机航摄安全作业基本要求》和 CH/T 3002 — 2010《无人机航摄系统技术要求》,针对无人机航空测绘行为与规范、系统设备质量与选型作了规范要求。在人员操控技能与培训方面,测绘局与国家体育总局航空运动管理中心合作开办无人机飞行考核,无人机航摄测绘作业操控员须取得中国航空运动协会颁发的无线电遥控飞行执照。在航空管制协调与申报方面,按照《通用航空飞行管制条例》实施。

经过几十年的不断发展,我国无人机不仅用于军事活动,也广泛应用于民间飞行活动。目前,无人机飞行已形成规模,无人机各种飞行活动对空管运行管理和空域需求提出了更高的要求。但是,无人机发展在我国还存在下述矛盾。

一是没有相关的政策、法规作保障,无序发展现象严重。现行的《飞行基本规则》《空军飞行条令》《空军航空管制工作条例》等系列法规文件中,均没有针对无人机飞行的法规条款。就无人机管理而言,从航空器的性质来看,军用无人机属于国家航空器,遵守军用航空器规定,2005 年,总装备部批准的国家军用标准《无人机鉴定、定型程序和审查文件要求》,仅仅是对无人机的制造提出了基本要求,目前没有针对军用无人机的管理规章。民用无人机属于民用航空器,应当遵守我国对民用航空器相关的规定,如《民航法》《飞行基本规则》。从活动性质看,民用无人机活动多数属于通用航空活动,应当遵守《通用航空飞行管制条例》,特别应当重视空域申请和计划审批方面的规定,避免无人机与其他航空器活动的冲突。

二是无人机空管设备配备不全,空管部门不能实时有效地对飞行中的无人机实施监控,不能满足空管要求。无人机系统接受空中交通管理时的与有人航空器相比,其性能差异更大。

三是实施无人机飞行的人员与管制单位通常难以建立及时、有效的通讯联系,无法对其进行直接管制。部分无人机体积较小,没有安装应答机等设备,目前国内所有的无人机导航、航管等设备配备及能力都不能满足航空管制的要求,地面航管设备不具备对无人机进行管制的能力,管制单位对其活动很难监视。

四是无人机整体可靠性相对有人驾驶航空器低,容易出现不安全事件。这些都导致无人机在现有规则下很难与有人机同空域飞行。对于民用无人机的管控,国家民航局于2009年6月颁布的《民用无人机空中交通管理办法》,对民用无人机的飞行活动做出了规定。有关空域使用问题,《民用无人机空中交通管理办法》第四条规定:"为了避免对运输航空飞行安全的影响,未经地区管理局批准,禁止在民用运输机场飞行空域内从事无人机飞行活动,申请划设民航无人机临时空域时,应当避免与其他载人民用航空器在同一空域内飞行"。第八条规定:"不得在一个划定为无人机活动的空域内同时为民用无人机和载人航空器提供空中交通服务"。即单独为民用无人机飞行划定隔离空域。

五是无人机管制失控,严重影响军、民航正常航路航线和空域的飞行安全,存在恐怖分子、敌对势力利用无人机威胁国家和社会安全的重大隐患。国内无人机基本都没有安装敌我识别设备,我国地面防空系统即使能够探测到无人机,也无法对其进行敌我属性识别。目前,受无人机发展水平和地面管制技术现状所限,航管部门对申报管制的无人机也仅局限于按程序、内容和时限申报飞行计划和起飞前通报,无法实施飞行过程监控或监视。目前研制小型无人机的单位较多,已经形成一定规模的买方市场。但是,无人机总体技术水平低,大多数属于中低端产品,高端产品匮乏。其机载设备配备现状令人担忧,几乎所有无人机主要依靠卫星导航,测控链路抗干扰性能差,均没有安装航空管制设备,很多无人机的可靠性和可控性很差,时常发生失控或坠毁。

六是使用单位多,使用人员水平参差不齐,飞行组织的实施机制不健全。由于无人机存在许多特有的优势,正受到越来越多用户的青睐。使用队伍由专业航空人员、航空爱好者向非航空领域的人员扩展。在这些使用人员中,许多无人机操作员都未经过正规的培训和训练,且缺乏对航空法规知识的掌握。

因此,急需对无人机运行的管控加强研究,尤其是无人机的分类、空域适航要求、飞行组织实施行为规范以及无人机空管运行规章应尽快研究确定,以跟上无人机研制开发和无人机运行管理需求的步伐,使我军的无人机成为新的武器平台和制式装备,使我国的无人机发展最大限度地满足国民经济发展和国防建设需要。

三、我国无人机飞行管理法规建设方略

(一)无人机飞行管理法规架构

我国无人机管理的规范架构应当是一个综合全面的体系,其调整内容应当包括如下几个

方面:研发、生产与维修类、市场销售管理类、国籍与权利登记类、人员执照类、空中交通管理类、飞行安全和事故与事故征候调查类。

(二)无人机飞行管理立法构想

无人机空管立法的价值取向同无人机管理立法的基本原则具有相通之处,二者是对同一事项的阐述角度不同。根据《中华人民共和国立法法》第4,5,6条的规定,目前我国立法的基本原则包括三项:法治原则、民主原则和科学原则。无人机管理立法也必须遵循上述三项基本立法原则。不过,无人机管理立法还有其自身独有的基本立法原则和价值取向,具体包括以下几个方面。

1. 审慎

无人机管理立法不能轻率、盲目地以发展法、促进法的姿态来进行,必须审慎选择立法的原则、主张,立法之前对正负面效应进行充分的估计和客观的评价,并把它们划归为不同的级别,进而采取不同的立法对策。

2. 统一

无人机管理立法中要认真疏理已有的航空部门法的相关法律规范,确保在无人机管理的部门法体系中不出现相互矛盾的法律规范,保证立法的统一性。同时,在完成立法工作后,要明确部门法体系的效力层次,及时做好对配套法规的制定、修改和清理工作,维护不同级别管理规范的统一。

3. 平衡

《立法法》第6条明确规定:"立法应当从实际出发,科学合理地规定公民、法人和其他组织的权利与义务、国家机关的权力与责任。"无人机管理立法要平衡兼顾管理者与被管理者的不同利益,无人机和有人机发展的不同要求,以及安全、效率与创新之间的关系,争取实现平衡、协调。

4. 安全

安全是法律追求的基本价值之一。无人机管理立法中要认真总结对航空安全管理中的成功经验,将在实践中证明行之有效,并且符合相关公约要求的安全保障手段纳入法律规定中,通过规范对无人机的管理,提高安全系数,从根本上保障我国航空安全形势。

5. 国际趋同

目前,在对无人机的管理上,国际上特别是一些发达国家已经建立了一套较为完善和科学的管理模式和做法,其中一些做法已经通过国际公约或区域性协定的形式被确立下来,在制定无人机管理规范的过程中,要认真研究相关内容的国际通行做法,结合我国实际,做好对相关国际公约和协定的衔接,为提高我国航空的管理标准提供法律保障。

(三)无人机飞行管理条例的框架内容

2018年年初,国家空中交通管制委员会办公室发布了《无人驾驶航空器飞行管理暂行条例(征求意见稿)》[①],基本框架为:总则、无人机系统、无人机驾驶员、飞行空域、飞行运行、法律责任。

一、征求意见稿原则。一是坚持安全为要。把确保飞行安全和重要目标安全作为立法工

---

① 《无人驾驶航空器飞行管理暂行条例(征求意见稿)》有关问题说明,国家空中交通管制委员会办公室,2018.

作考虑的重点,科学统筹管理与使用的关系,抓住产品质量、登记识别、人员资质、运行间隔等关键环节,降低安全风险。二是坚持创新发展。研究把握无人机运行特点规律,借鉴国际有益做法,着力在分级分类、空域划设、计划申请等管理措施上实现突破,促进产业及相关领域健康有序发展。三是坚持问题导向。以规范微型、轻型、小型等民用无人机运行及相关活动为重点,查找存在的矛盾问题,剖析症结根源,研究提出措施办法,起草条款内容。四是坚持管放结合。对不同安全风险的无人机明确不同管理办法,放开无危害的微型无人机,适度放开较小危害的轻型无人机,简化小型无人机管理流程,切实管好中型、大型无人机。五是坚持齐抓共管。依托无人驾驶航空器管理部际联席工作机制,界定职能任务,明晰协同关系,努力形成军地联动、统一高效、责任落实、协调密切的常态管控格局。

二、关于管理对象。无人驾驶航空器通常包括遥控驾驶航空器、自主航空器、模型航空器等。最大起飞质量不超过25千克的遥控驾驶航空器和自主航空器是当前管理工作的重点、难点,与模型航空器虽然在飞行高度、速度、机体质量等方面存在相似之处,但在构造、用途、操控方式等方面存在明显差异。模型航空器在生产制造、销售流通等环节通常无须特别要求,各国普遍将其赋予体育部门管理,我国长期以来也采取类似做法。为此,《征求意见稿》主要规范遥控驾驶航空器和自主航空器的管理,模型航空器管理规则授权国务院体育行政部门会同有关部门制定。

三、关于无人机分级分类。世界有关国家普遍对无人机实施分级分类管理。《征求意见稿》考虑到无人机的安全威胁主要来自高度冲突、动能大小及活动范围,在吸收各国现行分级分类管理方法的基础上,紧密结合我国国情,将无人机分为两级三类五型:两级,按执行任务性质,将无人机分为国家和民用两级;三类,按飞行管理方式,将民用无人机分为开放类、有条件开放类、管控类;五型,按飞行安全风险,以质量为主要指标,结合高度、速度、无线电发射功率、空域保持能力等性能指标,将民用无人机分为微型、轻型、小型、中型、大型。

四、关于微型、轻型无人机分类数值。借鉴大多数国家对质量小于0.25千克无人机放开管理的做法,《征求意见稿》将开放类无人机空机质量上限定为0.25千克且设计性能满足一定要求;吸收国内外碰撞试验成果,结合国内大多数用于消费娱乐的无人机空机质量不超过4千克的实际,《征求意见稿》将有条件开放类无人机空机质量确定为不超过4千克(最大起飞质量不超过7千克)且运行性能满足一定条件。上述无人机分类数值界定,既充分考虑了当前用于消费娱乐的无人机飞行需求和安全风险,也有利于促进产业健康有序发展。

五、关于最大起飞质量和空机质量。"最大起飞质量"概念多使用于有人驾驶航空器,是适航管理工作监测认证的重要指标,很多国家在无人机立法时,直接沿用了这一概念。但由于小型、轻型无人机没有适航要求,不一定能够提供经过官方检测的最大起飞质量数值。为易于管理,《征求意见稿》把"最大起飞质量""空机质量"作为轻型、小型、中型无人机的两个重要分类条件。其中,轻型、中型无人机应当同时满足两个条件,小型无人机只需满足其中一个条件。

六、关于飞行空域。《征求意见稿》针对各类无人机飞行活动对安全的影响程度,充分考虑国家无人机和微型、轻型、植保等民用无人机的特殊使用需求,以飞行安全高度为重要标准,明确了微型无人机禁止飞行空域和轻型、植保无人机适飞空域的划设原则,规定了无人机隔离空域的申请条件,以及具备混合飞行的相关要求,基本满足了各类无人机飞行空域需求。

七、关于飞行计划申请与批复流程。《征求意见稿》突破现行"所有飞行必须预先提出申请,经批准后方可实施"的规定,对部分运行场景的飞行计划申请与批复流程做出适当简化。

微型无人机在禁止飞行空域外飞行,无需申请飞行计划;轻型、植保无人机在相应适飞空域内飞行,只需实时报送动态信息;轻型无人机在适飞空域上方不超过飞行安全高度飞行,具备一定条件的小型无人机在轻型无人机适飞空域及上方不超过飞行安全高度的飞行,只需申请飞行计划;国家无人机在飞行安全高度以下遂行作战战备、反恐维稳、抢险救灾等飞行任务,可适当简化飞行计划审批流程。同时,将紧急任务飞行申请时限由现行"1小时前"调整为"30分钟前",为用户提供方便。

八、关于植保无人机特殊政策。《征求意见稿》对符合条件的植保无人机给予了特殊政策,包括配置特许空域、免予计划申请等。主要考虑:一是植保无人机出厂时即被限定了超低的飞行高度、有限的飞行距离、较慢的飞行速度,以及可靠的被监视和空域保持能力;二是植保无人机作业飞行,绝大多数飞行高度不超过真高30米,且作业区域均位于农田、牧场等人口稀少地带;三是植保无人机作业可提高农林牧生产效率,正日益成为改善农村生产方式的有效手段。

九、关于轻型无人机适飞空域真高上限。轻型无人机以消费娱乐为主,将适飞空域真高上限确定为120米,主要考虑:一是航路和固定航线以600米为起始飞行高度层;二是有人驾驶航空器除因起降、特殊任务(作业)以及经批准的特殊航线飞行外,不得低于150米高度;三是统计数据表明,国内轻型无人机飞行低于120米高度的占比达90%以上;四是多数国家将类似无人机的飞行活动限定真高不超过120米。

第十一章　国际民航组织空管法规

本章知识点提示：国家主权问题,飞行的权力,DOC 4444 文件,安全间隔标准的确定方法,飞行程序确定的方法,空管未来发展愿景。

国际民航组织作为一个国家国际性组织,它与各国的民航组织有着密切的联系；作为一个业务性组织,它指导着各国民用航空的发展。目前不论民航还是军航空管法规建设的发展,国际民航组织的文件起着积极指导作用。特别是国际民航组织的技术性文件,几乎都能得到世界各国的接纳和遵守。

第一节　《国际民用航空公约》

《国际民用航空公约》有序言和 4 个部分,共 22 章 96 条。

序言概括了签订公约的目的。第一部分是空中航行,包括公约的一般原则,在缔约国领土上空飞行,航空器的国籍,便利空中航行的措施,航空器应具备的条件,国际标准与建议措施。第二部分是国际民用航空组织,包括组织、大会、理事会、航行委员会、人事、财政、其他国际协议。第三部分是国际航空运输,包括资料和报告,机场和其他航行设施,联营组织和合营航班。第四部分是最后条款,包括其他航空协定和协议,争端和违约,战争、附件、批准、加入、修改和退出、定义。

以下仅对有关航行的内容做一介绍。

一、公约的一般原则和适用范围

(一)国际民用航空公约的目的

公约序言概括了签订公约的目的:"鉴于国际民用航空的未来发展对建立和保持世界各国之间和人民之间的友谊和了解大有帮助,而其滥用足以威胁普遍安全；又鉴于有需要避免各国之间和人民之间的摩擦并促进其合作,世界和平有赖于此；因此,签字各国政府议定了若干原则和办法,使国际民用航空得以按照安全和有秩序的方式发展,并使国际航空运输业务得以建立在机会均等的基础上,健康地和经济地经营；为此目的缔结本公约。"

(二)公约的一般原则和适用范围

公约第一章是公约的一般原则和适用范围,只有简短 4 条,但十分重要。

第一条"缔约各国承认每一国家对其领土之上的空气空间(Airspace)具有完全的和排他

的主权"。像《巴黎公约》一样,这是首先确认国家领空主权的原则。

第二条是对领土的定义。领土是一国主权下的陆地区域及与其邻接的领水。

第三条是对航空器的划分。

(1)本公约仅适用于民用航空器,不适用于国家航空器。

(2)用于军事、海关和警察部门的航空器应认为是国家航空器。

(3)一缔约国的国家航空器,未经特别协定或其他方式的许可并遵照其中的规定,不得在另一缔约国领土上空飞行或在此领土上降落。

(4)缔约各国承允在发布关于其国家航空器的规章时,对民用航空器的航行安全将予以应有的注意。

本条明确规定,公约只适用于民用航空器。国家航空器只有经过特别协议或许可,方可在另一国领土上空飞行或在该领土上降落。第三条第四款,主要指军民共同使用空域、军民空中交通服务等方面的协调,以及军用机在公海上空的活动等,都要考虑民用航空器的航行安全。

第四条关于民用航空的滥用:"缔约各国同意不将民用航空用于和本公约的宗旨不相符合的任何目的。"这一条虽然很原则,但很重要。公约为了促进国际航行和国际航空运输的发展,对民用航空作了许多规定,其中包括许多带保护性和特权性的条款。如果利用这些对民用航空的保护和特权进行与公约宗旨不符合的活动,那就是对民用航空的滥用。根据这一条各国承诺不滥用民用航空。

关于航空器的划分,《国际民用航空公约》和《巴黎公约》一样,是以航空器的用途或使用目的作为划分国家航空器的基础的,而不是按航空器的拥有者来划分的。第三条只对国家航空器下了定义,即用于军事、海关和警察部门的航空器是国家航空器(《巴黎公约》中国家航空器还包括用于邮政的航空器),对民用航空器未另作定义。《巴黎公约》明确规定,国家航空器外的一切航空器都属于私有航空器。芝加哥公约第三条没有这样明确,但也可以理解为它是用排斥法来定义民用航空器的。

剩下一个没有解决或没有明确的问题就是空气空间问题,公约对此未作规定或说明。但是就目前情况来说,空气空间不包括外层空间,国家领空主权不及于外层空间则是已经肯定了的。1961年12月20日联合国大会通过决议,决议中规定:

(1)国际法包括《联合国宪章》,适用于外层空间和天体。

(2)外层空间和天体供一切国家按照国际法自由探测和利用而不得为国家所有。

1963年12月13日,联合国大会通过了一个《各国探测和利用外层空间活动法律原则的宣言》,宣布了以下9项原则:

(1)为全体人类的幸福利用外层空间;

(2)一切国家有按照国际法探测和利用外层空间和天体的自由;

(3)禁止将外层空间和天体据为国家所有;

(4)各国探测和利用外层空间应按照国际法并为维持国际和平与安全;

(5)各国对其政府机关或非政府团体的外层空间活动承担国际责任;

(6)各国对可能导致损害的外层空间活动应事先进行国际协商;

(7)发射物体的登记国对该物体保留所有权,对在外层空间运行的物体及其人员保持管辖和控制;

(8)各国对其发射物体所造成的损害担负赔偿责任;

(9) 各国对宇航员给予一切可能的援助,并将其送还登记国。

这个宣言虽然不具有国际公约的约束力,但是由于宣言中的原则受到了普遍赞同,对于外层空间的活动起着指导作用,实际上奠定了国际法中关于外层空间法的基础。

1966 年 12 月 19 日联合国大会通过一个《关于各国探索和利用包括月球和其他天体在内的外层空间活动原则的条约》,简称《外层空间条约》(已于 1967 年 10 月 10 日开始生效)。它是 1963 年法律宣言的发展和补充。条约规定各国可以按照国际法自由进入外层空间和各国不得将外层空间据为己有的原则。因此,到目前为止,外层空间不适用领空主权原则,除非今后国际上做出相反的规定。

但是,空气空间和外层空间的分界线在哪里?确定了这个分界线,那么分界线以下是空气空间,受国家领空主权管辖;分界线以上是外层空间,目前则不受国家主权支配。

这一高度分界线至今尚无定论,有的认为应当在 30~40 千米高度处,因为这是飞机可以活动的最高高度;也有认为应取大气层最高的限度 1.6 万千米为准;也有认为应以人造卫星不依靠大气可以运行的最低限度为准,即 100~110 千米。还有人认为应以同步卫星轨道的高度为准,即 3.6 万千米。

目前,据认为比较有可能的是以下两种方案:

(1) 以人造卫星的近地点为准,这是 1968 年在布宜诺斯艾利斯国际法协会会议上通过的一个决议,决议中规定:"1967 年条约中所指'外层空间'一词应被理解为指 1967 年 1 月 27 日条约开放签字之日成功地进入轨道的任何人造卫星最低的近地点和该点以上的所有空间,但并不妨碍今后是否可能或不可能把低于该近地点的任何部分的空间包括进去的问题。"

(2) 以卡门线或卡门区为准,这是一个比较精确的方案,以飞行得以进行的条件作为考虑的基础。这个恒高度是空气动力和离心力之和所能达到的高度。高度越高,空气密度降低,气动力升力也降低,离心力则增加。卡门线的高度约为 80 千米。

近地点和卡门线这两个方案的决择尚有待国际上协议确定。

二、飞行的权利

根据国际航空运输的发展和实践,公约把定期航班和不定期飞行区分开来了。这在当时(1944 年)是一条很重要的分界线,根据这一划分,两者能享受的权利完全不同。

公约第五条"不定期飞行的权利"规定:"缔约各国同意其他缔约国的一切不从事定期国际航班飞行的航空器,在遵守本条约的基础上,不需要事先获准,有权飞入或飞经其领土而不降停,但飞经国有权令其降落。为了飞行安全,当航空器所欲飞经的地区不得进入或缺乏适当航行设施时,缔约国保留令其遵循规定航路或获得特准后方许飞行的权利。

此项航空器如为取酬或出租而载运乘客、货物、邮件但非从事定期航班飞行,在遵守第七条规定的情况下,亦有上下乘客、货物或邮件的特权,但上下的地点所在国家有权规定其认为需要的规章、条件或限制。"

显然公约第五条同公约第一条国家领空主权的完整性和排他性有矛盾。因此我国在加入芝加哥公约时对该公约第五条提出保留,并宣布:"一切外国航空器非经我国允许飞越或飞入中国领空,都是对我国领空主权的侵犯。"

公约第六条"定期航班"规定:"除非经一缔约国特准或其他许可并遵守此项特准或许可的条件,任何定期国际航班不得在该国领空飞行或进入该国领土。"

以上是《芝加哥公约》十分重要的两条。第五条第一段原则上给了不定期飞行以第一和第二种业务权,第二段原则上给了不定期飞行以第三和第四种业务权,由于条文上没有明确说明,也不排除第五种业务权。我们说"原则上"给予了什么业务权是因为被飞越国保留规定各种条件的权利。有时这种条件过多过严而使飞行不能进行。因此只能说是原则上给予了这种权利。

再看公约第六条对定期航班的规定,就知道定期国际飞行在《芝加哥公约》中是"一无所获"的。因为公约第六条没有给定期航班以任何权利,它只能通过双边协定另行解决,这说明在芝加哥会议上关于它的争论是严峻的。

制定《芝加哥公约》时以定期航班和不定期航班飞行作为分界线区别对待,在当时不失为解决会议上种种矛盾的一个方案。但是随着国际航空运输的发展,特别是不定期航班的发展,这种划分越来越困难了,例如在定义上,在运力和运价的管理和协调上,都出现了不少问题。

《芝加哥公约》第七条第二句:"缔约各国允许不缔结任何协议在排他的基础上特许任何其他国家或任何国家的空运企业享有任何此项特权,也不向任何其他国家取得任何此项排它的特权。"这在国际上是有争论的。首先,这句话的意思不清楚,可以有不同的理解。一种解释是,这意味着如甲国给了乙国这种国内载运权,则不但丙国、丁国等等在提出要求时甲国应给予这种权利,而且丙国、丁国等等有权要求这种权利。另一种解释是,甲国可以给乙国国内载运权,只要不规定这是排它的特权,否则任何其他第三国也有权要求同样的特权。为了不产生误解,在许多协定中往往有这样的条款:"本协定中的任何规定不得被解释为授予缔约一方的空运企业以在缔约另一方境内为取酬而装载旅客、货物、邮件运往该缔约另一方境内的另一点的权利。"

其次,公约第七条第二句限制性很大,有些国家之所以不愿意向另一国开放其国内运载权,就是怕这样做后将被迫向所有其他国家开放。这一规定是违反《芝加哥公约》第一条国家主权原则的,它限制一国行使其国家主权。这一问题有待解决。

公约第八条禁止无人驾驶的航空器在另一国领土上空飞行,除非经过特许。

三、航空器的国籍和其他应具备的条件

"航空器具有其登记的国家的国籍",航空器不得双重登记,但其登记可以从一国转移至另一国,转移或登记都按有关国家的法律和规章办理。航空器上应当载有国籍标志和登记标志。

航空器从事国际飞行必须携带以下七种文件:

(1)航空器登记证;
(2)航空器适航证;
(3)每一机组成员的适当的执照;
(4)航空器航行的记录簿;
(5)航空器无线电台许可证,如该航空器上装有无线电设备;
(6)列有乘客姓名及其登记地与目的地清单,如该航空器载有乘客;
(7)货物舱单和详细的申报单,如该航空器载有货物。

各缔约国间相互承认对方所发航空器适航证和机组的合格证和执照为有效,但这种证书或执照的要求应等于或高于公约所制定的最低标准,对在本国上空的飞行,一缔约国对其国民持有的由另一国发给的合格证和执照,保留拒绝承认的权利。

缔约国可以禁止或限制在其上空飞行的航空器载运某些货物或物品,如军火、作战物资、照相机等。

四、国家行使主权

公约中的许多条款是体现国家主权的。公约第九条规定:"缔约各国由于军事需要或公共安全的理由,可以一律限制或禁止其他国家的航空器在其领土内的某些地区上空飞行。在非常情况下,或在紧急时期内,或为了公共安全,缔约各国也保留暂时限制或禁止航空器在其全部或部分领土上空飞行的权利并立即生效。"缔约各国可以命令进入其禁区或限制区的任何航空器在其领土内指定的机场降落。

公约规定一国可以命令入境或飞越其领空的航空器遵循规定的航路,在指定的机场或有关机场着陆,接受检查。航空器、机组、乘客、货物在出入境时应遵照该出入境国家法律规定,办理出入境、放行、移民、护照、海关、检疫等受验手续,在空中时应遵守所在国的空中规则和法令。对外国航空器使用本国的机场和航行设施可以征收费用,收费标准应公布并报国际民航组织。对禁区、限制区以及机场和设施的收费等,公约强调对各国航空器不得有差别待遇。对违反空中规则的航空器,各缔约国承允对违反规则的一切人员起诉。

五、便利空中航行

这是公约第四章的主题。公约第四章第二十二条"简化手续"规定:"缔约各国同意采取一切可行的措施,通过发布特别规章或其他方法,以便利和加速航空器在缔约各国领土间的航行,特别是在执行关于移民、检疫、海关、放行等法律时,防止对航空器、机组、乘客和货物造成不必要的延误。"这一条是至关重要的,因为现代国际航空运输繁忙,机型大、载量多,如果不设法简化手续,必将延误国际航空运输,这对各方面都是不利的。

公约第四章中对航空器遇险和失事作了如下规定:

第二十五条　航空器遇险

缔约各国承允对在其领土内遇险的航空器在其认为可行的情况下,采取援助措施,并在本国当局管制下准许该航空器所有人员或该航空器登记国的当局采取情况所需的措施。缔约各国搜寻失踪航空器时,应在按照本公约随时建议的各种协同措施方面进行合作。

第二十六条　失事调查

一缔约国的航空器如在另一缔约国的领土内失事,致有死亡或严重伤害或表明航空器或航行设施有重大缺陷时,失事所在地国家在该国法律许可的范围内,依照国际民用航空组织建议的程序,着手调查失事情形。航空器登记国应有机会指派观察员在调查时到场,而主持调查的国家,应将关于此事的报告及调查结果通知航空器登记国。

六、国际标准及建议措施

公约第六章是专门关于国际标准及建议措施的规定,各国承允在航空器、人员、航路以及各种辅助服务的规章、标准、程序、组织方面力求统一,以方便和改进空中航行,并规定国际民用航空组织将就以下各个方面制定并随时修改国际标准和建议措施:

(1)通信系统和助航设备,包括地面标志;

(2)机场和降落地区的特性;
(3)空中规则和空中交通管制办法;
(4)飞行和机务人员证件的颁发;
(5)航空器的适航性;
(6)航空器的登记和识别;
(7)气象资料的收集和交换;
(8)航行记录簿;
(9)航空地图及图表;
(10)海关和移民手续;
(11)航空器遇险和失事调查。

以上11个方面除海关和移民手续是属于航空器从事国际飞行在出入境时必须履行的程序外,其他都是航空技术方面的问题。这方面芝加哥公约规定得比较具体,是其成功的一面。国际民航组织随后将这些方面的标准和建议措施作为公约的附件,开始时为12个附件,后来逐渐增加,目前已发展为19个附件。这19个附件除《附件9》和《附件18》属于航空运输的范畴外,其他17个附件都是关于航空技术和飞行方面的问题。

七、其他

第八十九条 战争和紧急状态

如遇战争,本公约的规定不妨碍受战争影响的任一缔约国的自由,无论其为交战国或中立国。如遇任何缔约国宣布其处于紧急状态,并将此事通知理事会,上述原则同样适用。

第九十二条 公约的加入

本公约应对联合国成员国、与联合国有关系的国家以及在此次世界战争中保持中立的国家开放加入。

第九十一条和第九十二条规定以外的国家,在世界各国为保持和平所设立的任何普遍性国际组织的许可之下,经大会4/5的票数通过并在大会可能规定的各种条件下,准许参加本公约;但在每一情况下,应以取得在此次战争中受该请求加入的国家入侵或攻击过的国家的同意为必要条件。

公约第九十二条规定,公约对第二次世界大战中保持中立的国家是开放的,这是接受了《巴黎公约》的教训。《巴黎公约》最初将战争中的中立国都排斥在外,形成被动,后来修改了公约才使北欧等国家参加了公约。因此,《芝加哥公约》第九十二条的规定是明智的。

公约条九十三条是针对战争中的交战国家的,对这些国家的加入规定了更严格的条件。这些国家后来也都先后经大会决议同意其加入。

公约第九十五条规定,退出公约必须书面通知美国政府,从收到通知书之日起一年后生效。

《芝加哥公约》从1944年12月签订后至今已有70多年了,而《巴黎公约》的寿命只有25年。从对《芝加哥公约》的修改来看,公约经受了时间的考验。从批准加入公约的国家来看,开始时是26国,而现在已广泛地为世界绝大多数国家所接受。因此,《芝加哥公约》是当今国际航空的一部重要法典。

第二节 《国际民用航空公约》的附件内容

《芝加哥公约》带有19个附件,附件所含标准与建议措施涉及国际航行的安全、有序和效率等方面,是对公约的进一步说明和完善。19个附件分别为:

附件1 人员执照的颁发

附件2 空中规则

附件3 国际航行的气象服务

附件4 航图

附件5 空中和地面运行中所使用的计量单位

附件6 航空器运行

附件7 航空器国籍和登记标志

附件8 航空器的适航性

附件9 简化手续

附件10 航空电信

附件11 空中交通服务

附件12 搜寻与援救

附件13 航空器失事和事故调查

附件14 机场

附件15 航行情报服务

附件16 环境保护

附件17 保安-防止非法干扰国际民用航空的行为

附件18 危险品的航空安全运输

附件19 安全管理

以下对这19个附件中有关空管的内容及其作用做简单的介绍。

1.《附件1 人员执照的颁发》

向飞行机组成员(飞行员、飞行工程师和飞行领航员)、空中交通管制员、航空站经营人、维修技术员和飞行签派员颁发执照的标准和建议措施在《国际民用航空公约》的《附件1》中作了规定。有关的培训手册向各国提供了关于培训课程的范围和深度的指南,以确保对安全的空中航行的信心得到维持,这正是《附件1》的意图。这些培训手册还为其他航空人员的培训提供了指南,如机场应急人员、飞行运行官员、无线电话务员和其他有关领域的人员。当今的航空器运行是如此复杂多样,无论这种可能性是多么小,必须对由于人的失误或系统组件故障导致的整个系统失效的可能性进行防范。人是航空器运行环节中关键的一链,而同时由于其本性决定也是最灵活和多变的。有必要进行适当培训,以把人的失误减至最少,并提供有能力、有技能、熟练的合格人员。《附件1》和国际民航组织培训手册描述了在各工种中精通业务所需的技能,从而有助于胜任工作。附件的体检标准,要求定期进行健康检查,对可能的造成能力丧失的体格状况提供了早期警报,有助于飞行机组和管制员的总体健康。

人的因素计划处理了已知的人的能力和局限性,向各国提供了关于这一重大课题的基本信息,以及设计适当培训方案所需的材料。国际民航组织的目标是,通过提高各国对民航运行中人的因素的重要性的认识并做出回应，从而提高航空安全。执照颁发是对特定活动予以授权的一种行为，由于不适当地从事此种活动可能会产生严重后果，在未经授权的情况下则应禁止这种活动。执照申请者必须达到所规定的与要从事的任务的复杂性相一致的一些要求。为颁发执照而进行的检查是对身体健康和行为能力的定期测试，以确保独立监控。因此，培训和执照颁发共同成为实现总体合格的关键要素。国际民航组织在执照颁发方面的主要任务之一是促进发照方面的差异的解决，以确保国际执照颁发标准与现行做法和未来可能的发展一致。这日渐重要，因为飞行机组将面对越来越大的交通密度和空域拥挤、高度复杂的终端区格局和更精密的设备。为完成这一任务，对《附件1》做定期修订，以反映迅速变化的环境。

2.《附件2 空中规则》

航空旅行必须安全、高效。这就尤其需要有一套国际上一致同意的空中规则。国际民航组织制定的这些规则是由附件2所载的一般规则、目视飞行规则和仪表飞行规则所组成。它们无例外地适用于公海上空，并且在与被飞越国家的规则不冲突的情况下，也适用于这些国家的领土上空。航空器的机长负责遵守这些空中规则。航空器必须按照一般飞行规则以及目视飞行规则（VFR）或者仪表飞行规则（IFR）飞行。如果飞行机组能够保持离云层有一定距离，水平方向至少1500米，垂直方向至少300米（1000英尺）并保持前视能见度至少8千米，就可以允许按照目视飞行规则飞行的。对于在空域的某些部分和低高度的飞行，以及对直升机的飞行，这些要求则不那么严格。除非经特殊允许，航空器不能在夜间或在6100米（20000英尺）以上按照目视飞行规则飞行。各种气球被归类于航空器，但无人驾驶的自由气球只能按照本附件规定的详细条件飞行。除上述天气条件外，必须遵守仪表飞行规则。国家也可以不论天气条件如何而要求在指定空域遵守仪表飞行规则，或者驾驶员在好天气的情况也可以选择适用仪表飞行规则。大多数的航线运输机在任何时候都是按照仪表飞行规则飞行的。根据空域类型，这些航空器不论天气条件如何，都能得到空中交通管制服务、空中交通咨询服务或者飞行情报服务。按照仪表飞行规则飞行时，航空器必须装备与其所飞航路相适合的仪表及导航设备。在空中交通管制下运行时，航空器必须准确地保持指定给它的航路和高度，并随时向空中交通管制报告其位置。所有飞越国际边界的飞行和其他大多数从事商业运营的飞行，均必须向空中交通服务部门提交飞行计划。飞行计划的内容有航空器的识别标志和设备、起飞地点和时间、所飞航路和高度、目的地和预计到达时间，以及如果无法在目的地降落时将使用的备降机场。飞行计划还必须写明是按照目视飞行规则还是仪表飞行规则飞行。无论飞行计划的种类，驾驶员在目视飞行条件下，根据"看见就避让"的原则负责避免碰撞。但是，按照仪表飞行规则的飞行或者是由空中交通管制单位将其进行间隔，或者是能得到关于碰撞危险的航行情报。

空中的航行优先权规则与地面、水面的有关规则相似。但是，由于航空器是在三维空间运行的，就需要一些额外的规则。当两架航空器在同一高度层交叉相遇时，除非它们必须把航行优先权让给飞艇、滑翔机、气球以及拖曳物件的航空器之外，在右侧的航空器享有航行优先权。被超越的航空器享有航行优先权，而超越的航空器必须向右改变航向，与对方保持适当间隔。当两架航空器迎面接近时，它们都必须向右改变航向。

由于在所有情况下拦截民用航空器都有潜在的危险，国际民航组织理事会在《附件2》中制定了一些专门的建议，并敦促各国通过适当的规章和管理行动予以执行。这些专门建议载于本附件的附篇A中。当所有有关各方都遵守了所有这些规则，就能有助于安全、高效地飞行。

3.《附件3 国际航空气象服务》

飞行员需要熟悉要飞行的航路和目的地机场的气象条件。

《附件3》中所述的气象服务的目标是促进空中航行的安全、效率和正常。实现这一目标的手段是向经营人、飞行机组成员、空中交通服务单位、搜寻和援救单位、机场管理部门和其他与航空有关的各方提供必要的气象信息。气象信息提供者和使用者之间的密切联络是至关重要的。

在国际机场，通常由气象室向航空用户提供气象情报。各国准备了适当的电信设施，以使机场气象室能向空中交通服务部门和搜寻与援救部门提供情报。气象室与管制塔台或进近管制室之间的电信联络应达到这样的要求，即通常在15 s内可以与要联系的点建立起联系。航空用户需要机场的报告和预报以履行其职能。机场报告包括地面风、能见度、跑道视程、现行天气、云况、空气和露点温度以及气压，每半小时或1小时发布一次。只要任何参数变化超过预先确定的对运行有重要影响的限度，还将补充发布特殊报告。机场预报包括地面风、能见度、天气、云况和温度，每3个小时或6个小时发布一次，有效期为9个小时至24小时。有关的气象室对机场预报进行持续监测，必要时还加以修订。

一些国际机场还有着陆预报，以满足着陆航空器的需要。着陆预报附在机场报告后，有效期为两个小时。着陆预报包括跑道综合区预见的地面风、能见度、天气和云况。为了协助飞行员进行飞行规划，多数国家都提供气象讲解，而其形式越来越多地采用自动系统。讲解包括航路上天气、高空风和高空气温的详细资料，常常以气象图的形式给出，讲解还包括航路上有害的气象现象的警报、目的地机场及备降机场的报告和预报。为了向飞行中的航空器提供重大天气变化的情报，设立了气象观察室。观察室负责准备有害天气状况警报，包括雷暴、热带气旋、严重飑线、大冰雹、严重颠簸、严重积冰、山地波、沙暴、尘暴和火山灰云。此外，观察室还发布可能对航空器或地面设施产生不利影响的机场气象状况警报，如预计的暴风雪警报。观察室还发布爬升和进近航道上的风切变警报。另外，也要求飞行中的航空器报告航路上碰到的恶劣天气现象。这些报告由空中交通服务单位向所有有关的航空器发送。

在多数国际航路上，航空器要对高空风和温度做例行观察。由飞行中的航空器发送的这些观察数据可以用于制作预报。航空器对风和温度的这些观察是通过使用空地数据链通信自动完成的。就航路预报而言，所有飞行都需要预先的、精确的气象信息，以绘制一个可以利用最佳风向和节省燃油的航路。随着燃油价格的上涨，这一点越来越重要。因此，国际民航组织实施了世界区域预报系统（WAFS）。这一系统的目的是，向各国和航空用户提供标准化的、高质量的关于高空温度、湿度、风和重大天气的预报。WAFS以两个世界区域预报中心为基础，使用最新的计算机和卫星通信（ISCS和SADIS），以数字形式准备全球预报，并直接发给各国和用户。过去几年，发生了多次火山爆发后航空器遭遇火山灰云的事件。为了对火山灰云进行观察，并向飞行员和航空公司提供报告和警报，国际民航组织在其他国际组织的协助下，设立了国际航路火山观察系统（IAVW）。IAVW的基石是九个火山灰咨询中心，向航空用户和有关气象室发布全球火山灰咨询信息。自动化的观察系统在机场越来越有用，在观察地面风、能见度、跑道视程、云底高、气温和露点温度以及气压方面，目前认为满足了航空的要求。鉴于全自动化系统性能的提高，现在可以在机场非营运期间内使用，而无须任何人为干预。

4.《附件4 航图》

《附件4》当中所载的标准和建议措施以及解释性说明对各国提供各种类型的ICAO航图所承担的义务做了规定,并详细地规定了航图的覆盖范围、格式、识别和内容,包括标准化地使用符号和颜色。其目的是为了满足按照统一和一致的方式提供航图的需要,使它包含符合规定质量的有关资料。出版的航图如果在标题中列明"ICAO",它说明航图制作者遵守了《附件4》的普遍标准和与ICAO特定类型航图的有关标准。

ICAO理事会于1948年首次通过了最初的标准和建议措施。《附件4》起源于国际民用航空会议于1944年在芝加哥通过的技术附件草案当中的"附件J-航空地图和航图"。附件4第一版(它规定了ICAO七种类型航图的规范)通过之后,已经做过50多次修订来更新附件,以便适应空中航行和制图技术的快速发展。ICAO航图系列目前包括21种类型,每种类型的航图旨在满足特殊的用途。航图的范围涵盖单独机场/直升机场的详细航图,直至为飞行计划之目的使用的小比例尺航图,还包括驾驶舱显示的电子航图。

对计划和目视导航有三种系列的航图,每种航图使用不同的比例尺。航空领航图-ICAO小比例尺航图在规定尺寸的纸页上覆盖了最广阔的区域,它们提供了适宜做远程飞行计划的一般目的的航图系列。世界航图-ICAO 1∶1 000 000提供了完整的世界覆盖,并按照固定比例尺以统一格式列出数据,同时它还被用来制作其他类型的航图。航空图-ICAO 1∶500 000系列提供了更多的细节,为驾驶和领航培训提供了一个恰当的媒介。这种航图系列最适宜用于低速、短程或中程的航空器在低空和中间高度的飞行。

绝大多数定期航班是按照无线电和电子导航系统划定的航路飞行的,因此不需要地面目视参照。这种类型的导航是根据仪表飞行规则飞行的,要求飞行遵守空中交通管制服务程序。航路图-ICAO标出了仪表飞行规则之下对航路导航具有重要意义的空中交通服务系统、无线电导航设施和其他航行资料,其目的是便于在航空器狭小的驾驶舱空间进行操作,资料的格式编排能使其在不同的自然和人工灯光条件下易于阅读。当飞行跨越浩瀚的洋区和人烟稀少的地区时,作业图-ICAO为保障连续不断地记录航空器的飞行位置提供了一个手段,有时亦制做出来以补充更为复杂的航路图。当飞行接近其目的地时,对预期降落的机场周围的地区需要有更多的细节。区域图-ICAO向驾驶员提供了协助从航路阶段过渡至最后进近阶段,以及从起飞过渡至飞行航路阶段的资料。这种航图被设计用来使驾驶员遵守离场和进场程序以及盘旋等待程序,上述程序应该同仪表进近图上的资料进行协调。通常,进场和离场的空中交通服务航路或者位置报告要求不同,无法将其在区域图上清楚地标出。在这种条件下,制作了一份单独的标准仪表离场图(SID)-ICAO和标准仪表进场图(STAR)-ICAO。区域图还可以由雷达最低高度图-ICAO加以补充,目的是提供资料以便使飞行机组能对雷达管制之下配备的高度进行监视和核对。仪表进近图-ICAO向驾驶员提供了仪表进近程序的图形资料,以及机组在不能够执行着陆时应当遵守的复飞进近程序。这种类型的航图包括平面和剖面的进近示意图,并配有相关的无线电导航设施和必要的机场和地形资料的完整细节。目视进近时,驾驶员可以参考目视进近图-ICAO,它标识了从空中易于辨认的机场基本布局和周围的特征。除了提供方位之外,这种航图还被设计用来重点突出潜在的危险,比如障碍物、较高的地形和危险空域地区。机场/直升机场图-ICAO提供了机场或者直升机场的标图,它能够使驾驶员辨认重要的特征,在着陆之后迅速腾空跑道或直升机场着陆区,并遵守滑行指令。航图标出了机场/直升机场的活动区、目视指示器的位置、滑行引导设备、机场/直升机场灯光、机库、候机楼和航空器/直升机场停机位、校正检查导航设备的各个基准点,以及道面强度和无线电通信设施频率的运行资料。在大型机场,如果机场/直升机场图-ICAO不能清楚地标出航空器滑行和停机的全部资料,则通过机场地面活动图-ICAO和航空器停放/停靠图-ICAO补充提供细节。机场周围障碍物的高度对航空器运行至关重要,这方面的详细资料载于机场障碍物图-ICAO,A型、B型和C型。这些航图是用来协助航空器经营人对复杂的起飞质量、距离和性能进行必要的计算,包括起飞当中发动机失效的紧急状况。考虑到障碍物,机场障碍物图标出了跑道的平面和剖面图,起飞飞行航迹区域和起飞滑跑和加速停止可用距离。对在起飞区有重要障碍物的每条跑道都提供了这方面的数据。有些机场障碍物图提供的详细地形资料包括覆盖自机场之外45千米的区域。"玻璃驾驶舱技术"的近期发展,电子航空资料的提供和交换,以及越来越多地实施具有高精度位置和连续位置定位点的导航系统,为迅速开发驾驶舱里显示的电子航图创造了良好的环境。经过完整开发的电子航空航图显示器,其潜在功能远远超过了纸张航图,并能够提供显著的效益,比如连续标识航空器位置和根据飞行阶段以及其他运营方面的考虑,自行调整航图显示。《附件4》"第20章 电子航图显示器-ICAO"对电子航图显示器的标准化规定了基本要求,但并不对这种新的制图技术的发展实行不当的限制。自1948年通过ICAO七种最早类型的航图以来,《附件4》当中的规定经历了重大的发展。为了保证航图能够满足现代航空运行的技术和其他方面的要求,ICAO正不断地跟踪、改进和更新航图的规范。

5.《附件5 空中和地面运行中所使用的计量单位》

《附件5》包含了基本上以公制为基础的国际民航组织计量单位表。

6.《附件6 航空器的运行》

航空器的运行包括三个部分:

第Ⅰ部分 国际商业航空运输——定翼飞机

第Ⅱ部分 国际通用航空——定翼飞机

第Ⅲ部分 国际运行——直升机

简单而言,《附件6》的实质是从事国际航空运输航空器的运行必须尽可能地实现标准化,以确保最高程度的安全和效率。理事会于1948年首次通过了关于从事国际商业航空运输航空器运行的标准和建议措施,它们是基于参加1946年举行的第一次运行专业会议国家所提出的建议,这些建议构成了《附件6》第Ⅰ部分的基础。为了同新兴和充满活力的航空业同步发展,正在不断地对最初的规定进行审议。比如,完全针对国际通用航空的《附件6》第Ⅱ部分已于1969年9月开始适用。同样,针对所有国际直升机运行的《附件6》第Ⅲ部分于1986年11月开始适用。第Ⅲ部分最初仅针对直升机的飞行记录仪,但是按照第Ⅰ部分和第Ⅱ部分涵盖定翼飞机运行的相同完整方式对涵盖直升机运行的全面修订于1990年11月被通过执行。对今天种类繁多的航空器仅制定一套国际化的运行规则和规章是不现实的。航空器的范围包括商业运输机至单座的滑翔机,它们都会跨越国界飞入邻近的国家。远程喷气飞机在一次飞行中就可能飞越许多国际边界。每种航空器相对于其型号都有独特的操作特点,在变化的环境情况下可能会有特殊的运行限制。商业航空特有的国际性质和通用航空程度较低的国际特性,都要求驾驶员和经营人遵守范围广泛的国家规则和规章。《附件6》的目的是通过对安全运行做法制定标准为国际空中航行的安全做出贡献,并通过鼓励ICAO缔约国为按照这些标准运行的属于其他国家的商业航空器飞越其领土提供便利,为国际空中航行的效率和正常做出贡献。ICAO 的标准并不排除制定比附件当中所载的标准更为严格的国家标准。在航空器运行的所有阶段,最低标准是最能够接受的妥协,因为它们在不影响安全的情况下能够使商业和通用航空得以持续发展。被所有缔约国接受的标准涵盖航空器的运行、性能、通讯和导航设备、维修、飞行文件、飞行人员的职责和航空器保安等领域。涡轮发动机的出现和由此产生的高性能航空器设计有必要对民用航空器的运行采取新的做法。航空器的性能标准、飞行仪表、导航设备和许多其他运行方面对新技术提出要求,它们反过来又需要制定国际规章以保障安全和效率。举例来说,高速远程及短程航空器的投入使用产生了一些与在相对低高度飞行续航性相关的问题,燃油消耗成为一个重要因素。许多国际民用航空承运人的燃油政策需要考虑到在预期目的地出现恶劣气象情况时,可能改航飞至备降机场的必要性。明确规定的国际标准和建议措施根据航空器和每个机场的环境因素都制定有最低运行标准。根据运营人国家的批准,航空器经营人必须考虑到定翼飞机或直升机的机型、航空器安装设备的精密程度、进近特点和跑道助航设备,以及机组在全天候条件下飞行时执行程序的操作技巧。另外一个发展是为保证双发飞机延程飞行,通常是跨水飞行的安全所采纳的规定(通常被称为 ETOPS)。这种运行类型的出现是由于现在制造的大型双发飞机极具吸引力的经济性能。人的因素是航空器安全和有效运行的一个重要组成部分。附件 6 明确规定了各国对其经营人、特别是飞行机组监督的责任。主要的规定要求对监督飞行运行制定一种方法,以便保证持续安全程度。它要求对每种型号的航空器提供运行手册,并要求每个承运人承担责任,确保对所有运行人员的职责和义务,以及这种职责同航空公司整体运行的关系进行正确指导。机长对保证飞行准备是全面的并符合所有要求承担最终的义务。如果他对航空器可以适航表示满意,并认为航空器的仪表、维修、质量和载荷分布(以及载荷物的固定)以及运行限制满足了其他的标准,还要求机长检查认可飞行准备表。《附件 6》的另外一个重要方面是要求经营人制定限制飞行机组成员的飞行时间和飞行值勤期的规则。同一条标准还要求经营人提供充沛的休息时间,以便飞行中或连续飞行时间之后产生的疲劳不得危及飞行安全。保持警觉的飞行机组不仅必须能够处理任何技术方面的紧急情况,同时也能处理其他机组成员的紧急状况,并且在撤离航空器时必须反应正确和有效。运行手册当中必须包括这些规则。航空器安全运行的关键是了解每种特定型号航空器的运行限制。附件对今天使用的航空器规定了最低性能运行限制。这些标准考虑到了可能对各种类型的航空器性能产生影响的绝大部分因素:航空器的质量、标高、温度、气象条件和跑道条件,以及包括一台或多台动力装置失效条件下起飞和着陆的速度。经过计算并认为能够适用于各种类型飞机的特征和大气条件的性能水平详细示例包含在《附件6》第Ⅰ部分附篇 C 当中。

　　ICAO 正积极致力于对未来的运行要求进行预测,比如最近批准了一套新的程序,它对超障要求和所有类型的国际民用商业航空的仪表进近程序做了修改。劫持民用航空器对机长带来了额外的负担。除了纯粹的技术性质的预防措施之外,ICAO 已经对这种行为所需要的各种安全预防措施做了研究,尽可能多地涵盖各种紧急情况。《附件 6》第Ⅱ部分是涉及国际通用航空的定翼飞机。第Ⅲ部分包括了直升机的国际商业运输飞行和通用航空飞行。有些国际通用航空运行可以由经验和技术水平低于商业民用航空人员的机组执行。某些通用航空器上安装的设备可能不能达到商业运输航空器上安装设备的标准。通用航空的运行标准不是十分严格,它的运行比商业航空运输享有更大的自由程度。有鉴于此,ICAO 承认国际通用航空驾驶员和其乘客不一定享有商业航空运输付费旅客所享有的相同安全水平。但是,《附件 6》第

Ⅱ部分被特别设计用来保证第三方(地面人员和在空中其他航空器内的人员)所能接受的安全水平。因此,商业和通用航空航空器在相同环境中运行时需要遵守最低的安全标准。

7.《附件7 航空器国籍和登记标志》

《附件7》的基础是《芝加哥公约》第十七条至第二十条。航空器必须随时携带证书,并且必须有一块至少刻有航空器国籍或共用标志和登记标志的识别牌,固定在航空器主舱门的显著地方。多年来的大量努力使得航空器的分类尽可能简明,然而却包含了人类智慧所能够发明的所有类型的飞行机械。

8.《附件8 航空器适航性》

为了安全的利益,航空器的设计、构造和运行必须符合航空器登记国的有关适航要求。

9.《附件9 简化手续》

简化手续(FAL)的标准和建议措施(SARPs)源自于《芝加哥公约》的多项规定。公约第三十七条责成ICAO随时制定并修改针对海关和移民手续的国际标准和建议措施以及程序。公约第二十二条要求各缔约国采取一切可行措施,以便利和加速航空器在各缔约国领土间的航行,特别是在执行移民、检疫、海关和放行等法律时,防止对航空器、机组、旅客和货物造成不必要的延误。

10.《附件10 航空电信》

国际民用航空中的三个最复杂和最根本的要素是航空通信、导航和监视。这些要素由公约的《附件10》涵盖。

《附件10》分为五卷:

第Ⅰ卷 无线电导航设施

第Ⅱ卷 通信程序(包括具有PANS地位的程序)

第Ⅲ卷 通信系统

第Ⅳ卷 监视雷达和避撞系统

第Ⅴ卷 航空无线电频谱的使用

这一附件的五卷包含了与航空通信、导航和监视系统有关的标准和建议措施(SARPs)、航行服务程序(PANS)和指导材料。

11.《附件11 空中交通服务》

空中交通管制、飞行情报和告警服务,一并称为空中交通服务,在不可或缺的地面支持设施中占有重要地位,保证了全世界空中交通的安全和高效运行。《芝加哥公约》的附件11界定了空中交通服务,并规定了提供这些服务所适用的世界范围的标准和建议措施。世界的空域被划分为一系列连续的飞行情报区(FIRs),并在其中提供空中交通服务。在有些情况下,飞行情报区覆盖大面积空中交通密度相对较低的大洋空域,此时只提供飞行情报服务和告警服务。在另外一些飞行情报区内,大部分空域是管制空域,此时则要提供空中交通管制服务,而不仅仅是飞行情报和告警服务。根据附件的规定,空中交通服务的首要目的是防止航空器相撞,不管是在机动区域内滑行、起飞、着陆、处于航路上还是在目的地机场的空中等待状态下。附件同时还处理加速并维持空中交通有序流动的方式,并为进行安全和高效的飞行提供建议和情报,以及为遇险中的航空器提供告警服务。为了达到这些目的,国际民航组织的规定呼吁建立飞行情报中心和空中交通管制单位。所有航空器都按照仪表飞行规则(IFR)或目视飞行规则(VFR)飞行。按照IFR飞行时,航空器从一个无线电辅助设备飞向下一个设备,或参照自身携带的机载导航设备飞行,驾驶员可以此时刻确定航空器的位置。IFR飞行可在除最严酷的天气之外的所有情况下进行,而按照VFR飞行的航空器必须保持无云,并且要在能见度条件能够允许驾驶员看到并避开其他航空器时进行。第3章规定了向这些飞行提供的服务类型,例如,如果IFR飞行是在管制空域内运行的,将向其提供空中交通管制服务。如果在非管制空域内运行,则将提供飞行情报服务,其中包括已知交通情报,并由驾驶员负责安排其飞行避开其他交通。除非是在特定区域,否则一般不向VFR飞行提供管制服务,在这种情况下,除ATC当局明确要求的之外,将把VFR飞行和IFR飞行间隔开,而不在VFR飞行之间提供间隔服务。但是,并不向所有航空器提供空中交通服务。如果航空器完全在不要求飞行计划的管制空域之外运行,这样的飞行甚至可能不被空中交通服务所知。安全是国际民用航空压倒一切的关键,而空中交通管理对航空安全做出了巨大的贡献。《附件11》载有一项重要要求,即国家须实施系统的和适当的空中交通服务(ATS)安全管理计划,以保证维持在空域内和机场上提供ATS的安全。安全管理系统和计划将是对确保国际民用航空安全的重要贡献。空中交通管制服务包括空中交通管制单位按照《附件11》第3章中的规定发布放行许可和情报,以实现航空器之间的纵向、垂直或横向间隔。本章还涉及放行许可的内容、ATC单位之间的协调和飞行从一个管制单位的区域飞向另一个管制单位的区域时管制责任移交的协调。有序的移交程序要求在任何时候一架航空器必须只能接受一个空中交通管制单位的管制。空中交通管制单位有时面临着在某个地点或区域交通需求超出能力的情况,这出现在繁忙机场的高峰时刻。《附件11》规定,需要时ATC单位必须明确对交通流量的限制,以避免航空器在飞行中的过度延误。《附件11》还规定了民用空中交通管制单位与军事当局或其他负责可能影响民用航空器飞行的活动的机构之间进行协调的要求。要向军事单位提供有关民用航空器的飞行计划以及其他有关飞行数据,以协助在民用航空器接近或进入限制区时得到识别。向在管制空域内运行的航空器和空中交通服务单位了解到的其他航空器提供飞行情报服务。这些情报包括重要天气(SIGMET)情报、导航设备可用性变动的情报、机场和有关设施条件变动的情报以及可能影响安全的任何其他情报。此外,IFR飞行还能收到起飞、到达和备降机场的天气条件的情报、在管制区域和管制地带之外运行的航空器相撞的危险和为水域上空的飞行提供关于海面船只的情报。VFR飞行还收到关于可能使目视飞行不能实施的天气条件的情报。《附件11》还载有适用于运行飞行情报服务(OFIS)广播的规范,包括航站自动情报服务(ATIS)广播。《附件11》的第5章涉及告警服务,在未能与航空器建立通信联络或航空器未按时到达而相信或得知其处于紧急状态,或收到情报得知航空器已经或即将进行迫降时,向援救协调中心告警。告警服务自动提供给接受空中交通管制服务的所有航空器,并在实际可行时提供给所有其驾驶员已申报飞行计划或通过其他方式被空中交通服务所得知的其他航空器。告警服务还提供给已知或相信正受到非法干扰的航空器。告警服务的作用是调动所有一旦需要就能提供援助的有关援救和应急组织。附件中其余的章节涵盖适用于空-地通信、ATS单位之间通信和这些单位与其他重要办公室之间通信的ATS要求。这些章节还规定了向每种空中交通服务单位提供的必要情报。无论何时只要可能,空-地通信应能进行直接、迅速、不间断和无静电干扰的双向无线电话通信,ATS单位之间的通信应能交换印字电文,对于空中交通管制单位而言,还要能在管制员之间进行直接的话音通信。鉴于通过空-地无线电频道交换的情报以及从其他单位和办公室收到的情报的重要性,《附件11》建议记录此种通信。本附件的一个附录详细说明了空中交通服务航路的识别原则,以使驾驶员和ATS无须借助于地理参照即可准确无误地识别任何航路。另外一个附录规定了对于用无线电导航设施标明和未用无线电导航设施标明的重要点的代号要求。《附件11》还载有一系列附篇,涉及关于各不同事项的指导材料,从空域的组织到空-地频道的ATS要求以及标准进场和离场航路的设立和命名。制定应急计划是所有提供空中航行服务的国家的重要责任。《附件11》的一个附篇载有简明扼要的指南,以协助各国在空中交通服务和相关辅助性服务被中断时提供安全和有序的国际空中交通业务,并指导在服务被中断时如何维护主要的世界空中航路。

天空可以是无边无际的,但空中交通却不能如此。随着越来越多的航空器加入已经十分拥堵的空中航路之中,空中交通管制的概念、程序、设备和规则将继续发展,本附件的规定也将如此。

12.《附件12 搜寻与援救》

组织搜寻与援救服务是为了解救明显遇险和需要帮助的人。由于需要迅速找到和援救航空器事故的幸存者,因此在国际民航组织《附件12》中纳入了一套国际上协商一致的标准和建议措施。

13.《附件13 航空器事故和事故征候调查》

14.《附件14 机场》

《附件14》的一个显著之处是其包含的题目范围广泛。它跨越了从机场和直升机场的规划到具体的细节,如辅助电源的切换时间;从土木工程到照明设计;从提供复杂的救援和消防设备到保持机场去除鸟类的简单要求。

15.《附件15 航空情报服务》

航空情报服务(AIS)是支持国际民用航空最鲜为人知但又最重要的作用之一。航空情报服务的目标是保证国际空中航行的安全、正常和效率所必要的资料的流通。《附件15》明确地规定了航空情报服务如何接收和/或签发、整理或汇总、编辑、编排、出版/储存和分发详细的航空情报/数据,其目的是实现按照统一和一致的方式提供国际民用航空运行使用所需要的航空情报/数据。ICAO理事会于1953年首次通过了最初的标准和建议措施。《附件15》源自于《芝加哥公约》第三十七条。ICAO空中航行委员会(航委会)根据地区空中航行会议的建议对附件制定了第一批要求,并于1947年根据理事会授权将其作为对航行人员发布国际通告的程序出版。"对航行人员发布国际通告的程序"导致诞生了早期的航空字母缩写:NOTAM。1949年举行的NOTAM专业会议审议了上述程序并建议对其进行修订,此后作为空中航行服务程序发布,并于1951年开始适用。多年来,为满足航空旅行和相关的信息技术所带来的迅速变化,共对附件15做了33次修订。近几年来,《附件15》的修订反映了对及时提供高质量的航空情报/数据和地形数据日益增长的需要,因为它们已经成为对数据依赖的机载导航系统的重要组成部分。附件包含许多目的为预防航空情报/数据遭受损坏或出现错误的规定,这些损坏或错误的情报可能对空中航行安全产生潜在的影响。不管是小型私人航空器或者大型运输航空器,任何型号的航空器经营人,必须对预期使用的空中航行设施和服务的各项情报有所掌握。比如,经营人在一个国家运行,它必须了解该国有关进入和穿越空域的规章,以及能够提供的机场、直升机场、导航设备、气象服务、通讯服务和空中交通服务以及与此相关的程序和规定。经营人还必须在通常较晚得到通知的情况下,对影响这些设施和服务运行的变化有所了解,同时也必须掌握可能影响飞行的空域限制或危险情况。虽然几乎总是可以在起飞前提供这些情报,但是在某些情况下必须在飞行中提供这些情报。

《附件15》的基本理论源自于《国际民用航空公约》第二十八条,即各国有责任向民用航空的各个有关方面提供有关和必要的全部情报,以使航空器能在其领土内以及本国领土外由其负责提供空中交通管制或其他职责的地区从事国际民用航空运行。AIS 处理的情报在适用期方面有很大差别。比如,有关机场和其设施的情报可能多年有效,而这些设施可供使用状况的变化(比如由于建设或修理),其有效期则相应较短。情报有时仅在几天或几小时短暂时间内有效。情报的紧迫程度以受影响的经营人数量或者经营类型而言,其适用范围也有所不同。情报可能会冗长或简练,或者包括图形。因此,航空情报将根据其紧迫性、对运行的重要意义、范围、容量、有效期长短和对用户的相关性分别加以处理。《附件15》规定航空情报应当作为完整的整套航空情报出版,它包括下列要素:航行资料汇编(AIP)(包括修订服务、AIP 补篇)、NOTAM、飞行前资料通告(PIB)、航行资料通报(AIC)、检查单和有效的 NOTAM 清单。每项要素被用来分发不同类型的航空情报。多数情况下,关于设施、服务或程序变化的资料,需要对航空公司运行手册或由各个航空部门制作的文件和数据库进行修订。负责更新这些出版物的部门通常按照事先安排好的制作方案工作。如果不加区别地出版含有多个生效日期的航空情报,那就不可能使手册和其他文件及数据库保持最新状态。鉴于可以对设施、服务和程序的许多变化进行预测,《附件15》规定使用一个有规则的系统,称为 AIRAC(定期制航行通告),它要求根据事先确定好的生效日期时间表使重大变化开始生效并分发情报,除非运行方面的考虑使其无法实现。

《附件15》还规定通常用于国际运行的各个机场/直升机场必须提供飞行前资料,并且对飞行前为规划之目的提供的航空情报内容做了规定,同时对通过自动化航空情报系统提供上述情报规定了要求。此外,还要求保证将飞行机组提供的重要的飞行后资料(比如存在鸟害情况)提供给 AIS,以便酌情进行分发。航空情报/数据的必要性、作用和重要性伴随着通信、导航和监视/空中交通管理(CNS/ATM)系统的发展发生了重要的变化。实施区域导航(RNAV)、所需导航性能(RNP)和机载计算机导航系统对航空情报/数据和地形数据的质量(精度、分辨率和完好性)提出了严格的要求。用户对某些航空情报/数据质量的依赖性在《附件15》当中是很明确的。《附件3.2.8》a 段在描述关键数据时指出:"使用损坏的关键数据使航空器的持续安全飞行和着陆发生严重危险并导致灾难的概率高"。鉴于损坏或错误的航空情报/数据可能对空中航行安全产生的潜在影响(机载和地面系统对其直接的依赖性),因此每个国家必须保证用户(航空界和空中交通服务等)能够收到及时的并在其预期使用期限内质量完好的航空情报/数据。为实现这一目标和向用户演示情报/数据应具备的质量,《附件15》规定各国应当建立一个质量系统并在航空情报/数据处理的各个阶段(接收和/或签发、整理或汇总、编辑、编排、出版/储存和分发)配备质量管理程序。质量系统必须在每个职责阶段有文件记录并可以证明,保证其具备组织结构、程序、过程和资源,以便找出和改正情报/数据在制作、更新和运行使用阶段出现的任何异常现象。显而易见,这种质量管理体系能够从任何一点对所有情报/数据进行追查,能往回追溯到以前各次处理过程直至其起源。国际民用航空的全部活动中,提供和维持航空情报服务或许不能排在最引人注目的地位,而且向依赖数据的机载导航系统提供 AIS 情报的复杂性确实有必要对用户具有透明度。

16.《附件16 环境保护》

《附件16》(第Ⅰ卷和第Ⅱ卷)的内容是保护环境免受航空器噪声和航空器发动机排放的影响——这两个问题在《芝加哥公约》签署时几乎未做任何考虑。

17.《附件17 保安——保护国际民用航空免遭非法干扰行为》
18.《附件18 危险品的安全航空运输》
19.《附件19 安全管理》

第三节 《航行服务程序——空中交通管理》(DOC 4444)

ICAO DOC 4444《航行服务程序——空中交通管理》(以下简称 DOC 4444)内容是国际民航组织关于航行的重要文件,也是空中交通管理的一个指导性文件,它随着航空运输技术的提高而有着相应的变化。2001年版的 DOC 4444 文件被命名为"航空导航服务——空中交通管理",这可以说是4444文件划时代的突破。它融入了新的理念,包括与航空安全管理相关的预定方案和程序,以及空中交通流量管理。这是一个全新的尝试,事实证明这个尝试是正确的,它不仅大大推进了管制合理化的进程,而且还使得空中交通管制工作的效率与以前相比有了很大的提高。

一、文件简介

1. 历史沿革

《航行服务程序——空中交通管理》(PANS - ATM)是对北大西洋航路服务国际会议空中交通管制委员会编写的《航行服务程序——空中交通管制》(PANS - ATC)(1946年3月)不断改进的结果。在欧洲-地中海航路服务组织国际会议(巴黎,1946年4—5月)对原程序进行了复审以后,《航行服务程序——空中交通管制》的第二版于同年发行。《航行服务程序——空中交通管制》的第三版本于1947年第二次飞行与空中交通管制规则(RAC)专业会议(蒙特利尔,1946年12月—1947年1月)上编写。原来仅限于有关地区使用的《航行服务程序——空中交通管制》自1950年2月1日起,开始在世界各地使用。第四版(1951)根据第四次空中规则与空中交通管制专业会议(蒙特利尔,1950年11—12月)的建议,确定了其使用的名称《航行服务程序——空中规则与空中交通服务》(PANS - RAC)。新名称除了反映出空中交通管制服务的运作以外,还包括适用于飞行员的一些程序及有关提供飞行情报和告警服务的一些程序。自1946年以来出版的历次原文本及随后的修订版,连同有关的主要内容列表、理事会对修订版的批准日期及开始实施日期,均列于表A中。2001版改名为《航行服务程序——空中交通管理》(PANS - ATM),对有关程序进行了全面的更新,并对内容做了重要的重新编排。新的名称反映出它将有关空中交通服务安全管理和空中交通流量管理的规定和程序包括在内。

2. 范围和目的

DOC 4444(PANS - ATM)是对《附件2 空中规则》及《附件11 空中交通服务》中的标准和建议措施的补充。必要时,《地区补充程序》(DOC 7030)中的地区程序对其进行补充。虽然本程序主要为空中交通服务人员编写,但飞行机组应熟悉下列文件各章所包含的程序:第三章,第四至第九章,第十二至第十四章,第十五章第3和4节,附录1,2,4和5。《附件11》中所规定的空中交通管制服务的目的,不包括防止与地物的碰撞。因此,除使用雷达引导仪表飞行规则(IFR)飞行外,本文件所规定的程序并不解除驾驶员在此方面确保空中交通管制单位发放的任何放行许可为安全的责任。《航行服务程序——空中交通管理》(PANS - ATM),较标准和建议措施中所述程序更为详尽地阐明空中交通服务部门在向空中交通提供各种空中交通服务时应采用的实际程序。

3. 法律地位

航行服务程序（PANS）与标准和建议措施地位不同。后者由理事会完全按照《国际民用航空公约》第 90 条的程序，根据第 37 条讨论通过，而《航行服务程序》则由理事会批准并推荐给各缔约国在世界范围内使用。航行服务程序中包含的材料在达到成熟和稳定要求时最终可被批准作为标准和建议措施（SARPs），而且还包括作为相应标准和建议措施基本原则的扩充资料而编写，以及专门为方便用户使用标准和建议措施而设计的材料。

4. 实施

实施该程序是各缔约国的责任；只有在各缔约国实施了该程序以后，并且也只能在这个时候，程序才在实际营运中应用。然而，为了方便各国实施，该程序用于空中交通服务人员及其他为国际航行提供空中交通服务的有关人员直接使用的语言编写而成。

5. 公布差异

《航行服务程序》不具有理事会赋予作为公约附件而讨论通过的标准所具有的地位，因此当不予实施时，无须遵守公约第 38 条所规定的通知差异的义务。尽管如此，各国应注意《附件 15》中有关在其《航行资料汇编》中公布其程序与国际民航组织程序间重大差异一览表的规定。

二、文件的内容

第一章　定义。

第二章　空中交通服务安全管理的规定和程序。

第三章　空中交通流量管理所适用的规定和程序。

第四章　空中交通服务所适用的一般规定和程序。

第五章　航空器间隔所适用的规定和程序。

第六章　机场附近的间隔。

第七章　提供机场管制服务的空中交通管制单位所适用的规定和程序。由于使用航空地面灯的程序主要与机场有关，故列在第七章（第 7.13 节）。但应指出不论在机场或在其附近的所有航空地面灯均被包括在内，因此第 7.13 节各条适用于不论是否提供机场管制服务的所有机场。

第八章　使用雷达履行其职能的空中交通服务单位所适用的程序。

第九章　提供飞行情报服务和告警服务的空中交通服务单位所适用的程序。

第十章　有关空中交通服务单位之间、这些单位内的管制岗位之间，和这些单位同有关航空电信台站之间进行协调的程序。

第十一章　进行有效的空中交通服务所需要的空中交通服务电报。

第十二章　提供空中交通服务中所使用的典型通话用语，并以空中交通服务各个特定阶段的通常用语形式分组开列。

第十三章　关于自动相关监视服务（ADS）。

第十四章　有关管制员-飞行员数据链通信（CPDLC）的程序。相关的管制员-飞行员数据链通信（CPDLC）电文集载于附录 5 中。

第十五章　有关紧急情况、通信失效和意外事件的程序。

第十六章 特殊空中飞行、事故征候报告和重复性飞行计划所适用的程序。

第四节 《空中交通计划手册》(DOC 9426)

为了使各个国家和地区在制定航空管理发展规划时有个参考,以便于统一标准和发展方向,国际民航组织和航行委员会秘书处编写了该空中交通服务计划手册(Air traffic services planning manual)。该手册不仅包括那些可以或应当用以考虑制定国家的或地区发展规划的资料,并且还包括可以或应当直接用以计划和运行的空中交通服务系统的资料。该手册具有可操作指导作用的手册。

该手册包括了《附件11》和 DOC 4444 文件中的附篇,以及其他涉及关于空中交通服务计划的重要资料,是《附件11》和 DOC 4444 内容的补充。

该手册分为5个基本部分,其中四个涉及了空中交通服务计划的各个方面,第五部分提供了更多的参考资料。这5个部分的基本内容如下:

第一部分 计划因素。这一部分主要涉及了 ATS 计划的概念和继续发展事项,ATS 发展的需要,它们的设置和对有关设备的需求。其主要章节的内容如下:
- 如何研究制定空中交通服务计划;
- 影响计划制定的因素;
- 典型的 ATS 组织计划;
- ATS 计划的制定和发展;
- 空中交通服务的建立;
- 空中交通服务的种类;
- 空域的管理;
- 设置标准离场和进场航线以及有关程序;
- ATS 航路的走向;
- 区域导航。

第二部分 ATS 所采取的应用方法
- 军航、民航、邻国在 ATC 中的协调;
- 空中交通事件的报告;
- 最小间隔标准的确定;
- 马赫数技术;
- 综合间隔的使用;
- 最低航行性能规范;
- 安全准则和间隔最低标准的评估;
- 雷达监控过程;
- ATC 放行的许可;
- 碰撞危险模型;
- 空域的扇区化;
- 雷达的使用;

- 雷达间隔的应用；
- 空中交通服务中自动化的应用；
- 人的因素；
- 空中交通服务中的数据处理；
- 空中交通服务中的数据管理；
- 飞行计划和飞行进程单；
- 海洋空域内的 ATS；
- 直升机的运行；
- 超音速航空器的运行；
- 机场及其附近的 ATS；
- 尾流；
- 地面活动的引导与管制。

第三部分 ATS 所需的设施
- 地基导航、通讯、监控设备；
- VOR/DME TACAN NDB；
- 远程无线电导航设备；
- 着陆系统；
- 机场管制塔台的需求；
- 区域管制中心的需求。

第四部分 ATS 的组织行政和设施管理
- 空中交通服务的组织；
- 人员需求的确定；
- 人员的招收；
- 人员的训练；
- ATS 的执照和等级；
- 职务的说明和责任；
- 协调。

第五部分 术语和参考文献

从以上的基本内容可以看到该文件的涉及面是非常全面和广泛的，对空中交通管制工作中的一些具体的做法描述是全面和客观的，可操作性强。如在该文件"空中交通事故调查报告"中就指出：万一是管制员的差错时，委员会不应做出对人员处分和纪律制裁的建议，因为调查的主要目的是防止失事而不是分摊责任和过失。(The committee should not make recommendations on personnel or disciplinary action in the event of controller error because the fundamental objective of the investigation is prevention1 of accidents, not to apportion blame or liability.)由于在安全间隔标准的建立过程中，许多因素存在不确定性，国际上许多航空管理部门为了获取更多可信的统计数据，以便于对其制定的标准进行检验和修改，普遍推出了被称之为"无惩罚报告"的制度和该文件的描述是相吻合的。

第五节 《确定间隔和空域规划方法》(DOC 9689)

该文件的主要目的是为空域规划人提供指导并帮助他们实施 CNS/ATM 系统,特别是空域规划、所需导航性能概念及区域导航技术的实施。该文件提供了确定间隔的方法,并提供了一个框架,可以依据此框架对空域特性、航空器性能和交通需求进行评估,最终为航路飞行确定安全间隔标准,达到确保某一空域设计的安全等级符合标准。

现行的 ICAO 众多文件并没有包括间隔标准改变后可能对空中交通安全的影响进行量化的方法,空域规划人员可将本文件作为修改间隔标准的依据,本文件使用应同时参考《国际民用航空公约》的《附件 11 空中交通服务》、DOC 4444《空中交通管理》。

现在空管的学习,对安全间隔标准的内容学习多,但对间隔标准如何确定以及间隔标准改变可能对空中交通安全影响如何进行量化的方法学习相对较少。该文件提供了空域设计和规划方法,通过对空域的特性、交通的需求和航空器的性能分析,为飞行确定满足安全等级的安全间隔标准。虽然该文件的方法并不一定完全适合每一个地区,但毕竟提供了基于数学模型的空域规划和评估思维方法,是值得空管学员认真学习的。

该文件的主要内容如下:
- 影响空域规划方法制定的因素;
- 确定间隔标准修改必要性的因素;
- 现行空域和 CNS/ATM 系统的说明;
- 确定建议空域和 CNS/ATM 系统;
- 确定建议系统安全评估的方法;
- 安全评估方法;
- 修改建议系统;
- 实施与监控。

附录内容有交叉航迹间隔、航路结构规划、成本效益分析研究、在北大西洋空域引入缩小侧向间隔、安全评估比较实例、欧洲航行安全组织的危险碰撞分析方法、地区空域规划方法等。

该文件对航空器之间的位置关系有了更准确详细的诠释。航空器飞行时,航空器驾驶人员负有保证航空器按照预定航线或在指定空域里飞行的责任,航空管制系统(含航空管制人员)为航空器的空中活动提供相应的服务。在航空活动和航空管制工作过程中,航空器相撞和飞行危险是两个不同的概念,相撞是指两架航空器在空中发生机体接触,而飞行危险则在相撞之前就已经发生了,也就是说,通常并不是在两架航空器发生接触后,才被认为构成了飞行危险,而是当航空器之间的距离小于一定的"安全间隔",就被认为有了飞行危险。因此,对航空管制工作而言,航空器的飞行安全是一个相对的概念,例如,同样是两架航空器,编队飞行时,同高度前后相距 50 米被认为是安全的,而在执行一般飞行任务时,如果相距 500 米,甚至更远时,就是严重威胁飞行安全的事故征候了。

安全间隔是指在同一个空域内,飞行中的航空器之间能够相互保持飞行安全状态的"最小"距离,但这个"最小"距离并非通常意义上的最小值,而是由相应的科研机构研究确定,经大多数的飞行人员和航空管制人员认可,并由有关的权力和决策部门颁布实施的最小距离的"标准",目的是减小航空器之间相互碰撞的概率。考虑到航空器的运动状态是三维的,通常在水平和垂直两个面上实行这种间隔标准,垂直方向上以高度差(米)来表示,水平方向上又被分为横向安全间隔标准和纵向安全间隔标准,以距离或时间来表示。航空器所要求的安全间隔通常以任何一个方向上规定的间隔数值来表示,且不能同时违反三个方向上的间隔规定。

该文件指出确定安全间隔标准是一个复杂的过程,需要考虑的因素很多,而其中很多参数的确定又都超出了航空管制系统的能力,通常都是把它们最终留给航空管制人员,由其根据合理的判断,确定某一特定情况下的飞行间隔是否安全。

一、确定安全间隔标准的前提

在确定安全间隔标准的过程中有了许多假设的前提条件:
(1) 全部航迹是平行的,如果不平行取一最小安全距离。
(2) 航空器冲突发生在相邻航迹之间。
(3) 航空器进入航线的时间是不相关的(即飞行密度不会突变)。
(4) 航空器的偏差是不相关的。
(5) 盲目飞行假设,即没有有关航空器位置误差的外部信息可以帮助飞行员避撞,且仅凭飞行员的目视及机上仪表检测无法进行避撞。
(6) 假设航空器在纵向、横向和垂直方向上的位置误差彼此独立,且航空器之间的导航误差也相互独立。
(7) 假设在所研究的飞行区域中,航空器和地面设备的导航及测距性能是稳定、均匀的,不随飞行时间和飞行距离而变化。
(8) 仅研究两架航空器之间关系。

二、影响航空器安全间隔的主要因素分析

可能导致航空器丧失安全间隔的原因主要有以下3种:
(1) 导航误差:它可能导致航空器偏离指定航线。
(2) 航空器及航空管制设备的各类误差:它们可能使航空器的空中位置关系产生非人为的偏差,且此种偏差往往不能被飞行人员和航空管制人员察觉和纠正。如作战飞机静压系统的"随机误差"往往使航空器的实际飞行高度高于应飞高度。
(3) 飞行人员或航空管制人员对指令产生误解和错诵:它可能导致航空器沿错误的航线飞行。大量的统计数据表明,一个受过良好培训的航空管制人员可以将这种错误降至最低。

航空器在飞行过程中,可能产生相撞风险的因素及相关参数主要有以下几种:
(1) 飞行中的航空器与其他航空器的相对位置关系。这是造成潜在相撞风险的决定因素,它与飞行流量、空域结构和航空器之间的相互穿越密度有直接关系。
(2) 导航性能。这是导致航空器空中相撞的主要因素,包括典型导航性能和非典型导航性能,典型导航性能指导航系统正常工作时出现的偏差,非典型导航性能指导航系统出现故障时导致的偏差或人为的工作失误。航空器在横向、纵向和垂直3个方向上的导航性能都直接影响其航迹的准确性,同时一个方向上的相撞风险直接与其他两个方向的导航精度成正比。
(3) 通信与监视能力。它包括雷达监视系统的性能,航空管制人员和飞行人员、航空管制人员之间的通信内容和通信质量,以及航空管制自动化系统与飞行管理计算机之间的数据链通信质量等要素。

(4)可能导致航空器空中相撞的其他因素。

正是以上这些因素,直接导致程序管制与雷达管制安全间隔标准的显著区别。

三、确定航空器安全间隔标准的方法

1. 确定航空系统是否安全的基本方法

确定一个航空系统是否安全,其相关参数,特别是安全间隔标准等是否可以得到航空管理和决策部门的接受,主要有以下两个基本方法:

(1)基准系统的方法。将拟评估的航空系统参数与已经存在的、被证明为安全的基准系统进行比较,如果新系统在所有与安全有关的方面,包括系统的相关参数和影响因素等均比基准系统的性能好,或者至少不低于基准系统,则证明新系统具有可以接受的安全性。如果新系统性能的某些方面较好,而其他方面较差,则需要对这些相关因素进行平衡,以便评估系统是否安全。两个系统被认为有足够相似性的最低要求如下:

· 拟评估系统最小安全间隔标准所带来的飞行安全性不小于基准系统;

· 拟评估系统的通讯、导航和监视手段在其精度、可靠性、完整性和可用性等方面不低于基准系统;

· 拟评估系统的航空器最小间隔使用频率和持续时间不得大于基准系统;

· 拟评估系统的航空器导航性能应等于或好于基准系统。

国际民航组织经过长期运行和实践,以及科学的数学模型运算后,向世界各国推荐了北大西洋空域的建立方法和数学模型,即"Reich"模型作为建立和评估空域安全间隔的方法和基准系统。

(2)用已被确定的临界值进行系统风险评估的方法。如国际民航组织推荐采用安全目标值,即 TLS(Target Level of Safety)来表示最大可被接受的航空器的相撞风险,其含义为航空器在单位时间内所发生致命事故的期望值。国际民航组织的 ICAO DOC 9574 文件中规定了与垂直导航性能有关的航空器相撞风险的 TLS 值为 2.5×10^{-9}。

该方法的优点是一旦确定了飞行安全的临界参数及其对相撞风险评估的数学模型后,就有可能对不同的参数进行调整,从而确定最合适的方法,进行空域的规划,即使使用不同的计算方法,安全目标值也应低于已使用系统的安全目标值。在实践中,对任何空域进行相撞风险预测都是一个非常复杂的过程,需要航空系统的性能参数,以及各方面的大量的统计数据。

2. 制定安全间隔标准的方法

(1)相撞风险评估法(数学模型法):即首先找出造成航空器危险接近的主要因素,并对其进行分析、研究和量化;然后进行实际数据的采样,根据数理统计理论,确定出它们的数学分布;最后,根据航空器相撞风险模型,计算出在各种情况下航空器的相撞率,依照计算出的结果,将导致航空器相撞率为 TLS 值时的间隔确定为安全间隔;将大于 TLS 值,但航空器相撞率发生突变时的间隔,确定为航空器的危险接近间隔标准。

(2)定性分析法:对一些在目前条件下一时确实难以确定的航空器的安全间隔标准,以保证飞行安全和有利于空中交通秩序顺畅、不严重影响飞行流量为基本出发点,先制定出一个安全目标值较大的、试用的航空器的安全间隔标准,待在实践中使用一段时间后,再根据实际情况进行修订。

如国际民航组织在进行亚太地区的纵向间隔标准评估时,经过航空安全管理官员、航空管

制人员以及技术人员的确认,认为航空管制人员读电报的时间需 45 s,冲突判断需 30 s,下达指令需 30 s,飞行员对指令做出反应时间需 60 s,航空器爬升 500 英尺需 60 s,加之其他的时间延迟,因此纵向安全间隔确定为 408 s,在实际执行中采用"7 min"。

四、修改间隔标准的流程示意图

修改间隔标准的流程示意图如图 11-1 所示。

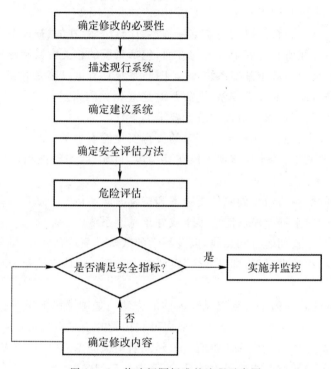

图 11-1 修改间隔标准的流程示意图

第六节 《安全管理手册》(DOC 9859)

20 世纪航空业在技术方面取得了举世瞩目的巨大进步。如果不是在控制和降低航空安全危险方面也取得了类似的成就,是不可能取得如此大的进步的。由于航空业在许多方面会导致损害或伤害,因此,从飞行的初期开始,航空业内人士就一直特别关注事故预防工作。通过规范地应用最好的安全管理措施,大大降低了航空事件发生的频率和严重程度。

尽管极少发生重大航空灾难,但是较小的灾难性事故和各种各样的事故征候却较经常发生。这些较小的安全事件也许正是安全隐患的苗头。忽视这些潜在的安全危险,可能会为更严重事故数量的增加创造条件。事故(和事故征候)造成经济损失。尽管购买"保险"能够在一段时间内分摊事故的成本,但是事故会带来负面的商业影响。保险可承保特定的风险,但是还存在很多未保险的成本。另外,还有一些不那么有形的(但同样重要的)成本,例如旅游大众信任度的损失。了解一起事故耗费的总成本,对理解安全经济至关重要。航空运输业未来的生存和发展很可能就取决于是否能够使大众对出行安全感到放心。因此,安全管理是航空业可持续发展的先决条件。

DOC 9859《安全管理手册》(SMM：Safety Management Manual)的使用目的是帮助各国达到《附件6》《附件11》和《附件14》关于经营人和服务提供者实施安全管理体系的要求。

手册中描述的方法和程序是航空经营人、空中交通服务提供者、机场、维修组织等成功开展和管理民航安全活动的经验汇编。此外，本手册还包括政府、制造商和其他著名航空组织的最佳做法。

手册中指导材料的应用不仅仅局限于运行人员，而对所有安全利害相关者，包括高层管理者都应是有重大关系的。特别是，本手册旨在适用于那些负责设计、实施和管理有效安全活动的人员，即，负责管理航空系统的政府官员；运行组织如经营人、空中交通服务提供者、机场和维修组织等的管理者；安全事务工作者，如安全经理和顾问。

本手册不是指令性的。然而，按照本手册讨论的理念、原则和做法，各组织应能形成一套适合自身实际情况的安全管理方法。

安全管理手册(SMM)内容。本手册适用对象广泛，从国家航空管理部门到经营人和服务提供者不等，还旨在针对这些组织中的各级人员，从高层管理者到一线工人。第1章至第3章包括安全管理介绍。第4章至第11章论述安全管理。第12章至第15章讲述安全管理体系。第16章至第19章探讨应用安全管理。

该手册不是让读者从头到尾地阅读，而是鼓励用户根据其知识水平和在航空安全管理方面的经验，注重自己感兴趣的领域。

一、安全的概念

为了理解安全管理，有必要了解"安全"的含义。依据一个人看问题角度的不同，航空安全概念可能有不同的含义，例如：
- 零事故(或严重事故征候)，大众普遍持有的一种观点；
- 免于危险或风险，即免于引起或可能引起伤害的因素；
- 员工对待不安全行为或状况的态度(反映企业的"安全"文化)；
- 航空业固有风险的"可接受"程度；
- 危险识别和风险管理过程；
- 事故损失(人员伤亡和财产损失，以及对环境的损害)的控制。

尽管消除事故(和严重事故征候)是人们渴望的，但百分之百的安全率是达不到的。即使尽最大的努力来避免，还是难免发生失效和差错。没有任何人类活动或人造系统能保证绝对的安全，即无风险。安全是个相对的概念，因而"安全"系统中的内在风险是可接受的。

安全逐渐被认为是对风险的管理。因此，就本手册而言，安全具有以下含义：安全是一种状态，即通过持续的危险识别和风险管理过程，将人员伤害或财产损失的风险降至并保持在可接受的水平或其以下。

二、国际民航组织的要求

在所有的航空活动中，安全都是第一位的。《国际民用航空公约》(DOC 7300)(通称为《芝加哥公约》)第44条阐述的国际民航组织的宗旨和目标便反映了这一点；该公约责成国际民航组织确保世界范围内国际民航安全、有序地发展。

在制定对各国的安全管理要求时,国际民航组织把安全方案和安全管理体系(SMS)区分如下:

安全方案是旨在提高安全水平的一整套规章和活动。

安全管理体系(SMS)是有组织的管理安全的方法,包括必要的组织结构、问责办法、政策和程序。国际民航组织的标准和建议措施(SARP)要求各国建立安全方案,以使航空运营达到可接受的安全水平。可接受的安全水平应由有关国家确定。虽然安全方案和安全管理体系的概念目前仅限于《附件6》《附件11》和《附件14》,但将来可将该概念扩大到包括更多涉及运行的附件。安全方案的范围很广,包括为实现方案目标而采取的众多安全活动,国家安全方案包含从航空器经营人以及提供空中交通服务(ATS)、机场和航空器维修服务的组织的角度讲实施安全运营的规章和要求。安全方案可能包括有关多种多样活动的规定,如事故征候报告、安全调查、安全审计和安全宣传。为了协调一致地实施安全活动,需要建立统一的安全管理体系。

因此,根据《附件6》《附件11》和《附件14》的规定,各国应规定经营人、维修组织、空中交通服务提供者和验证合格的机场经营人执行国家认可的安全管理体系。此种安全管理体系至少应:

(1)确定实际和潜在的安全危害;

(2)为了缓减风险/危险,确保实施必要的纠正措施;

(3)对所达到的安全水平进行持续监督和定期评估。

经国家认可的一个组织的安全管理体系还应明确划分安全责任界线,包括高层管理者应对安全直接承担的责任。国际民航组织为实施标准和建议措施提供专门的指导材料,包括有关安全管理的本手册。本手册包括管理安全和建立安全管理体系的基本概念以及一些用于实现国家安全方案目标的系统过程和措施。

三、可接受的安全水平

在任何系统中都必须设定和测量绩效成果,以便确定系统是否依照预期运转,确定是否可能需要采取行动以提高绩效水平达到这些预期。

引入可接受的安全水平这一概念是为了适应对于现行的基于遵守规章和绩效考核的方法的安全管理方法进行补充的需求。可接受的安全水平反映一个管理监督部门、经营人或服务提供者的安全目标(或预期)。从管理监督部门与经营人/服务提供者之间的关系这个角度看,管理监督部门按照它能接受的最低标准向经营人/服务提供者提出他们在进行其核心业务活动时应达到的安全绩效目标。它是管理监督部门测评安全绩效可以依据的标准。在确定可接受的安全水平时需要考虑诸如适用的风险水平、系统改进的成本/效益和公众对航空业安全的预期等因素。

在实践中,可接受的安全水平概念以两种计量标准/尺度来表示(安全绩效指标和安全绩效目标),通过各种安全要求来实施。以下解释本手册中对这些术语的应用:

(1)安全绩效指标是一种对一航空组织或航空业部门安全绩效的计量标准。安全指标应该易于测量并同一个国家的安全方案的主要构成部分或一个经营人/服务提供者的安全管理体系相联系。因此,航空业各部门,如航空器经营人、机场经营人或空中交通服务提供者,彼此之间的安全指标将是不同的。

(2)安全绩效目标视何种安全绩效水平对具体经营人/服务提供者适宜和现实而定。安全目标应是可测量的,各利益相关者可接受的并和国家的安全方案相一致的。

安全要求是为实现安全绩效指标和安全绩效目标所必需的。安全要求包括运营程序、技术、系统和方案,对此可规定可靠性、可获得性、性能和/或精确度的计量标准。安全要求的一个例子是在今后的 12 个月内要在国内的三个最繁忙的机场配置关键设备的可用性达到 98% 的雷达系统。

一系列不同的安全绩效指标和目标比使用单一指标或目标将使人们更好地了解一个航空组织或业界部门的可接受的安全水平。可接受的安全水平、安全绩效指标、安全绩效目标和安全要求之间的关系如下:可接受的安全水平是首要安全要求的概念;安全绩效指标是用来确定是否已达到可接受的安全水平的计量标准/尺度;安全绩效目标是与可接受的安全水平相关的量化的目标;安全要求是实现安全目标的工具或手段。本手册重点主要放在安全要求,即实现可接受的安全水平的手段上。

安全指标和安全目标可能是不同的(例如,安全指标是:对于航空公司经营人每 100 000 小时发生致命事故的次数为 0.5 次;而安全目标是:对于航空公司的运营,致命事故率降低 40%),也可能是相同的(例如,安全指标是:对于航空公司经营人,每 100 000 小时发生致命事故的次数为 0.5 次,安全目标是:对于航空公司经营人,每 100 000 小时发生致命事故的次数不多于 0.5 次)。

很少会有国家统一的可接受的安全水平。更多的是在每一国家内,由管理监督部门和各经营人/服务提供者商定不同的可接受的安全水平。每一商定的可接受的安全水平应与各经营人/服务提供者的运营环境的复杂性相称。

为安全方案确定可接受的安全水平并不能取代法律要求、管理要求,或其他既定的要求,也不能免除各国根据《国际民用航空公约》(DOC 7300)及其相关规定须履行的义务。同样,为安全管理体系确定可接受的安全水平也不能使经营人/服务提供者免除根据相关的国家规章须履行的义务和由《国际民用航空公约》(DOC 7300)产生的义务。

国家安全方案管理监督部门确定一个通过其安全方案要达到的,以下述形式表达的可接受的安全水平:

对于航空公司经营人,每 100 000 小时发生致命事故的次数为 0.5 次(安全指标),五年内降低 40%(安全目标);每飞行 100 000 小时发生事故征候的次数为 50 次(安全指标),三年内降低 25%(安全目标);每飞行 100 000 小时发生重大航空器缺陷事故征候的次数为 200 次(安全指标),比前三年平均数降低 25%(安全目标);每 1 000 次航空器起降遭遇鸟击的次数为 1.0 次(安全指标),五年内降低 50%(安全目标);每 40 000 次航空器起降发生的跑道侵入事件不多于一次(安全指标),在 12 个月内降低 40%(安全目标);每飞行 100 000 小时发生空域事故征候的次数为 40 次(安全指标),比五年移动平均数降低 30%(安全目标)。

航空公司经营人安全管理体系管理监督部门与航空公司经营人就通过经营人安全管理体系达到的可接受的安全水平达成协议,该安全水平的一个量度标准(但不是唯一的量度标准)是每 100 000 次起飞发生致命事故的次数为 0.5 次(安全指标),五年内降低 40%(安全目标)和除了别的以外,对于那些没有采用仪表着陆系统进近的机场采用全球定位系统进近(安全要求)。每 40 000 次航空器飞行起降发生的跑道侵入事件不多于一次(安全指标),在 12 个月内降低 40%(安全目标)。

下面列举的一些其他因素也被认为在安全管理中是有效的。必须强调指出，这一做法可补充或加强各国和其他组织遵守国际民航组织的标准和建议措施和/或国家规章的义务。

应用科学的风险管理方法；高层管理者对安全管理的承诺；促进安全做法，鼓励安全沟通，并像财务管理那样同等注重结果地积极管理安全的企业安全文化；有效实施标准操作程序(SOP)，包括使用检查单和简令；鼓励有效进行事故征候和危险报告的无惩罚环境(或正义文化)；正常运营情况下安全相关数据的收集、分析和共享；对事故和严重事故征候进行充分的调查，查明系统安全缺陷(而不仅仅是追究责任)；对运行人员进行综合的安全(包括人的因素)培训；通过(在公司或国家间)积极交流安全信息，共享安全教训和最佳做法；旨在评估安全绩效和减少或排除正在出现的问题的系统的安全监督和绩效监测。

四、该手册与其他国际民航组织文件的关系

本手册为达到与实施安全方案和安全管理体系有关的《附件6》《附件11》和《附件14》的标准和建议措施中的要求提供指导。在《空中航行服务程序——航空器的运行》(PANS-OPS,DOC 8168)、《空中航行服务程序——空中交通管理》(PANS-ATM,DOC 4444)以及 Manual on Certification of Aerodromes(DOC 9774)中对其中一些要求做了阐述。

本手册还应有助于各国落实附件13——《航空器事故和事故征候调查》有关事故和事故征候调查的标准和建议措施，包括为各国提出的通过对事故和事故征候数据进行分析及迅速交流安全信息，促进安全的建议。

本手册还应作为配套文件与国际民航组织的其他文件一起使用，其他文件包括以下几种：

Airworthiness Manual(DOC 9760)，该文件为实施持续的适航方案提供了指导；

Human Factors Digest No.16—Cross-Cultural Factors in Aviation Safety(CIR 302)，该文件介绍了在航空领域内由于跨文化因素而发生的安全案例；

Human Factors Guidelines for Aircraft Maintenance Manual(DOC 9824)(目前无中文译本)，该文件提供了有关对人为差错进行控制以及针对航空维修中出现的差错采取对策等方面的信息；

Human Factors Gudielines for Air Traffic Management(ATM)Systems(DOC 9758)(目前无中文译本)，该文件协助各国在购买和使用与通信、导航和监视/空中交通管理相关的技术时考虑人的因素问题；

Human Factors Guidelines for Safety Audits Manual(DOC 9806)(目前无中文译本)，该文件为准备、进行考虑到人的行为能力和局限性的安全监督审计提供了指导原则；

Human Factors Training Manual(DOC 9683)(目前无中文译本)，该文件更加详细地描述了本手册涉及的安全管理中人的行为能力方面的许多根本方法；

《航线运行安全手册》(DOC 9803)，该文件介绍了有关对人为差错进行控制和管理以及针对运行环境采取对策等方面的信息；

《航空器事故和事故征候调查手册》(DOC 9756)，该文件为各国进行航空器事故调查提供有关可用的程序、做法和技术方法方面的信息和指导；

Manual on Certification of Aerodromes (DOC 9774)，该文件描述了应包括在验证合格机场的机场手册中安全管理体系的突出特点；

《运行手册的编写》(DOC 9376)，该文件在培训和运行监督等方面为经营人提供了详细的

指导,并且包括关于维持一个事故预防方案的必要性的指导;

《安全监督审计手册》(DOC 9735),该文件提供了关于进行国际民航组织的安全监督审计的标准审计程序的指导和信息。

第七节 《目视和仪表飞行程序设计》(DOC 8168)

飞行程序是航空公司和空中交通管制部门组织实施飞行的重要依据,是保障飞行安全的重要因素,因此飞行程序的质量直接关系到飞行安全。设计规范和技术标准是飞行程序设计的纲领。国际民航组织超障小组在取得数以十万计的试飞和飞行数据的基础上,按照危险概率(即航空器偏离我们所考虑的空间范围与障碍物或其他航线飞行的航空器相碰撞的概率)的要求,经数学模拟和方法优化,制定出飞行程序设计的规范,并编写成国际民航组织 8168 文件,它是国际民航组织所有缔约国进行飞行程序设计的指导性文件。我国民航总局规定,我国为民用航空器设计飞行程序时,必须严格按照国际民航组织 8168 文件所规定的准则进行设计。当前我国飞行程序设计的主要依据有国际民航组织航空器运行《目视和仪表飞行程序设计》(DOC 8168, Construction of visual and instrument flight procedures)、《仪表飞行程序设计手册》等规章。实际工作中,各类规范和标准在不断地、非周期地进行修订、补充和完善,相应的飞行程序设计也应及时与新规范和标准相一致。

制定机场仪表飞行程序的目的,是提供航空器相对于地面障碍物之间有足够的安全保护,保证航空器在机场区域内按照规定的航线和高度,安全、有秩序地飞行,避免航空器与地面障碍物、航空器与航空器相撞。机场仪表飞行程序,是仪表气象条件下所有飞行人员在机场区域内飞行和空中交通管制人员实施空中交通管制的依据。

航空器从起飞到着陆的整个过程可以分为离场、巡航、进场、进近几个飞行阶段。除巡航外,皆属于飞行程序的范畴。所有民用航空器使用的、可供仪表飞行的机场,都必须制定机场仪表飞行程序。机场仪表飞行程序是指按照飞行仪表进行的一系列预定的机动飞行,从航路阶段下降至目视着陆的一点,和不能目视着陆进行复飞至等待位置、航路最低高度,以及从起飞阶段上升至航路阶段之间的离场飞行,所规定的路线、高度和飞行方法。

设计的机场仪表飞行程序,分为以下五种:精密进近(ILS、PAR);非精密进近(NDB、VOF/DME);目视盘旋着陆;标准仪表进场;标准仪表离场。

机场仪表飞行程序,必须按照《目视和仪表飞行程序的设计》,结合机场导航设施的类型、位置和所用的飞行方法进行设计。同时还应当按照民航局颁发的《机场飞行最低标准的制定与执行》,确定机场的飞行最低标准。为了便于具有简单导航设备的飞机也能使用整个飞行程序,应当尽可能以单一的导航设施为基础进行设计。但是根据飞行需要,也可以增加相同的或者不同类型的导航设施。设计的每个机场的仪表进近程序,必须规定程序适用的航空器分类。如果跑道条件允许,一般应当考虑满足 D 类以下各类航空器所要求的保护空域和超障余度;在空域受到限制或者为了缩小保护空域,避免高大障碍物时,可以在起始进近规定的速度范围内,规定一个程序限制使用的最大指示空速。非标准仪表进近程序是指由于地形、障碍物、导航设施的特点,或者由于空中交通密集,需要特殊考虑飞行上的要求,设计偏离某些准则的非标准程序。非标准仪表进近程序不是低于设计规范的程序,而是经过特别研究当地情况证明,不降低安全水平的仪表进近程序。

新建机场的仪表飞行程序设计工作,必须和机场选址同时进行。应当根据周围的地形、机场、航路、空中交通流向、气象等因素,确定跑道位置和方向;根据飞行程序的要求,规划导航设施布局,选择最佳方案。

民用机场仪表飞行程序由民航局地区管理局负责设计,并且应当按照各种进近程序,确定各类航空器的机场飞行最低标准,上报民航局审批后施行。军民合用机场现行的仪表飞行程度如果不符合民航的规范时,由民航局地区管理局同有关军事单位协商,设计新的程序,确定机场飞行最低标准,上报民航局审批后施行。

修改机场仪表飞行程序的报批手续与新设计程序相同。但是不影响实际仪表飞行程序时,可以不作程序上的修改;只有影响到定位点、航线方向、高度或者进近标准的改变时,才需要重新设计程序。

民航局通过《中华人民共和国航行资料汇编》对外公布我国对外开放机场的仪表进近程序,并且按照不同进近分类和航空器分类公布超障高(OCH)/超障高度(OCA)。

民航局通过《中国民用航空航行手册》向国内各航空企业公布各机场跑道的各种仪表进近程序和不同航空器分类的机场飞行最低标准。因紧急情况,如地面导航设施关闭,误差超过允许范围,新建筑物超过障碍物限制面等,导致机场飞行最低标准改变时,可以发布一级航行通告,但是整个新的飞行程序不得用一级航行通告公布。

DOC 8168 规定了设计程序、保护区和超障余度的具体准则和应用方法,对于一条特定的跑道,通常每一种导航设施只规定一个程序。在设计仪表飞行程序时,主要的安全考虑是超障。由于有许多可变因素如地形、航空器性能和驾驶员的能力,影响仪表进近程序,因此,本标准提出的各种程序是根据现代标准设备和实践制定的。从安全考虑,本标准规定的是最低限度的超障要求。为了保证运行的效率、规范和经济,应使导航设施设置在合适位置。在符合最低限度安全要求的前提下,设计的程序应尽量减少所需飞行时间和机动飞行空域。

第八节 《基于性能导航(PBN)手册》(DOC 9613)

一、文件的背景

航空的不断发展需要越来越大的空域容量,因而凸显了最优利用可用空域的迫切性。区域导航(RNAV)技术的运用提高了运行效率,促使导航技术应用在世界各个地区和各个飞行阶段得到发展。这些应用有可能得到拓展,为地面活动提供引导。特定航线或空域内的导航技术应用要求,必须简明扼要地加以规定。这样做是为了确保飞行机组人员和空中交通管制员(ATCs)都清楚机载 RNAV 系统的能力,以便确定 RNAV 系统的性能是否满足特定空域要求。RNAV 系统的演变方式与传统的陆基航路和程序相似。对某一特定 RNAV 系统的确定和对其性能的评估,是通过分析与飞行试验相结合的方式来完成的。就陆地飞行而言,最初的系统使用甚高频全向无线电信标(VOR)和测距仪(DME)推测位置;就洋区飞行而言,则采用惯性导航系统(INS)。这些"新"系统得到发展、评估和认证。空域和超障准则是根据可用设备的性能制定的;规范要求则以可用能力为基础。在一些情况下,甚至必须确定能够在相关空域内运行的各种设备型号。这种指令性的要求导致了推迟引入新的 RNAV 系统能力及较高的持续认证成本。为了避免此类指令性规范要求,本手册介绍了一种通过明确性能需求替代设备要求的方法。这种方法被称为"基于性能导航"(PBN)。

未来空中航行系统(FANS)特别委员会认识到,过去多年来最常用来表明所需导航能力的方法是强制配备某种设备。这就制约了对现代机载设备的最佳利用。为了克服这一问题,委员会制定了所需导航性能能力(RNPC)概念。未来空中航行系统将所需导航性能能力确定为相应包容度水平下,沿指定或选定航迹的侧向偏离参数或沿航迹定位精度参数。所需导航性能能力概念得到国际民航组织理事会的批准,并指定审查间隔总概念专家组(RGCSP)对其做进一步审议。1990 年,审查间隔总概念专家组注意到能力和性能有明显区别,并且空域规划依赖于测定的性能,而非固有的设计能力,因此将所需导航性能能力改变为所需导航性能(RNP)。审查间隔总概念专家组随后进一步发展了 RNP 概念,将其扩展成为对规定空域内运行所需导航性能的说明,并建议特定的 RNP 类型应该定义空域内所有用户应具有的导航性能,使之与空域内所能提供的导航能力相匹配。正如同未来空中航行系统所设想的,RNP 类型将由一个单一的精度数值来明确。人们发现这适用于偏远和洋区地区,就陆地的 RNAV 应用而言,航路间隔有关指导是不充分的。这是由于若干因素造成的,包括为航空器导航系统设定性能和功能标准、在可用空域的限定范围内工作,以及使用更为可靠的通信、监视和空中交通管理环境。另一个原因是 RNAV 能力的逐步发展以及需要从安装的设备上尽早获取利益等所引发的实际考虑。这就导致了具有相同导航精度的不同导航能力规范。人们注意到,随着垂直导航(3D)和时间导航(4D)的引入,以及空中交通管理后来将其用于提高空域容量和效率,这种发展将不会停止。以上考虑给早期负责在陆地空域实施 RNAV 运行的机构造成了极大的困难。在解决这些困难的过程中,概念、术语和定义出现了极大的混乱。结果,实施的差异导致了 RNP 应用的不统一。2003 年 6 月 3 日,国际民航组组织空中航行委员会针对全球导航卫星系统专家组(GNSSP)第四次会议的建议、采取行动,指定所需导航性能和特别运行要求研究小组(RNPSORSG)负责解释所需导航性能(RNP)相关的若干问题。所需导航性能和特别运行要求研究小组审查了国际民航组织的 RNP 概念,考虑了早期应用经验和当前行业趋势、利害攸关方的需求和现行的区域实施情况。小组就 RNP 与 RNAV 系统功能和应用方面的关系达成了共识,并制定了 PBN 概念,使统一现行全球范围内的实施成为可能,并为和谐的未来运行奠定了基础。虽然本手册介绍了就 2D 和 RNAV 进近应用达成的一致意见,但是最新获得的 RNP 经验得出这样的结论:随着 3D 和 4D 应用的发展,将需要评估这一发展趋势对 PBN 概念的影响,并相应地更新本手册。

本手册取代《所需导航性能(RNP)手册》(DOC 9613),相应影响到国际民航组织的若干文件,包括:《附件 11 空中交通服务——空中交通管理》(PANS - ATM)(DOC 4444)、《航空器的运行》第Ⅰ卷和第Ⅱ卷(PANS - OPS)(DOC 8168)、《地区补充程序》(DOC 7030)、《空中交通服务规划手册》(DOC 9426)、《确定最小间隔的空域规划方法手册》(DOC 9689)。

PBN 概念明确了特定空域概念下拟实施的运行,对航空器 RNAV 系统的精度、完好性、可用性、连续性和功能性等方面的性能要求。PBN 概念标志着由基于传感器导航向 PBN 的转变。导航规范中明确了性能要求,以及可选用于满足性能要求的导航传感器和设备。这些导航规范制定得非常详尽,便于为各国和各运营人提供具体的实施指导,促进全球和谐统一。在 PBN 中,一般的导航要求是依据运行要求来规定的。然后,运营人对能够满足这些要求的可选技术和导航服务进行评估。因此,运营人有机会选择一种更具成本效益的方案,而不是一个作为运行要求的一部分强加的解决方案。只要 RNAV 系统能够提供预期性能,技术的日新月异不要求对运行本身进行重新审查。作为国际民航组织未来工作的一部分，预计将评估其他满足导航规范要求的方法，并在适当的时候纳入适用的导航规范。

与基于导航传感器制定空域和超障准则的方法相比，PBN 具有下述优点：

(1) 减少维护特定传感器航路和程序的需要，并降低相关成本；

(2) 无须为导航系统的每次改进规定特定传感器运行要求，从而避免高昂的成本支出；

(3) 便于更有效地利用空域（航路布局、燃油效率及减噪）；

(4) 明确 RNAV 系统使用方式；

(5) 提供一组供全球使用的数量有限的导航规范，简化运营人的运行审批程序。

在空域概念内，PBN 要求将受到通信、监视和空中交通管理环境、导航基础设施，以及为满足空中交通管理应用所需的功能和运行能力的影响。PBN 性能要求还要取决于可以使用哪些可恢复的、非 RNAV 导航方法，以及需要何种程度的冗裕度以确保功能的连续性。

在 PBN 概念的发展过程中人们认识到，先进的航空器 RNAV 系统正在达到可以预期的导航性能精度水平，加之相应的功能水平，使更有效地利用空域成为可能。还应考虑的是，RNAV 系统已经发展了 40 多年，大量的各种不同系统已经实施。PBN 主要用于明确导航要求，而不考虑达到这些要求所采用的方法。本手册明确了 RNAV 与 RNP 的关系以及选择其中之一作为某一空域概念下导航要求的优点和局限性。它还就如何实施 RNAV 和 RNP，以及如何保证性能要求适合于预期应用，为各国、空中交通服务提供者和空域用户提供实际指导。鉴于许多空域结构基于现行的 RNAV 应用，并且运营人为每种应用获取不同合格认证和运行许可需要支付高昂的成本，本手册支持评估使用现有导航规范实施导航应用的做法。其主要目的是提供指导方法，确定是否可能通过对空域概念、导航应用和/或基础设施做出适当的调整来利用现有导航规范，而无须给特定空域内的运行强加高成本的合格认证要求。当分析确定需要一项新标准时，本手册说明建立新标准所需的步骤。这种方法通过国际民航组织的支持，可以避免不必要地增加标准。

二、文件的内容

本手册由两卷组成：

第Ⅰ卷　概念与实施指南。

第Ⅱ卷　实施区域导航(RNAV)和所需导航性能(RNP)。

第Ⅰ卷的编排和内容如下：

A 部分　基于性能导航(PBN)概念，包含三章：

第 1 章　基于性能导航的描述，解释了 PBN 概念，并着重强调导航规范的标识以及 RNAV 与 RNP 的区别。本章是本手册的基础。

第 2 章　运行概念，描述 PBN 实施环境，并且阐明 PBN 并非是孤立存在的，而是空域概念的一个组成部分。该章还阐明，在空域概念中，PBN 是通信、导航和监视/空中交通管理的支持手段之一。

第 3 章　利害攸关方对基于性能导航的运用，说明空域规划人员、程序设计人员、适航当局、管制员和驾驶员如何使用 PBN。该章由上述各类行业的专家撰写，专供各行非专业人士使用。

B 部分　实施指导，包含基于三个过程的五个章节，旨在为 PBN 的实施提供实际指导。

第1章 实施过程介绍，概述三个实施过程，鼓励在实施PBN时使用现行导航规范。

第2章 过程1：确定要求，概述国家或地区通过明确空域概念来确定其PBN战略和运行要求的各个步骤。

第3章 过程2：确定用于实施的国际民航组织导航规范，阐述明确导航要求后，应该如何使用现行导航规范以满足所确定的要求。

第4章 过程3：规划与实施，为开展实施的有关活动和工作提供指导。

第5章 制定新导航规范的指导原则，概述了在现行导航规范难以满足空域概念要求时，国家或地区应该如何推进工作。

第Ⅰ卷的附篇

附篇1 区域导航（RNAV）系统，解释何为RNAV系统，如何运行及其优点所在。该附篇主要供空中交通管制员和空域规划人员使用。

附篇2 数据处理，供任何参与数据链工作的人员使用，包括从导航数据库检查到导航数据库打包整个过程。该附篇对复杂的问题做出了简单明了的说明。特别说明本卷很大种程度上以实施RNAV运行的国家所积累的经验为基础。第Ⅰ卷中所论及的PBN概念是个值得关注的例外，因为这是一个新的概念，不应将其仅仅视为RNP概念的重塑或者延伸——见A部分的第1章1.1.1。本卷不应孤立地阅读，它是第Ⅱ卷——实施区域导航（RNAV）和所需导航性能（RNP）的一个组成部分和补充。应该提请注意的是与RNP概念（参见DOC 9613号文件，第二版，原文件名为《所需导航性能（RNP）手册》）相关的RNP类型和RNP值一类的表述在PBN概念中不再使用，并将在所有国际民航组织的材料中予以删除。

第Ⅱ卷的编排和内容如下：

A部分 概述；

B部分 实施RNAV，包含三个章节，分别阐述如何实施RNAV 10、RNAV 5及RNAV 1和2；

C部分 实施RNP，包含四个章节，分别阐述如何实施RNP 4、基础RNP 1、RNP APCH及RNP AR APCH，有两个章节用来阐述RNP 2和高级RNP 1；附录-气压垂直导航。

B部分和C部分的所有章节供适航当局、空中航行服务提供者、空域规划人员以及PANS-OPS专家使用。

各章节都采用相同的结构：

引言 空中航行服务提供者考虑的因素—导航规范—参考书目—附篇。

基于性能导航（PBN）概念由3个相互关联的要素组成：导航规范、导航系统基础设施和导航应用。导航规范被各个国家用做合格审定和运行审批的基础。导航规范详尽说明了沿特定航路、程序或在规定空域内运行的区域导航系统的各项要求，这些运行需要根据导航规范获得审批。具体要求包括以下几点：

(1)区域导航系统在精度、完好性、连续性和可用性方面所需具备的性能；

(2)为达到所需性能，区域导航系统需要具备的功能；

(3)整合到区域导航系统中的可用以达到所需性能的导航传感器；

(4)为达到区域导航系统上述性能需要具备的飞行机组人员程序和其他程序。

导航设备基础设施是指每个导航规范中提及的星基或陆基导航系统。要求机载性能监视与告警的导航规范被称为RNP规范。不要求机载性能监视与告警的导航规范则被称为

RNAV 规范。使用机载性能监视与告警来区分 RNP 和 RNAV 十分方便。必须进行预期飞行运行的航空器系统,在功能方面存在较少差异性,却有诸多共同性,这种区分方法令这一事实简单明了。

导航应用是按照空域概念,将导航规范及相关的导航系统基础设施应用于空中交通服务航路、仪表进近程序和/或限定的空域范围。如何将导航规范和导航设备基础设施共同用于导航应用的实例,包括 RNAV 或 RNP 标准仪表离场和标准仪表进场、RNAV 或 RNP 空中交通服务航路,以及 RNP 进近程序。

本卷所含大多数国际民航组织导航规范,最初都是为了地区性应用而制定的,以应对特定空域概念的运行要求。这些导航规范有些被用于洋区或偏远陆地区域的空域概念;其他则被用于陆地或终端空域的空域概念。发布这些国际民航组织导航规范避免了地区或国家导航规范的泛滥,这样一来各个地区和国家就可以使用现有的国际民航组织导航规范,而不是制定新的导航规范。

国际民航组织导航规范(即收入本卷的规范)并未阐述在特定空域、航路或特定区域运行的全部具体要求。此类额外要求在其他文件中予以规定,如运行规则、《航行资料汇编》(AIPs)以及国际民航组织《地区补充程序》(DOC 7030)。运行审批主要与空域导航要求相关,但在进入某个空域飞行之前,该空域的国家主管当局仍会要求运营人和飞行机组人员考虑到与该空域有关的所有运行文件。

第 9 节 关于空管发展的文件

一、《全球空中航行计划》(DOC 9750)

《全球空中航行计划》是一份为指导 CNS/ATM 系统实施而编制的战略性文件。全球空中航行计划旨在促进和协调各地区内业已开展的工作,并以现有的、可预见的航空器能力和空中交通管理基础设施为空中交通管理带来近期和中期效益的战略。全球空中航行计划制定了为实现全球运行概念而需采取的 23 项举措。

国际民航组织 1983 年提出的"全球空管一体化运行概念"是一种构想,经过实施《全球协调计划》《全球计划》等行动计划,国际民航组织的第 11 次航行会议形成了《全球空中航行计划》(DOC 9750)。2007 年颁发的第三版《全球空中航行计划》给出了实现该计划的举措,描述了基于效能的导航系统,分析了影响变革的因素。[①]

国际民航界和国际民航组织的构想是通过一种渐进的、有成本效益的合作方式实施空中航行设施的服务,实现一个无缝隙的一体化式的全球空中交通管理系统。为促进这一构想的实现,国际民航组织在编写关于规划和实施全球、地区、次地区和国家级别的各类空中航行系统的材料方面取得了重大进展。虽然支持全球空中交通管理各种系统的实施工作正在顺利进行,但国际民航组织面临的主要挑战是,为了渐进地发展并向全球空中交通管理一体化系统过渡提供指导,该系统将使航空器运营,人能够遵守其预定的进出港时刻,并且在最少化限制的情况下优化其飞行剖面。

---

① 国家空管委办公室.空管情报资讯,2008 年第 1 期(总第 1 期).

在2007年出版的第三版《全球空中航行计划》(DOC 9750)中,对于空管一体化所带来的具体效益进行了更为详尽的描述。表明它的实施不但可以增加空域容量,从而提高效率,对确定的安全等级也不会造成负面影响。此外,该运行概念将改善信息的处理和传送,扩展监视功能并提高导航精度,从而缩小航空器间隔,增加空域容量。

(1)航空器运营人的效益。全球空管一体化进程中将进一步实施各种自动化系统以支持交通流量的增长。这将以如下方式使空中交通管理界受益:通过智能化处理使冲突探测和解决能力得以改善;为自动生成和传输无冲突的放行指令提供条件,以及提供可快速适应流量需求变化的手段。因此,空中交通管理系统将能更好地适应航空器优选的飞行剖面,并帮助航空器运营人减少飞行运行成本和延误。此外,全球空管一体化的一个重要目标是使航空器运营人能够在每一架国际上运行的航空器上都配备一套在任何地方都可使用的满足最低要求的航空电子设备。通用航空和多用途航空器也将越来越多地使用各类航空电子设备,这将使它们能够在某些飞行条件下使用一些由于运行成本或相关要求而限制使用的机场。

(2)提供全球航行地面基础设施的国家可获得的效益。对于那些需要提供并维护大量地面基础设施的国家,随着传统陆基系统的淘汰和卫星技术的不断应用,运行和维护地基设备的总费用会大大降低。全球空管一体化可为发展中国家提供利用最少投资改善基础设施的机会,以应付迅速增长的交通流量。许多国家存在着大量的但未充分利用的空域,其主要原因是由于在购置、运行和维护必要的地面基础设施时费用过于高昂。CNS/ATM系统将为这类国家提供机会,花费低廉的成本使其设备现代化,其中包括提供精密和非精密进近的能力。

(3)环境效益。随着航空业的发展,除对局部地区产生噪声和空气质量影响外,空中交通运行对于全球大气的影响也变得越来越严重。经过各方面的努力,已经制定了诸多减少航空器发动机排放影响的各类选择方案(特别是通过优化巡航高度层和航线,或通过连续下降进近)。预计空中交通管理的这些改进将有助减少航空燃油的消耗,从而缓解全球的交通增加对航空器发动机污染排放量的影响。

(4)其他效益。除了上述的直接效益之外,还有下列许多其他效益:降低费用和费率;节省旅客时间;提供高技术技能转让;生产率的提高和业界结构改造;刺激相关产业发展;增加交易机会;增加就业。

除此之外,新版的《全球计划》还对人力资源开发和培训需要;法律问题(国家对于全球导航卫星系统服务的权利和义务宪章、关于建立与全球导航卫星系统有关的法律框架的法律和技术专家组的建议、关于研究和拟订规范化全球导航卫星系统实施的长期性法律框架、关于推进CNS/ATM系统的法律和体制的实用做法等问题);组织和国际合作;成本效益和经济影响;财政问题;援助要求和技术合作;实施CNS/ATM系统所带来的环境效益等方面的具体问题的解决方案进行了详细的总结与诠释。

全球空管一体化是世界空管发展的总体趋势和必然规律,该运行概念的建立是国际航空史上一个里程碑式的飞跃,将进一步推动空中交通管理系统朝着全球一体化的方向发展,对各国空中交通管理今后20年的建设和发展将产生重大而深远的影响,特别将使航空发展中国家现行的空中交通管理理念、体制和运行机制面临巨大挑战。

通过在整个空管领域使用统一的设计标准、操作程序和术语,必将逐步实现全球飞行运行间的协调、一致和通用。全球空管信息共享、专家资源共享、各国、地区间的相互援助与合作必将有助于全球系统风险的早期识别与解决,构成改善空管效率和效益的坚强后盾。因此我们必须认清利益,明确目标与努力方向,大力促成全球一体化(全球、中国和地区),军民航一体化(军民结合、互动,寓军于民),天空地一体化(星基、陆基)和管制与服务一体化(军民航空管、机场、航空公司、旅客)。

1. 关于灵活使用空域

通过战略协调和动态互动来促使民用与军用用户对空域的使用实现优化与合理平衡。

可通过民用和军用空中交通服务的动态互动,包括进行实时的民用/军用管制员与管制员协调来优化空域的使用。这需要有系统支持、运行程序和关于民用交通位置和意图的适当情报。灵活使用空域(FUA)概念基于这样一项原则,即不应将空域单纯指定为民用或军用,而是作为一个连续统一体,在这个统一体中,要尽最大可能顾及所有用户的需求。当仍需要兼顾某些特定的个别空域用途,从而封锁某一范围的空域时,这种兼顾应是临时性的。在需要进行这种限制的运行完成后,应立即解除对空域的封锁。

2. 关于缩小垂直间隔

优化空域的使用和加强航空器测高系统。

缩小垂直间隔(RVSM)将 FL 290 米以上的垂直间隔从目前的 600 米(2 000 英尺)缩小到 300 米(1 000 英尺),从而增加了 6 个额外的飞行高度层。《FL 290 至 FL 410(含)之间实施 300 米(1 000 英尺)最低垂直间隔标准的手册》(DOC 9574)就实施缩小垂直间隔提供了具体的指导。

3. 飞行高度层系统的协调一致

所有国家采用《附件 2 空中规则》附录 3 中所载的以英尺为单位的国际民航组织飞行高度层。

国际民航组织大多数缔约国已选择使用英制度量系统来表示高度和高度层,然而,有些国家仍采用公制系统。使问题更加复杂的是,某些采用公制系统的国家采用了与国际民航组织《附件 2 空中规则》中所载的垂直间隔标准不同的其他标准。飞越边界进入实行不同系统国家的航空器需要装备额外的高度表,或使用高度层转换表。空中交通管制员在处理此类飞行时也需要使用高度层转换表。在使用不同系统的国家之间的空域边界实施缩小垂直间隔,增加了人们对安全的关切并导致几个高度层不能使用,其结果是降低了航空器的运行效率和减少了空域容量。应努力实现高度层系统的协调一致,从而使各国能够采用国际民航组织以英尺为单位的飞行高度层。

4. 高空空域分类的统一

通过在一个议定的分割高度层以上采用统一的国际民航组织空中交通服务空域分类,进行高空空域的统一分类和相关的空中交通指挥。

应在尽可能的情况下将空域构建为一个连续统一体,其中不存在运行中断、不一致以及不同的规则和程序。统一空域分类有助于实现这一目标。应在地区内,并在可能的情况下在几个地区间实现统一的空域分类。应将航空运输机和多数公务机运行包括在保证向所有航空器提供主动空中交通管制服务的空域内。在不同容量的空域内提供的空中交通管理应以《附件 11 空中交通服务》中所界定的国际民航组织空域分类系统(即 A 至 G 类)为基础,这种分类应在安全评估的基础上实施,同时考虑到空中交通的数量和性质。

5. 区域导航和所需导航性能(基于性能的导航)

将先进的航空器导航能力纳入空中导航系统基础设施。

基于性能的导航概念的实施,将通过缩小最低间隔来增加容量和提高效率,为那些其配备符合性能要求的航空器运营人带来效益。基于性能的导航还将增进安全,特别是通过一种减少可控飞行撞地的方法来增进安全。许多航空器具有区域导航(RNAV)能力和所需导航性能(RNP)。必要时,应进一步利用这些能力来开发效率更高的航线和不与地基导航设备直接关联的航空器轨迹。某些装备了区域导航设备的航空器也具有极大增强的能力来实现跑道进场排序要求,特别是通过使用飞行管理系统(FMS)中的"要求的到达时间"功能来实现这些要求。按照基于性能的导航概念,将涉及飞行的所有阶段,包括航路(海上的/偏远的和大陆的)、终端和进近。这一概念的其实施过程、导航应用,以及运行审批和航空器合格要求,将在即将作为新版本的《所需导航性能手册》(DOC 9613)出版的基于性能的导航手册中加以介绍。

6. 空中交通流量管理

各项战略、战术和预战术措施的实施,目的在于以下述方式来组织和处理交通流量,这就是使在任何特定时间或在任何特定空域或机场所处理的交通总量与空中交通管理系统容量相符合。

必要时在地区基础上实施通常被称为空中交通流量管理(ATFM)的需求/容量措施,将增加空域容量和提高运行效率。如果交通需求经常超过容量,经常不断地造成交通延误,或当预测交通需求将显然超过现有容量时,有关空中交通管理部门在与航空器运营人协商后,应考虑采取一些步骤来改进现有系统容量的使用,并制定增加容量的计划来满足实际或预测的需求。任何这种增加容量的规划都应以一种有条不紊和协作的方式进行。必要时,各国和地区应发展一种协同做法来进行容量管理。空中交通管理运行概念设想,并对整个空中交通管理采取更具战略性的做法并通过协同决策减少对战术性流量管理的依赖。战术性流量干预无疑仍将是需要的;但空域用户与空中交通管理服务提供者之间更密切的协调能够减少对常规战术性干预的需要,因为这种干预往往会对航空器运行造成不良影响。

7. 动态和灵活的空中交通服务航线管理

在导航性能能力基础上建立更加灵活和动态的航线系统,目的在于实现优选的飞行轨迹。区域导航航线不受限于地面导航设备的位置,并可为航空器运营人和空中交通管理系统提供效益。所有现代航空器都具有区域导航性能,应努力设计和实施区域导航航线。动态航线管理涉及正在制定飞行计划的航空器。典型的情形包括由航空器运营人的签派调度部门生成的航线变更请求,由空中交通服务提供者处理和批准这些请求,然后将航线变更请求批文传递给航空器。高级的情形将使航空器直接向空中交通服务提供者提出请求,空中交通服务提供者将处理并在必要时修改该请求,然后将批准的航线通知航空器和飞行航线沿途受影响的服务提供者。随机航线在战略上和预战术上划定了一些区域,在这些区域内不指定固定航线,由航空器确定从飞入点到飞出点的适当轨道。用户优选的航线利用航空器运营人的能力,根据一系列飞行参数来确定最佳航迹。根据这一概念,空中交通服务航线或航迹将不固定在预先确定的航线或航路点上,除非为管制目的需要这样做,但将向空中交通管理人员提供航迹。用户优选的航线请求由空域用户或其签派调度部门生成并提交给空中交通服务提供者批准,或如果由于将这些请求传递给航空器而引起冲突,则重新进行商议。高级的情形将让航空器直接向空中交通服务提供者提出请求,空中交通服务提供者将处理并在必要时修改该请求,然后将批准的航线发送给航空器。

8. 协同的空域设计与管理

在全球基础上应用统一的空域组织和管理原则,使空域设计更加灵活,以动态地考虑交通流量。

协同的空域设计与管理旨在以一种让所有用户参与的协同方式组织空域,以使空域的管理考虑到用户的优选航迹。各国和各地区在进行空域设计时应利用航空器能力。在设计和实施空域变更时,需要考虑到特定空域内各空域用户的机动能力。此外,将与空域用户协作确定利用现有航空器能力的各项程序和/或解决方案。

正在出现的其他一些进展,例如协同决策、飞行管理系统(FMS)中的"要求的到达时间"功能、对全球空中交通管理运行概念的认可以及数据链应用程序的实施等,这些也将有助于改进空域设计与管理。

经过一个逐步发展的时期后,应在将会取得重大效益的地区实施动态空域管理。动态空域管理包括综合决策;基于需求的容量;用户优选航线。综合决策是灵活使用空域原则的扩展,包括飞行中的空域用户就有关保留空域使用的战术评估和特殊用途空域通过时间要求做出决定。航空器飞行管理系统能够提供关于拟议的航线变更的估计航路时间的信息。此外,数据链通信能够支持综合决策的展开。这种通信通过管制员-驾驶员数据链通信(CPDLC)进行,具有向上和向下传输飞行计划情报的能力。

9. 情境意识

基于数据链的监视在运行中的实施。设备的完善使得航空器上能够显示交通信息以支持冲突预报和飞行机组人员与空中交通管理系统间的协作。通过提供所需质量的电子地形和障碍物数据,提高驾驶舱中的情境意识。

进一步实施增强的监视技术(契约式自动相关监视或广播式自动相关监视)将能够完全在富于成本效益的基础上缩小最低间隔标准、加强安全、增加容量、提高飞行效率。可通过对没有一次或二次雷达的地区进行监视(如果成本效益模型认为需要)来实现这些效益。在使用雷达的空域加强监视能够进一步缩小航空器最低间隔标准。

10. 终端区设计与管理

通过改进设计和管理技术,优化终端管制区(TMA)。

一个设计和管理良好的终端管制区能够对安全、容量和效率产生重要影响的方式有许多。应对一个国家或一个地区内的所有终端管制区实施统一的终端管制区设计。这种设计应能提供效益,同时尽量减少驾驶员/管制员通信以及优化驾驶员和管制员工作量。终端管制区到达接受率在战术上应基于一个协同性决策过程,该过程涉及塔台、终端管制区和航路扇区,同时在战略上涉及空域用户,以确保对交通进行最佳处理。

加强终端管制区管理包括以下几点:

(1)完成实施世界大地测量系统—1984(见世界大地测量系统—1984,第1.89段);

(2)设计和实施优化的区域导航和所需导航性能进离场程序(另见区域导航和所需导航性能(基于性能的导航 GPI-5));

(3)设计和实施基于所需导航性能的进近程序;

(4)加强交通和容量管理。

实施终端管制区动态管理程序可包含若干要素,如动态尾流旋涡探测和缓解以及协同性容量管理。在商业案例对实施加以支持的地方,应开发和实施决定支持工具以提供更加有条不紊和高效的进离场交通流量管理和更加高效地使用跑道;确定更加节油的航迹和减少噪声暴露。

11. 所需导航性能和区域导航标准仪表离场(SIDs)

通过实施基于所需导航性能和区域导航的经改进的空中交通服务航线结构,优化终端管制区(TMA),从而以改进的协调过程为基础,将飞行的航路阶段与最后进近连接在一起。

利用诸如所需导航性能和区域导航等航空器导航能力以及空中交通管理决定支持系统,实施优化的标准仪表离场(SIDs)、标准仪表进场(STARs)、仪表飞行程序,以及等待、进近和相关程序,将大大增加容量和提高效率。使用标准仪表离场和标准仪表进场,将最大限度地增加系统容量和可预测性,同时减轻环境影响,减少燃油消耗,并减少空中交通服务协调。各国应利用这些目前现有的性能特点来设计此种航线结构。通过采用所需导航性能1和区域导航2以及标准1来设计标准仪表离场和标准仪表进场可实现近期效益,因为这种设计能够保持航线之间的最佳间距,从而获得更大的容量和效率方面的效益。标准仪表离场和标准仪表进场可使航空器高效地从跑道过渡到航路飞行,反之亦然;可将离场交通与进场交通分隔开从而提供安全的航空器间隔;可维持超障余度要求;可满足环境要求;还可提供与航空器区域导航系统兼容的可预测的飞行航迹。

12. 地面系统与机载系统功能的整合

通过基于飞行管理系统的到场程序以及地面和机载系统的整合,优化终端管制区以实现更加节油的航空器运行。

近年来,为制定可在航空器进近目的地机场时提供最高效航迹的飞行程序做出了一些努力。这些程序提供从下降起点到航空器处于平稳着陆状态的不间断飞行航迹而无须在中间作调整。对于设计工作而言,有必要分阶段实施这些程序。航路和进场航线及相关程序的设计应有利于连续下降程序能得到经常性地使用。同样,离场程序的设计应有利于不受限制的爬升程序能得到经常性地使用。为使终端管制区空域内的效率最大化,利用改进的终端管制区设计和充分利用自动化至关重要。因此,除了连续下降能力外,航空器将日益配备到达时间计算功能。这种能力将与地面自动化结合在一起,以提供到达定位点的时间,进而协助排序过程,使航空器更接近其四维的优选航迹。

13. 机场设计与管理

实施管理和设计战略以改进活动区的利用。

改进机场设计与管理活动,包括空中交通管理提供者、车辆运营人和航空器运营人之间的协调与合作,能够对机场安全和容量产生重要影响。

当地协同决策过程应有助于分享主要的班期时刻数据,这将使所有参与方(机场、空中交通管制、空中交通流量管理、航空器运营人和地面服务)能够提高它们对航空器在整个"回程飞行准备"过程中所处状态的了解。这将使最低限度的和精确的空中交通流量管理措施得以实施并实现更高的班期时刻的可预测性。效益将包括:更有效率地使用机场资源和进行地面服务、减少延误和提高班期时刻的可预测性。

作为空中航行系统的组成部分,机场将提供所需的地面基础设施,其中特别包括照明设备、滑行道、跑道和跑道出口、精确场面引导以提高安全并使所有气象条件下的机场容量最大化。空中交通管理系统应使得机场空侧基础设施容量能够得到高效的利用。为确保机场的最佳使用:

(1)应缩短跑道占用时间,从而提高容量和效率;

(2)应力求能够在所有气象条件下进行安全运行,同时保持足够容量;

(3)必要时对进出跑道进行精确场面引导以提高容量和效率;

(4)应了解在机动区和活动区运行的所有车辆和航空器的位置(达到适当的精确度)和意图,并将情况提供给这些机场的有关空中交通管理方面的成员,如果成本效益分析表明这样做将大大提高容量和效益的话。

14. 跑道运行

使跑道容量最大化。

加强跑道运行性能从制定跑道容量基准开始。这一基准通常被界定为一个机场在Ⅰ类最低气象条件以上,1小时内通常能够处理航班架次的最大数量。这些基准是估计数,随着跑道配置和航空器类型组合的变化而变化。必要时,应将以最适宜的方式利用航空器能力和现有跑道,使全天候气象条件下的吞吐量尽可能接近目视气象条件下的吞吐量作为一项目标。实现每条跑道的最佳容量是一项复杂的工作,涉及战术和战略方面的许多因素。为了有效地管理这项工作,有必要衡量运行变革的效果和监测空域用户与空中交通管理提供者的业绩。后一种情况适用于分析驾驶员和管制员的业绩,并须认识到要保持用户的信心和在现行的安全文化氛围内工作。应制定构成衡量与分析基础的业绩指标。影响跑道占用的战术因素包括飞行运行和空中交通管理因素。飞行运行方面包括操作员行为能力;公司程序的效果;机场基础设施的使用和航空器性能问题。各种程序、跑道的物理特性、航空器能力、监视能力、航空器间隔、气象限制、环境限制以及周围土地使用管理等都是跑道容量的制约因素。为最大限度缩小间隔采用的改进程序,如缩小的跑道间隔、精密跑道监视(PRM)、近间距平行跑道RNP+进近等,将优化间隔应用能力。

15. 仪表气象条件和目视气象条件运行能力的匹配

增强航空器在不利的气象条件下在机场场面机动的能力。

空中交通管理系统的一项目标应是,利用所有机载和服务提供能力,在仪表气象条件(IMC)下尽最大可能保持目视气象条件(VMC)运行能力。在朝这一目标发展的过程中,应更多使用现代航空器系统和陆基系统的能力,然后可将滑行道设计和引导能力与这些条件相匹配。

16. 决策支持系统和警报系统

运用各种决策支持工具来协助空中交通管制员和驾驶员发现和解决空中交通冲突并提高交通流量。

决策支持系统可有助于及早解决潜在的冲突,可为进行探索性探查以优化各项战略提供基本标准,还可减少对战术行动的需要。这样一来便可加强管制员的执行作用,在可接受的工作量极限的范围内为加大交通管理量提供机会。有一些能够大大增强安全的可供使用的工具。它们包括最低安全高度告警系统、短期冲突警报和跑道侵入警报工具。

17. 数据链应用

增加数据链应用程序的使用。

实施不太复杂的数据链服务(如起飞前放行许可、洋区放行许可、数字式自动终端情报服务、自动位置报告等)能够马上提高空中交通服务提供的效率。正在成功地逐步使用较复杂的与安全有关的数据链通信,这种通信利用种类繁多的管制员-驾驶员数据链通信(CPDLC)报文,包括空中交通管制放行许可。与话音通信相比,使用管制员-驾驶员数据链通信和实施其他数据链应用程序能够在工作量和安全方面为驾驶员和管制员带来巨大优势。尤其是它们能够提供地面系统与机载系统之间的高效连接,改进数据的处理和传递,减少信道拥塞,减少通信差错,提供可互用的通信媒体和减少工作量。世界各地区都在使用约定式自动相关监视、广播式自动相关监视和管制员-驾驶员数据链通信,但缺乏全球协调。目前的地区举措,包括利用独特的报文集子集和管制员—驾驶员数据链通信程序,阻碍了全球航空器运行的有效发展和获得接受。应在近期以全球协调的方式实施现有的和新兴的技术以支持各项长期目标。要实现协调一致,需要界定全球性的设备要求,因此将最大限度地减少用户投资。

18. 航行情报

提供实时的、有质量保证的电子情报(航空学、地形和障碍物)。

考虑到区域导航、所需导航性能、基于计算机的导航系统和空中交通管理的要求,需要对航行情报服务提出新的相应要求,以保证情报的质量和及时性。为能够应付和管理情报提供工作并满足这些新要求,航行情报服务的传统作用应转变为一种全系统的情报管理服务,并改变其职责。

为促进协调、提高效率与安全和确保空中交通管理界在协同决策时分享同样的情报,实时获得有质量保证的电子情报(航空学、地形和障碍物)至关重要。安装了带有全球地理参考数据集的机载设备(这些数据集含有关航路、终端和机场的信息)后,电子情报将能加强驾驶员在航路、终端和机场运行时的情境意识。可向不同的空中交通管制站点和飞行前计划单位提供这些情报,也可提供给航空公司飞行规划部门或私人/通用航空用户使用。电子情报能够加以剪裁和格式化以使其满足空中交通管理用户的要求和用途。标准化的数据格式将用于创建情报数据库,然后向数据库输入有质量保证的数据集。

19. 气象系统

提高气象情报的可获性以支持无缝隙的全球空中交通管理系统。

需要及时获得实时的全球飞行气象情报(OPMET)以帮助空中交通管理部门参与有关航空器监视、空中交通流量管理和灵活的/动态航空器航线的战术决策,这将有助于优化空域的使用。这种严格的要求意味着大多数气象系统应自动化,并且国际航行气象服务应以一种集成全面的方式通过诸如世界区域预报系统(WAFS)、国际航路火山监视(IAVW)和国际民航组织热带气旋警告系统等全球系统来提供。将需要增强世界区域预报系统、国际航路火山监视和国际民航组织热带气旋警告系统以提高发布的预报的准确性、及时性和实用性,促进优化空域的使用。日益多地使用数据链来下传和上传气象情报(通过诸如数字式自动终端情报服务和供飞行中的航空器使用的数字气象情报等系统),将有助于航空器进近的自动排序并有助于容量最大化。为支持终端区运行而开发的自动化陆基气象系统将提供飞行气象情报(如自动低空风切变警报)和自动跑道尾流涡旋报告。自动化系统提供的飞行气象情报还有助于及时发布危险气象预报和警报。这些预报和警报连同自动提供的飞行气象情报,将有助于最大限度地增加跑道容量。

20. 世界大地测量系统—1984

所有国家都实施世界大地测量系统—1984。

世界各国为确定跑道、障碍物、机场、导航设备和空中交通服务航线位置而使用的地理坐标是以各种当地大地参照系统为基础的。随着区域导航的引进,地理坐标参考当地大地基准的问题更加明显,这清楚地表明需要一个通用的大地参照系。国际民航组织为解决这一问题,于1994年采用了世界大地测量系统—1984(WGS-84)作为用于航行的通用水平大地参照系,于1998年1月1日开始执行。实施全球导航卫星系统的基础是使用一个通用的地理参照系。国际民航组织采用WGS-84大地参照系作为这一基准,许多国家已经实施或正在实施这一系统。不实施该系统或决定使用另一种参照系将会在空中交通管理服务中产生缝隙,并将延迟全球导航卫星系统效益的充分实现。完成WGS-84大地参照系的实施工作是实施空中交通管理的若干增强,包括实施全球导航卫星系统的先决条件。

21. 导航系统

使基于性能的导航得以引入和发展,这种导航由一个具有准确、可靠和无缝隙的全球定位能力的强大的基础设施予以支持。

空域用户需要一个全球互用的、能够提供安全、效率和容量等方面效益的导航基础设施。航空器导航应是直接的,并在基础设施的支持下具有最高的精确度。为满足这些需要,逐步采用基于性能的导航必须由一个适当的导航基础设施予以支持,该基础设施包括一个全球导航卫星系统(GNSS)、自主导航系统(惯性导航系统)和常规陆基导航设备的适当组合。

22. 通信基础设施

发展航空移动和固定通信基础设施,以支持话音和数据通信,纳入新的功能以及提供足够的容量和优质服务来支持各项空中交通管理要求。有关运行概念组成部分:机场运营、交通同步、冲突管理、空域用户运行。

战略描述空中交通管理广泛地和越来越多地依赖于获得实时或近实时的、相关的、准确的、可信任的和有质量保证的信息以便做出知情的决定。及时获得适当的航空移动和固定通信能力(话音和数据)以满足空中交通管理要求和提供足够的容量和优质服务,这一点十分重要。航空通信网络基础设施应能满足日益增加的对在所有利益相关方均可参加的透明网络内收集和交换信息的需要。逐步采用基于性能的标准和建议措施和系统层面的功能要求,将有助于更多使用市场上供应的话音和数据电信技术及服务。在这一战略框架内,各国应在尽可能大的程度上利用电信业提供的适当技术、服务和产品。鉴于通信作为一项支持工具在航空中起到的重要作用,共同的目标应是寻求最高效的通信网络服务,以便以最低成本提供具有航空安全水平所需的必要性能和互用性的理想服务。

23. 航空无线电频谱

在全球基础上及时和持续获得适当的无线电频谱,以提供有效的空中航行服务(通信、导航和监视)。

有关运行概念组成部分:机场运营、交通同步、冲突管理、空域用户运行、空中交通管理服务交付管理战略描述各国需要处理国际电信联盟(ITU)世界无线电通信会议(WRC)议程上有关航空事项的所有管理方面的问题。特别提请注意需要维持目前对航空服务的频谱分配。无线电频谱是一种容量有限的稀缺的自然资源,而所有用户(航空和非航空)对无线电频谱的需求仍不断增加。因此,国际民航组织关于航空无线电频谱的战略,旨在长期保护所有无线电通信、监视和无线电导航系统的适当航空频谱。在国际电信联盟中进行的国际协调过程迫使所有频谱用户(航空和非航空)要不断地维护频谱的要求并证明这些要求的合理性。民航业务在全球的扩展对业已紧张和有限的可用航空频谱造成压力。这一举措的框架包括由各国支持和传播国际民航组织就国际电信联盟世界无线电通信会议(WRC)议程上的航空无线电频谱要求做出的定量和定性的政策声明。这样做是必要的,目的是为保持目前对航空服务的频谱分配,确保继续获得适当的航空无线电频谱,最终使现有的和新的空中航行服务在全球蓬勃发展。

二、《空中交通管理运行概念》(DOC 9854)

为克服现行全球空中交通管理系统固有的弊端,满足未来航空运输发展的需要,国际民航组织空中交通管理运行概念专家组(ATMCP)用几年的时间对全球空中交通管理运行规律、特点和发展趋势进行了认真分析研究,编制了《空中交通管理运行概念》(Global Air Traffic Management Operational Concept)文件。2003年9月22日国际民航组织第十一次航行会议正式通过了本文件。

所谓空中交通管理运行概念,是通过描述正在形成的未来空管系统如何运行,来指导CNS/ATM技术的实施。它将努力帮助航空界从20世纪的空中交通管制环境向满足21世纪航空需求、一体化和协作的空中交通管理系统过渡。这种努力被视为从FANS概念开始的系统演进过程中的下一步骤,其目标是建立一个全球一体化的空管系统。

《全球空中交通管理运行概念》体现了ICAO对建立一个协调的、全球一体化的可互用的空管系统的规划设想。规划日期至2025年及更远的未来。对运行概念中提议的衡量变化意义的基准是2000年的全球空管环境。

《全球空中交通管理运行概念》确定了七个相互依存不可分割的概念组成部分,这些部分整合构成了未来空管系统(见图11-2)。它们包括空域组织与管理(AOM)、机场运行(AO)、需求与容量平衡(DCB)、交通同步(TS)、冲突管理(CM)、空域用户运行(AUO)以及空管服务提供管理(ATM SDM)。上述部分的排列无主次先后之分。数据和信息的管理、使用及传输对这些组成部分正常发挥作用至关重要。

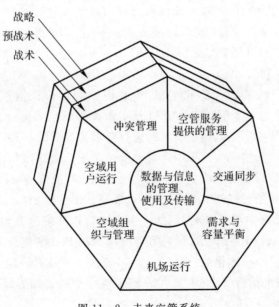

图11-2 未来空管系统

本文件将构成国际民航组织地区规划与实施小组编制各个地区空管发展战略规划的基础并成为未来25年全球空管系统发展的指导性文件,对各国空管事业的发展均具有十分重要的意义。

航空运输业在世界经济领域的活动中扮演着重要角色,是世界经济增长最快的行业之一。在世界各地,所有缔约国都在依靠航空运输业保持和促进本地区的经济增长并帮助为本地区社会提供基本服务。从这个意义上讲,无论是对一个国家还是对全世界而言,民用航空对保持经济活力和促进社会健康协调发展都做出了重要贡献。由于民用航空的持续增长,很多地方的航行系统现有容量都不能满足空中交通的需求,这不仅对航空运输业,而且对整个经济的健康发展都带来了重大负面影响。无论从全球、还是从地区和国家角度来考虑,为持久保持民用航空的活力,关键之一就是要拥有一个安全、可靠、高效且从环境上可持续的航行系统。因此,这就需要实施一个可充分利用技术进步所提供的增强能力的空中交通管理(ATM)系统。

20 世纪 80 年代,国际民航组织(ICAO)理事会考虑到国际民用航空的稳步增长和出现的新技术,决定对当时正在使用的程序和技术进行全面分析和评估。人们普遍认为,当时使用的提供空中交通服务(ATS)的方法和航行系统限制了航空业的持续增长,并制约了民用航空安全、高效、正点的提高。

1983 年国际民航组织理事会成立了未来航行系统(FANS)特别委员会,旨在对未来 25 年民用航空航行系统的发展提出建议。1991 年组建了第二个 FANS 委员会以监督和协调未来航行系统过渡计划。1991 年 9 月举行的第十次航行会议通过了 FANS 概念并得到了国际民航组织理事会的认可,后被称为"通信、导航、监视/空中交通管理(CNS/ATM)系统"。

为推进 CNS/ATM 系统的顺利实施,必须制定一个行动计划。为此,做出的第一步努力就是向国际民航组织提交了一个 CNS/ATM 系统过渡的全球协调计划。1996 年国际民航组织理事会认为 CNS/ATM 系统已经成熟,为此建议制定一个包括各个发展阶段和可能技术解决方案的更加具体的计划,同时把重点放在地区实施上。为此,国际民航组织制定了一份"动态"文件对全球协调计划进行了修改包括技术、运行、经济、环境、财政、法律和制度等内容,并为地区规划小组和各国在实施和融资策略方面提供了实际指导和建议。因此,现被称为 CNS/ATM 系统全球航行计划(全球计划-DOC 9750)文件是作为一项指导 CNS/ATM 系统实施的战略性文件而编制的。

在 FANS 委员会完成其工作的几年里,一些国家和国际民航组织所有地区便开始了 ATM 实施计划,目的是通过运用 CNS/ATM 技术来改善航空的运行。然而,后来认识到,技术本身并非目的,需要建立一个以明确确定的运行要求为基础的、一体化的全球 ATM 系统综合概念。反过来,这个概念将成为根据明确要求协调实施 CNS/ATM 技术的基础。为发展这个概念,国际民航组织航行委员会成立了空中交通管理运行概念专家组(ATMCP)。

本运行概念,是旨在通过描述正在形成的未来 ATM 系统如何运行,来指导 CNS/ATM 技术的实施。这将帮助航空界从 20 世纪的空中交通管理环境过渡到满足 21 世纪航空需求的、一体化的和协作的 ATM 系统。这种努力将被视为从 FANS 概念开始的演进过程中的下一步骤,其目标是建立一个一体化的、全球的 ATM 系统。本文件介绍了旨在可预见的未来满足空中交通管理界需求的运行概念(附录 A 介绍了空中交通管理界,附录 B 是对专门用来描述运行概念的术语解释)。

三、《空中交通管理系统要求手册》(DOC 9882)

《空中交通管理系统要求手册》是定义支持全球空管运行概念的高层次的要求。手册从效能与期望、信息服务与管理、系统设计与工程技术,以及空管系统组成四个方面对系统要求进行了详细阐述,这将有利于空管界根据区域或国家规划来实现空管运行概念,促进基于效能的全球一体化空管系统的建设。

《空中交通管理系统要求手册》(DOC 9882)的目的是定义支持《全球空中交通管理运行概念》(DOC 9854)的高层次的要求(今后的空管系统要求),以及与运行概念相结合以确保所有空中交通管理相关的标准制定和业界工作都支持运行概念。空管系统要求将用于发展标准和建议措施(SARPs)以利于实现该运行概念。这些要求同时还会在各发展和实施区域或协约国之间运用,以便在区域或国家层面用于发展过渡战略和规划。空管系统要求会随着时间的发展逐步趋于稳定,也就是说,它代表空管系统所有基本的性能和品质。

《空中交通管理系统要求手册》根据空管系统的七个组成部分及信息管理,提出了空管系统要求和支撑材料。

全球空中交通管制运行概念的理念是建立一个以服务为基础,以效能为目标,以运行概念文件中阐述的指导原则为依据的系统。为了实现这个目标,空管系统需要做到:
- 确保效能构成所有空管系统发展的基础;
- 把效能作为一个整体,也就是说,要考虑所有空管界的预期和他们之间的关系;
- 确保在实施变更之前建立效能判例(安全判例、业务判例和环境判例等);
- 确保效能目标是明确的,并且定期回顾与测评;
- 建立全球基准效能数据的交换,并以此作为空管系统管理的基石;
- 确保所有效能管理信息对相关单位都是透明可用的并且这些信息按照适当的原则进行公布;
- 确保任何效能管理系统都建立了针对效能的测评、维护、管理和增强的规则;
- 建立服务要求的质量,并以此支持在空管系统内的服务提供;
- 确保服务质量的范围涵盖了效能要求的有效性、连续性、可靠性和完整性;
- 平衡空管界的期望。

空管效能概括为以下方面:安全、保安、成本有效性、使用权与平等权、容量、环境、可预测性、空管界的参与、灵活性、效率、全球互用性。

详见《空管情报资讯》,2010年第4期(总第16期)。

第十二章　美国和欧洲空管法规

本章知识点提示：FAA 的文件体系，FAA7110 内容，FAA ORDER 内容。

美国和欧洲是航空强国和地区，美国联邦航空局在民用航空各个领域，尤其在民航法规建设方面，积累了大量成功经验，学习、吸收和借鉴国际上航空发达国家的空管法规建设方面的经验，有助于促进空管法规体系建设和与国际民航标准接轨。

第一节　美国空管法规体系

一、美国航空法规体系简介

(一)基本框架[①]

美国联邦行政法是以普通法为基础，在联邦宪法的框架之内建立起来的一套法规体系。

美国的航空法规体系包含了两个正式的层级——法律(law)、法规(regulation)，以及命令(order)或民航通告(advisory circular)。

第一部分为国会制定的法律；法律是由参众两院通过法案(bill)后交由总统签署发布的，其类型有两种："一般大众法"(Public Law)"特别个人法"(Private Law)。前者的适用范围是非特定的一般大众，后者的适用范围是特定的个人、特定的家庭、特定的小团体。每一法律都有其 Public Law 或 Private Law 编号，1957 年后的法律编号有两组，前一组代表第几届国会，后一组代表流水号，例如俗称的《1958 年联邦航空法》(Federal Aviation Act of 1958)编号为 Pub.L. 85-726，就是第八十五届国会第七百二十六号法律。当一般大众法经过总统签署生效后，其汇编称为《美国法典》(USC:United States Code)，各条文会被编入《美国法典》的相关章节内。众议院的"修法审议会"(Office of the Law Revision Counsel)每六年出版一次 U.S.C.，每年也有列出最近修法情况的补充版。U.S.C.依主题的性质不同而分成 50 个类别(Title)，在每一类别之下再细分若干子类别(Subtitle)和章节(Chapter)，使所有的美国法律成为一个完整的系统。美国一级法由美国国会通过，其中 1958 年联邦航空法(Federal aviation act)是航空界的最高法律。

[①]　郭兆书.美国民航法规体系简介[J].台湾飞行安全(春季刊),2007.

《联邦法典》(CFR:Code of Federal Regulations)是美国的二级法律规范汇编,共50集(Title),涵盖了社会生活的各个方面,由美国政府行政执行部门或机构颁发。《联邦法典》的各集按颁发机构分为章(英文称 Chapter),每章继续细分为部(英文称 Part)。《联邦航空法》(Federal Aviation Regulations)则属于 CFR Title 14 "Aeronautics and Space",因此民航界人士经常会在美国联邦航空局(FAA:Federal AviationAdministration)文件中看到 14 CFR 的字眼,这就代表 CFR Title 14 "Aeronautics and Space"的意思。CFR 除了分成大章(Chapter)、小章(Subchapter)之外,还会分成许多编(Part)。FAA 为了因应特殊情况,可以发布《特别联邦航空法规》(SFAR:Special Federal Aviation Regulations)。当不存在特殊状况时,SFAR 就会被撤销。例如 1996 年 TWA800 航班的波音 747 因油箱爆炸而失事,故 FAA 发布了 SFAR 88 来提升飞航安全,以免悲剧重演。与油箱有关的适航标准一旦定案,并纳入相关的 FAR 之后,SFAR 88 将会被废止。

在航空方面,法规之下还有一个非正式层级存在,那就是命令(Order)和民航通告(AC,Advisory Circular)。命令包含了"行政命令"(Executive Order)和"联邦航空总署命令"(FAA Order)两种,前者是由总统行政办公室(Executive Office of the President)发布而约束全部美国官员的规定,后者顾名思义就是由 FAA 局长所下的内部命令。由于白宫是 FAA 的上级机关,所以行政命令的位阶高于 FAA 命令。除了行政命令以外,FAA 官员也必须按照 FAA 命令来执行业务。但 FAA 命令不能被视为法规,因其效力仅及于 FAA 官员而已,不及于航空公司与一般大众。

民航通告(AC)由 FAA 拟订,其目的是提供遵守 FAR 的信息和指引。AC 提出一种可以符合 FAR 规定的可行方案,但不是唯一的方案。航空公司或一般民众为了达成 FAR 的要求,可以按照 AC 所建议的方案来做事,也可以提出其他的可行方案经 FAA 官员同意后执行。

(二)在美国法规体系中的有关空管法规

美国《联邦航空法》:在《美国法典》的第 49 集中对空中交通管理领域中各个方面的职责和权力做出了规定。如第 44701 条规定了联邦航空局的责任;第 40103 条规定了"美国公民有空域飞行的权力。""政府应当制定空域的计划和政策,保证航空器的安全和飞行效率。"第 44721,44720 条规定了"联邦航空局有责任制作航图和提供气象信息。"

《联邦航空条例》:《联邦法典》第 14 集为《航空和航天》(Aeronautics and Space),第 1 章是以联邦航空局名称命名的"运输部联邦航空局",其法规内容称为《联邦航空条例》(FAR:Federal Aviation Regulation)。《联邦航空条例》由联邦航空局局长签发,并依据此法规对民用航空实施管理。联邦航空条例分为 15 分章(sub-chapter)。

二、美国空管法规

历史上,美国曾和许多国家一样,采取分别管制的模式,即严格区分军用航空和民用航空。为此,1938 年专门制定了只适用于民用航空的《民用航空法》。然而,对在同一个空域进行的航空活动人为地区分军用航空和民用航空,不仅不利于有限空域资源的高效利用,而且还给航空安全带来潜在的危害。20 世纪 50 年代,空难频繁发生,这促使美国政府下决心建立一个统一的空管机构。由此,1958 年《联邦航空法》建立了联邦航空署,1966 年交通部成立后,改称

"联邦航空局"[①],作为其下属的一个部门。美国的空管模式从此改为一体化管制模式。但为了国家安全在管制上又作了一些灵活变通。比如,联邦航空局副局长职位可由军职人员担任,局长在一定条件下可参与涉及军用航空器的事故的调查,在战争期间,根据总统的紧急命令,联邦航空局的职能将转移给国防部。

联邦航空局法的条款汇编入《美国法典》第49集。在《美国法典》中对空中交通管理领域中各方职责权利做出了规定。规定主要有以下几个方面:

联邦航空局的职责、美国公民有飞越导航空域的权力、政府应当制定导航空域的计划和政策,保证航空器飞行的安全和效率、联邦航空局有责任制作航图、联邦航空局有责任制作气象信息、联邦航空局的执法。

《联邦法典》有关联邦航空的法规见第14集《航空航天》"第1分册 联邦航空局",主要包括:一般程序规则;航空人员;空域、空中交通和一般规则;航空承运人、学院和其他持证单位;机场;导航设施管理规定。

条例中有关空管法规还包括第40集《环境保护》和第47集《航空电信》。

美国联邦航空局对内部行政与管理的规定以令(Order)的形式发布,由于美国空中交通管理都由空中交通管理组织(ATO:Air Traffic Organization)的内部单位或协议塔台负责,所以对于空中交通的行业管理使用了大量的联邦航空局令。

美国联邦航空局有一套完整的编号体系,具体见表12-1。

表12-1 美国联邦航空局的编号体系

0000 编号体系表	2000 法规	4000 日常管理	7000 空管
1000 行政管理	3000 培训	5000 机场	6000 航路设施
8000 飞行安全	9000 航空医学等		

联邦航空局落实政府对空中交通实施管理使用以下三种方法。

1. 对于公众使用法规

为保证其执行力,美国制定了相关法规以约束公民的航空行为;同时,联邦航空局制定相关法律、法规必须严格遵守美国法规制定程序,具体参见《美国法典》第5集。

联邦航空局法规在《联邦法典》第14集《航空和航天》中规定,其中主要的内容在"空域""空中交通和一般运行规则"等各章中有明确规定。

---

① The Federal Aviation Administration (FAA) is responsible for the safety of civil aviation. The Federal Aviation Act of 1958 created the agency, under the name Federal Aviation Agency. We adopted our present name in 1967 when we became a part of the Department of Transportation. The FAA's major roles include:
  regulating civil aviation to promote safety;
  encouraging and developing civil aeronautics, including new aviation technology;
  developing and operating a system of air traffic control and navigation for both civil and military aircraft;
  researching and developing the National Airspace System and civil aeronautics;
  developing and carrying out programs to control aircraft noise and other environmental effects of civil aviation; and
  regulating U.S. commercial space transportation. WWW.FAA.home

2. 对联邦航空局雇员使用令

美国联邦航空局令由联邦航空局内部组织根据其职权范围发布,用于约束内部雇员。由于空中交通管制的职责由联邦航空局履行,所以联邦航空局全部内部空管机构(包括协议塔台)都必须遵守有关空管的航空局令。空管重要的运行规定在联邦航空局网站上公布。

3. 为落实法规提供指导使用咨询通告

联邦航空局向公众发布咨询通告,指导公众如何达到和实施法规的要求。咨询通告没有法律强制力。空中交通领域较为重要的咨询通告包括《飞行员信息手册》和《飞行员国际飞行信息守则》。

美国空管主要法规有:

(1)《联邦法典》。

第 71 部 "空域分类"(主要包括空中交通服务航路,报告点);
第 73 部 特殊用途空域;
第 91 部 一般运行和飞行规则;
第 93 部 特殊飞行规则;
第 99 部 空管中的(国防)安全。

(2)联邦航空局令(见表 12-2)。

表 12-2 美国联邦航空局令

编号	内容	编号	内容
3120.4	空中交通技术培训	7350.7	位置标示
7000.1	空中交通评估	7400.2	空域问题处理程序
7110.10	飞行服务	7400.9	空域设计和报告点
7110.65	空中交通管制	7450.1	特殊空域管理系统
7210.3	机构运行和管理	7610.4	特殊军用运行
7210.54	协议塔台运行和管理	7900.5	地面气象观测
7210.55	运行数据报告要求	7930.2	航空通报
7210.56	空管质量保证	8020.11	安全评估
7340.1	协议	7200.100	运行管理中心编写的规章

美国是航空强国之一,美国联邦航空局在民用航空各个领域,尤其在民航法规建设方面,积累了大量成功的经验。相对于美国航空法规的完备,我国作为航空大国,空中交通管理和相关政策法规建设相对比较落后,法规体系与日益增加的空中交通之间的矛盾越来越突出,严重制约着我国航空业的发展。结合我国国情,借鉴航空发达国家的先进经验,进一步加强我国航空管制立法、执法和执法监督工作,保证军民航飞行的顺利进行,为航空事业的发展提供可靠的法律保障,是目前我国航空管制工作的重中之重。

学习和研究美国联邦航空局空中交通管理领域的法律、法规、规定的情况,将有益于我国空中交通管理政策和法规的建设与改革,提高空中交通管理的执法水平,促进政策法规建设快速、稳定、协调、健康的发展。

三、美国国内缩小垂直间隔(DRVSM)法规案例分析

缩小垂直间隔最早在1973年由部分航空公司提出,但是由于条件不成熟,未能深入研究。20世纪80年代联邦航空局启动了垂直间隔研究项目,1982年航空无线电技术委员制定了缩小垂直间隔技术标准,国际民航组织间隔概念小组在航空无线电技术委员工作的基础上制定其标准和建议,并在1992年发布了实施手册。此手册主要内容包括航空器和运营人证明文件、实施计划的制定、航空器高度保持能力监视程序。联邦航空局关于缩小垂直间隔的规定主要在《联邦法典》91部中,如91.180,91.705,91.159,91.179以及附录G。缩小垂直间隔法规是在2003年10月22日正式签发的。工业界将为此增加8.59亿美元的投资。

1. 缩小垂直间隔相关规定的制定

有关缩小垂直间隔法规的制定与其技术和政策的发展是同步的。2000年12月,工业界和联邦航空局非正式的同意在2004年12月实施缩小垂直间隔。2001年,为了有计划地进行此项工作,成立了工作组,并多次与公众用户协商之后对缩小垂直间隔进行了仿真实验和成本效益分析。2002年发布了立法建议,并征求公众意见。在听取公众建议后,2003年3月发布补充立法建议,经过征求意见并修改后形成最终规定。而后根据最终规定,制定空中交通自动化系统需求和人员运行手册2003年夏天正式发布最终规定。2003年7月国家空中交通协会(NATA)曾写信给国会反对缩小垂直间隔的执行。为此联邦航空局向国家预算管理办公室做出详细的解释,强调缩小垂直间隔的计划符合国际民航组织的要求,而且根据专家的研究缩小垂直间隔将给工业界带来了显著的利益。

2. 缩小垂直间隔的实施及内部规定、通告的发布

为了制定缩小垂直间隔实施的程序,提出自动化系统的需求,联邦航空局了解了海洋区和欧洲的有关经验,进行了多次的模拟和评估。2004年11月将缩小垂直间隔程序和运行指导编入了有关内部规定、航空信息手册(AIM:Aeronautical Information Manual)和国际飞行信息手册(IFINI:International Flight Information Manual)联邦航空局为缩小垂直间隔的执行制定了详细的训练、过渡和执行计划。所有管制员都经过了90天的训练,并且在正式实施前30天内接受复训。制定了全国和地区的缩小垂直间隔检查单及过渡时间表,进行了应急情况的演练。实施当日更新了自动化系统,限制非缩小垂直间隔航空器进入缩小垂直间隔空域,按照航空器飞行高度分配新的飞行高度层,并妥善地处置了过渡中发现的软件错误。在此期间,军方主动地限制了96小时的飞行活动。

在缩小垂直间隔过渡及实施初期未导致流量限制。在国内缩小垂直间隔实施后90天专家对实施情况进行了分析,并对工作程序作了必要的修改。

第二节 FAA7110.65 简介

美国联邦航空局 Air Traffic Control(FAA7110.65),内容涵盖了各种管制条件下不同管制空域内的管制原则、标准、程序和用语、特殊情况下处置方法、空域运行程序和空管运行决策支持工具。FAA7110.65是针对管制员的工作手册,它不同于管制规则和条令,可操作性强。它从工作卡片的填写标准格式到如何进行通信移交,从由谁决定天气是否符合放飞标准到如

何下达进近指令,以及某些词汇的确切含义等内容都包括在内,如在其手册中对专业术语的使用进行如下解释:"在某种情况下,管制员在首先使用标准术语后,可以采用能使指令内容正确理解的用语。"这就和目前在民航文件中指出飞行指挥中可以在紧急情况下使用能够表述更清楚的母语指挥的思想相一致。该手册每隔若干个月出版一次修订版,每2年左右汇集所有修订出版全新版本,世界上有许多国家的空管标准都采用了它。由于篇幅的限制,本书对该手册有代表性的一些内容进行介绍,详细的内容可在网上下载英文版本(可以从联邦航空局网站FAA.gov/airtraffic/publications 上获取)。

其内容包括12章和3个附录。基本内容如下:

飞行管制的主要任务和名词解释,飞行调配的优先级;飞行情况的通报,其内容包括了通报的时间和内容,飞行管制工作的移交,航管工作卡片的填写等;终端区的管制;仪表飞行;雷达管制;非雷达监视管制;目视飞行;海岸和海洋飞行;特殊任务飞行;飞行管理程序;加拿大空域管理程序。

一、飞行调配的基本原则和方法

管制手册中给出了比较详细的飞行过程中的调配优先级。基本内容如下:

由于有很多不确定的因素,不可能制定出一个标准的任务优先级列表与各种可以遇见的情况。管制员应根据航空器所知道具体情况和环境得出最正确的判断,保安全是首要的关键问题。

基本原则:

(1)在负载、通信、装备都允许的情况下,优先使用预先设定好的程序。

(2)如果使用非雷达间隔比雷达间隔更有利于航空管制,则优先使用非雷达间隔。

(3)垂直间隔优于其他间隔。

具体的调配优先级如下:

提供空中交通服务一般情况下按照"先到先服务"的原则,除非:

a. 遇到危险的飞机优先于其他航空器。

b. 为民间飞行流动医院飞机"救生员"提供优先权,飞机/班机"救生员"呼号的使用表明了其使用的优先级。当使用其呼号时,它比军用转场飞行、预定的飞行、班期飞行有优先权。协助飞行"流动医院"飞机的飞行员避免恶劣天气和复杂的飞行环境。当飞行员报告时,通知地面有关部门做好救助病人的准备和所需的医疗设备准备。

c. 为进行救援工作的飞机机组提供尽可能的帮助。

d. 在交通情况和通信状况允许的情况下,保证总统及随从的飞机飞行和信息的畅通。

e. 提供特殊情况处理,如需要派出飞行检查的飞机,包括没有预料到风的条件、天气条件,飞行流量密集使管制员不能提供优先权和在特别时段进行紧急处理的工作能力。

f. 在飞行计划说明标明或地空通信中飞行员请求特殊处理的。

g. 提供优先处理对任何使用代码"FLYNET"的军航或民航的飞机。

h. 为使用编码"SAMP"执行空中巡逻战斗任务飞行的美国空军提供优先处理。

i. 为正在执行拦截任务的飞机提供尽可能的优先直到不明飞行物被确认。

k. 在飞行计划和地空通信中备注说明使用"SCOOT"时,应优先执行该特殊任务的飞机。

L. 仪表飞行的飞机应优先于目视飞行的飞机。

m.开放领空飞行的飞机优先于所有的"计划"飞行的飞机,("计划"除以下情况外:①紧急飞行任务;②有关总统飞行的飞机;③战斗飞行;④搜寻和救生任务。)

二、对一些名词的定义

1. 航线的交叉定义

FAA 给出如图 12-1 的关于交叉、同向和逆向的航线诠释。

交叉航线:指航线夹角在 45°到 135°(含)之间。

逆向航线:指保护区重叠航线夹角在 136°至 180°之间。

同向航线:指保护区重叠及航线夹角小于 45°。"保护区"一词范围,是指飞机沿着预定航线飞行时航线两侧的横向(安全)间隔的一半。

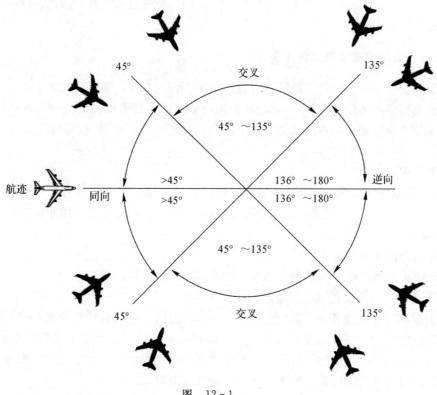

图 12-1

2. 总统飞机

美国的类似我国专机任务飞行的飞机称为总统飞机(presidential aircraft),手册中指明了其为"总统并包括总统的随从、副总统,以及白宫指定的任务飞行。"

3. 飞行管制的移交

(1)飞机管制移交协调应满足以下条件:

1)根据指令或地理位置、时间、固定点或高度;

2)在雷达管制移交时和与管制员通信的频率改变完成后,管理部门指令或者有协议特别指定的类型,管制区范围的变动。

(2)在管制员负有安全间隔责任的空域里,飞机的管制移交应在排除了任何潜在的与其他飞机的冲突后。

(3)除非有特别的协议和特别的规则及上级的指令,管制员仅在其管制权限区域内指挥飞机。

4. 军方在管制中的责任

(1)军方对飞机保持安全间隔应负的责任只限于在指定的协议、相应的 FAA 和军方文件规定的军方部门承担。

军方对飞机保持安全间隔应负的责任使用是军方所特有的。军方飞行单位和飞行员不是不受限制的飞行,它仅仅是在 IFR 操作要求中使用。批准军方责任的部门保证规则的使用和执行是有据可查的,与正在负责那个空域的管理部门沟通。使用的规则条目将规定责任和规定那些飞行的安全间隔。

(2)空中交通管制部门将不承担和不否认军方对飞机保持安全间隔应负的责任,他们唯一的关于军方飞行的责任是为军方的飞机和没有执行仪表飞行的飞机之间提供安全间隔。

(3)国防部应保证军方飞行员在要求使用特殊空域和 ATC 安排的空域时,预先和空域管理部门协调并获得进入的许可,而且熟悉相应的军方飞行的程序。ATC 部门没有责任确定军方的飞机是否被批准进入特殊空域或 ATC 指定的空域。

(4)军方程序是一种附加的、有修改的不同于基本 FAA 的程序,以下描述的是军方规则不能遵守基本的规则或执行一个特定的要求的情况。应该做到:

空军管制部门为空军基地提供空中交通服务,它基于美国空军的管制程序不分类别地对所有飞机。空中交通管制机构,不论它们的上级部门是哪个(联邦航空局,美国空军,美国海军,政府),支持指定军用机场(使用)的独立性。FAA 支持美国空军基地的独立性,美国空军的程序在这个基地适用于所有的飞行。美国空军在使用民用机场时遵守 FAA 的规则,美国空军的规则应在 FAA 的管理部门和美国空军的管理部门之间达成的指定的协议的条件执行。其他所有的飞机应遵守 FAA 的基本规则。

从以上内容可以看出,FAA 的空中交通管制手册对管制工作的描述比较细致,许多都是总结了实际工作的经验,更贴近值班工作。做为管制工作者,适当的学习该手册对搞好值班工作是大有益处的。

第三节 欧盟的空管法规

欧洲中小国家林立,航行半小时就可穿越若干国家。如果各国的空管法规千差万别,通信、导航监视及其空管的设施互补兼容,区域航空就不可能得到安全、快速的发展。在世界各地,实施无缝式空中交通管制的障碍主要有两个:一是由于不同国家各自提供空中航行服务而使得航行过程支离破碎;二是为了使航空器能顺利地在不同系统之间进行交接,这些系统必须具备共用性。在欧洲这个高度局限的空域环境下也同样面临这两个问题。从这个意义讲,欧洲空中交通管制所面临的挑战为我们呈现了世界上大部分地区在该领域的缩影。空中交通管制具有系统支配地位的特点在欧洲却显得极度的支离破碎。

欧盟是根据 1992 年签署的欧洲条约所建立的国际组织,现拥有 27 个成员国家,正像欧盟委员会前主席 Loyola de Palacio 曾经描述的那样:"我们现在的系统是一个可以追溯到 20 世纪 60 年代甚至更久以前,由不同国家老旧系统拼凑起来的系统。欧洲空域被分割成了许多狭小和低效的碎块,而每个碎块都使用着不同的空中交通管制技术。"无法建立统一的欧洲高空空域交通管制系统主要是因为欧洲国家之间长期存在主权矛盾,各国在政治上和经济上有不同的考虑,同时,在运行层面缺乏有效的空域设计。1944 年,《芝加哥公约》中就有一个公认的基本原则,国家对于其领土上空空域都具有全部的和排他性的权利。尽管《芝加哥公约》没有要求每个国家在自己的空域内必须各自提供空中交通管制服务,但因为各自管理的空域是各国的国家主权,所以各国有权决定如何提供空中交通管制服务。那些幅员辽阔的国家,如澳大利亚、加拿大或美国,有条件高效率地规划自己的空域,并由国家或国家指定的组织提供空中交通管制服务。然而,由于欧洲国家大多幅员狭小,因此,如果每个国家各自提供各自的空中交通管制服务就意味着将空域分割成小碎片,无法发挥最大效益。结果就是航空器每飞行较短的距离就要移交给下一个空域的管制单位,加大了管制协调工作量。要想提高管理效率,重新配置空域,就需要一些国家能够允许其他国家或国家组织代管他们空域内的交通活动。在 20 世纪 60 年代和 70 年代,要达成如此安排的协议几乎是不可能的,直到今天仍然如此。至今,只有比利时、卢森堡、荷兰和德国北部地区空域达成了一份这样的协议。欧洲空中交通管理局作了一项调查,他们将欧洲现有空中交通管制机构同美国 ATM 系统进行了比较,在同样大小的空域范围内,对相同数量的员工编制进行比较,美国空中交通流量的管理能力是欧洲的两倍,投入的成本仅高于欧洲同等机构的 15%,所得结论是欧洲交通管理系统的成本远高于美国。

拥挤的空域对经济增长和欧洲运输系统的国际竞争力都产生了影响,对欧洲天空安全管理立法等都提出紧迫的要求。欧洲民航会议提出建立"欧洲单一天空"的设想,在欧洲范围内建立一个统一的空管系统取代各自为政的状况,满足未来容量和安全的需要。2004 年欧洲正式启动单一天空计划。欧洲议会通过了关于构建欧洲单一天空的四项立法提议,这些提议正式成为了欧盟规章,并构成了欧洲单一天空的基本法。四部规章分别如下:

(1) Regulation NO 549/2004 单一天空框架;
(2) Regulation NO 550/2004 航行服务规定;
(3) Regulation NO 551/2004 空域组织及使用;
(4) Regulation NO 552/2004 空管网络的互用性。

这些规章为欧盟空管技术的改进提供了一个平台,使得集中研发空中交通管理市场的协调一致的产品成为可能。规章中也加强了民用和军用空中交通管制的一体化,这将保证军、民双方的需要都得到了尊重,既要考虑军民双方共同的利益,也要保护各自特殊的飞行需求。

为了便于各国高效、迅速地完成体系构建,欧洲理事会、欧盟委员会从 2004 年开始着手制定了一些更详细的规章和指令,作为对单一天空四部规章的补充。这些规章主要如下:[1]

- Regulation 2096/2005 提供空中航行服务的通用需求;
- Regulation 2150/2005 空域灵活使用的通用规则;
- Directive 2006/23 空中交通管制员执照;
- Regulation 730/2006 空域分类(195 000 英尺以上);
- Regulation 1032/2006 空管单位间数据交换;
- Regulation 1033/2006 飞行前飞行计划制定程序;

---

[1] 胡明华. 世界空管发展概况及趋势[M]. 南京:南京航空航天大学出版社,2011.

- Regulation 1794/2006 空中航行服务的通用收费方案；
- Regulation 633/2007 供空管单位使用的飞行信息传输协议；
- Regulation 1265/2007 单一天空下的空地语音信道间隔；
- Regulation 1315/2007 空中交通管理中的安全监察；
- Regulation 482/2008 空中交通管理中的软件安全保障；
- Regulation 668/2008 工作方法及运行程序的通用需求；
- Regulation 29/2009 单一天空下的数据链服务；
- Regulation 262/2009 S 模式询问电码的分配及使用；
- Regulation 1070/2009 提升欧洲航空系统性能；
- Regulation 1108/2009 拓展欧洲航空安全局的移交事项；
- Regulation 73/2010 航空数据和航行情报质量；
- Regulation 255/2010 空中交通流量管理的通用规则；
- Regulation 691/2010 欧洲空中航行服务及网络功能的实施方案。

附录 空管案例法规分析

一、鲁斯特降落红场

1987年5月28日上午,联邦德国汉堡市附近维德尔镇的飞行运动员鲁斯特,驾驶一架"塞斯纳"172号轻型螺旋桨飞机(27米的翼展,11米长,飞行高度2 500米,速度225千米/小时,活动半径1 270千米),从芬兰首都赫尔辛基的马尔米机场起航。他声称,此行的目的地是斯德哥尔摩,但实际上他并未按原定路线飞行,而是调转机头向东飞去,在科赫特拉雅尔维地区,神不知、鬼不觉地闯入了戒备森严、几乎是难以逾越的苏联领空,至傍晚7时30分赫然降落在苏联的心脏——红场。当一袭红色工作服的鲁斯特走下飞机、羞涩地向红场上散步的人群报以微笑时,苏联乃至全世界都为之瞠目结舌。随后,鲁斯特因非法入境罪及扰乱航空秩序罪被判入狱4年。苏联国防部因此颜面尽失,一大批军方高官为此丢官。

苏联拥有强大的防空力量,1万枚地对空防空导弹、1 300架喷气式截击机严阵以待,边疆上有7 000只监督领空的眼睛——防空雷达,如此庞大的阵容,怎么能进入它的领空而不被发现和摧毁呢?

鲁斯特在苏联境内飞行了800多千米,至少飞越了2个海军基地、4个空军基地和2个导弹基地,最后又突破了以防守严密著称的莫斯科防卫线。随着时间的推移,有关此事的许多不为人知的细节浮出水面。鲁斯特的历险之所以成功,竟是因一系列巧合促成的。

1987年5月28日,恰好是全苏边防军日,举国欢庆。

"鲁斯特事件"发生的四年前,苏联萨哈林群岛上空,在情况尚未明了的情况下,一架韩国民航波音747客机被苏军击落,造成机上269名乘客死亡。世界各国对此反应强烈,许多国家连续数周禁止苏联飞机进入本国领空。惨剧发生后,苏联军方下达了秘密命令:在无法判明飞机有军事目的的情况下,禁止向一切民航飞机和体育运动飞机开火。鲁斯特似乎对苏联军方的心理了如指掌,他大大方方地飞着。

28日当地时间14:29分,爱沙尼亚的科赫特拉亚尔韦市,塔林防空系统的雷达捕捉到一个不起眼的飞行目标。苏军三个导弹师随即处于一级战备状态,只待一声令下,就可以随时消灭目标,但命令却迟迟未下达。为了确认这个不明飞行物的"庐山真面目",苏军两架米格-23截击机从"塔巴"军用机场升空进行拦截。但不久后,"塞斯纳"做了向下俯冲的动作。这样,它不仅从截击机飞行员的视野里消失了,也从地面雷达的屏幕上消失了。5分钟后,该地区的雷达屏幕再次捕捉到一个飞行目标,与先前的"塞斯纳"相比,其飞行路线和高度均有不同。但地面塔台人员简单地将它误认为它不是原先那架"流氓飞机"。新目标发出"我是自己人"的应答。警报解除,两架截击机返航。

"塞斯纳"继续向东南方飞行,在将近15点的时间抵达普斯科夫市上空。当时,普斯科夫市郊正在进行某航空团的教练飞行,空中有数十架飞机盘旋。因此,当鲁斯特驾驶的"塞斯纳"出现在雷达屏幕上时,没有引起任何人的注意。

鲁斯特驾驶的"塞斯纳"继续悠然地在苏联领空又继续飞行了200千米。在飞抵旧鲁萨城地区时,它又一次从雷达屏幕上消失了。于是,鲁斯特驾驶着他的"塞斯纳"继续前行,到达了托尔若克市。在这里,又一次巧合帮了他大忙。刚好在前一天,在托尔若克市郊40千米处发生了一场空难,一架米格-25与一架图-22 M战略轰炸机相撞。因此,这一天在该地区上空到处是执行搜寻任务的直升机。鲁斯特的"塞斯纳"不早不晚,恰好于这天飞临该区。由于"塞斯纳"的飞行速度和高度与苏方的直升机完全吻合,塔台人员理所当然地将它识别为众多救援直升机中的一架,没有引起任何怀疑。

对鲁斯特来说,这一天奇迹般地充满了幸运的巧合,当鲁斯特飞近莫斯科时,某个大人物(具体是何人至今未解密)下了一道命令:暂时关闭防空网的自动控制系统,以进行一次计划外的停机检修。正是这20分钟的空隙,鲁斯特于19:38分飞进了莫斯科。

这天恰好有一架直升机在红场进行航拍。因此,当红场保卫处的值勤少校托卡列夫接到电话询问的时候,他平静地回答:"是在航拍呢。"而当巡逻哨兵科索卢科夫向他报告有一架飞机在红场上空飞行时,他只是懒洋洋地回答:"你只要当心别让母牛闯到红场就行了,至于飞机,不用你操心啦!"鲁斯特在第三次尝试着陆时,成功降落在莫斯科河桥的南端,并向瓦西里波滑行。过了20分钟,来了一群穿灰色制服的人,把他带到了卢比扬卡广扬(KGB总部所在地)。

二、1983年苏联击落韩国民航客机事件

1983年9月1日,韩国大韩航空公司波音747KAL007号民航客机在自纽约飞往汉城(现首尔)途中,在苏联萨哈林岛近海上空被苏联飞机拦截并被两枚导弹击中后坠入日本海,机上搭载240名乘客以及29名机组员,包括韩国、美国、中国台湾、日本等国家和地区旅客。美国众议员拉里麦当劳(Larry McDonald)也搭乘这架班机预定前往汉城参加美韩共同防御条约签订三十周年纪念仪式。8月31日,从美国纽约肯尼迪国际机场起飞,途中停阿拉斯加州安克拉治加油,预计在9月1日当地时间3:00降落在韩国汉城的金浦国际机场(现今国际线班机已改降仁川国际机场)。该机被拦截时偏离航道500千米,进入了苏联禁飞区。韩国、美国和日本起初在事故发生的海上进行搜索及救援活动,但没有任何结果。于是,便着手搜索飞机的残骸及牺牲者的遗体和遗物以及飞机的"黑匣子"。苏联阻挠这些国家接近萨哈林岛近海,并且自己进行了搜索作业,经过搜索搜集到了飞机的残骸和牺牲者的物品,并将其转给韩国,但是始终没有找到"黑匣子"。

(一)事件经过

以下时间均为东京/首尔时间,减1小时为北京/香港时间,减9小时为UTC时间。

8月31日:

13:05　KAL007从纽约肯尼迪机场起飞。

20:30　班机抵达安克拉治停加油。

21:20　班机预定的出发时间,应在汉城金浦机场开场(当地06:00)前到达。

21:50　班机晚了30分钟才出发准备起飞。

22:00　班机离陆。
22:02　班机爬升后往方位角245度飞行,即Bethel中途导航点的方向。
22:27　班机偏离预定航道J501以北11千米,航管并无发出警告。
22:49　班机偏离预定航道以北22千米,进入亚拉斯加美国空军"King Salmon"雷达站的监控范围。但因雷达站没有管制权,因此并无发出警告。

9月1日:
00:51　苏联的防空雷达确认飞机在堪察加半岛东北飞行,当时判定为美军军机。
01:30　KAL007侵入苏联领空,苏联空军战机升空试图拦截。
02:28　KAL007通过堪察加半岛,从苏联雷达消失。
02:36　KAL007接近库页岛,苏联空军进入警戒状态。
03:05　KAL007与后面晚2分钟起飞的KAL015班机通话。
03:08　苏联空军的Su-15战斗机找到KAL007,但因为天色昏暗,无法认出机型。
03:20　东京飞航情报区的区管中心准许了KAL007的高度变更请求,因节省燃料所以拉高飞行高度。
03:21　苏联空军的战斗机实施威吓射击,因没有装备曳光弹,所以只发射了彻甲弹。
03:23　KAL007拉高飞行高度到达35 000英尺,速度变慢,苏联战斗机追上该机。
03:23　攻击命令下达。
03:25　发射红外线导引及雷达导引式导弹各一枚,30秒后红外线导引导弹命中KAL007的尾翼,造成液压及电力系统受损(据ICAO调查报告推测),机身上升一下后开始下降。
03:26　KAL007向东京区管中心报告急速失压,请求降低高度到10 000英尺。
03:27　飞航资料记录器(黑匣子)的记录到此为止,KAL007继续往下坠。
03:38　苏联以及北海道稚内的雷达内的KAL007消失,日本的渔船"第五十八千鸟丸"在海马岛北18.5海里听到飞机爆音。

(二)原因说法

1. 导航装置设定失误说

说法的根据:波音747的航道事前可先输入设定,让电脑自动驾驶,除非是遇到恶劣天气及起飞降落阶段才由手动驾驶,推测是正副机师操作错误导致飞机偏离预定航道。有下列几点可能原因:

- 导航装置的机械故障;
- INS(仪器导航系统)输入失误;
- 惯性导航装置的起动失误;
- 惯性导航装置的切换失误。

说法的争议之处:正驾驶、副驾驶、飞航工程师三人操纵飞机,若是有设定或输入方面的错误,应该能立刻发觉。且民航机的航行灯号是很容易识别的,但苏联空军却没有辨认出来而直接击落。

2. 美军的指示说

说法的根据:美军与韩国有同盟关系,想要了解苏联在远东地区的战斗机部署状况,因此指示韩航的民航机故意飞入苏联领空刺探,此说法被当成阴谋论。此说法有下列几点根据:

KAL007在苏联领空附近的航迹为不自然蛇行。

机长为空军退役军人(韩航许多机师担任过空军军人)。

苏联领空边缘常有美军的 RC-135 侦察机飞行,且因为在夜间,苏联战斗机的驾驶员忽略了民航机的航行灯误以为是美军的侦察机。

说法的争议之处:如果 KAL007 真的是奉美军的指示以民航机从事间谍飞行的话,应该会尽量伪装及隐藏自己的航迹,但是在通过报告点时所报告的气温却比正常航道来得低。且美军若真的利用搭载数百名无辜旅客的无武装民航机进行间谍任务的话,也会因不保障人权而引起国际上的非难。

3. 节省燃料说

说法的根据:机长想要节省燃料,因此就偏北飞行以求缩短航程。当时韩航的运费很便宜,因此节省燃料,帮公司降低成本成了机长的使命。

说法的争议之处:为了节省燃料而冒险飞进苏联领空是否有其必要?且苏联空军飞行员应看得到 KAL007 的民航机航行灯,纵使看不到机身,也不应冒着被国际指责而轻易击落。

4. 国际民航组织调查

由 5 名专家组成的事件调查组,经过 2 个多月的调查之后指出了下列情况:

(1)该客机的驾驶员证件齐全,驾驶员的精神和心理没受过打击。在从阿拉斯加安卡雷奇起飞时,飞机证件和起飞时适航条件合格,一切必要的航行和电子系统正常。飞机准时起飞,预计可按时到达汉城。韩国在当地时间 6 时命令该飞机按计划的航线飞行,从起飞到降落全程飞行时间 7 小时 53 分。

(2)该机在起飞后不久就偏离了指定的航线,后来继续向北偏离,终进入苏联领空。苏联认为这是对它领空的侵犯,苏联军用飞机首两次对它拦截,没有证据证明驾驶员知道两次受到拦截。在 18 时 27 分,飞机被苏联两枚空对空导弹击落。出事时,该机偏离指定航线以北 300 海里。

(3)调查小组没有找到证据证明:驾驶员已知道飞机偏离航线,尽管它已偏离了 5 小时 26 分钟;偏离航线是有预谋的。调查小组假设有正确调整"习惯航线系统",由于不够注意和缺乏警惕使飞机不自觉地偏离航线达 5 个半小时。调查报告还附上了苏联的"初步调查报告"。

该报告指出了以下几点:①KAl007 号飞机侵犯苏联边境;②苏联是在该机终止飞行之后才知道它是韩国飞机的;③苏联证实该飞机在起飞前曾与美国侦察机 RCl35 和地球轨道卫星接头,使该机的起飞时间比原定的时间延误了 40 分钟。

苏联认为该机是故意闯入其领空的,因为:①该机偏离航线 500 千米。②驾驶员未利用机上雷达,否则他早该知道飞机进入的地方。③美国和日本一直监控着该飞机飞行,但没有通知驾驶员飞机已进入苏联领空。④该飞机没有接到苏联的拦截警告。⑤该飞机已进入苏联的战略禁区。

(三)事件的影响

大韩航空班机被击落事件发生之后,要求严禁对国际民用航空器使用武器的国际舆论高涨,从而审议大韩航空班机事件的国际民用航空组织理事会于 1983 年 9 月 16 日接受法国的提议,决定召开国际民用航空组织大会,审议以避免对民用航空器使用武器为主要内容的《芝加哥公约》的修正案。

国际民航组织 1984 年 3 月 6 日通过决议,指责苏联违反国际法并谴责其使用武力。理事会认为:《国际民用航空公约》第 1 条规定,"缔约各国承认每一个国家对其领土上空具有完全的和排他的主权。"根据这条习惯国际法规则,国家具有合法权利在其领土上空限制航道,并对违反者根据本国法律予以惩罚。非私人航空器或由一国指挥的私人航空器闯入他国领空,构成违反国际法行为。不过,对这种违反行为的反应,国际法并不是没有限制,国际法上的"对称性原则"和国际民航组织颁布的特别规则已被接受为习惯规则了。国家有权对威胁其安全和侵入其领空的军用飞机加以拦截或击落,但对没有造成实际威胁的民用航空机予以击落,无论如何都是不符合对称性原则的,而属非法的反应。

1984 年 4 月 24 日至 5 月 10 日,在蒙特利尔举行了第 25 届国际民用航空组织大会,在会议上,美国、法国、韩国等国家将重视民用航空器安全方面重点放在严禁对民用航空器使用武器上,而苏联则强调对领空的管辖权,从而发生了意见分歧。为使修正案获得通过,各方做出了让步,终于增加了以"避免对民用航空器使用武器"为主要内容的第 3 条的第 2 款。《芝加哥公约》修正的内容包括:①每一国家必须避免对飞行中的民用航空器使用武器,如需拦截,以不危及航空器内人员的生命和航空器的安全为限;②每一国家在行使主权时,对未经许可而飞越其领土的民用航空器,如有合理根据认为该航空器被用于与本公约宗旨不相符的用途,有权要求该航空器在指定的机场降落。该国也可以对该航空器发出任何其他指令,以终止此类侵犯。这时各国应使用符合国际法有关规则的适当的方法,并将有关民用航空器拦截的国内规则妥为公布;③所有民用航空器应遵守领土国发布的命令;④每缔约国应采取适当措施,禁止将在该国登记的或者在该国有主要营业所或永久居所的经营人所使用的任何民用航空器肆意用于与本公约宗旨不相符的目的。但是,本规定不对禁止使用武器的①款产生任何影响。

特别会议后,《关于修改国际民用航空公约新第 3 分条的议定书》得到了许多国家的批准。我国已于 1997 年 7 月 23 日向国际民航组织递交了关于该议定书的批准书。该议定书于 1998 年 10 月 1 日生效。

三、德国博登湖撞机事件

2002 年 7 月 1 日晚 23 点 35 分 32 秒,一架 TU 154 飞机和一架波音 757 飞机在德国和瑞士边境附近的博登湖上空约 35 400 英尺高空相撞,两机上 71 人全部遇难。

(一)事故过程

根据事故调查团在航空安全网上公布的信息,两机相撞前最后 50 秒的情况如下。

(1)相撞前 50 秒(7 月 1 日晚 23 点 34 分 42 秒)两机 TCAS 分别发出交通警戒信息(TA)。

(2)相撞前 43 秒瑞士 ATC 指示 TU154:"descend flight level 350,expedite,I have crossing traffic"(立即下降到 350 000 英尺)。

(3)相撞前 36 秒两机 TCAS 都发出避让指示(RA) B757 执行,而 TU 154 未执行。

(4)相撞前 29 秒(35 分 03 秒) ATC 向 TU 154 重复两次下降指令,TU 154 开始下降。

(5)相撞前 22 秒 B757 TCAS 提示:"increase descent"(增加下降率)。

(6)相撞前 13 秒 B757 报告 ATC 正在"TCAS descent"(执行 TCAS 下降指令)。

(7)相撞前 8 秒 TU 154 TCAS 提示:"increase climb"(增加爬升率)。

(8)相撞(35 分 32 秒)。

瑞士苏黎世空管中心值班管制员是罗切维奇,他来到自己的管制扇区前。当天晚上同时有两个管制扇区在工作。由于飞机较少,另外一个扇区管制员就委托罗切维奇帮忙照看他的扇区。罗切维奇同意了。这是西方国家一种惯例,一般在深夜都会出现这种情况,就是一个人照看两个甚至更多扇区。但在那位管制员离开后,雷达维修人员来到这里,要求维修雷达设备,并关闭了主用无线电以及某些电话线路。雷达显示也将缓时进行。罗切维奇很无奈,但还是同意了。由于要照看两个扇区,加上无线电不好,机场电话又一直打不通。他很着急。罗切维奇想办法还是将另一个扇区的一架将要落地的飞机顺利地交给机场管制员。

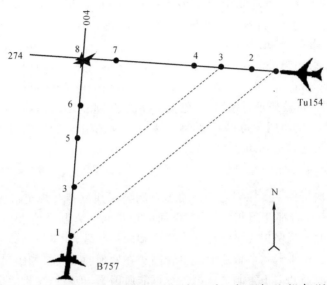

但就在此过程中,他没有意识到,在他自己的扇区内,有两架飞机却以同样的高度从两个方向飞来。而与此同时,邻国的德国管制员通过自己的雷达发现了瑞士空域内有两架飞机同高度汇聚飞行,情况很危险,但四条电话线路都打不通,根据国际民用航空组织的规定,他又不能擅自去指挥别的国家飞行的飞机(如果德国管制员拿话筒提醒一下飞机就可以避免这个灾难,对于德国管制员这样墨守成规的遵守规定是否值得商榷?类似情况,1990年3月24日,我国民航东方航空公司一架A300客机,机上乘客259人,机组17人,从广州起飞到上海,因上海有雷雨,民航决定飞机备降杭州,而飞机却飞到杭州西90千米天目山区。天目山区群峰林立,最高标高1787米,此时飞机高度已下降到1500米,还在继续下降,撞山机毁人亡的事故即将发生。在这千钧一发之际,南空司令部航行处管制值班员王荣义等值班人员,以高度的责任心、精湛的指挥技术及时发现,并果断指挥A300飞机拉起来,航向90度飞向杭州笕桥机场,避免了一起撞山机毁人亡的事故)。

等罗切维奇缓过神来,忽然发现两架飞机的险情(由于雷达正在维修,所看到的是延迟信号,这个时候两架飞机已经很接近了),他立即指挥俄罗斯客机下降高度,但波音757飞行员根据防相撞设备的指示,也采取下降高度紧急规避措施。两架飞机都在下降中向一个方向飞行,结果相撞了。

德国有关单位从黑匣子解读出来的数据显示:在撞机前45秒时,两架航机的自动警告系统同时告知驾驶员采取紧急动作,指示俄罗斯航机往上爬,DHL航机往下降。但是一秒钟后,瑞士航管指示俄罗斯航机往下降。面对相互冲突的指示,俄罗斯驾驶员犹豫不定,直到航管在十四秒后再次命令下降之后,俄罗斯驾驶员表示收到航管的指示,不顾计算机的指示而开始下降,几乎在同时DHL航机亦开始下降。两架航机在23:35:33相撞!事故后果:除飞行人员外,有 52 名儿童死亡。

当事人(管制员)在七月十三日发表了声明,"On the night of the accident I was part of a network of people, computers, surveillance and communication equipment, and regulation. All these pieces must work together seamlessly and without error and be coordinated to one another. The tragic accident shows that errors cropped up in this network. As an air traffic controller it is my duty and responsibility to prevent such accidents. I mourn with the relatives and express my deep sympathy for them。I am especially stricken by the fact that many children had to lose their lives; many hopeful prospects were wiped out. As a father, I know that this loss leaves a hole that will hurt into the future as well. But I am also thinking of the families of the crews and people accompanying the children. They have also irreplaceable losses."半年后,罗切维奇被遇难者家属(一位俄罗斯男子,他的妻子和一对儿女在事故中全部丧生)刺杀(从罗切维奇的声明中可以看出,西方人过于强调了客观原因,没有对自己的主观失误做出认识,笔者认为这是他被刺杀的一个重要诱因。)

(二)事故调查和分析

调查报告说:此次事件主要原因之一是瑞士管制公司违反相关规定造成的。苏黎世空中交通管理中心多年来一直都违反相关规定,夜间应该是两名管制员值班,而不是一个人。因此,管制员并没有及时发现两架飞机处在同一高度和同一空域,在飞机相撞一分钟前才向飞机发出警告。除此之外,位于卡尔斯鲁厄的航空管制员在发现两架飞机相距很近时,由于通信线路原因,没有能够及时通知瑞士管制员。第二个可能原因是,俄罗斯飞机的机组人员在飞机机载交通警戒和防撞系统(TCAS:TrafticAlert and Collision Avoidance System)给出紧急"爬升"指令时,还执行了瑞士航空管制员的"下降"高度命令。TU 154 客机的机组人员当时谁也没有注意到,TCAS 在瑞士管制员发布命令前已经给出了"爬升"高度的命令。根据实际情况,飞行员应该避免做出与 TCAS 警告系统指令相反的操作。

事故链分析:

(1)如果罗切维奇没有替另一位照看扇区;

(2)罗切维奇照看另一个扇区,如果没有雷达维修;

(3)如果机场电话打通,把另一架飞机快速移交给机场,专心照看这两架飞机;

(4)如果雷达维修期间,有备份雷达可供使用;

(5)如果雷达维修期间,不出现延迟信号;

(6)如果与德国管制部门间的四条电话线有一条能打通;

(7)如果管制员在飞机到达交叉航线前提醒机组;

(8)如果管制员在交叉航线预先进行了调配;

(9)如果罗切维奇没有发现这次险情,飞机自动处理;

(10)如果罗切维奇当时指挥一架下降同时指挥另一架飞机上升;

上面仅列出了 10 个事件链,都是可以直接避免空中相撞事故的发生,其实还有很多与事故相关的事件。如果有一条事件被中止,则悲剧也不会发生。可惜的是,长长的事故链中的每一环,都没有阻止事故的发生。一个事件的发生是由于一连串的环扣连起来的,只要中间任何一环断裂,事件就不会发生了!

假如瑞士自动警告防撞系统工作正常的话?

假如另外一位管制员在旁边帮忙提早看到的话?
假如德国通知瑞士的专线通畅的话?
假如俄国驾驶员第一次听到航管指示就下降高度的话?
假如俄国驾驶员下降高度而DHL不下的话?
假如俄国驾驶员不听航管的指示而遵守计算机的指示?
假如小朋友们赶上原来班机的话?
假如瑞士管制员早早注意到,或者完全没有注意到的话?
假如……

四、2011年美国客机与空军飞机危险接近事故征候[①]

美国国家运输安全委员会安全办公室空中管制安全报告。

飞行事故　2011年1月20日2235时(EST)[②]

(一)涉事航空器

隶属美国航空公司的951次航班(编号AAL951),机型为波音777型客机,隶属美国空军的THUG11飞行编队,包含两架H/C-17重型运输机(THUG11为长机,THUG12为僚机)

(二)事件摘要

2011年1月20日周四晚22:35时许,一架隶属于美国航空公司的波音777-200型客机(航班号AAL951)与隶属于美国空军的THUG11飞行编队的两架H/C-17型运输机发生了危险接近(NMAC:Near Mid-Air Collision)事故征候。事件发生时,上述3架航空器正通过纽约空中交通管制中心(ZNY)所属的A类空域。

当时,AAL951航班按照预定计划自肯尼迪国际机场(JFK)起飞后继续前往巴西圣保罗机场。与此同时,由两架美国空军重型C-17型运输机组成的THUG11飞行编队自777号空中加油航线[③](AR777)离开后,继续飞往新泽西州赖茨敦市的"麦圭尔-迪克斯-莱克赫斯特"联合基地(WRI)。

当AAL951航班进入纽约空中交通管制中心所属第86号扇区并沿东南方向飞行爬升至FL220时,THUG11正沿该区域西北方向飞去,并由FL250下降至FL220。但是,上述两组航空器当时是由两名不同的管制员分别进行管制的,并由于二人之间信息交换存在误解,最终导致AAL951和THUG11被安排在了同一飞行高度层FL220上。

当两方航空器飞至距纽约市以东约88海里的位置时,ZNY的雷达数据处理系统向两名管制员各发送了一条冲突告警信息(CA:Conflict Alert)。几乎与此同时,AAL951航班接收到了机载防相撞系统(TCAS)的初始决策咨询信息(RA:Resolution Advisory),而THUG11也接收到了一条由TCAS生成的交通咨询信息(TA:Traffic Advisory)。紧接着AAL951又接收到了TCAS发出的两条另外的RA信息,而最后一条RA将飞机原本下降的指令重新调整为爬升指令;但THUG11仅具备接收TA告警信息的能力,因此接下来的飞行依然遵照空

---

① SERIOUS INCIDENT INVESTIGATION REPORT AAIS Case Reference:2012.08。
② Eastern Standard Time,美国东部标准时,文内时间除注明外均默认为EST时间。
③ Air refueling track,定义为军用空中加油任务的航线。

中交通管制部门(ATC)给出的初始指令。当两名管制员都注意到存在的飞行冲突后，他们接下来试图使 AAL951 和 THUG11 转向以保持安全的飞行间隔，然而并不成功。雷达数据表明：两方航空器在相互经过时的横向间隔仅为 0.38 海里，而垂直间隔为 0 英尺。

事件经过

在事件发生前，THUG11 编队正同编号 TEAM48 的一架 KC-10 加油机于 AR777 空中加油航线上遂行空中加油任务。22:28 时左右，TEAM48 和 THUG11 飞行编队飞离 AR777 航线，并与 R86 管制员联络，以期获取返航 WRI 联合基地的许可。TEAM48 报告其处于 FL260 飞行高度层；THUG11 编队作为一个包含两架 C-17 运输机并按照标准队形①(standard formation)飞行的编队，正处于 FL250 飞行高度层。R86 管制员做出指示，让 THUG11 编队"右转航向 030"的同时也向 TEAM48 发出指令，开始同 THUG11 编队建立横向间隔，然后 TEAM48 继续飞往 WRI 联合基地。

几乎就在 R86 管制员对 TEAM48 和 THUG11 作指示的同时，AAL951 航班开始向 R66 管制员联系，随后被指示立即直接前往航路交叉点 KINGG。1 分钟后，R66 管制员又指示 AA951 爬升并维持在飞行高度层 FL230。

THUG11 即将从西面飞越航路交叉点 COYLE，AAL951 则从南面直接飞往 KINNG。固定航路交叉点 KINNG 和 COYLE 的位置以及 AAL951 和 THUG11 的飞行航线如附图 1 所示。

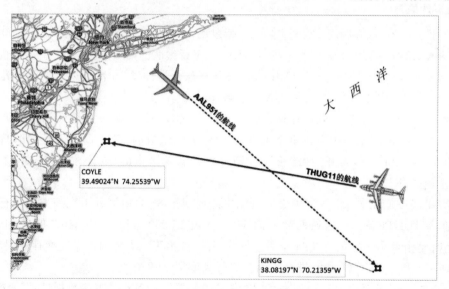

附图 1 　AAL951 和 THUG11 分别直飞前往 KINNG 和 COYLE

就在事故征候即将发生的时候，与 R66 管制员进行通话的还有美国大陆航空公司的 31 号航班机组人员(COA31)。COA31 机组向 R66 汇报其系统同时接收到 2 个飞行计划的情况，并对此情况下因无法辨认出有效飞行计划而十分困惑。R66 管制员在与调查组的约谈中说明，他当时知道复诵飞行计划会占用一些时间，所以他向 COA31 回复道："稍等片刻，我们马上检查。"22:32 时左右，R86 管制员许可 THUG11"……经由目前位置直接前往 McGuire，

---

① 　FAA order 7110.65, "Air Traffic Control", Pilot/Controller Glossary 中定义：在一个飞行编队的标准队形中，僚机与长机始终保持横向与纵向间隔在 1 英里内，垂直间隔在 100 英尺内。

先直飞 COYLE 点再直接前往 McGuire……现在下降至高度 10 000 英尺。"22:33 时左右，R86 管制员曾两次试图在 AAL951 的通讯频率上与其联络。R86 管制员之前已经通过管制雷达对 AAL951 进行了管制移交，但是到目前为止，R66 管制员没有指示 AAL951 转换到 R86 管制员的通讯频率上，故此机组并未对 R86 管制员的两次联络行为做出任何回应。

22:33:55 时，R66 管制员告知 COA31 他已做好准备，可以听机组复诵希望核对的飞行计划。飞行员则立即开始复诵，该过程用时约 57 秒。22:34:01 时，R86 管制员指示 THUG11 保持飞行高度在 FL210。在事故发生之前，R81 岗位上的管制员注意到 R86 管制员需要协助，于是他临时前往 D86 岗位并开始帮助 R86 管制员处理飞行协调工作。22:34:06 时，在对 THUG11 做出保持 FL210 飞行高度的指示后，R86 管制员呼叫 D86 管制员，让其转告 R66 管制员停止在飞行高度层 FL200 上。D86 管制员随后呼叫 R66 管制员，接通后却立即得到 R66 管制员"我等下联系你"的答复，但是 D86 管制员没有理会接着说道"我们需要 AAL951 保持在 FL200 高度层上"。事后根据 R66 管制员的陈述，他当时正专注听取 COA31 机组的航线复诵，因此未对 D86 的呼叫内容做出任何回应。22:34:38 时，R86 管制员指示 THUG11"立即右转航向 020 避开航空器"，根据 R86 管制员的陈述，以上指示目的是让两架 C—17 同来向的 B777 建立横向飞行间隔。然而，至此时 R86 管制员仍相信两方航空器间会保持有垂直飞行间隔。22:34:52 时，R66 管制员呼叫 D86 管制员询问道："你刚才说 AAL951 怎么了？"D86 管制员回答道："我需要你让他保持飞行高度层 FL200，现在让他保持在 FL210 上。"

在与 R66 管制员协调后，D86 管制员转而让 R86 管制员将 THUG11 维持在飞行高度层 FL220 上。而此时在通信端另一头的 R66 并未挂断并且听到 D86 管制员口中的 FL220，便想当然的认为 D86 管制员指的是 AAL951 的飞行高度。根据 R66 管制员后来的陈述，他在观察 AAL951 相对 THUG11 的方位后决定：除改变飞行高度外，还让 AAL951 改变航向。于是他立刻通知 D86 管制员："我会让他（AAL951）向右转 30 度。"

22:34:58 时，R86 管制员指示 THUG11 保持飞行高度 22 000 英尺。

22:35:01 时，R66 管制员指示 AAL951"右转航向 20 度，保持高度 FL220"。

22:35:14 时，R66 管制员与 AAL951 机组进行通信："……航空器 12 点 10 分东北方向，C17 从飞行高度层 22 000 英尺下降到 10 000 英尺"，"明白"，飞行员回复道。

22:35:22 时，R66 管制员呼叫 D86 管制员询问道"你那边 THUG11 现在什么情况？"D86 管制员回复道"他现在向左转向了。我跟你说了让那架美航的客机保持高度 21 000 英尺。"R66 管制员回复道："好的，他已经穿过并保持在 FL220 上了"。

22:35:25 时，R86 管制员指示 THUG11 汇报高度，飞行员回复道："高度 22 000 英尺，右转航向 020。"

22:35:30 时，AAL951 告知 R66 管制员"……我机正按照下降 RA 指令进行动作"。

当两方航空器相距 7 英里时，AAL951 根据 TCAS 的 RA 指令做出了上述汇报。然后 R66 管制员就根据要求[①]不再发布管制指示命令。

---

① FAA Order 7110.65，"Air Traffic Control"，段落 2-1-27 的 "TCAS Resolution Advisories" 说明："对一架在你管制下的航空器，当该航空器对 TCAS 的 RA 指令做出反应并向你汇报相应情况时，切勿向该航空器发布违背机组成员建议且正在执行的 RA 程序的管制指令。应根据地形、障碍物以及交通咨询信息向该航空器提供安全告警，以帮助该航空器恰当地应对 RA 指令，并避让在你管辖权下管制的其他航空器。"

22：35：35 时，R66 管制员指示 AAL951"……视情右转向，航空器位于你 1 点钟方向，距离你西南方向 4 英里，重型 C17 运输机，飞行高度 22 000 英尺。"

22：35：49，R86 管制员通信问到"THUG11，你爬升完了吗？"飞行员回复道，"高度 22 000 英尺，正在右航向转弯至 020。"

22：35：54 时，R66 管制员向 AAL951 问道："你们现在能看到那架飞机吗？"，飞行员回复："不，我们看不到。"

22：35：56 时，R86 管制员告知 THUG11："你右下方航空器是一架波音 777 飞机，它应该正在飞往飞行高度层 210。"

22：35：58 时，R66 管制员告知 AAL951："……C17 处于高度层 220，该机位于你 12 点方向，目前距离已经不足一英里。"22：36：12 时，THUG11 与 R86 管制员通话："嗯，现在 THUG11 与来向航空器大约相距 2 000 英尺"。22：36：17 时，AAL951 同 R66 管制员通信："那个家伙刚从我们旁边飞过，这可不是个愉快的过程"。22：36：21 时，R86 管制员指示 THUG11"继续保持右转向之后前往 COYLE 点"。22：36：24 时，R66 管制员对 AAL951 的陈述做出回复"情况我已明白，抱歉，那架飞机不是我负责管制的。"之后 R66 管制员指示 AAL951 爬升至高度层 FL230。

根据 C17 机组成员的陈述，编队的僚机（THUG12）与长机同高度，在航线上尾随长机相距约 4 000 英尺，且位于长机航迹右侧保持了 500 英尺的偏置距离。以上飞行姿态是依据了美国空军指令（AFI，Air Force Instruction）11-2C-17 内容所述。

各飞行编队的第二架和第三架飞机同编队长机分别保持 4 000 英尺和 8 000 英尺的最小飞行间隔。参照长机保持飞行间隔可避免相撞（telescoping effects）。对于二号飞机最小偏置距离为 500 英尺位于长机右侧，对于三号飞机最小偏置距离也为 500 英尺位于长机左侧。

两架 C-17 装备了 TCASII 系统。美国空军指令 11-2C-17 中说明：

多机队形——长机（或指定的接替者）将运行 TCAS 系统的"TA only"（交通咨询模式）模式。必须对多机编队队形中最末端的飞机运行 TCAS 系统的 TA only 模式的情形加以考虑……为了校准使用 SKE（Station-Keeping Equipment，航行定位设备）和 TCAS 覆盖了的飞行队形，编队中所有飞机都将运行 TCAS 系统。

根据 THUG11 与 THUG12 的飞行员的陈述，两架飞机当时都打开了 TCAS 系统并置于 TA only 模式上。根据 AAL951 飞行员的陈述，他共接收到了 3 个连续的 TCAS RA 指令。第一条 RA 给出的是下降咨询，接收于距 C-17 飞机 7 英里的位置上；几秒后的第二条 RA 指示机组人员应增大下降速率；紧接着又是几秒后他接收到的第三条 RA 却指示机组人员进行爬升。

通过位于纽约距长岛东北部 0.75 英里的艾斯利普麦克阿瑟机场的 ASR-9 传感器，获得了该报告的雷达数据。两个航空器最近点的横向间隔为 0.38 海里，垂直间隔 0 英尺。

参 考 文 献

[1] 中国民用航空局空中交通管理局. 空域建筑与评估实施方法指导材料:IB-2009-008[S]. 北京:中国民用航空局空中交通管理局,2009.
[2] 陈金良. 航空立法研究综合报告[R]. 西安:空军工程大学空军航空管制系,2009.
[3] 陈金良. 航空法体系结构和框架内容[R]. 西安:空军工程大学空军航空管制系,2009.
[4] 兰洪亮. 空中禁区、危险区和限制区划设研究[R]. 北京:空军装备研究院雷达与电子对抗研究所,2009.
[5] 胡明华. 世界空管发展概况及趋势[R]. 南京:南京航空航天大学,2011.
[6] 陈金良. 无人机飞行管理研究综合报告[R]. 西安:空军工程大学空管领航学院,2012.
[7] 刘伟民. 航空法教程[M]. 北京:法律出版社,1996.
[8] 空军司令部. 中国空军百科全书[M]. 北京:航空工业出版社,2005.
[9] 崔浩林. 防相撞理论与应用[M]. 北京:科学出版社,2013.
[10] 徐维如. 航空管制概论[M]. 北京:蓝天出版社,2008.
[11] 董杜骄. 航空法教程[M]. 北京:对外经济贸易大学出版社,2007.
[12] 马松伟. 中国民用航空法简明教程[M]. 北京:中国民航出版社,2007.
[13] 王小卫. 民用航空法概论[M]. 北京:航空工业出版社,2007.
[14] 施和平. 空中交通管理新论[M]. 厦门:厦门大学出版社,2001.
[15] 张耀宽. 国外空管概况[R]. 北京:国家空中交通管制委员会办公室,2002.
[16] 胡明华. 世界空管发展概况及趋势报告[R]. 南京:南京航空航天大学,2011.
[17] 顾其行. 国际航空运输管理[M]. 上海:上海知识出版社,1987.
[18] 王继. 国际法与空军军事斗争[M]. 北京:空军指挥学院,2007.